浙江省新型重点专业智库——浙江农林大学生态文明研究院成果
南京林业大学数字林业与绿色发展研究院成果
浙江省重点培育智库——浙江农林大学浙江省乡村振兴研究院成果
国家自然科学基金项目（42071283、42301328）资助成果

森林生态产品价值实现促进共同富裕：
理论逻辑与浙江实证

孔凡斌　徐彩瑶　等　著

中国农业出版社

北　京

前　　言

　　建立生态产品价值实现促进共同富裕的协同机制，既是新时代新征程生态文明建设和全面推进乡村振兴战略的战略任务，也是山区走向共同富裕的重要保障。2022 年 10 月，党的二十大报告将建设人与自然和谐共生和全体人民共同富裕的中国式现代化确立为新时代新征程国家的历史使命，提出全面推进乡村振兴战略和扎实推进共同富裕的重大战略任务，并将"建立生态产品价值实现机制"、"发展乡村特色产业，拓宽农民增收致富渠道"和"着力缩小区域差距、城乡差距与群体差距"作为新时期"增加乡村生态产品和服务供给能力，构建人与自然和谐共生的乡村发展新格局"的目标任务。2021 年 4 月，国家发布《关于建立健全生态产品价值实现机制的意见》强调要"加快完善生态产品价值实现路径，带动广大农村地区发挥生态优势就地就近致富、形成良性发展机制，打造人与自然和谐共生新方案"。山区是中国实现共同富裕的重点和难点，又多是自然生态资源富集分布区，山区丰富的生态资源是实现人与自然和谐共生与乡村共同富裕的优势所在。建立生态产品价值实现促进共同富裕的协同机制，推动生态资源优势向乡村经济发展和农民福祉增进优势的高效转化，既是实现人与自然和谐共生的战略需要，也是扎实推动山区共同富裕的重要制度保障。

　　森林生态资源具有率先探索建立生态产品价值实现促进山区共同富裕协同机制的禀赋优势。然而，森林生态资源富集山区面临着森林生态产品价值转化机制不清从而导致陷入"森林资源诅咒"的现实困境，成为长期制约山区依托生态资源推进共同富裕的不利因素。绿水青山是最重要的自然生态资源，决定绿水青山面貌的森林生态资源是中国山区乡村分布最广、存量最为丰富的生态资源。森林生态资源及其构成的森林生态系统持续提供密切关联乡村经济发展和农民生计的生态服务和生态产品，为发展乡村多元复合式生态产业、破解乡村发展滞后困境及实现共同富裕目标提供了广泛而深厚的物质基础。截至 2018 年，中国农村集体所有的森林资源面积

13 385.44 万公顷，占全国森林面积的 61.34%，森林蓄积量 693 521.59 万立方米，占全国森林蓄积量的 40.66%。森林生态系统提供的生态服务（生态产品）存量价值及生态资本达 15.88 万亿元，农村集体所有的森林资产总价值和森林生态产品价值均接近和超过全国的 50%。然而，农民从森林生态产品价值的经济转化中获取的货币收入占家庭可支配收入的比例持续降低。由此可见，森林生态产品富集地区因其"绿水青山"向"金山银山"转化的通道和机制不健全，致使生态优势转化为经济优势的能力不足，易陷入生态产品"富足的矛盾"，生态资源禀赋与经济发展和收入增长之间出现"脱钩"，协同机制缺失，产生森林资源"诅咒"现实困境，长期制约山区依托森林资源优势发展特色生态产业推动经济发展和农民增收致富，成为新时期扎实推动共同富裕的不利因素。为此，必须率先探索建立森林生态产品价值实现促进山区共同富裕的协同机制，明确具体路径，完善政策体系，为国家打造人与自然和谐共生新方案提供示范样板和政策参考。

　　农业数字经济发展和数字乡村建设是全面推进乡村振兴战略的具体行动，是推动农业农村现代化的有力抓手，也是释放数字红利、催生乡村发展内生动力的重要举措。2020 年中央 1 号文件要求"开展国家数字乡村试点"。《数字中国发展报告（2021 年）》显示，2017 年到 2021 年 5 年间，中国农村地区互联网普及率提升到 57.6%。数据、知识和信息已经成为重要的生产要素。2022 年和 2023 年中央 1 号文件均明确提出大力推进数字乡村建设和深入实施数字乡村发展行动，中国数字乡村建设进入快车道。数字乡村建设以信息化、数字化、网络化为重要载体，通过实现乡村产业数字化、治理数据化、服务信息化以及生活智慧化，正推动农村农林业生产方式发生深刻变革，并推动农林业生产效率稳步提升。同样，数字乡村建设能够赋能森林生态产品价值实现进而促进共同富裕，即利用数字经济和数字技术的强渗透性和融合性特征，打破产业组织边界，缓解信息不对称，重塑林业生产要素配置和产业分工方式，促进森林生态产品的产业链节点突破、向价值链两端攀升，不断拓宽和提升森林生态产品价值的转化路径和转化效率，进而促进森林生态产品的培育、保护、利用及其产业化，从而实现增值，带动山区乡村经济发展以及农民就业和增收致富，推动共同富裕进程。毫无疑问，数字经济发展和乡村建设必将成为赋能山区乡村森林生态产品价值高效转化及促进共同富裕的新引擎，推动数字乡村建设与生态产品价值实现的深度融合或是有效破解山区森林资源"诅咒"困境进而推动共同富裕进程的重要环节。因此，必须加快研究数字乡村建设促进森林生态产品价值实现和共同富裕协同的作用机制，为完善相关政策提出决策依据。

　　森林生态产品价值实现与共同富裕的关系及作用机制、数字经济发展和数字乡村建设影响机制识别是山区生态产品价值实现促进共同富裕协同机制和政策创新研究的重要科学命题，亟待开展研究以满足国家战略需求。数字经济发展和森林生态产品价值实现之间存在着内在的关系，数字经济发展能够赋能全要素生产率，实现要素的优化配置。数字经济发展和数字技术进步可以促进山区森林生态产品价值转化效率的提升。森林生态产品价值实现有利于山区缩小城乡收入差距从而推动共同富裕的实践进程，山区实施森林资源培育工程可以从农民收入和就业两条路径长期影响城乡收入差距及共同富裕实现方向和程度。数字乡村建设和数字经济发展可以对共同富裕目标实现产生积极影响，数字乡村建设和数字经济发展有利于提高农户家庭收入水平，从而有利于缩小城乡收入差距和促进共同富裕目标的实现。然而，关于数字经济发展、数字乡村建设、森林生态产品价值实现与共同富裕的交互关系及作用机制的理论和政策研究尚未引起关注，致使理论研究为国家通过数字乡村建设促进生态产品价值实现和共同富裕目标协同的政策实践，提供的科学证据还十分有限。理清三者之间的关系及其交互作用机制，是构建数字乡村建设促进山区森林生态产品价值与共同富裕协同机制和政策体系的科学前提。

　　学术理论界虽然对有关共同富裕、生态产品价值实现、数字经济发展与数字乡村建设及其相互关系的理论研究取得重要共识，但仍存在许多亟待深化研究的理论和现实问题。一是在共同富裕理论研究方面。既有研究普遍认为中国实现共同富裕任务的重点和难点在于持续提高人均收入水平、缩小收入差距，推动各地区共同发展、缩小区域差距，推动城乡共同发展、缩小城乡差距，进而实现全民共富、全面富裕、共建共富、逐渐共富。在共同富裕评价指标体系的构建上，有学者认为应包含教育、健康、生活水平和生活环境4个维度，或是富裕度、共同度、共享性和可持续性4个维度，或认为从发展性、共享性、可持续性三个维度进行指标的选择，亦有学者认为应从总体富裕程度和发展成果共享程度两个维度来考虑。也有人将共同富裕分解为"富裕"与"共享"两个维度，富裕包括了物质富裕和精神富裕。此外，众多研究从区域差距、群体差距和城乡差距等方面深入探究共同富裕的变化特征。山区农村是实现共同富裕的薄弱环节。山区及农村农民共同富裕是全体人民共同富裕问题的一个重要维度。然而，农村普遍存在集体经济薄弱、农业产业化发展水平低、城乡收入差距过大、公共物品供给不足、基础设施较为落后、民生保障水平较低等问题。农村农民共同富裕面临产业转型升级困难、发展支撑要素保障能力不强、生态产品价值实现方式亟待创新等主要障碍，需要统筹推进农村经济、政治、文化、社会、生态文明建设。在推进农村农民共同富裕过程中，如何促进低收入农户收入更快增长是实现农民农村共同富裕的核心任务。发展农村集体经济是实现农村共同富裕的路径之一，壮大农村集体经济能够有效增加农民收入、缩小城乡收入差距。此外，农用地以及农村生态资源的禀赋优势若能有效转化为农民增收和农村经济社会的发展优势，将成为农村实现共同富裕的新引擎。整体上看，既有研究对共同富裕的内涵及测度进行了初步探索，对山区乡村共同富裕的障碍因子与实现路径进行了定性分析，但尚未定量分析人与自然和谐共生的中国式现代化背景下，乡村经济社会发展与农民收入增长需求之间的复杂耦合机制，缺乏在此基础上促进山区共同富裕政策的探索。二是在生态产品价值实现与共同富裕关系研究方面。学界认为生态产品与国际学术领域中的"生态系统服务"概念相近，是指在维系生态安全、保障生态调节功能的条件下，生态系统通过生物生产及其与人类劳动共同作用为人类福祉提供的、用以满足人类对美好生活需求的最终产品或服务。国际生态系统服务研究的开展为中国推进生态产品价值核算提供了重要借鉴。生态产品价值实现过程，是"绿水青山"向"金山银山"转化的过程，旨在将可利用的生态产品和可供交易的生态系统服务转化为经济价值、实现生态系统服务增值，将生态优势转化为经济优势。生态产品价值实现效率作为生态系统生产总值（GEP）到国内生产总值（GDP）的直接转化效率，是评估和优化生态产品价值实现机制的重要依据。与生态产品价值实现效率相近的研究主要集中于自然资源利用的生态效率研究，生态效率的基础理论、测度方法及其应用研究为开展区域森林生态产品价值实现效率研究提供了重要理论和方法借鉴。除此之外，众多研究关注生态产品价值的内涵及其价值实现路径等方面。在生态产品价值实现测度的研究方面，没有从经济学视角探索测算生态产品价值实现效率的评价方法。总体看来，既有研究在生态产品价值实现效率评价方面处于探索阶段，对生态产品价值实现促进共同富裕有了初步的认识，为进一步开展山区及欠发达地区森林生态产品价值实现与共同富裕协同机制研究和完善政策设计奠定了较好的基础。三是数字乡村建设与共同富裕研究方面。学界认为，数字乡村是伴随网络化、信息化和数字化在农业农村经济社会发展中的应用，以及农民现代信息技能的提高而内生的农业农村现代化发展和转型进程。数字乡村建设在实现乡村振兴、促进农业绿色产业转型和缩小城乡收入差距等方面具有重要作用。中国数字乡村发展是推进乡村现代化治理转型的关键举措，为农村新产业、新业态、新商业模式的发展以及农村公共服务的创新供给提供了良好的社会经济环境，促进了农民增收。国外相关研究表明，农村互联网接入对农村居民参与数字化经济至关重要，农村电商的建设发展潜力巨大，其使得农业技术、生产资料、农产品结构和市场等农业信息变得公开透明，帮助农民对生产要素进行合理分配，改善农业生产力，提高就业率。同时，农村电商的兴起，减少了农产品库存积压造成的损失，为经济欠发达的农村地区开辟了一条促进经济增长的新渠道，缩小了城乡"数字鸿沟"。在数字乡村建设或数字经济与共同富裕的研究中，众多学者关注数字经济发展影响城乡收入差距的机制研究。数字经济通过"网络效应"，借助互联网和大数据等信息技术大幅地减缓信息不对称和降低信息资源的获取成本，有效破除城乡收入差距的要素供需矛盾、经济活动空间限制和公平效率不能兼顾等问题，有助于提高农业生产效率和农业收入水平。依托数字技术必然会面临"数字鸿沟"，无论是基于数字基础设施差异的一级数字鸿沟，还是基于信息甄别、利用和加工等方面差异的二级数字鸿沟，均会导致在资源可获得性和优化资源配置方面呈现出复杂的"门槛效应"，使得数字经济发展带来的收益并未在城乡之间实现真正的普惠和共享。此外，数字经济发展通过经济增长效应和资本累积的"涓滴效应"能够在消费、就业等方面带动农村群体的发展和收入增长。数字经济发展还能够促进技术进步进而提升全要素生产率，而全要素生产率又通过要素需求变化、产品价格变化、劳动力分布等途径影响收入分配和就业分配，进而对城乡收入差距产生影响。综上，数字乡村建设能够改变乡村在数字经济发展中的地位，对促进乡村共同富裕的实现产生重要影响。在国家加快完善生态产品价值实现路径、带动广大农村地区发挥生态优势就地就近致富、形成良性发展机制的实践进程中，数字乡村建设能否对森林资源富集的山区依托森林生态产品优势推进共同富裕产生影响以及产生何种程度的影响，既有研究尚未涉及。

浙江省承载着率先打造森林生态产品价值实现促进共同富裕样板的重任，对其实践探索进行理论机制和政策优化路径研究，具有典型示范意义。浙江省是"两山"理念和习近平生态文明思想重要萌发地和率先实践地、生态产品价值实现机制试点区、高质量发展建设共同富裕示范区和数字乡村建设引领区，承载着国家数字乡村、生态文明和共同富裕先行示范建设和体制机制创新的重要使命。浙江省素有"七山一水两分田"之称，森林资源是最主要的生态资源，山区共同富裕的潜力在山，希望在林。2021 年9 月，国家林业和草原局印发《关于支持浙江共建林业践行绿水青山就是金山银山理念先行省 推动共同富裕示范区建设的若干措施》，指出要充分发挥林业在推动共同富裕示范区建设中的作用。2021 年，浙江省以全国2%的林地创造了全国8%的林业产值，重点山区林区县的贡献率达到了50%以上，城乡收入比为 1.94。浙江省也是全国数字贸易先行示范区，2021 年全省数字经济增加值达到 3.57 万亿元，占 GDP 比重达到 48.6%，居全国各省份第一。浙江省在全国率先探索山区林业数字化改革的实践路径，提出要"深化林业数字化改革"和"健全林业生态产品价值实现机制"。山区 26 县是浙江高质量发展建设共同富裕示范区的重点、难点和关键点。浙江省发布《浙江省山区 26 县跨越式高质量发展实施方案（2021—2025 年）》明确要拓宽"两山"转化通道及加快推动山区 26 县实现跨越式高质量发展，同步推动山区人民走向共同富裕。浙江省山区 26 县总面积占浙江全省的 44.5%，森林覆盖率为 82.96%，2020 年末人口总数约占浙江省的 15.8%，GDP 占浙江省的 9.65%；其中，林业产值占农林牧渔经济总产值的 96.29%，森林生态产品价值实现及林业产业发展对浙江省山区

26县高质量发展与共同富裕示范建设至关重要。同时，浙江实施数字化赋能山区26县及推动数字生态经济示范区建设推动缩小区域差距行动计划，取得了明显成效，积累了比较丰富的实践模式和政策经验，有望为全国山区林区和经济欠发达地区提供数字化赋能生态产品价值实现促进共同富裕的制度经验和模式样板。当前，基于浙江省的实践探索，构建森林生态产品价值实现与共同富裕协同机制的理论分析框架，厘清数字经济发展和数字乡村建设影响生态产品价值实现的关系机理和路径机制，据此设计政策体系和实施方案，为新时代新征程推进浙江共同富裕提供重要的科学依据和决策参考，具有重要的典型示范和推广应用价值。

　　鉴于此前的相关成果缺乏将森林生态产品价值实现与共同富裕建设放在一个整体框架下展开研究，更缺乏数字经济和数字乡村建设视域下的协同生态产品价值实现和共同富裕的创新研究，立足建设人与自然和谐和全体人民共同富裕的现代化新时代新征程，以数字经济发展、数字乡村建设协同森林生态产品价值实现与共同富裕"多赢"为目标的研究成果还偏少，也缺乏对森林生态产品价值实现效率、数字乡村建设与山区林业产业经济发展和农民收入多维关系及交互作用机制的研究。针对浙江省及其山区26县森林生态产品价值、共同富裕以及数字经济发展与数字乡村建设的调研数据及实证研究严重不足，难以为决策部门建立健全生态共富长效机制提供科学而系统的参考依据。林业是中国生态扶贫的主阵地，也是巩固拓展脱贫攻坚成果的主阵地，应该在共同富裕中发挥重要作用。森林生态产品是联结自然与社会的桥梁和纽带，林业是山区和林区走向共同富裕的希望所在。然而，目前林业促进共同富裕的理论机制和实践路径研究不足。当前，需要加快构建森林生态产品价值实现与共同富裕交互作用的理论框架和量化方法体系及机制模型，分析浙江省及其山区26县数字经济发展、数字乡村建设水平、森林生态产品价值实现效率与共同富裕多维度测度指标变化过程及其相互关系，评估山区森林生态产品价值实现促进共同富裕多维度的交互影响及其路径机制，提出以数字赋能森林生态产品价值实现破解山区森林资源保护利用、农村经济发展和农民生计福祉协同增进瓶颈的整体解决方案，为推动我国协同推进和优化数字乡村建设、生态文明建设和共同富裕政策创新做出科学和决策支撑贡献。因此，立足于协同推进人与自然和谐共生、全体人民共同富裕现代化的新使命，研究探索如何构建生态共富的理论体系、方法体系、实证体系和实践体系，建立健全我国生态产品价值实现促进共同富裕的长效机制，助力全体人民共同富裕目标的实现，具有十分重大的理论和现实意义。

有鉴于此，我们依托中国林学会主办的《林业科学》期刊 2023 年第 1 期推出的"林业促进共同富裕的理论和实践"专题，基于海量的数据，运用规范的经济计量模型和空间统计技术方法，系统地量化研究森林生态产品价值实现、森林培育工程、林业社会化服务促进区域经济增长以及影响区域、城乡、收入差距变化的效应机制、作用路径以及主要影响因素，提出具体的政策完善建议，还在国内首次研究数字经济发展和数字乡村建设影响森林生态产品价值实现的理论机制及实践创新路径，努力为新时代新征程助力实现人与自然和谐共生与全体人民共同富裕的国家战略需求提供学理支撑。经过历时 2 年的艰苦努力，我们顺利完成了预定的研究任务。其间，先后在《中国农村经济》《林业科学》《管理学刊》《生态学报》《经济地理》《应用生态学报》以及 Science Progress 等国内外重要学术期刊上发表学术论文近 20 篇，培养硕博士研究生 10 余人。我们将上述成果作为正在承担的 2020 年国家自然科学基金项目（项目编号：42071283）的重要阶段性成果。不仅如此，我们还依托上述研究成果，以《数字乡村建设、森林生态产品价值实现与浙江山区 26 县共同富裕协同机制及政策研究》为题申报 2023 年国家自然科学基金青年科学基金项目，并成功获批立项（项目编号：42301328）。因此，我们也将本著作成果作为该项基金项目的重要阶段性成果。

本著作在有机整合和提升上述公开发表的学术论文和提交的部分研究报告成果内容的基础上，融合了生态产品价值实现效率评价和数字乡村建设等相关科研项目的研究成果，加强了森林生态产品价值实现促进共同富裕的实践创新路径设计研究，使得整个研究的内容体系更为完整、更为体系化。结合新时代新征程我国协同推进生态文明和共同富裕的战略需要，我们将著作定名为《森林生态产品价值实现促进共同富裕：理论逻辑与浙江实证》。本著作分为四个部分，共十二章，具体内容为：

第一部分为理论逻辑与国家行动。包括四章，分别是第 1 章"生态资源促进共同富裕：生态共富的理论逻辑、历史进程与乡村实践路径"，第2章"森林资源培育影响区域共同富裕的理论逻辑：来自革命老区的证据"，第3章"林业社会化服务对农户家庭收入差距的影响机制及政策启示"和第4章"生态产品价值实现与林业推动共同富裕行动"。构建生态资源促进共同富裕（生态共富）的理论框架、概念体系和山区乡村实践路径，实证检验森林资源培育对革命老区共同富裕的影响机制，量化分析林业社会化服务体系影响农户家庭收入公平的理论机制，阐释生态产品价值实现的国家战略安排和林业推动共同富裕的行动、政策、模式和整体成效，为后续研究奠定理论和政策引导。

第二部分为浙江实证分析。包括四章，分别是第5章"浙江省森林生态产品价值实现对县域发展差距的影响及政策启示"，第6章"浙江省森林生态产品价值实现对城乡差距的影响及政策启示"，第7章"浙江省森林生态产品价值实现对城乡收入差距的影响及政策启示"和第8章"浙江省林业产业发展对城乡收入差距的影响及政策启示"。运用浙江省近20年的统计数据，基于经济计量模型和空间统计技术方法，计算浙江省森林生态产品价值及其实现效率时空变化规律，实证模拟分析森林生态产品价值实现影响区域发展、城乡发展和城乡收入差距的方向、程度和机制，明确主要因素，提出主要政策启示。

第三部分为数字经济赋能分析。包括两章，分别是第9章"浙江省数字经济发展对森林生态产品价值转化效率的影响及政策启示"和第10章"浙江省数字经济发展协同森林生态产品价值实现和城乡收入公平的机制及政策启示"。专题分析数字经济发展作用于森林生态产品价值实现与共同富裕的绩效、路径和主要影响因素，提出相关政策措施。

第四部分是实践路径研究。包括两章，分别是第11章"建立健全流域森林碳补偿机制促进区域协同公平发展实践路径"和第12章"数字乡村建设协同森林生态产品价值实现与农村共同富裕的理论逻辑与实践路径"。探究森林碳补偿机制促进区域公平协调发展及共同富裕的补偿标准和补偿空间选择方法，构建数字乡村协同促进森林生态产品价值实现效率和农村共同富裕的理论框架和实践框架，为助力全面提升森林生态产品价值实现效率，促进山区和林区农民增收致富提供方向指引。

　　截至目前，本著作是迄今为止国内为数极少的运用生态经济学基本理论和多学科技术方法量化测算森林生态产品价值实现效率水平及其促进共同富裕的理论机制和政策实践问题的创新成果。本著作是国内最早构建生态共富理论体系、生态产品价值实现效率评价方法体系和生态共富实践体系的理论成果，是探索建立我国生态共富长效机制理论和政策体系的一次重要尝试。

　　本著作成果的主要创新点在于：研究视角独特、思路清晰，研究框架系统全面且布局合理，数据来源可靠，搜集和整理了大量可靠的统计数据和资料，运用先进科学的定量分析方法，进行理论机制和政策设计的原创性研究，实现了多个国内首次，整体研究处于国内领先水平，发挥着引领作用。具体而言：第一，构建"生态资源-生态资本-生态产品-生态财富-生态共富"的生态资源促进乡村共同富裕分析框架，多维度多层次递进探究生态共富的理论演进与乡村实践进程，面向新征程中国巩固拓展脱贫攻坚成果与扎实推进共同富裕的战略需求，聚焦山区乡村分布最为广泛、紧密关联国土生态安全和农户生计安全的森林资源，结合林业推进浙江共同富裕示范建设先行实践经验，提出以创新推动森林资源培育、保护、利用、运营、产品价值实现协同乡村生态资本增值、生态产业增效和农民增收的山区乡村实践路径，在国内属于首创。第二，基于全国革命老区县的数据，建立理论分析框架，采用空间计量模型实证评估森林资源培育对革命老区城乡收入差距影响的理论逻辑，提出将森林资源的"绿水青山"优势转化为"金山银山"的经济优势和共同富裕优势的对策建议，为探索森林生态资源促进革命老区及其他欠发达地区共同富裕的理论体系和政策路径提供学理支撑，在国内处于引领水平。第三，基于分工与专业化效应、优化家庭劳动力配置与促进林地流转经营的理论，构建林业社会化服务对农户家庭收入差距影响的理论分析框架，利用农户调查数据，量化检验林业社会化服务对农户家庭收入差距的影响机制，分析不同林业社会化服务采纳程度下的影响差异及其分解效应，提出完善林业社会化服务体系及推动形成"以需促供、以供带需"良性循环格局的对策建议，是林业经济管理学界的首创。第四，构建森林生态产品价值实现效率理论及其定量评价指标体系，建立理论机制分析框架，用于实证分析浙江省及其山区县森林生态产品价值及其实现效率的时空变化特征和主要影响因素，量化分析不同尺度水平森林生态产品价值实现效率对县域发展、城乡发展和城乡收入差距的影响，明确了作用机制，获得重要的政策启示。在此基础上，进一步分析了林业产业规模和结构变化对城乡收入公平的影响，获得重要发现，在国内处于领先水平。第五，构建数字经济发展、数字乡村建设影响森林生态产品价值实现效率和城乡收入公平的理论分析框架，量化分析数字经济发展水平、森林生态产品价值实现效率与共同富裕之间的因果关系及其作用机制，提出发展数字经济和数字乡村建设促进森林生态产品价值实现的对策建议和实践创新路径，在国内处于引领水平。

本著作成果的主要建树体现在六个方面：第一，在国内首次构建了生态共富的理论体系和实践创新体系，为后续研究奠定了理论和方法借鉴，取得的重要理论成果发表在中国管理学 CSSCI 核心期刊《管理学刊》上。第二，在国内首次构建森林生态产品价值实现效率评价理论框架和方法体系，为量化分析生态产品价值实现程度提供了理论和方法借鉴，取得的重要理论成果发表在中国林业科学研究权威学术期刊《林业科学》上。第三，在国内首次运用经济计量和空间地统计分析模型方法，分别从区域发展差距、城乡发展差距和城乡收入差距三个维度，量化分析不同时空尺度单元的森林生态产品价值实现效率水平及其影响共同富裕的方向、程度和机制，明确了效应机理和关键影响因素，取得的系列重要理论成果发表在中国林业科学研究权威学术期刊《林业科学》上。第四，在国内首次基于农户调查数据，采用经济计量模型，在国内首先实证检验了林业社会化服务对农户家庭收入差距的影响机制，取得的重要理论成果发表在中国林业科学研究权威学术期刊《林业科学》上。第五，在国内首次基于县域单元数据，采用经济计量模型，首次验证了数字经济发展和数字乡村建设协同影响森林生态产品价值实现和共同富裕的理论机制，明确了主要影响因素，取得的系列重要理论成果发表在中国经济学和管理学研究权威学术期刊《中国农村经济》上。此外，创新性地基于县域单元数据，采用空间统计分析方法，模拟流域森林碳补偿额度及标准、补偿对象及空间选择，明确流域各县域单元生态承载能力和经济发展能力匹配特征，提出率先建立健全能够体现碳汇价值的流域森林生态保护补偿机制，为全国建立生态系统碳补偿促进区域协调发展实践创新提供路径支撑，取得的重要理论成果发表在中国生态学研究权威学术期刊《应用生态学报》和中国经济地理学权威学术期刊《经济地理》上。第六，在国内首次构建数字生态经济投入产出模型，解析数字经济赋能森林生态产品价值实现的理论逻辑，提出数字乡村协同森林生态产品价值实现与农村共同富裕的实践创新路径，为后续深入系统开展数字生态共富的理论和实践探索提供了重要的基础和方向。

本著作成果的学术价值和应用价值在于：第一，本研究关于"生态共富"的理论路基和实践路径研究既能拓展对中国山区综合开发和生态扶贫相关理论和实践探索分析，又能深化生态文明与共同富裕建设领域关于自然生态资源保护利用和乡村摆脱经济贫困实现生活富裕的协同机制和实践创新路径的研究，可以为丰富和发展我国共同富裕促进机制理论体系提供有益补充。第二，本研究基于国家战略需求和地方实践探索，坚持问题导向与理论分析相结合的研究线路，将理论演绎分析与对森林生态产品价值实现及区域发展差距、城乡发展差距和城乡收入差距变化的精准化分析结合在一起，所获得的政策启示和所设计的实践创新路径更具有可行性。第三，提出在数字乡村建设背景下，数字赋能森林生态产业化促进农村共同富裕的理论逻辑和实践路径，从而可以为各级政府及林业部门建立健全森林生态产品价值实现促进共同富裕长效机制的工程规划和工作计划提供参考和借鉴，具有重要的应用价值。

本著作凝聚了研究团队全体成员的辛勤劳动，除第一署名作者外，为本著作做出重要学术贡献的有浙江农林大学生态文明研究院生态经济研究所所长助理徐彩瑶博士（具体负责和参与第1、4、5、6、7、8、9、10、11、12章内容的研究、写作以及全书的统稿、编排和校核工作），江西财经大学经济学院潘丹教授（具体负责第二章内容的研究和写作），江西农业大学经济管理学院廖文梅教授（具体负责第三章的研究和写作），浙江农林大学经济管理学院在读博士研究生陆雨同学（具体负责第十章内容的研究和写作），浙江农林大学经济管理学院在读硕士研究生王宁同学（具体负责第五、七章的研究和写作，承担全书编排和校对工作），浙江农林大学经济管理学院在读硕士研究生崔铭烨同学（具体负责第六章的研究和写作），浙江农林大学经济管理学院毕业硕士研究生程文杰同学（具体负责第九章的研究和写作），浙江农林大学经济管理学院在读硕士研究生曹露丹同学（具体负责第十一章的研究和写作），浙江农林大学研究生院江惟舒老师（具体负责参考文献的检索、下载、整理和归类）。此外，浙江农林大学经济管理学院在读博士研究生王苓同学，毕业硕士研究生袁如雪同学和杨文才同学，在读硕士研究生钱晨同学、金晨涛同学、王永成同学、任燕同学、段淑慧同学、李宁同学、蒋定宏同学等以不同方式关心和支持本著作成果的研究和出版，在此一并表示衷心的感谢！

本著作适合生态经济学、农林经济管理学、发展经济学、区域经济学等学科专业的研究生阅读，也适合从事自然资源、生态环保、农业、林业和农村管理工作的党政机关工作人员阅读和参考。书中存在的不足之处，由作者承担全部责任，敬请读者批评指正。

本书素材主要来源于项目组成员已经公开发表和出版的学术论著，还充分吸收了国内外专家学者的研究成果以及互联网相关公开信息，并进行了规范标注，尽管如此，也难免出现遗漏的情况，敬请谅解！由于作者学识所限，书中难免有疏漏之处，真诚希望各位专家学者及使用本书的同行批评指正，相关意见建议可随时发至作者邮箱：kongfanbin@aliyun.com，以便我们进一步完善。

著者：孔凡斌　徐彩瑶

2023 年 7 月 1 日于浙江杭州

目　　录

第1章 生态资源促进共同富裕：
生态共富的理论逻辑、
历史进程与乡村实践路径

　　党的二十大报告提出，实现人与自然和谐共生与全体人民共同富裕是中国式现代化的历史使命，乡村共同富裕是实现全国人民共同富裕的重点和难点。山区乡村又是绿水青山及生态资源的富集区域，绿水青山是乡村生态财富转化及经济富裕实现所依托的最重要生态资本，也是密切关联农民福祉增进的最重要生计资本，是以人与自然和谐共生促进乡村共同富裕的自然禀赋优势和发展潜力所在。推动生态资源禀赋优势向乡村经济发展和农民福祉增进优势的高质量转变，助力缩小城乡差距，是加快构建生态文明建设与乡村共同富裕协同发展新格局的战略选择。与城市相比，丰富的生态资源是乡村实现人与自然和谐共生与共同富裕的优势所在。将生态资源优势转化为乡村经济发展和农民福祉增进优势，是构建生态文明建设与乡村共同富裕协同发展新格局的战略选择。然而，依托生态资源扎实推动乡村共同富裕，依然存在着理论和实践的困境。本章基于生态经济学基本原理，构建"生态资源-生态资本-生态产品-生态财富-生态共富"的生态资源促进乡村共同富裕分析框架，多维度多层次递进探究生态共富的理论演进与乡村实践进程，面向新征程中国巩固拓展脱贫攻坚成果与扎实推进共同富裕的战略需求，聚焦山区乡村分布最为广泛及紧密关联国土生态安全和农户生计安全的森林资源，结合全国林业推进浙江共同富裕示范建设先行实践经验，提出以创新推动森林资源培育、保护、利用、运营、产品价值实现及协同乡村生态资本增值、生态产业增效和农民增收的山区乡村实践路径。

1.1　生态资源促进共同富裕分析框架构建的时代背景

　　生态资源是指具有多样性特征和生态功能且经济价值还未完全显化的山水

林田湖草和其他动植物等自然资源以及各自然资源要素相互作用形成的生态系统，包括自然资源、自然环境和生态系统（张文明、张孝德，2019）。生态资源是影响国家发展能力和人民福祉的重要自然资本，其中大部分能够转化为生态资产并进入人类社会经济生产与再生产过程。生态资本不仅能长期性地影响区域经济增长、人民福祉增进和生态财富积累，还能影响乡村经济社会发展和共同富裕的历史进程。乡村巨大的生态资源存量和生态产品产能为实现乡村共同富裕提供了最广泛最深厚的物质基础，高效的生态资本运营及其益贫的分配制度和恰当的政府财政支持为乡村经济增长和农民福祉增进提供了无限的可能。尽管如此，生态资源与乡村经济贫困之间内在复杂因果关系及其理论逻辑的学术纷争，致使许多发展中国家政府为解决乡村经济贫困而采取了不同的财政或技术策略，并以实践推动乡村经济贫困状况和生态系统质量关系的变化，这种变化成为推动全球不同国家和地区乡村扶贫实践演变的行动逻辑。中国作为世界上人口最多的发展中国家之一，开发利用乡村生态资源发展特色产业助力解决乡村贫困问题，一直是政府大力倡导和支持的重点。中国乡村扶贫实践已经完成了消灭绝对贫困的重大历史任务，国家在贫困人口集中的生态脆弱地区实施生态扶贫方略发挥了重要作用。随着乡村扶贫工作重点转为全面巩固拓展脱贫攻坚成果，乡村建设整体上也随之进入全面小康之后的扎实推进共同富裕的新阶段，乡村工作重点也向实现共同富裕目标任务转变。

党的二十大报告提出实现人与自然和谐共生与全体人民共同富裕是中国式现代化的历史使命，明确乡村共同富裕是实现全国人民共同富裕的重点和难点，提出要把依托生态资源，大力发展乡村特色产业，拓宽农民致富增收渠道，建立生态产品价值实现机制，作为全面推进乡村振兴和扎实推进共同富裕的重要举措。共同富裕是发展与共享的有机统一（李实，2021），即在中国高质量发展进程中，持续提高人均收入水平、缩小收入差距，推动各地区共同发展、缩小区域差距，推动城乡共同发展、缩小城乡差距，进而实现全民共富、全面富裕、共建共富、逐渐共富（刘培林等，2021）。从经济维度看，共同富裕不仅要求整体经济发展水平达到一个较高水平，还要求不同群体间的差距得到合理控制与缩小（黄承伟，2021）。乡村面临着内部收入分配差距、城乡收入差距和区域发展差距等问题，是实现共同富裕的重点区域。山区乡村又是绿水青山及生态资源的富集区域。绿水青山是乡村生态财富转化及经济富裕实现所依托的最重要生态资本，也是密切关联农民福祉增进的最重要生计资本，是以人与自然和谐共生促进乡村共同富裕的自然禀赋优势和发展潜力所在。推动生态资源禀赋优势向乡村经济发展和农民福祉增进优势的高质量转变，助力缩小城乡差距，是加快构建生态文明建设与乡村共同富裕协同发展新格局的战略选择。然而，依托生态资源扎实推动乡村共同富裕，依然存在着理论和实践的困境。系统解析和阐释这些困境，并提出理论与实践创新的方略，是探索协同推进生态文明建设和乡村共同富裕的题中应有之义。为此，本研究基于生态经济学基本原理，构建"生态资源-生态资本-生态产品-生态财富-生态共富"的生态资源促进乡村共同富裕分析框架，多维度多层次递进探究生态共富的理论演进与乡村实践进程，面向新征程中国巩固拓展脱贫攻坚成果与扎实推进共同富裕的战略需求，聚焦山区乡村分布最为广泛及紧密关联国土生态安全和农户生计安全的森林资源，结合全国林业推进浙江共同富裕示范建设先行实践经验，提出以创新推动森林资源培育、保护、利用、运营、产品价值实现及协同乡村生态资本增值、生态产业增效和农民增收的山区乡村实践路径。

1.2 生态资源促进共同富裕：生态共富的经济学理论逻辑

1.2.1 生态资源资本化促进农业经济增长的理论逻辑

自然资本理论认为，自然生态资源是影响国家发展能力和人民福祉的自然资本，一切经济生产都依赖于自然资本存量所产生的自然资源流量（张雪溪等，2020）。随着自然资本理论的兴起，学界开始关注生态系统向人类提供的不同产品和各项效益（Daily，1997）。生态系统服务与人类福祉理论则进一步认为，生态系统服务是人类从生态系统获得的所有惠益，其多元价值形态与生产资料和劳动力相结合而生产出满足人们需求的生态产品，最后通过市场机制实现生态产品的货币化（龚勤林、陈说，2021），此时的生态系统服务即为经济学意义上的生态资本，因此，生态资本即为能够带来经济、社会效益的生态资源（张雪溪等，2020）。这实质上是承认自然生态系统执行着许多与人类福祉有关的生产活动，其所提供的有形产品和无形服务通过开发、投资、运营等一系列市场行为，生态资源的属性与价值就会发生转变，即经历"生态资源-生态资产-生态资本"的转化过程，最终实现生态资源资本化。新古典经济增长理论主要关注货币资本、劳动力和技术三要素投入对经济增长的影响，忽视生态资本对经济增长的长期影响。实际上，生态资本能够以生产要素的形式直接进入社会经济生产系统，其循环过程是通过生态技术进行形态和价值的转换而成为生态产品，生态产品进入市场通过交易成为生态商品及物质财富（张雪溪等，2020；严立冬等，2012），进而促进经济增长和增进人类福祉。据此，源于生态资源的生态资本作为现实或潜在的投入要素被纳入新古典经济增长理论模型而成为现代生态经济学的核心概念，并成为促进经济增长与生态保护协调可持续发展的理论逻辑。经济增长理论认为全要素生产率增长是经济增长的充分和必要条件，推动经济增长的主要因素包括要素投入量的增加和要素使用效率的提高。因此，生态资本作为一种生产要素而存在于经济系统之中，其资本存量、投入水平和转化效率成为影响经济可持续发展和人类福祉持续增进的关键性因素。

土地、生物、气候等自然要素构成的生态系统及其物质流和能量流是农业生产中的基础和原始资本。人类利用生态资本与劳动、技术、管理和政策等要素结合，产出人们所需要的农产品及其他生态产品。农业生产部门依靠生态资本而产生，又在不断改变生态资本的过程中得以发展。在农业生产过程中，生态资本及其功能价值既是劳动对象又是生产资料。农业生产过程的本质就是人们通过自身行为改变生态资本的形态为生态产品，完成生态资本使用价值向交换价值的转变，通过市场交易机制将生态资本的价值实现为现实的生态财富，以此适应人类社会需要的过程，即利用对生态资本的消费及其形态的变化过程，推动生态资本、经济资本和社会资本三者紧密结合，共同构成农业生产的复合资本运营系统。具体而言，在农业生产过程中，生态资本持有者将生态资本要素投入自然和经济再生产过程之中，利用农地、农业技术、资金、劳动和管理等经济社会资本实现生态资本的形态转换，并通过生态产品在生态市场上进行交易实现生态资本的增值（张雪溪等，2020；严立冬等，2012），完成生态资本货币化（使用价值转化为交换价值）的过程（严立冬等，2009），进而推动农业经济增长（图1-1）。

1.2.2 生态资源资本化运营增进农民福祉的理论逻辑

2005年联合国发布的《千年生态系统评估》报告构建的供给、调节、文化和支持服务的多样化生态系统服务框架以及基本物质条件、健康、安全、社会关系、选择自由与行动自由的人类福祉要素框架（赵士洞、张永民，2006），成为启示生态系统服务对人类福祉贡献研究的重要依据。生态福祉的概念随之产生，拓宽了传统福利经济学理论框架，并推动了由单一经济福利视角向包含生态环境福利在内的综合福利视角转型。生态环境质量从此成为福利的重要组成部分，现代福利观念也从以追求财富为主的经济福利过渡到追求人与生态和

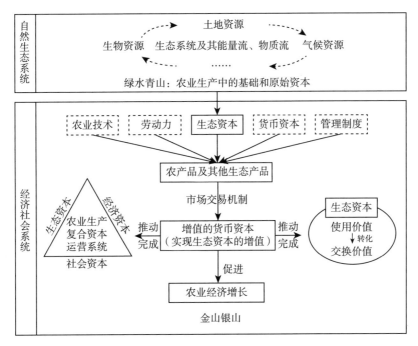

图 1-1　生态资源资本化促进农业经济增长的理论逻辑

谐的生态福利上来（梅怡明，2020）。毫无疑问，生态系统所提供的满足人们需要的多样化使用价值是生态福利的经济学本意，因此被认为是由供给、调节、文化和支持服务等生态系统使用价值提供的生态福祉。衡量生态资本的福祉效应关键在于单位生态资本投入所带来的社会福利产出水平，即取决于生态资本运营的福利效应（梅怡明，2020）。近些年来，以消费为主视角、涵盖生态支出的经济净福利指数得以推广到可持续经济福利指数，并在内容维度上不断增加生活质量、生态系统服务价值等要素，这表明人们的快乐与幸福不再仅仅来自获取更多的收入或者消费更多的商品，还取决于所处的生态系统质量以及从生态系统服务中所能获得的福利（SEN A，1997）。因此，丰厚的生态资源不仅能够为人们带来收入和消费的经济福利，而且还能够给人们带来以喜悦和幸福感为核心的精神享受与身心健康的社会生态福利。新福利经济学理论认为生态资本的生态经济效率是生态福利最大化的必要条件。由此，资本化的生态系统服务存量（保值）及其运营效率（增值）成为影响人类生态福利水平的决定性因素。

　　在农业生产领域，生态资本运营效率的目标主要是保障和增加农民的福祉水平，这是由生态资本运营的生态福利效应主要是满足农户需求的性质所决定的。然而，这一效应的性质由于生态资本运营的理性与非理性的权衡会出现积极和消极的变化。一方面，可持续的生态资本运营会带来生态资本存量和经济增长效应的协同并进，进而带动农民经济、生态和社会福利的整体可持续提升；另一方面，人类过度开发利用生态资本的行为，会削弱生态资本的可持续再生和增长能力，破坏生态系统的物质循环和能量代谢，阻碍生态资本存量的积累和资本流量的输出，进而抑制生态资本持续进入农业产业化的社会经济生产系统，最终导致资源枯竭与经济产出的停滞，引起农民经济、生态和社会福利的严重下降，而且这种生态福利的不可逆性和长期负面效应很难与经济福利的短期正面效用进行抵消。因此，必须将获得的物质财富的一部分作为生产要素重新投入生态资本再生产之中，形成货币资本反哺生态资本良性循环的再生产机制，从而实现生态建设和保护与生态资本的协调可持续发展，并在实践中走出一条生态资本再生产与生态资本不断积累的生态富裕道路。依据可持续经济学理论，生态制度、生态文化、生态组织和生态技术等作为协调人与自然关系的关键机制，也就成为了实现生态资本增进农民福祉的纽带（图 1-2）。

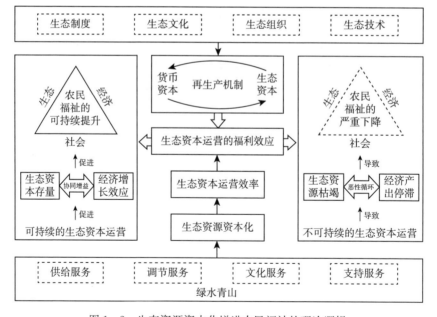

图 1-2　生态资源资本化增进农民福祉的理论逻辑

1.2.3 生态资本财富化促进乡村共同富裕的理论逻辑

生态财富是区别于物质财富的社会财富（龚勤林、陈说，2021），是存在于自然界中的亟待开发和转化的财富价值形态。在社会经济系统，生态资本与生产资料、劳动力等要素相结合而进入生态产品的生产环节，由此转变为生产资本形态和商品资本形态，最后转化为价值增值的货币资本形态，实现生态资本向生态财富的完整转变（龚勤林、陈说，2021）。生态资本与生态财富及其转化依赖与不同资本结合的这一条件，既揭示了生态资本内在固有的经济属性，也要求人们在保证生态资本存量可持续增长的前提下，利用货币资本的"聚合"作用将自然形态的生态资本转化为物质财富的商品形态（龚勤林、陈说，2021），完成生态资本财富化的转变过程。

基于生态财富观，将生态成本纳入商品的价格，把生态资本的边际效率纳入经济及成本核算，实际上就是把不可或缺的生态资本纳入到经济系统。因此，生态资本这一越来越稀缺的生产要素应当纳入生态经济增长模型的变量之中，并与土地、劳动力、资本和技术等传统要素一起作为促进生态与经济协调高质量发展的主要因素。与此相对应，基于生产要素的财富分配理论，生态资本从此可以纳入财富分配体系（沈满洪，2021），实际上就是把不可或缺的生态资本纳入到社会系统，并根据生态资本在生态产品生产过程中的投入比例和贡献大小确定具体的报酬，据此确保生态资本所有权人生态财富的实现，进而可以使得拥有农地、森林等重要生态资产经营权的乡村集体和农民获得生态资产的经营性收入，大幅度提升乡村集体和农民家庭生态财产性收入水平，有效缩小乡村内部收入分配差距（唐平，2006）、城乡收入差距和财富差距，从而为促进乡村共同富裕提供生态维度上的极大可能（图1-3）。

1.2.4 生态共富概念内涵及其实现机制

综上所述，所谓生态共富就是指以高质量保护利用生态资源为基础，以创新生态产品价值实现机制和生态财富分配机制为保障，以协同促进农业经济增长和农民福利改善为阶段性目标，以缩小区域和城乡差距为最终目标，推动"生态资源-生态资本-生态产品-生态财富-农民福祉-共同富裕"价值转化和社会公平协同提升的生态经济过程，是扎实推进乡村共同富裕的重要路径（图1-4）。生态共富既是实践"绿水青山就是金山银山"和绿色共富理念的重要手段和方法，也是一种包括生态资源价值财富转化和生态保护文化传承的

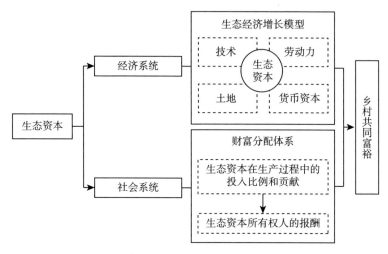

图 1-3 生态资本财富化促进乡村共同富裕的理论逻辑

全方位共富新模式，是生态经济增长与生态财富收益分配理论在未来中国推进共同富裕社会建设中的具体应用和创新探索。

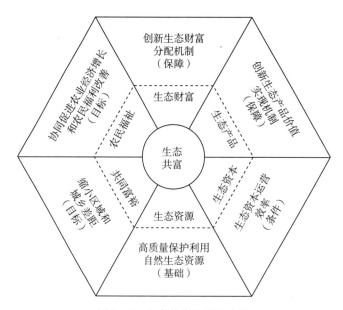

图 1-4 生态共富的概念内涵

在生态共富的概念内涵之中，高质量保护修复自然生态系统，不断提高生态系统的多样性、稳定性和生态产品供给的可持续性，推动生态资源提质增效，是实现生态共富的前提和基础。通过有效的运营管理推动生态资本高效转化为现实物质财富，促进生态和经济协调高质量发展，是实现生态共富的必要条件。通过公平合理的生态要素分配制度设计推动生态资源权利主体收入水平的持续增长，不断提高农民生态资源财产收入在家庭收入中的比重，进而不断缩小城乡收入差距和财富差距，是实现生态共富的充分条件。在生态共富的语境之中，生态资源资产是基础和前提，生态价值经济转化是过程和手段，缩小城乡差距进而实现共同富裕是目的和任务，实现机制和分配机制是关键保障。

生产要素化的生态资本价值实现及其生态财富分配权能构成了生态共富的理论基石，生态资本价值转化效率与生态产权收入分配效应及其利益共享机制是影响生态共富的决定性因素。与之对应，作为促进生态共富的关键保障，创新生态产品价值实现机制和生态财富分配机制是生态资源富集区推进共同富裕最直接有效的途径。生态产品价值实现机制旨在将生态产品所具有的各种价值，通过综合运用政府主导的生态产品保护补偿和市场主导的生态产品经营开发（即生态产品价值转化）两种主要手段，建立生态保护者受益、使用者付费、破坏者赔偿的利益导向机制，推进生态资源的培育、保护和产业化发展。其中，生态补偿机制是促进生态资源富集区共同富裕的普惠机制，具有较强的稳定性和边际效应递减性。生态产品价值转化机制及生态产业化机制是生态产品价值实现的主要机制（王宾，2022），其转化效率是生态资本运营管理效果及生态产业化路径选择绩效的集中体现。生态财富分配机制旨在构建生态财富初次分配、再次分配和三次分配协调配套的制度体系，通过生态要素和产品交易、政府生态成本补偿和市场自发供给等方式，帮助生态资源富集且发展滞后、收入低下的乡村地区和农民获得更多可持续的经济收入增长的机会，进而缩小区域差距和城乡差距，推动实现共同富裕。

1.3　生态资源与乡村经济贫困：因果关系及其批判

1.3.1　生态资源与乡村经济贫困复杂的因果关系

从 20 世纪 80 年代开始，发展中国家的乡村经济贫困、生态退化及其相互关系问题就是全球可持续发展的核心内容与重要议程，寻找经济贫困减缓与生态保护的最佳平衡点是乡村实践的重要方向。生态资源与乡村经济贫困在实践中相互交叉而又不可分离，且关系错综复杂，两者双向互动的内在因果关系一直是理论界争论的焦点（祁新华等，2013）。尽管乡村经济贫困缘于生态资源匮乏以及穷人深受其害的观点得到广泛的认可，经济贫穷使得贫困地区偏向于采用容易导致生态退化的简单生产方式，而且穷人无心也无力投资生态资源的保护修复，加剧了生态系统恶化。生态资源作为乡村农民的重要生计资本，其匮乏减少了经济贫困人口获取生计资源的机会，必然会加重乡村经济贫困。但是，乡村经济贫困本身并不一定导致生态资源的匮乏，丰富的生态资源也不一定会必然地带来乡村经济的繁荣和农民家庭的富裕。例如，在有的地方，经济贫困与森林退化不仅在空间上并未出现重叠，而且两者之间的关联并不明确（Lawson 等，2012），经济贫困与生态资源之间的关系是受时间影响的动态关系（Jagger 等，2022）。可见，经济贫困与生态资源之间的关系不仅受到生态资源禀赋特征的影响，还取决于政府采取的生态保护制度及其实施力度以及由此引致的生态资源保护利用模式（孔凡斌等，2022）。

实际上，在众多发展中国家的乡村实践之中曾经就很难找到经济富裕与生态保护可持续协同的成功案例，而且在全球许多生态资源禀赋优势明显的山区和林区，丰富的森林、湿地、生物资源以及淡水资源不仅没有带来乡村经济的长期繁荣，相反这些地区却曾经长期分布着大量的低收入群体（Reed D，2002；Dasgupta S 等，2005）。同样在中国，无论是生态资源相对匮乏的西北干旱和半干旱地区的乡村还是生态资源相对富集的中部和西南湿润、半湿润地区的乡村，都曾存在经济贫困与重要生态区在地理空间分布上的重叠现象（孔凡斌等，2019）。前者匮乏的生态资源使得生态资本运营与生态财富和生态福利之间缺乏良性互动，生态资源市场供给及投入量受限，导致生态恶化型贫困；后者被国家禁止和限制开发利用的丰富生态资源却因缺乏向生态财富和生态福利转化的市场基础，导致生态资源的市场投入受阻，难以发挥运营与福利的协同增益效应，陷入生态资源"富足的矛盾"，生态资源禀赋与经济发展和收入增长之间出现"脱钩"现象，容易导致生态保护压力型贫困。由此，生态资源耗竭或开发利用限制与乡村经济贫困加剧共生共存。不仅如此，乡村农民权利和财富不平等同样会导致生态资源退化，引起生态资源退化的相关活动通常会导致短期的收益和长期的代价，缺乏金钱会给人们带来一种能够削弱人们注意力并减少努力的认知负荷，这种认知负荷会让人们做出更糟糕的决定，可能使经济贫困进一步加深（Mani A 等，2013）。

由此可见，乡村经济贫困与生态资源之间存在相互作用的内在机制，两者之间的复杂关系不仅取决于生态资源的自然禀赋特征及其主导功能的政策定位，还取决于众所周知的因素，即乡村贫困人口不大的生计选择余地以及他们对外界压力和刺激的反应方式。

1.3.2　生态资源与乡村经济贫困因果关系的主要理论观点及其政策影响

基于"贫困陷阱"理论的悲观论调认为，生态资源匮乏是制约乡村发展的关键因素，且乡村经济贫困与生态资源是一个相互依赖与相互强化的关系（Bowles S 等，2006）。这一论调认为，发展中国家普遍经历了人口快速增长的过程，在这一过程中，人口数量及人类活动干预程度超过了生态资源及生态系统的阈值而导致生态资源枯竭和生态系统退化，并致发展中国家乡村低收入人口的人均收入难以增长。人口快速增长成为制约发展中国家人均收入提高的社会"陷阱"，这种"陷阱"作为一个"诅咒"束缚着发展中国家贫困地区的发展。不仅如此，区域经济增长中的规模经济和聚集经济效应以及要素收益的区域差异所产生的生产要素从贫穷地区流向富裕地区的"回流效应"，加剧了生态脆弱地区的贫困（Myrdal G，1960）。鉴于经济贫困和生态资源退化的恶性循环是制约贫困地区经济发展的重要原因（程欣等，2018），许多发展中国家有针对性地采取了推动乡村贫困人口脱贫的财政或技术政策，这些政策推动了欠发达地区的生态资源开发利用和当地经济的快速发展。然而，技术手段、发展模式与资源开发方式的原始和落后，引发了严重的生态后果和社会问题，有可能进一步加剧乡村生态恶化型贫困（程欣等，2018）。与此同时，一些发展中国家实施严格的生态保护政策，但由于制度设计缺陷或有限的经济补偿以及欠缺配套措施，使得生态资源经营管理权利主体的经济损失难以得到合理补偿，加上滞后发展的替代产业难以支撑农民生计转型和收入增长，在一定程度上损害了乡村贫困人群的利益，甚至进一步加剧乡村生态保护压力型贫困，最终导致生态保护政策难以达到预期目标。"贫困陷阱"理论对发展中国家扶贫政策产生了重大影响，也使得政府在处理乡村经济贫困与生态保护的关系问题时面临两难处境，以至于全球众多的发展中国家乡村至今仍然遭受着经济贫困与生态资源退化恶性循环的困扰。

基于技术进步的乐观论调认为，技术进步为协同减缓乡村经济贫困和生态保护提供了契机，将消除乡村经济贫困作为生态保护修复工程的一部分，或将生态保护修复工程融入减缓乡村经济贫困的实践中，统筹考虑并解决乡村经济贫困与生态保护修复是可行且紧迫的（Reed D，2022；Adams W M 等，2004）。据此，技术进步使协同经济脱贫与生态保护成为必要与可能（祁新华等，2013）。以生态保护和生态资源集约高效利用为目标的技术进步以及政府政策调整促进了处于不同时空及发展阶段的不同群体利益的均衡，为兼顾扶贫的生态保护修复工程和政策的实施提供了良好的条件，并在包括中国在内的一些发展中国家的乡村生态扶贫实践中取得了明显成效（孔凡斌等，2022）。

基于"环境库兹涅茨曲线"假说的生态代价论调，将生态资源退化视为消除乡村经济贫困一个不可逾越的阶段，认为经济发达是生态资源退化趋势扭转的先决条件，即经济发展到一定阶段，生态环境质量和生态资源存量必然地会进入一个恢复和重建的良性阶段。依据这一理论而采取的发展模式被工业国家实践所验证，并被许多急于摆脱经济贫困的发展中国家所借鉴。发展中国家政府据此大力倡导兼顾经济与生态的乡村可持续发展模式。但生态保护的长期性、生态效益显化的滞后性和消除乡村经济贫困的紧迫性之间的现实矛盾，致使在实践中不少国家的政府不得不将生态保护置于相对次要的位置，最终采取了以牺牲生态资源为代价的区域和乡村发展模式，其结果是只有少数国家与地方政府尝试超越"环境库兹涅茨曲线"束缚，而且成功的实践案例十分罕见（Stern D I，2004）。"环境库兹涅茨曲线"假说曾一度影响了发展中国家和发达国家以及国际货币基金组织与世界银行的政策导向，这一政策导向强调了快速经济发展为解决发展中国家乡村经济贫困带来的巨大机遇，却忽视了所付出的生态代价以及发展中国家难以承受的巨大生态保护修复成本（孔凡斌等，2022）。

1.3.3 乡村经济贫困与生态资源退化因果关系的思想流派纷争

乡村经济贫困与生态资源退化双向互动及其内在因果关系一直以来是不同学术思想流派争论和批判的焦点。不同的学术思想流派对于乡村经济贫困是否引发生态资源退化的认识存在很大分歧，即存在生态资源退化穷人责任论、生态资源退化富人责任论和生态资源退化复杂成因三种学术流派的思想纷争。

生态资源退化穷人责任论一度成为主流的学术观点。例如著名的布伦特兰委员会报告《我们共同的未来》和来自世界银行等主流研究大都认为贫困及穷人是生态资源退化和生态资本匮乏的主要原因，由此认为，若要有效遏制生态资源退化必先治理好贫困。然而，此类观点不仅让乡村贫困人口承担了导致生态资源退化的过多指责（祁新华等，2013）和过重的生态保护义务（孔凡斌等，2022），也容易进一步加剧乡村生态保护压力型贫困。

生态资源退化富人责任论则持与穷人责任论截然相反的观点。该流派将生态资源退化的原因归结于相对富裕的国家、地区或人群，认为是富人或有权势的人将边缘人群逼入贫困的最初因素，引发生态资源退化（Dasgupta S 等，2005），由此认为，将生态资源退化归咎于穷人是不公平的，贫困与生态资源退化的关系并非"贫困陷阱"理论所定义的因果关系（祁新华等，2013）。恰恰相反，许多农户能够正确认识生态资源利用和保护的作用，并能通过投资来改善生态资源条件，据此认为富人因使用更多生态资源并获得更多的生态福利而应当承担更多的生态保护与治理成本。

生态资源退化复杂成因的学术流派秉持中庸的观点。该流派认为传统的贫困与生态环境的线性关系过于简单，贫困或生态资源退化是受到一系列复杂因素的影响造成的（Duraiappah A K，1998），而乡村生态资源退化更多的是与外在复杂因素相关联，非单纯地起源于贫困（Prakash S，1997）。生态资源退化与农民的生产活动密切相关，而与他们是贫困或是富裕并无直接联系，自然、经济、社会等一系列复杂变量在贫困与生态资源退化相互关系中发挥综合作用（祁新华等，2013）。因此，不能将乡村经济贫困与生态资源退化这一多维问题解释为主体行为等某个单一因素的作用结果。乡村经济贫困与生态资源退化或生态保护的相互关系问题，及其在完善巩固拓展乡村脱贫攻坚成果和推进乡村共同富裕政策实践创新中的基础性作用，仍然是一个需要深入探讨的理论和实践问题（孔凡斌等，2022）。

1.4　由山区综合开发到生态扶贫再到生态共富：中国的实践进程

1.4.1　由山区综合开发到生态扶贫：跳出"贫困陷阱"的实践探索

受"贫困陷阱"理论和生态资源退化穷人责任论以及"环境库兹涅茨曲线"思潮的影响，针对中国贫困问题主要就是贫困山区乡村经济落后问题的特点，基于不同发展阶段的重大战略需求，中国政府在全国范围内展开不同形式的乡村扶贫实践探索（杨灿明，2021）。据统计，中国的山区拥有全国 40% 的耕地，粮食产量占全国的 1/3，居住着全国 56% 的人口，全国 90% 以上的木材、绝大多数的矿产、野生动植物、品种繁多的药材均出产自山区。同时，山区还是重要的水源地和旅游目的地，是包含自然、社会、经济在内的地域综合体（吴传钧等，1984）。因此，开发利用好山区资源，对于扶贫攻坚意义重大。森林资源是山区乡村最为丰富的生态资源。从 20 世纪 80 年代开始，中国政府致力于用体制改革推动扶贫，在山区和林区通过稳定山权林权、划定自留山、确定林业生产责任制及林业"三定"改革推动农民增收，提高了林地经济产出水平；但由于森林资源保护治理体系不健全，导致出现严重的集体林乱砍滥伐及生态资源退化，随即中国政府以"森林采伐限额政策"对包括集体所有的森林资源严加管控，对农民森林资源的收益权和处置权加以限制，森林资源经济利用效率随之下降，致使乡村森林生态保护压力型贫困矛盾难以缓解。随后展开的大规模开发式扶贫实践探索，仍然未能彻底解决乡村经济贫困问题。考虑到乡村经济贫困与山区丰富生态资源利用效率低下难以支撑乡村收入增长及实现温饱和建设小康社会的现实困境，从 1997 年开始，中国政府采取推动山区乡村贫困人口脱贫的财政政策，重点支持山区生态资源的综合开发利用。山区综合开发基本解决了山区乡村 2 亿多贫困人口的温饱问题（中国农村扶贫开发纲要，2001），助力国家阶段性扶贫战略目标的基本实现，扶贫成效在贫困人口比较集中且生态资源丰富的沂蒙山区、井冈山及罗霄山区、大别山区、武夷山区等地效果尤为明显（孔凡斌等，2022）。然而，山区由于生态系统的脆弱性和生态区位的重要性，不适合开展大规模资源开发和基础设施建设，同时，由于人才匮乏、发展资金有限、科技支撑不足、生态资源运营管理落后以及国家生态保护制度的刚性约束，山区天然的生态资源要素比较优势并没有得到有效发挥，致使通过发展特色生态产业促进山区乡村经济增长和农民收入增长的路径受阻，山区乡村经济发展滞后的现实困境难以破解。不仅如此，粗放的资源开发利用方式导致出现过度砍伐森林和严重水土流失等生态退化现象，山区脱贫和生态保护长期处于难以两全的尴尬境地。截至 2017 年底，中国 14 个集中连片特困地区聚居了全国 60% 的贫困人口和 80% 以上的深度贫困人口（寇江泽，2020），山区综合开发的实施并没有有效缩小城乡发展差距与收入差距，反而呈现出差距逐渐扩大和生态资源退化共生并存的恶性循环趋势。

受到技术进步乐观论和生态资源退化复杂成因学术流派的影响，针对山区贫困、生态资源开发与生态保护三者之间关系及其影响因素的现实复杂性，基于全面打赢脱贫攻坚战及全面建成小康社会的战略需求，中国政府认识到通过开发利用山区生态资源的经济手段很难协同生态改善和农民脱贫的目标，于是在 2015 年正式提出实施生态扶贫战略，并将其列为精准扶贫重点工作。2018 年，国家发展改革委、国家林业局、财政部、水利部、农业部、国务院扶贫办六部门共同制定并发布《生态扶贫工作方案》提出聚焦集中连片特困地区，通过生态补偿、生态工程和生态产业等综合手段，以林业为主阵地，支持乡村贫困人口通过参与林业生态工程建设、享受政府森林生态补偿资金和生态公益林岗位补贴政策、参与发展生态产业以及享受易地移民搬迁补贴等五条主要路径（图 1-5），统筹推进生态保护与扶贫开发和协调山区经济发展与生态改善的复杂关系，标志着中国乡村扶贫实践进程从综合开发走向生态扶贫（许正松等，2022）。

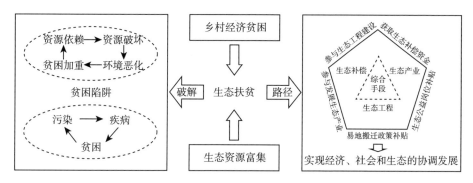

图 1-5　跳出"贫困陷阱"的中国生态扶贫实践路径

　　生态扶贫在原集中连片特困地区全局和分区层次上均形成了以农户脱贫增收为目标的丰富多样的生态扶贫共建共享模式和运行机制（孔凡斌等，2022），不仅有效保护了生态环境、遏制了区域生态恶化，而且还对区域产业结构、农民生计、地方经济以及生态治理国家形象等多元政策目标效应产生重大影响，成功助力 2 000 多万贫困人口脱贫增收，取得了十分显著的扶贫成效。生态扶贫作为山区综合开发实践的延续和提升，在中国打赢脱贫攻坚战中发挥了十分重要的作用。

1.4.2　由生态扶贫到生态共富：使命任务与现实挑战

　　打赢脱贫攻坚战、全面建成小康社会后，中国乡村贫困的属性和群体特征发生了重大变化（叶兴庆、殷浩栋，2019），城乡发展差距和收入差距过大的问题依然存在（刘培林等，2021）。根据国家统计局数据，2020 年中国城镇居民的人均可支配收入仍是农村居民的 2.56 倍（国家统计局，2021），如果将义务教育、基本医疗、其他社会保障等因素考虑在内，中国城乡差距会更大。根据《中国农村统计年鉴》数据，2020 年中国农村最高收入组家庭年人均可支配收入与最低收入组家庭之比高达 12.15∶1（国家统计局，2021），中国农村家庭收入的不平衡问题十分严重。2022 年 10 月，党的二十大报告将"人与自然和谐共生"和"全体人民共同富裕"确定为中国式现代化建设的使命任务，并指出实现中国式现代化最艰巨最繁重的任务仍然在乡村。巩固提升乡村经济发展和农民收入增长能力，通过乡村经济富裕缩小城乡差距，是乡村共同富裕的重点和难点。在推进人与自然和谐共生与全体人民共同富裕的现代化建设新起点上，巩固生态扶贫成果，高水平保护生态环境，高效率利用山区生态资源，高质量发展壮大特色产业，成规模带动脱贫人口稳定就业，持续稳定提高脱贫人口收入水平，助力缩小城乡差距，走出一条生态产业发展、农民生活富裕、生态环境良好的乡村全面振兴道路，推动构建生态文明建设与乡村共同富裕协同发展新格局，是中国生态扶贫走向生态共富进程的重大历史机遇和新使命任务。

中国已经脱贫摘帽的贫困县，大多数处于区位条件和自然地理禀赋较差的14个原集中连片特困地区，与生态安全屏障区、生态脆弱区、资源环境敏感区和生态保护修复工程分布区域及山区高度重合（汪三贵，2018），这些地区实现了全部脱贫摘帽并不意味着其乡村贫困的彻底终结（李小云、许汉泽，2018），这些地区与全国其他地区之间的差距依然明显（叶兴庆、殷浩栋，2019）。乡村贫困人口生计脆弱性与区域生态脆弱性将会长期并存（李小云、许汉泽，2018），乡村经济发展与农民福祉增进依然要受到生态脆弱性和生计脆弱性的双重限制而有可能重新落入生态贫困的陷阱（孔凡斌等，2019）。生态脆弱性与经济脆弱性将加剧贫困脆弱性（杨龙、汪三贵，2015）。不仅如此，原集中连片特困地区在巩固拓展生态扶贫成果及推进生态共富进程中面临着巨大的现实挑战，主要表现在脱贫地区发展内生动力不充足（李晴，2019；张耀文、郭晓鸣，2019），原深度贫困地区脱贫不充分（潘卓等，2022），区域和群体间脱贫的成效不平衡（张琦、孔梅，2019），外部环境不确定性影响长期存在，以及巩固脱贫攻坚成果及扎实推进生态共富长效机制亟待建立等方面。

1.5 生态共富的山区乡村实践：优势与路径

1.5.1 森林资源促进山区乡村生态共富的优势和主导作用

绿水青山是最重要的生态资源，决定绿水青山面貌的森林资源是中国山区乡村分布最广、存量最为丰富的生态资源。截至 2018 年，中国乡村集体所有的森林资源面积 13 385.44 万公顷，占全国森林面积的 61.34%，森林蓄积量693 521.59 万立方米，占全国森林蓄积量的 40.66%（国家林业和草原局，

2019）。集体森林资源富集的省份多位于 14 个原集中连片特困地区及山区，这些地区曾经是中国脱贫攻坚和生态扶贫的主战场。森林资源保护和利用在生态扶贫中发挥了主导作用，林业成为中国生态扶贫的主阵地（孔凡斌等，2022；徐彩瑶等，2022）。进入全面推进乡村振兴战略新阶段，上述森林资源富集的山区和集体林区依然是中国实现共同富裕的重点和难点区域。森林资源富集是发展壮大山区乡村特色产业促进农民增收的优势，因此，扎实推进共同富裕，必须继续发挥和提升森林资源优势的主导作用，林业必然继续成为山区乡村生态共富的主阵地。

森林资源及其构成的森林生态系统持续提供密切关联乡村经济发展和山区农民生计的生态产品和服务，为发展乡村多元复合式生态产业、破解山区乡村发展滞后困境及实现共富目标提供了广泛而深厚的物质基础。具体而言，森林生态系统为区域经济发展和乡村农民生计提供除直接林木产品之外的供给、调节和文化等具有重要使用价值的功能服务，其中的调节类服务作为直接关联人类福祉极为重要的森林生态系统服务，主要包括固碳释氧、水源涵养、土壤保持和气候调节等，固碳服务与气候变化和农业生产高度关联，水源涵养与水资源安全和粮食安全紧密相关，土壤保持影响土壤长期生产力和农产品产出潜能，气候调节关乎人类生产生活的各个方面（孔凡斌等，2022）。除此之外，森林生态系统的林木产品供给和文化服务与区域现代特色产业发展、生态系统安全和"生态＋"文化旅游发展密切关联，这些森林生态系统服务及其使用价值连同林木资产一起成为山区乡村丰富的森林生态资产（图 1－6）。然而，2018 年中国全国林地林木资源总价值 25.05 万亿元，林业产业年总产值达 7.33 万亿元（国家林业和草原局，2019），林地林木存量资产产业年转化比例为 29.26％；森林生态系统提供生态服务存量价值及生态资本达 15.88 万亿元（国家林业和草原局，2019），存量生态资本产业年度转化比例为 46.16％；林地林木和生态资本存量两项生态资产产业年转化比例仅为 17.91％。同期乡村集体所有的森林资产总价值和森林生态系统服务价值均接近和超过全国的 50％，乡村人均占有规模可观的森林生态资产，但是乡村集体所有的林地林木资产、生态资本及森林生态资产产业转化比例较之国有森林资源要低，农民从森林生态资本的经济转化中获取的货币收入占家庭可支配收入的比例持续降低（孔凡斌等，2022）。依托山区乡村森林资源优势，发展壮大农村集体林业经济，不断提升森林生态产品和生态资产价值产业转化效率，助力推进山区乡村生态共富，具有巨大的潜力。

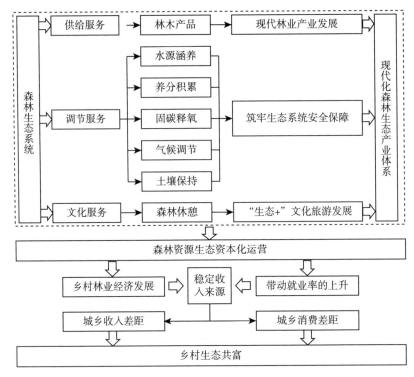

图 1-6 森林资源促进山区乡村生态共富的优势和主导作用

依托森林资源发展山区特色生态产业能够助力缩小城乡收入差距和消费差距，进而可以在缩小城乡差距及实现共同富裕方面发挥积极作用。理论上，有效的森林资源资本化运营可以通过森林资源要素价格优势吸引资金投向山区乡村林业经济发展，进而为森林资源禀赋优越的山区带来发展动力；农民从乡村林业经济发展中获得经济收入，从而缩小城乡收入差距。同时，有效的森林资源资本化运营可以推动山区林业经济增长，进而带动当地就业率的上升；稳定的收入来源可以进一步提升乡村农户的消费水平，缩小城乡消费差距。近年来，作为全国高质量发展建设共同富裕示范区，浙江省在全国率先探索山区乡村生态共富的实践路径，严格按照国家林业和草原局《关于支持浙江共建林业践行绿水青山就是金山银山理念先行省 推动共同富裕示范区建设的若干措施》文件要求，充分发挥林业在推动共同富裕示范区建设中的作用，依托丰富的森林资源、良好的林业生态产业基础以及不断完备的支持政策体系，高起点打造全国林业践行绿水青山就是金山银山理念示范区；瞄准发展相对落后的山区26县，发布《浙江省山区 26 县跨越式高质量发展实施方案（2021—2025 年)》，支持山区县依托森林资源优势发展竹木加工、木本粮油、林下经济、花卉苗木、森林康养等五大主导产业，培育壮大特色优势林业产业集群，积极开展山区县林业推进共同富裕的试点示范工作，带动乡村农民增收致富，以山区乡村林业生态共富助力全域共同富裕，为全国实现共同富裕先行探路，取得了良好的成效。2021年，浙江省以全国2％的林地创造了全国8％的林业产值，林业产值对农民收入的贡献率为19％，重点林区县的贡献率达到了50％以上，城乡收入比为1.94∶1（浙江省统计局，2022），山区26县林业产值占农林牧渔经济总产值的96.29％（徐彩瑶等，2023），森林生态产品价值转化效率持续提升（徐彩瑶等，2023；孔凡斌等，2023）。实践证明，丰富的森林资源能够成为山区乡村走向共同富裕的重要支撑。

1.5.2　山区乡村生态共富的实践路径

按照山区综合开发到生态扶贫再到生态共富的实践发展逻辑，山区乡村生态共富是新时期协同推进美丽乡村建设和拓展生态扶贫成果的战略重点。借鉴和推广浙江山区乡村生态共富的先行实践经验，将生态共富作为中国共同富裕战略的重要组成部分，坚持经济共富优先的务实原则，突出森林生态资本禀赋优势在扎实推进山区乡村共同富裕实践中的重要作用，纳入国家乡村振兴发展规划和计划，实施以林业高质量发展为引领的山区乡村生态共富新战略，具有现实紧迫性。然而，生态资源促进乡村共同富裕是一项复杂的系统性工程，需要结合生态共富的经济学理论基础及中国的实践逻辑，构建山区乡村生态共富的实践路径（图1-7），推动山区乡村生态共富取得实质性进展。

（1）探索山区乡村生态共富的森林生态产品价值实现路径。一是实现森林生态资本的提量增值和提质增汇。大力实施森林质量提升工程，不断提升森林生态系统服务功能，注重增强森林生态系统固碳增汇功能，巩固森林生态资本存量，提升森林生态产品的高质量持续供给能力（许正松等，2022）。二是实现森林生态产业的提效增收。大力发展木本油料、林下经济、花卉苗木、竹木制造、森林康养绿色富民产业，加强木本粮油供给，形成益贫森林生态产业体系。三是实现生态产品政府购买增效。加快建立健全生态公益林为主的自然生态系统生态产品的财政购买制度，不断健全财政转移支付政策、森林生态补偿制度、生态公益岗位制度、林业生态建设保护工程补助政策、绿色金融助贫政策等财政支持政策体系（许正松等，2022）。四是实现森林生态资本的市场运营增效。加快建立健全地区间森林生态价值交换制度，探索建立森林生态产品

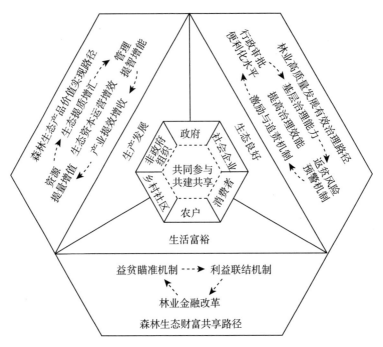

图1-7 山区乡村生态共富的实践路径

价值核算和交换机制（许正松等，2022），构建森林生态产品价值核算体系、价格体系、交易体系，健全森林生态产品管理、开发和运营平台，对细碎化的森林生态产品进行集中收储和整合优化，打包整体推向市场，促进森林生态产品价值向经济发展和生态共富优势的高效率转化。

（2）探索山区乡村生态共富的森林生态财富共享路径。一是健全项目的益贫瞄准机制。优先安排低收入农户参与森林生态保护修复、森林质量提升工程和森林生态产业发展等项目建设。二是健全帮扶项目与脱贫群体的利益联结机制。支持和引导低收入农户以林地承包经营权、林木所有权以及劳动力资源为要素，创新林地经营权流转证发放制度，推进林业"三权分置"（何晓玲、赵希元，2021），通过入股分红、订单帮扶、合作经营、劳动就业等方式，推进林业股份合作制改革，推广林木、林地和家庭林场等三种股份合作制模式，引导工商资本与农户建立利益联结机制，推进森林资源产业化规模化经营（何晓玲、赵希元，2021），引导农户参与重点项目建设管理全过程，并据此分享资金、工资以及入股分红，构建牢固的农户利益联结与共享机制。三是加快林业金融改革。推广林权抵押贷款新模式，开启森林碳汇价值质押贷款（何晓玲、赵希元，2021），创新推广森林保险新险种，多渠道全方位保障农户利益。

（3）探索山区乡村生态共富的林业高质量发展有效治理路径。一是提升林业促进乡村共同富裕的行政审批便利化水平。积极推进林业"最多跑一次"改革，改进涉林审批管理，建立"双随机、一公开"事中事后监督检查制度（何晓玲、赵希元，2021）。二是健全生态脱贫人口返贫风险预警机制。完善脱贫人口后期扶持，实行差异化的帮扶资金配套政策，严格帮扶资金审计。三是提升基层治理能力。引入帮扶专职公务员，创新精准考核机制，加大对帮扶工作整体成效指标的考核。四是完善第三方评估与反馈机制，建立评估结果的激励措施与追究问责机制。五是提高治理效能。健全统一高效的乡村生态共富决策议事协调工作机制，编制完善"十四五"时期生态共富战略规划，把强林富农作为创新发展的第一目标，大力推进兴林富民行动，将其作为林业高质量发展促进乡村共同富裕的重要指标纳入政府目标考核责任书（何晓玲、赵希元，2021）。

综上所述，在推动生态共富的山区乡村实践中，要围绕全国林业推进共同富裕示范建设的目标，紧密结合当地实际，强化政策赋能，集聚优质生产要素，盘活各类生态资源，统筹推进山水林田湖草系统治理，以优越的森林生态环境创造优质的投资环境，推动森林资源优势向山区乡村生态共富效能的转变。要坚持示范引领，在全国重点地区和关键领域集中财力办大事，聚焦森林资源提量增值、生态提质增汇、产业提效增收和管理提智增能等四个维度，加大试点示范建设，打造一批具有林业辨识度、看得见摸得着、可复制可推广、社会有影响力、群众有获得感的先进典型和示范经验，加快形成高质量、系统性、普惠性的林业高质量发展新格局和乡村生态共富新场景，实现山区乡村生态扶贫成果和生态产业与生态质量全面拓展，乡村农民从生态产业发展和生态建设保护中的收入有实质性的增长，林业共富能力显著增强，通过不断探索创新山区乡村生态共富的实践路径，为林业高质量发展建设共同富裕社会实践提供生态共富示范样板。

参考文献

程欣，帅传敏，王静，等，2018. 生态环境和灾害对贫困影响的研究综述 [J]. 资源科学（4）：676-697.

龚勤林，陈说，2021. 基于资本循环理论的区域优势转化与生态财富形成研究：兼论绿水青山就是金山银山的理论逻辑与实现路径 [J]. 政治经济学评论（2）：97-118.

顾仲阳，郁静娴，李晓晴，2021.2 000多万贫困人口脱贫增收：生态扶贫　惠民富民［EB/OL］．（02－21）［2023－03－20］．http：//www. gov. cn/xinwen/2021－02/21/content_5588030. htm.

国家林业和草原局，2019. 中国森林资源报告（2014—2018）［M］．北京：中国林业出版社．

国家统计局，2021. 中国农村统计年鉴（2021）［M］．北京：中国统计出版社．

国家统计局，2021. 中国统计年鉴（2021）［M］．北京：中国统计出版社．

何晓玲，赵希元，2021. 浙江奋力建设共同富裕林业示范区［J］．浙江林业（7）：18－19.

黄承伟，2021. 论乡村振兴与共同富裕的内在逻辑及理论议题［J］．南京农业大学学报（社会科学版）（6）：1－9.

孔凡斌，廖文梅，徐彩瑶，2022. 集体林权制度改革与集体林业可持续发展［M］．北京：中国农业出版社．

孔凡斌，王宁，徐彩瑶，2022.“两山”理念发源地森林生态产品价值实现效率［J］．林业科学（7）：12－22.

孔凡斌，王宁，徐彩瑶，等，2023. 浙江省山区26县森林生态产品价值实现对城乡收入差距的影响［J］．林业科学（1）：44－58.

孔凡斌，徐彩瑶，陈胜东，2022. 中国生态扶贫共建共享机制研究［M］．北京：中国农业出版社．

孔凡斌，许正松，陈胜东，2019. 建立中国生态扶贫共建共享机制：理论渊源与创新方向［J］．现代经济探讨（4）：23－28.

寇江泽，2020. 多措并举巩固脱贫成果［EB/OL］．（12－22）［2023－03－20］．http：//theory. people. com. cn/n1/2020/1222/c40531－31974248. html.

李晴，2019. 可持续生计视角下我国集中连片特困地区精准扶贫模式研究［D］．南京：南京大学．

李实，2021. 共同富裕的目标和实现路径选择［J］．经济研究（11）：4－13.

李小云，许汉泽，2018.2020年后扶贫工作的若干思考［J］．国家行政学院学报（1）：62－66，149－150.

刘培林，钱滔，黄先海，等，2021. 共同富裕的内涵、实现路径与测度方法［J］．管理世界（8）：117－129.

梅怡明，2020. 农业生态资本运营的福利效应研究［D］．武汉：中南财经政法大学．

潘卓，李玉恒，刘愿理，等，2022. 深度贫困地区农户脱贫稳定性测度及影响机理研究［J］．地理科学进展（8）：1378－1388.

祁新华，林荣平，程煜，等，2013. 贫困与生态环境相互关系研究述评［J］．地理科学（12）：1498－1505.

沈满洪，2021. 生态文明视角下的共同富裕观［J］．治理研究（5）：5－13，2.

唐平，2006. 农村居民收入差距的变动及影响因素分析［J］．管理世界（5）：69－75.

汪三贵，曾小溪，2018. 从区域扶贫开发到精准扶贫：改革开放 40 年中国扶贫政策的演进及脱贫攻坚的难点和对策 [J]. 农业经济问题 (8)：40-50.

王宾，2022. 共同富裕视角下乡村生态产品价值实现：基本逻辑与路径选择 [J]. 中国农村经济 (6)：129-143.

吴传钧，陈鹄，傅抱璞，等，1984. 笔谈：我国山区的综合开发和整治 [J]. 地理学报 (2)：125-140.

徐彩瑶，王苓，潘丹，等，2022. 退耕还林高质量发展生态补偿机制创新实现路径 [J]. 林业经济问题 (1)：9-20.

徐彩瑶，王宁，孔凡斌，等，2023. 森林生态产品价值实现对县域发展差距的影响：以浙江省山区 26 县为例 [J]. 林业科学 (1)：12-30.

许正松，徐彩瑶，陆雨，等，2022. 中国生态扶贫的实践逻辑、政策成效与机制创新 [J]. 林业经济问题 (3)：225-232.

严立冬，麦琼翎，屈志光，等，2012. 生态资本运营视角下的农地整理 [J]. 中国人口·资源与环境 (12)：79-84.

严立冬，谭波，刘加林，2009. 生态资本化：生态资源的价值实现 [J]. 中南财经政法大学学报 (2)：3-8，142.

杨灿明，2021. 中国战胜农村贫困的百年实践探索与理论创新 [J]. 管理世界 (11)：1-15.

杨龙，汪三贵，2015. 贫困地区农户的多维贫困测量与分解：基于 2010 年中国农村贫困监测的农户数据 [J]. 人口学刊 (2)：15-25.

叶兴庆，殷浩栋，2019. 从消除绝对贫困到缓解相对贫困：中国减贫历程与 2020 年后的减贫战略 [J]. 改革 (12)：5-15.

张琦，孔梅，2019. "十四五" 时期我国的减贫目标及战略重点 [J]. 改革 (11)：117-125.

张文明，张孝德，2019. 生态资源资本化：一个框架性阐述 [J]. 改革 (1)：122-131.

张雪溪，董玮，秦国伟，2020. 生态资本、生态产品的形态转换与价值实现：基于马克思资本循环理论的扩展分析 [J]. 生态经济 (10)：213-218，227.

张耀文，郭晓鸣，2019. 中国反贫困成效可持续性的隐忧与长效机制构建：基于可持续生计框架的考察 [J]. 湖南农业大学学报 (社会科学版) (1)：62-69.

赵士洞，张永民，2006. 生态系统与人类福祉：千年生态系统评估的成就、贡献和展望 [J]. 地球科学进展 (9)：895-902.

浙江省统计局，2022. 浙江省统计年鉴 (2022) [M]. 北京：中国统计出版社.

Adams W M，Aveling R，Brockington D，et al.，2004. Biodiversity Conservation and the Eradication of Poverty [J]. Science (5699)：1146-1149.

Bowles S，Durlauf S，Hoff K，2006. Poverty Traps [M]. Princeton and New York：Princeton University Press and Russell Sage Foundation.

Daily G，1997. Nature's Services：Societal Dependence on Natural Ecosystems ［M］. Washington，D. C. ：Island Press.

Dasgupta S，Deichmann U，Meisner C，et al. ，2005. Where is the Poverty - Environment Nexus? Evidence from Cambodia，Lao PDR，and Vietnam ［J］. World Development （4）：617 - 638.

Duraiappah A K，1998. Poverty and Environmental Degradation：A Review and Analysis of the Nexus ［J］. World Development （12）：2169 - 2179.

Jagger P，Cheek J Z，Miller D，et al. ，2022. The Role of Forests and Trees in Poverty Dynamics ［J］. Forest Policy and Economics，102750.

Lawson E T，Gordon C，Schluchter W，2012. The Dynamics of Poverty - Environment Linkages in the Coastal Zone of Ghana ［J］. Ocean & Coastal Management：30 - 38.

Mani A，Mullainathan S，Shafir E，et al. ，2013. Poverty Impedes Cognitive Function ［J］. Science （6149）：976 - 980.

Myrdal G，1960. Economic Theory and Under - Developed Regions ［J］. Economica：280.

Prakash S，1997. Poverty and Environment Linkages in Mountains and Uplands：Reflections on the "Poverty Trap" Thesis ［R］.

Reed D，2002. Poverty and the Environment：Can Sustainable Development Survive Globalization? ［J］. Natural Resources Forum，26 （3）：176 - 184.

Sen A，1997. Choice，Welfare and Measurement ［M］. Cambridge：Harvard University Press.

Stern D I，2004. The Rise and Fall of the Environmental Kuznets Curve ［J］. World Development （8）：1419 - 1439.

第 2 章　森林资源培育影响区域共同富裕的理论逻辑：来自革命老区的证据

党的二十大报告指出，实现全体人民共同富裕是中国式现代化的本质要求之一。革命老区因其自然禀赋和社会历史条件为中国革命的胜利做出了重要贡献。革命老区是中国城乡协调发展的关键短板和推进共同富裕的重点地区。缩小革命老区城乡收入差距及推进革命老区共同富裕，是新时代新征程中党和国家的一项重要任务。森林资源作为"自然要素禀赋"的主要构成之一，是区域经济发展和缩小城乡收入差距的重要支撑条件。革命老区是中国森林资源培育的主战场。协同推进森林资源培育工程的生态效益和城乡收入差距缩小效应是革命老区实现共同富裕的重要途径。本章基于全国革命老区县的数据，采用空间计量模型实证评估森林资源培育对革命老区城乡收入差距影响的理论逻辑，提出将森林资源的"绿水青山"优势转化为"金山银山"的经济优势和共同富裕优势的对策建议，为探索森林生态资源促进革命老区及其他欠发达地区共同富裕的理论体系和政策路径提供学理支撑（潘丹等，2023）。

2.1　研究背景与现实意义

党的二十大报告指出，实现全体人民共同富裕是中国式现代化的本质要求之一。在长期较为严重的城乡不平衡发展背景下，城乡收入差距过大问题是中国实现共同富裕的挑战（李实等，2021）。历史上，革命老区因其自然禀赋和社会历史条件为中国革命的胜利做出了重要贡献（龚斌磊等，2022）。然而，革命老区多地处山区和多省交界地区，经济发展较为落后、城乡收入差距过大的现象较为突出，是中国城乡协调发展的关键短板和推进共同富裕的重点地区（张明林等，2021）。革命老区是党和人民军队的根，忘记老区，就是忘本（习近平，2021）。在全面建成社会主义现代化强国、实现第二个百年奋斗目标的使命任务下，缩小革命老区城乡收入差距、加快推进革命老区共同富裕是新时代新征程中党和国家的一项重要经济任务，更是一项重大的政治任务（杨冕等，2022）。

森林资源作为"自然要素禀赋"的主要构成之一，是区域经济发展和缩小城乡收入差距的重要支撑条件（侯孟阳等，2020）。为促进森林资源数量和质量的提升，新中国成立以来，中国开展了世界上规模最大的森林资源培育工程，包括退耕还林工程、重点防护林建设工程、重点地区以速生丰产用材林为主的林业产业基地建设工程等，促使全国人工造林面积由改革开放初期的2 200万公顷增加到2020年的8 003.1万公顷，始终位居世界首位（国家统计局，2021）。据此，中国成为近20年来全球森林资源增长最多的国家，对20年间全球绿化面积增加的贡献达到25%（陈永森等，2022）。革命老区在地理位置上与中国林区高度重叠，森林资源优势突出，是中国实施森林资源培育工程的主战场，也是中国造林面积增加的重点区域。国家林业和草原局的数据显示，2019年革命老区县平均造林面积2 738公顷，比同期全国县区平均造林面积2 294公顷高出19.35%（国家林业和草原局，2019）。

森林资源培育工程的实施在取得上述巨大生态效益的同时，也会带来农民生产和生活方式的转变，进而对农民收入和城乡收入差距产生深刻影响（潘丹等，2022）。协同推进森林资源培育工程的生态效益和城乡收入差距缩小效应是近年来政策的主要目标之一。例如，2020年中央1号文件强调要将退耕还林工程作为扶贫攻坚、提高农民收入的重要举措之一。那么，如此大规模的森林资源培育工程能否会为革命老区人民带来新的发展机遇和生计资本，从而缩小其城乡收入差距？还是会使革命老区陷入"森林资源丰富而经济增长缓慢"的"森林资源诅咒"困境，从而拉大其城乡收入差距？理论上讲，森林资源培育工程可以通过"收入效应"和"就业效应"两方面促进农民收入提高，将森林资源培育的生态价值和经济价值相结合，从而缩小城乡收入差距。一方面，森林资源培育工程可以直接提供给农户造林补偿资金，从而增加农民收入，缩小城乡收入差距（刘浩，2013）；另一方面，森林资源培育工程带来的造林面积增加也会使得当地的森林资源与农民生计资本优势凸显，从而为当地农民发展森林产业经济（例如森林旅游、森林康养等）提供就业机会，促进农民收入和就业增长（魏秀华等，2020）。然而，现实中，中国森林资源培育的造林补偿标准通常较低（每亩100元左右），对农民的收入影响较小（侯一蕾等，2014）；同时革命老区地区由于人力资本、地理区位等方面的限制，森林资源开发带来的就业效应也尚未得到充分发挥，森林资源优势并没有高效地转变为经济优势，从而可能导致"森林资源诅咒"效应，不利于革命老区城乡收入差距的缩小（王雨露等，2020）。因此，森林资源培育工程对革命老区城乡收入差距的影响机理有待进一步的实证检验。然而，现有研究较少对该问题进行实证解答。

鉴于此，本研究基于 2008—2019 年全国 28 省 650 个革命老区县的平衡面板数据集，采用空间计量模型实证评估森林资源培育工程对革命老区城乡收入差距的影响，并分析该种影响的内在作用机制，为新时代新征程中推动革命老区共同富裕和中国式现代化道路提供理论支撑，为"森林资源诅咒"理论提供经验补充，为加快森林资源丰裕地区的经济发展，将森林资源的"绿水青山"优势转化为"金山银山"的经济优势提供借鉴，为在全国范围内诸多欠发达地区的现代化发展提供新的经验参考。

2.2　森林资源培育影响区域经济社会发展的理论研究评述

如何减小城乡居民收入差距一直是研究者广泛关注的问题。学者们分别从政府的财政支持制度（张义博等，2012）、金融资本制度（周立，2020）、户籍制度（宋建等，2018）、城镇化水平（冯梦黎等，2018）、产业结构（李晓龙等，2019）、互联网技术（程名望等，2019）、基础设施建设（余泳泽等，2019）、农村劳动力转移（李兰冰等，2020）、农村电子商务发展（陈享光等，2021）以及贸易开放程度（魏浩等，2012）等角度解释了城乡收入差距的影响因素，并提出了相应的政策建议。然而，对森林资源如何影响城乡收入差距尚缺乏定量研究。森林资源是重要的生产资料和农民生计资本，其作为中国广大农村重要的自然资源，对区域经济发展和农民生计改善具有重要作用，因此有必要明确其在缩小城乡收入差距方面的作用及内在机制。

关于森林资源对区域经济社会发展影响的研究，已有文献主要偏重于森林资源的生态效益和经济效益评估方面。生态效益主要聚焦在生态服务价值评估和森林碳汇评估两个方面。邬紫荆等（2021）基于国内外发表的 96 篇有关森林生态系统服务价值评估的实证研究，采用 Meta 分析方法，计算了 2010—2100 年中国森林生态系统服务的价值量。杜之利等（2021）、徐晋涛等（2022）采用不同的方法就中国森林的碳汇潜力进行了估算，而余智涵等（2022）则直接估算出了中国浙江、福建和江西的杉木人工林的碳汇量和收益。在经济效益方面，大多数研究都围绕森林资源与经济增长之间的关系展开讨论。刘宗飞等（2015）基于中国1985—2012年省级面板数据的研究发现，森林资源丰裕度能够提升地区人均GDP增长率，不存在"森林资源诅咒"现象，而王雨露等（2020）同样基于省级数据的研究却发现，中国的北部和西部地区存在"森林资源诅咒"现象，东部和南部地区几乎没有"资源诅咒"现象。上述研究从研究内容来看，尚未关注森林资源对城乡收入差距的影响；从研究数据看，多采用省级或者某个地区的案例数据，基于精细化大样本的县级面板数据的实证研究亟待加强。

在革命老区经济社会发展影响因素领域，近年也涌现出一些文献。例如，张明林等（2021）的研究发现革命老区优先支持政策促进了该区绿色全要素生产率的提升，有利于革命老区经济绿色高质量发展；龚斌磊等（2022）、张启正等（2022）的研究表明随着革命老区振兴发展规划的逐步实施和系统推进，革命老区经济快速增长、基础设施逐渐完善、人民生活水平显著提高；杨冕等（2022）基于县域统计数据和卫星遥感数据的研究发现，革命老区振兴规划通过退耕还林（草）、荒漠化治理和绿地保护等举措显著改善了其生态环境质量。然而，遗憾的是，现有研究未能从森林资源培育视角探讨革命老区的振兴发展之策。

相较于上述已有文献，本研究将森林资源培育工程与城乡收入差距联系起来，从空间影响、直接影响和作用机制分析3个角度进行检验，为新时代新征程中如何缩小革命老区及其他欠发达地区城乡收入差距提供一个有益的支撑。同时，基于大规模的2008—2019年中国28省650个革命老区的县域面板数据对森林资源培育工程与城乡收入差距之间的关系进行分析，有利于从大样本精细化数据中得出较为准确的结果。本研究还进一步考虑到森林资源分布的区域关联效应，地区间森林资源培育的空间联系日益紧密，采用空间计量模型分析森林资源培育工程对城乡收入差距的溢出效应，以反映相邻地区城乡收入差距受到其他地区森林资源培育工程怎样的溢出影响。

2.3 森林资源培育工程影响革命老区共同富裕的理论逻辑分析与研究假说

森林资源培育工程可以直接或间接影响城乡收入差距。直接影响主要表现为以造林补贴或盘活林业资源的方式增加农村居民现金收入或物质资本，影响城乡收入差距。间接影响表现为促使森林经营由单一的育林活动向多产业的业态转移，形成集林业生产、林业加工、林业种养、林业旅游等多元化发展路径，引起第一产业、第二产业、第三产业劳动供需变化，进而影响城乡收入差距。具体来说，森林资源培育工程对城乡收入差距的影响，主要可以分为收入效应和就业效应两类（图2-1）。

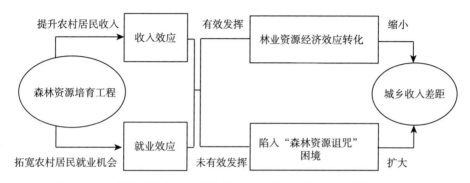

图2-1　森林资源培育工程的革命老区县域城乡收入差距效应分析框架

　　首先，收入效应。该效应是指通过给予农村居民造林补贴和林业经营收入，在增加森林面积的同时提高农村居民收入，进而影响城乡收入差距。具体表现为：①在造林补贴方面，《中央财政林业补助资金管理办法》中明确的造林补贴资金是指对在宜林荒山荒地、沙荒地、迹地进行人工造林和更新，面积不小于1亩的农民、林业职工、农民专业合作社等造林主体给予的补贴资金。补贴标准为：乔木林和木本油料林每亩200元，灌木林每亩120元，水果、木本药材等其他林木每亩100元，新造竹林每亩100元，迹地人工更新每亩100元。一些省份除了中央造林补贴外，还会发放省级造林补贴（舒斌等，2017）。造林现金补偿方式直接作用于农户，具有较强的瞄准性和灵活性，可以直接提高农村居民收入（魏秀华等，2020）。②在林业经营收入方面，森林资源作为农民重要的生产资料，森林资源培育工程的实施能够带动森林康养、森林旅游等多个林业产业业态（付晓涵等，2018）。同时，随着专业大户、家庭林场、林业合作社、林业龙头企业等新型林业经营主体的发展，林业经营过程中规模不经济、要素利用效率低下等问题得以缓解，林业产业价值链得到攀升，进而提升农村居民收入水平（陈铭昊等，2021）。

　　其次，就业效应。就业效应是指森林资源培育工程通过拓宽相关林业产业，直接影响相关产业就业行为，进而影响城乡收入差距。具体表现为：①在促进农业就业方面，森林资源培育工程能够增加由于林业益贫性所创造的造林、营林、管护的就业机会（田国双等，2017）。据统计，截至 2021 年，中国有护林员 110 多万人（常钦，2022）。②在促进非农就业方面，就第二产业就业而言，森林资源培育工程能够增加森林蓄积量，改善"森林—木材产业链"的持续性，增加木材加工业等工业产业的就业机会（郭艳芹等，2008）；就第三产业就业而言，森林资源培育工程能够凸显当地资源生态优势，增加当地居民发展森林旅游、森林生态康养等相应森林产业的就业机会（刘炳亮等，2018）。农村居民转移到劳动生产率较高的第二和第三产业，收入相较于仅从事农业就业的居民而言会有所增加；同时，农业劳动力的转移也会降低农村地区原有的紧张的人地关系，促使农村整体收入水平的增加，进一步缩小城乡收入差距。

然而，由于革命老区生态保护、人力资本、地理区位等方面的限制，制约了森林资源培育工程的收入效应和就业效应，使革命老区陷入"森林资源丰富而经济增长缓慢"的"森林资源诅咒"困境，从而增大城乡收入差距（杨冕等，2022）。

第一，在收入效应方面。①从造林补贴来看，目前中国的造林补贴相对较低（平均每亩 100 元左右），仅仅依赖单薄的造林补贴而没有有效盘活森林资源，带给农户的增收有限（段伟等，2017）。②从林业经营收入来看，由于革命老区生态环境较为脆弱，政府对该地区的生态保护较为重视，为避免森林资源的无序开发和浪费，国家在革命老区采取了一系列森林资源保护措施，如天然林保护工程、森林采伐限额、退耕还林工程等，使得革命老区内的农户无权对森林资源开发利用，森林资源优势无法有效转化为产业经济优势，无法提高农民收入（刘宗飞等，2018；徐晋涛等，2022）。国家统计局数据显示，2020年，中国农村居民人均林业经营收入仅为每年 185.6 元，对农民收入增长作用十分有限（国家统计局农村社会经济调查司，2021）。而对于城市居民，森林资源培育工程能够带动房地产业、高新技术产业、环境产业、旅游业等产业的繁荣并提升城市地区经济发展质量，从而提高城市居民收入（李凯等，2020）。因而，综合森林资源培育工程对农村居民和城市居民收入的作用，可以发现森林资源培育工程的收入效应未能有效发挥，不能减小革命老区城乡收入差距。

第二，在就业效应方面。①在农业就业层面，尽管森林资源培育工程能够带动革命老区农民从事护林员、造林员等林业相关的农业就业，但是革命老区农民的人力资本相对较弱，倾向于将更多劳动时间配置在竞争优势和劳动时间边际收益更低的林业产业，会造成到边际收益更高的第二和第三产业进行就业的概率降低，这会加剧城乡收入差距（刘宗飞等，2018）。②在非农就业层面，森林抚育补贴偏低（董玮等，2017）、林业经营交易费用和经营成本过高（温映雪等，2021）、森林经营项目产业化进展缓慢（彭红军等，2022）以及革命老区位处多省行政边界的地理制约性（杨冕等，2022）等因素抑制了森林旅游、森林生态康养等第三产业的发展，农民的就业无法向这些边际收益更高的第三产业转移，而仅能依赖传统的林业产业，不利于农民收入的提高，拉大城乡收入差距。

因此，基于以上分析，可以看出，虽然森林资源培育工程一定程度上能够通过收入效应和就业效应缩小城乡收入差距，但是囿于革命老区的生态脆弱性、人力资本低下、地理区位偏僻等方面的限制，森林资源培育工程无法与林业相关产业发展相协调，森林资源培育工程的收入效应和就业效应不能充分发挥。由此，本研究提出假说：在森林资源培育工程的收入效应和就业效应未能充分发挥的情形下，将导致革命老区出现"森林资源诅咒"困境，进而扩大其城乡收入差距。本研究分析框架如图2-1所示。

2.4　研究区域与研究设计

2.4.1　研究区域

本章的研究区域是中国革命老区县。革命老区是指土地革命战争时期和抗日战争时期，在中国共产党领导下创建的革命根据地。革命老区县主要分布在中国陕甘宁、赣闽粤原中央苏区、大别山、左右河、川陕等地区，共覆盖中国28个省（自治区、直辖市），占全国国土面积的1/3。在长期的发展过程中，革命老区存在着两个较为明显的特征。一方面，革命老区多经济发展较为落后、城乡收入差距过大的现象较为突出（杨龙等，2015）。参考余泳泽等（2019）的做法，用城镇居民人均可支配收入与农村居民人均可支配收入的比值表征城乡收入差距。如图2-2所示，2008—2019年革命老区县均城乡收入差距均高于全国平均城乡收入差距。另一方面，革命老区自然条件优越，拥有中国重要的生态屏障，林业发展优势突出（杨冕等，2022）。如图2-3所示，2008—2019年革命老区县造林面积的平均值均高于全国县区同期造林面积的平均值。因此，充分利用革命老区森林丰裕的生态优势，是该区共同富裕的重要方向之一。

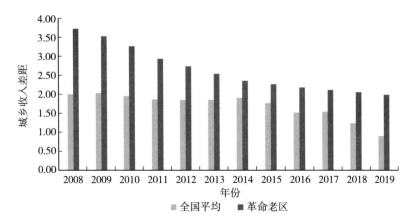

图 2-2 2008—2019 年革命老区县均城乡收入差距（城镇居民人均可支配收入／
农村居民人均可支配收入）与全国平均城乡收入差距的比较

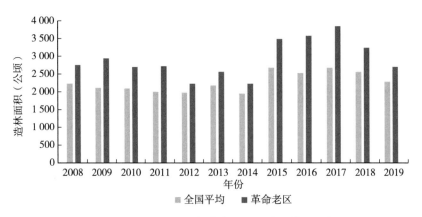

图 2-3 2008—2019 年革命老区县均造林面积与
全国平均造林面积的比较

2.4.2 变量选取与说明

（1）被解释变量。被解释变量是城乡收入差距。考虑到各年度城镇与农村消费价格指数均不相同，以 2008 年为基期进行了消胀处理。

（2）核心解释变量。核心解释变量是森林资源培育工程。李成茂（2010）和陈元媛等（2018）指出：森林资源培育是按既定培育目标和客观自然规律进行的综合培育活动，以营林造树为主，森林资源培育的直观体现是造林面积增加。朱金兆等（2004）也指出造林工程是森林资源培育工程的主要措施之一。

因此，用造林面积的对数值表征森林资源培育工程。

（3）控制变量。除了森林资源培育工程外，城乡收入差距还受到很多其他因素影响。借鉴已有研究，本章主要控制以下变量。农业机械化水平，采用农业总动力的对数值衡量。较高的农业机械化可以节省农民的时间成本和资金成本，导致农业生产效率的提高和生产规模的扩大，从而有利于农民收入的提高和城乡收入差距的缩小（Qing 等，2019；Xue 等，2021）。农业发展水平，使用第一产业的增加值占 GDP 的比重来表征。农业发展水平是缩小城乡收入差距的一个重要因素。一方面，较高的农业发展水平可以提高农民生产力，这有助于减少城乡收入差距（Huang 等，2017）；另一方面，由于较高的农业发展水平，一些小农户可以将土地转让给其他农民，这部分农民可以出城寻找就业机会，获得高工资，也可能降低城乡收入差距（Qi 等，2019）。工业发展水平，使用第二产业的增加值占 GDP 的比重表征。工业发展水平对城乡收入差距的影响不确定。一方面，工业发展水平的提高会增加城乡收入差距。这是因为较高的工业发展水平可能导致就业结构的偏差，使得农村剩余劳动力无法有效配置，从而扩大了城乡收入差距（Li 等，2020）；另一方面，工业发展水平的提高可以缩小城乡收入差距，原因在于工业发展水平的提高可以为农村劳动力提供更好的就业机会，从而提高农村整体收入（Zhou 等，2021）。县域规模，用县域人口的对数来衡量。县域规模对城乡收入差距的影响不确定。一方面，一个人口较多的县会促使其居民从收入较低的农业部门转移到收入较高的城市工业部门，从而可以减少城乡收入差距（Zhang 等，2021）；另一方面，县域规模的扩大会引起"郊区城市化"现象，吸收农村地区的资金要素，阻碍农村第二三产业的发展，从而使得农民收入受到消极影响，增加城乡收入差距（Hao 等，2016）。

2.4.3　数据来源

本章研究数据来源于《中国林业和草原统计年鉴》、《中国县域统计年鉴》、CSMAR 县域经济数据库和 EPS 县级数据库。其中，森林资源培育工程、农业机械化水平和县域规模等变量为了克服异方差的影响，以绝对数指标取对数进行回归。部分缺失数据以均值插补法补齐，并将数据缺失较多的革命老区县剔除，最终得到 2008—2019 年中国 28 省（自治区、直辖市）650 个革命老区县的平衡面板数据集。

各变量说明及描述性统计见表 2-1。从中可以发现，各变量变化区间较大，能够很好地反映不同县域的发展差异，从而为后文进行计量分析奠定了良好的基础。

表 2-1　变量的描述性统计特征

变量名称	变量解释	均值	标准差	最小值	最大值
被解释变量					
城乡收入差距	城镇居民人均可支配收入/农村居民人均可支配收入	2.662	1.095	0.400	9.930
核心解释变量					
森林资源培育工程	造林面积的对数值	7.448	1.113	0.000	12.265
控制变量					
农业机械化水平	农业机械总动力的对数值	3.109	0.857	0.000	5.869
农业发展水平	第一产业增加值与 GDP 的比值	0.231	0.096	0.000	0.613
工业发展水平	第二产业增加值与 GDP 的比值	0.410	0.141	0.038	0.904
县城规模	人口数量的对数值	3.612	0.784	0.916	5.434

2.4.4　实证模型设定：空间计量模型

森林资源并不是孤立分布的，而是存在区域关联效应；在"加快建设全国统一大市场"的环境下，中国地区间的联系愈加紧密，地区间林业资源空间流动效应加强（侯孟阳等，2020；杜之利等，2021）。因此，本章采用空间计量模型分析森林资源培育工程对城乡收入差距的影响。空间计量模型能够考虑到森林资源分布的地理连续性和区域关联效应，能更贴切地反映森林资源培育工程实施的空间影响及空间溢出特性。

空间计量模型的步骤如下：

首先，对森林资源培育工程和城乡收入差距的空间自相关性进行初步分析和检验。具体而言，本章使用全局莫兰指数（Global Moran's I）对 2008—2019 年革命老区县的森林资源培育工程和县域城乡收入差距的空间自相关程度进行测算。计算公式如下：

$$\text{Global Moran's I} = \frac{n \sum\limits_{i=1}^{n} \sum\limits_{j=1}^{n} W_{ij} (X_i - \overline{X})(X_j - \overline{X})}{\sum\limits_{i=1}^{n} \sum\limits_{j=1}^{n} W_{ij} \sum\limits_{i=1}^{n} (X_i - \overline{X})^2}$$

式中，$\bar{X} = \dfrac{1}{n}\sum\limits_{i=1}^{n}X_i$；$n$ 为革命老区县总数目；W_{ij} 为空间权重矩阵；X_i 表示地区 i 的观测值，X_j 表示地区 j 的观测值，在本章中主要表示 650 个革命老区县的城乡收入差距（用城镇居民人均可支配收入/农村居民人均可支配收入表示）和森林资源培育工程（用造林面积的对数值表示）。Global Moran's I 取值范围为 $[-1, 1]$，当其取值在 $[-1, 0)$ 时，表明革命老区县森林资源培育工程和城乡收入差距在地理空间上存在负空间相关性；当其取值为 0 时，表明两者在地理空间上的分布状态是无序的；当其取值在 $(0, 1]$ 时，表明两者在地理空间上存在正空间相关性。

其次，采用空间面板模型定量分析森林资源培育工程对革命老区县域城乡收入差距的影响。空间计量模型主要有空间自回归模型（SAR）、空间误差模型（SEM）和空间杜宾模型（SDM）三种。其中空间杜宾模型，能够更全面地考虑地区差异性和依赖性，因此本章以空间杜宾模型为基准模型，具体模型如下：

$$Y_{it} = \beta_0 + \delta W x_{it} + \beta_1 x_{it} + \theta_1 W x_{it} + \sum_{k=1}^{4} \gamma_k \, Controls_{it} + \mu_i + \eta_t + \varepsilon_{it}$$

式中，Y_{it} 为革命老区县域城乡收入差距；x_{it} 表示革命老区县森林资源培育工程；δ 为城乡收入差距的空间滞后项系数，即探讨城乡收入差距的空间交互效应，用以度量相邻地区之间城乡收入差距的影响程度；W 为空间权重矩阵；$Controls_{it}$ 表示控制变量；β_0 为常数项；β_1 为森林资源培育工程对革命老区县域城乡收入差距的影响；θ_1 为森林资源培育工程对革命老区县域城乡收入差距空间滞后项的估计系数，即探讨森林资源培育工程的空间交互效应，用以度量邻近地区的森林资源培育工程对城乡收入差距的影响；γ_k 为控制变量的估计系数；μ_i 为空间特定效应；η_t 为时间特定效应；ε_{it} 为随机误差项。

上述 SDM 模型的回归系数 θ_1 不能直接判断空间效应的大小，仅能解释空间效应的方向（董秀良等，2022）。因此，除了测度空间计量模型的估计结果外，还需要计算森林资源培育工程对革命老区县域城乡收入差距的分解效应。根据 LeSage 等（2009）的研究，可进一步将革命老区森林资源培育工程对革命老区城乡收入差距的空间影响分为直接效应、间接效应和总效应，分别度量森林资源培育工程对革命老区本地区、相邻地区以及整体地区城乡收入差距的空间影响效应。空间分解效应的偏微分形式如下所示：

$$\left[\frac{\partial Y}{\partial x_1} \cdots \frac{\partial Y}{\partial x_N}\right] = (I - \delta W_{ij})^{-1} \begin{bmatrix} \beta_1 & \cdots & W_{1N}\theta_1 \\ \vdots & \ddots & \vdots \\ W_{N1}\theta_1 & \cdots & \beta_1 \end{bmatrix}$$

式中，$\left[\dfrac{\partial Y}{\partial x_1} \cdots \dfrac{\partial Y}{\partial x_N} \right]$ 表示城乡收入差距在第 1 至第 N 个区域森林资源培育工程的偏微分矩阵形式；I 为单位矩阵；W_{ij} 表示权重矩阵 W（i, j）位置上的元素值；其他变量含义与前文相同。式中对角线元素的均值定义为直接效应，每行或者列中非对角线元素之和的均值定义为间接效应。

2.5　结果与分析

2.5.1　初步统计观察

在分析森林资源培育工程对革命老区城乡收入差距的影响前，可以先通过对革命老区县样本的经验观察，了解森林资源培育工程与城乡收入差距之间的基本关系。图 2-4 描述了革命老区森林资源培育与县域城乡收入差距情况的散点图，并初步构建了相应的拟合曲线。如图 2-4 所示，革命老区森林资源培育与其城乡收入差距呈正向关系。即在总体趋势上，森林资源培育会扩大革命老区县域城乡收入差距。然而，值得注意的是，上述呈现出的正向关系是在没有加入相关控制变量的前提下提出的。由于影响革命老区县域城乡收入差距的因素较多，倘若不考虑影响城乡收入差距的其他变量，将会使上述关系的实证不够精准。基于此，本章将借助空间计量模型，进一步探究森林资源培育工程对革命老区县域城乡收入差距的影响。

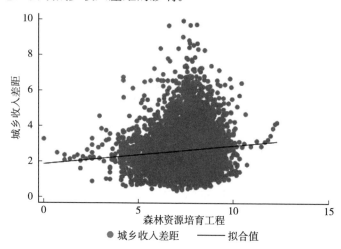

图 2-4　革命老区森林资源培育工程（造林面积的对数值）与县域城乡收入差距（城镇居民人均可支配收入/农村居民人均可支配收入）的拟合关系

2.5.2　空间计量模型检验

首先进行空间自相关分析。图 2-5 汇集了基于 0～1 邻接空间权重矩阵的 Global Moran's I 指数测算结果。可以发现，2008—2019 年间，革命老区森林资源培育工程和县域城乡收入差距的 Global Moran's I 指数均为正值，并呈现出逐年上升的趋势，这表明两者存在正空间相关性，即在发展程度较高的地区呈现集聚，且空间集聚程度不断增强，因此，应该用空间计量模型进行进一步的回归。

图 2-5　革命老区县森林资源培育工程及城乡收入差距的 Global Moran's I 指数

其次进行空间计量模型的选择。为了在 SAR 模型、SEM 模型、SDM 模型中选择最佳的空间计量估计模型，本章逐步通过 LM 检验、LR 检验及 Wald 检验来确定适用的空间计量模型，结果如表 2-2 所示。

结果显示：LM 检验值、LR 检验值和 Wald 检验值均在 1% 的显著水平下拒绝原假设，表明可以选择 SAR 模型或者 SEM 模型，故确定 SAR 模型与 SEM 模型结合的 SDM 模型为本研究的空间计量模型。

表 2-2　空间计量模型设定检验

被解释变量	统计量	LM 检验		LR 检验		Wald 检验	
城乡收入差距	空间滞后估计	12.235***	0.000	49.770***	0.000	48.700***	0.000
	空间误差估计	361.279***	0.000	194.600***	0.000	82.650***	0.000

注：***表示在 1% 的统计水平上显著。

2.5.3 森林资源培育工程对革命老区县域城乡收入差距的总体影响

根据前文确定的 SDM 模型，基于 0~1 邻接空间权重矩阵分别对 SDM 模型的空间固定效应、时间固定效应和时空固定效应进行估计，结果如表 2-3 所示。可以发现：三种效应估计结果中，时空固定效应的 SDM 模型在 R^2 上拟合优度最佳，且森林资源培育工程的空间交互效应和城乡收入差距的空间交互效应皆在 1% 的统计水平上显著。因此，本研究最终基于时空固定效应的 SDM 模型进行结果解释。结果显示：森林资源培育工程的系数值为正，且在 1% 水平上显著，说明森林资源培育工程一定程度上扩大了革命老区的城乡收入差距，总体假说得以验证。同时，森林资源培育工程的空间交互效应的系数值为正，且在 1% 水平上显著，说明森林资源培育工程对革命老区县域城乡收入差距的扩大具有空间影响，但是判断空间效应的具体大小还需要进行空间效应分解。

表 2-3　SDM 模型估计结果：森林资源培育工程对
革命老区县域城乡收入差距的影响

变量	空间固定效应模型	时间固定效应模型	时空固定效应模型
森林资源培育工程	−0.005（0.005）	0.055***（0.007）	0.012***（0.005）
农业机械化水平	−0.295***（0.016）	−0.156***（0.012）	−0.230***（0.017）
农业发展水平	−2.073***（0.115）	−0.008（0.114）	−0.547***（0.155）
工业发展水平	0.656***（0.071）	−0.862***（0.080）	0.170*（0.091）
县域规模	−0.041（0.037）	−0.012（0.013）	−0.108***（0.039）
森林资源培育工程的空间交互效应	0.037***（0.007）	0.035***（0.005）	0.053***（0.008）
城乡收入差距的空间交互效应	0.780（0.005）	0.641***（0.008）	0.730***（0.007）
R^2	0.236	0.277	0.446

注：*、**、***分别表示在 10%、5% 和 1% 的统计水平上显著，下同；括号内为聚类到县级层面的标准误。

各控制变量对城乡收入差距的影响均通过了显著性检验，同时也符合以往文献的研究结论。农业机械化水平对城乡收入差距产生了缩小作用，且通过了 1% 的显著性水平检验，这与 Qing 等（2019）的研究结果一致。农业发展水平的提高在 1% 的显著性水平上缩小了城乡收入差距，这与 Huang 等（2017）的研究结论相符。工业发展水平的提高在 10% 的显著性水平上加剧了城乡收入差距，这与 Li 等（2020）的结论一致。县域规模在 1% 的显著性水平上缩小了城乡收入差距，这与 Zhang 等（2021）的研究相符。

为体现森林资源培育工程对革命老区本地、相邻地区以及整体地区的城乡收入差距的不同影响，本研究进一步对森林资源培育工程的城乡收入差距空间效应进行分解，将其分解为直接效应、间接效应和总效应 3 个部分，测算结果如表 2-4 所示。结果显示：森林资源培育工程的直接效应、间接效应和总效应的系数值为正，且在 1% 水平上显著，表明森林资源培育工程对革命老区本地区、相邻地区以及整体地区的城乡收入差距均有扩大作用。从直接效应看，造林面积每上升 1%，会导致革命老区本地区城乡收入差距扩大 0.035%；从间接效应看，造林面积每上升 1%，会导致革命老区相邻地区城乡收入差距扩大 0.200%；从总效应看，造林面积每上升 1%，会导致革命老区总体空间城乡收入差距扩大 0.236%。考虑到 2021 年我国城乡收入差距值为 2.5，0.236 的城乡收入差距增加幅度对社会是一个巨大冲击。同时，观察直接效应和间接效应回归系数的大小可以发现，间接效应值远大于直接效应，表明森林资源培育工程对于革命老区相邻地区比对本地区城乡收入差距的影响更大，这正说明了地区间林业资源空间流动性较强，森林资源培育工程会产生较强的空间溢出效应。在分析森林资源培育工程对城乡收入差距的影响时，如果不考虑这种空间溢出效应，将导致较大的估计误差。

表 2-4　空间效应分解结果：森林资源培育工程对
革命老区县域城乡收入差距的影响

变量	直接效应	间接效应	总效应
森林资源培育工程	0.035*** (0.005)	0.200*** (0.021)	0.236*** (0.024)
农业机械化水平	−0.294*** (0.018)	−0.540*** (0.033)	−0.834*** (0.051)
农业发展水平	−0.710*** (0.210)	−1.303*** (0.383)	−2.014*** (0.592)
工业发展水平	0.229* (0.122)	0.419* (0.222)	0.648* (0.343)
县域规模	−0.148** (0.055)	−0.271** (0.107)	−0.418** (0.165)

2.5.4　森林资源培育工程扩大革命老区城乡收入差距的直接原因

由基准空间计量模型回归结果可知，森林资源培育工程在空间层面具有扩大革命老区城乡收入差距的作用。从作用对象看，城乡收入差距的扩大既可能来自对革命老区农村居民收入的影响，也可能来自对革命老区城镇居民收入的影响。为了验证森林资源培育工程扩大革命老区城乡收入差距的直接原因，本部分进一步分别用农村居民人均可支配收入和城镇居民人均可支配收入作为被解释变量，运用空间 SDM 模型进行回归，结果见表 2-5。结果显示，森林资源培育工程主要通过降低革命老区农村居民收入和提高城镇居民收入来扩大城乡收入差距。具体表现为，森林资源培育工程对革命老区农村居民收入影响的空间总效应、直接效应和间接效应的系数值为负，且在 1% 水平上显著；而对革命老区城镇居民收入影响的空间总效应和间接效应的系数值为正，且在 1% 水平上显著。可能的原因在于，森林资源培育工程对于城镇居民收入增长的效应主要基于森林资源的外部性，尽管不能直接促进本地区的城镇居民人均收入，但是会对相邻地区产生正外部性，促进相邻地区相应资源的集聚发展，从而增加相邻地区城镇居民人均收入，进而提高整体的城镇居民收入（杜之利等，2021）；而由于生态保护政策、人力资本、地理区位等方面的限制，革命老区林业生产呈现低端集聚的"趋同效应"，森林资源培育工程对革命老区本地和相邻地区的农村居民收入均会产生显著的负向影响，从而降低了整体的农村居民收入（吕洁华等，2022；王雨露等，2020）。

表 2-5　SDM 模型估计结果：森林资源培育工程对农村和城镇居民收入的影响

变量	农村居民收入	城镇居民收入
总效应	-0.021^{***} (0.037)	0.043^{***} (0.008)
直接效应	-0.008^{***} (0.002)	0.002 (0.002)
间接效应	-0.013^{***} (0.003)	0.041^{***} (0.007)
控制变量	是	是
R^2	0.160	0.232

注：由于篇幅限制，此处只报告核心解释变量回归结果。

2.5.5　稳健性检验

为了验证上述基准回归结果的可靠性，本章进行了如下 3 个稳健性检验。第一，更换被解释变量的赋值。参考程名望等（2019）的研究，采用泰尔指数来衡量城乡收入差距。第二，更换空间权重矩阵。由于实际地理距离可能也会影响革命老区森林资源培育工程的空间效应，故本章将邻接空间权重矩阵更换地理距离空间权重矩阵以检验结果的稳健性。第三，森林资源培育工程滞后一年处理。由于林业产业生长周期较长，为克服森林资源培育工程对城乡收入差距的影响可能存在的时滞效应，将森林资源培育工程滞后一年处理并进行SDM模型回归。

表2-6汇集了上述3个稳健性检验的结果。从结果来看，无论是将城乡收入差距重新赋值、更换空间权重矩阵，还是将森林资源培育工程进行滞后一期处理，森林资源培育工程仍然在1%的水平下对革命老区县域城乡收入差距有显著的正向影响，同时总效应、直接效应和间接效应的结果也和基准结果相似。这表明在排除城乡收入差距的度量误差、空间权重矩阵选择误差和时间滞后性等问题后，本章的基准回归结果依然稳健：森林资源培育工程确实会导致革命老区县域城乡收入差距的扩大。

表2-6 稳健性检验结果

变量名称	泰尔指数	地理距离空间权重矩阵	将森林资源培育工程滞后一期处理
森林资源培育工程	0.004*** (0.001)	0.030*** (0.006)	0.020*** (0.006)
森林资源培育工程的空间交互效应	0.004*** (0.000)	-0.223*** (0.044)	0.035*** (0.008)
城乡收入差距的空间交互效应	0.548*** (0.001)	2.438*** (0.020)	0.739*** (0.006)
控制变量	是	是	是
直接效应	0.005*** (0.001)	0.028*** (0.006)	0.039*** (0.006)
间接效应	0.011*** (0.001)	0.107*** (0.027)	0.167*** (0.023)
总效应	0.016*** (0.001)	0.134*** (0.280)	0.206*** (0.027)
R^2	0.171	0.026	0.269

注：由于篇幅限制，此处只报告核心解释变量回归结果。

2.6 影响机制分析

上述分析结果初步发现，森林资源培育工程会显著扩大革命老区县域城乡收入差距，但其扩大革命老区县域城乡收入差距的作用机制仍需要进一步分析。本章前述理论分析部分提出：收入效应和就业效应是森林资源培育工程影响革命老区县域城乡收入差距的两个主要机制。因此，本章进一步采用中介模型对这两个机制进行检验。参照江艇（2022）的建议，不采用传统的逐步法检验，而是直接识别核心解释变量对中介变量的因果关系。

对于收入效应的验证，本章主要通过检验森林资源培育工程对革命老区地区旅游收入的影响来进行验证。这是因为森林与旅游融合是当下森林产业发展的趋势之一，也是林业经营收入的主要来源（郑满生等，2020）。囿于数据的可得性，参考杨冕等（2022）的研究，采用革命老区所在县的地级市层面旅游收入作为被解释变量数据，并将其与县域层面数据匹配，进行如下式的回归：

$$tra_{it} = \beta_0 + \beta_1 \, x_{it} + \sum_{k=1}^{4} \gamma_k \, c_{kit} + \mu_i + \eta_t + \varepsilon_{it}$$

式中，tra_{it} 为革命老区所在县的地级市层面旅游收入的对数值；其他变量和前式相同。

对于就业效应的验证，本章主要通过检验森林资源培育工程对革命老区第一产业就业、第二产业就业和第三产业就业的影响来进行验证。模型如下：

$$job_{it} = \beta_0 + \beta_1 \, x_{it} + \sum_{k=1}^{4} \gamma_k \, c_{kit} + \mu_i + \eta_t + \varepsilon_{it}$$

式中，job_{it} 代表三产就业情况，其中第一产业就业用农林牧渔业从业人数的对数值衡量，第二产业就业用工业从业人数的对数值衡量，第三产业就业用第三产业从业人数的对数值衡量；其他变量和前式相同。

表2-7结果显示：第一，表征收入效应的机制变量旅游收入的回归结果不显著，说明森林资源培育工程的实施对旅游收入没有影响，即造林面积的增加并未产生收入效应。第二，表征就业效应的3个机制变量中，第一产业就业人数的回归系数显著为正，说明森林资源培育工程的实施确实能够增加革命老区农民从事护林员、造林员、营林等林业相关的第一产业就业人数；但是第二产业就业人数的回归系数不显著，同时第三产业就业人数的回归系数显著为负，说明森林资源培育工程的实施对革命老区第二产业的就业人数影响不大，对革命老区农民从事第三产业的就业人数甚至产生了挤出效应。可能的原因在于，尽管革命老区县林业资源丰富，但是森林资源仍主要以原始种养防护为主，未能有效与第二和第三产业结合，导致以林产品加工业为代表的第二产业、以森林康养旅游等为代表的第三产业发展偏弱，森林资源培育工程的第二和第三产业就业效应未有效释放（车宇星等，2020）。因此，综上所述，森林资源培育工程的实施使得革命老区农民多就业于劳动边际报酬较低的第一产业，而未能提高甚至挤出了革命老区农民就业于劳动边际报酬较高的第二和第三产业，从而导致城乡收入差距的扩大，就业效应不显著。

表 2-7　机制分析结果

变量名称	机制一：收入效应	机制二：就业效应		
	旅游收入	第一产业就业人数	第二产业就业人数	第三产业就业人数
森林资源培育工程	−0.011 (0.013)	0.052*** (0.004)	−0.008 (0.006)	−0.032*** (0.008)
控制变量	是	是	是	是
时间效应	是	是	是	是
地区效应	是	是	是	是
常数项	13.286*** (0.155)	−1.303*** (0.048)	7.256*** (0.082)	7.745*** (0.094)
观测值	5 060	7 800	7 800	7 800
R^2	0.217	0.738	0.674	0.527

2.7　结论及政策启示

　　加快推进革命老区共同富裕是新时代新征程党和国家的一项重要使命任务。加强革命老区森林资源高质量培育，走"红绿相映"协同融合的绿色发展之路，是实现革命老区共同富裕的战略路径之一，也是贯彻党的二十大报告中人与自然和谐共生的题中应有之义。然而，革命老区实施的大规模森林资源培育工程能否缩小其城乡收入差距需要严谨的实证检验。基于此，本章基于2008—2019 年中国 650 个革命老区县的面板数据，采用空间杜宾模型分析了森林资源培育工程对革命老区县域城乡收入差距的影响及其作用机制，研究结果如下：

　　第一，从森林资源培育工程对革命老区县域城乡收入差距的总体影响看，森林资源培育工程扩大了革命老区县域城乡收入差距，经过一系列稳健性检验后该结论依然可靠。空间效应分解结果表明，造林面积每上升 1%，会导致革命老区本地城乡收入差距扩大 0.035%、相邻地区城乡收入差距扩大 0.200%、总体空间城乡收入差距扩大 0.236%。造成城乡收入差距扩大的直接原因是森林资源培育工程降低了革命老区农村居民收入和提高了城镇居民收入。

　　第二，从森林资源培育工程对革命老区县域城乡收入差距的影响机制分析看，森林资源培育工程的实施并未对表征收入效应的旅游收入产生影响，收入效应不显著；表征就业效应的三个变量中，第一产业就业的回归系数显著为正，但是第二产业就业的回归系数不显著，同时第三产业就业的回归系数为负，表明森林资源培育工程的实施能够增加革命老区农民从事与林业相关的第一产业就业，但是对革命老区农民第二产业的就业没有影响，对革命老区农民第三产业的就业甚至产生了挤出效应，就业效应不显著。

为了缩小革命老区城乡收入差距，实现革命老区农民收入持续稳定增长和共同富裕，需要克服当前森林资源培育工程存在的问题，发挥森林资源的经济价值和空间溢出优势，促进森林资源培育工程的收入效应和就业效应的正常发挥。结合以上研究结论，本研究政策建议如下。

第一，地方政府不能一味地追求森林培育和保护，要更加重视发展森林产业，使得森林资源的"绿水青山"优势能够有效地转变为"金山银山"的经济优势。地方政府在实施森林禁伐行动时，应因地制宜制定产业调整政策，解决禁伐过程中林业资源不能采伐变现的难题，保障林区农村居民收益。同时，在开展森林资源培育工程的过程中，除了按时下达造林补贴，后续的抚育补贴、种养技术也需跟进，形成可持续的林业种养产业体系，保障林农的持续性收入。

第二，加强林业和其他产业的协调发展。本研究的机制分析表明森林资源培育工程对表征收入效应的旅游收入影响不显著，并对第二产业就业人数的影响不显著和抑制第三产业就业人数从而导致了"森林资源诅咒"效应。因此，应该加强林业与第二、第三产业的深度融合，传承革命老区红色基因，提高森林产业价值链条，促进林产品加工、森林康养、森林旅游等生态富民产业的业态发展，以产业链引导人才链从农业向非农产业转移，从而缩小城乡收入差距。

第三，地区间共同推进林业产业综合开发。本章的研究发现森林资源培育工程具有空间集聚特征和溢出效应，因此，为进一步发挥森林资源培育的空间溢出效应，地区之间应该联合推进森林资源培育，并且联合制定相关林业产业发展政策，共同推进林业产业综合开发，以打破林业种养在低端集聚的"趋同效应"。

不过，需要指出的是，该研究在研究数据、研究方法、结果分析方面还有待进一步深入和细化。在研究数据方面，由于该研究使用的是县域造林面积的对数值表征森林资源培育工程，难以进一步精准识别林业产业的发展情况。未来的研究可基于大样本的林农调研数据，深入检验该研究的结论。在研究方法方面，尽管该研究使用了空间计量模型检验了森林资源培育工程对城乡收入差距的影响机理，但是本研究的森林资源培育工程泛指革命老区县内的总体造林活动，未对某一具体森林资源培育政策进行进一步的评估。未来研究可以采用双重差分法等政策评估方法对此进一步深化和补充。在结果分析方面，受限于数据可获得性，在对森林资源培育工程收入效应的检验中，仅用旅游收入作为机制变量。未来的研究可运用其他层面的数据进一步补充检验以林产品加工业为代表的生态富民产业的收入效应。

参考文献

常钦，2022. 与林为伴 守护青山［N］. 人民日报，2022-08-24.

车宇星，李红勋，2020. 产业结构视角下福建省三明市县域林业经济差异研究［J］. 地域研究与开发，39（2）：40-45.

陈铭昊，刘强，吴伟光，等，2021. 新型林业经营主体对小农增收的影响路径与效果研究：基于浙江、福建、江西3个省的调查［J］. 林业经济，43（9）：42-54.

陈享光，汤龙，唐跃桓，2023. 农村电商政策有助于缩小城乡收入差距吗：基于要素流动和支出结构的视角［J］. 农业技术经济（3）：1-15.

陈永森，林雪，2022. 新中国植树造林的艰难探索和精神动力［J］. 福建师范大学学报（哲学社会科学版）（3）：66-79.

陈元媛，温作民，谢煜，2018. 森林碳汇的公允价值计量研究：基于森林资源培育企业的角度［J］. 生态经济，34（4）：45-49.

程名望，张家平，2019. 互联网普及与城乡收入差距：理论与实证［J］. 中国农村经济（2）：19-41.

董玮，田淑英，刘浩，2017. 林业生态经济发展多维度公共政策选择与测度［J］. 中国人口·资源与环境，27（11）：149-158.

董秀良，刘佳宁，王轶群，2022. 中国农村金融集聚对农民消费影响的空间效应研究［J］. 数量经济技术经济研究，39（2）：64-83.

杜之利，苏彤，葛佳敏，等，2021. 碳中和背景下的森林碳汇及其空间溢出效应［J］. 经济研究，56（12）：187-202.

段伟，马奔，孙博，等，2017. 林业生态工程对山区减贫影响实证分析：一个结构方程模型（Sem）［J］. 干旱区资源与环境，31（12）：8-12.

冯梦黎，王军，2018. 城镇化对城乡收入差距的影响［J］. 城市问题（1）：26-33.

付晓涵，文彩云，吴柏海，等，2018. 林改背景下辽宁省农户林业收入增长的影响因素分析［J］. 林业经济，40（8）：36-41.

龚斌磊，张启正，袁菱苒，等，2022. 革命老区振兴发展的政策创新与效果评估［J］. 管理世界，38（8）：26-43.

郭艳芹，孔祥智，2008. 集体林产权制度改革与林业加工业的发展［J］. 企业经济（5）：

125 - 127.

国家林业和草原局，2019. 中国林业和草原统计年鉴（2018）. 北京：中国林业出版社 .

国家统计局，2021. 中国统计年鉴（2020）. 北京：中国统计出版社 .

国家统计局农村社会经济调查司，2021. 中国农村统计年鉴（2020）. 北京：中国统计出版社.

侯孟阳，邓元杰，姚顺波，等，2020. 考虑空间溢出效应的森林质量与经济增长关系 EKC 检验 [J]. 林业科学，56（12）：145 - 156.

侯一蕾，温亚利，金旻，2014. 林业生态建设对山区减贫的影响研究：以湖南湘西土家族苗族自治州为例 [J]. 湖南大学学报（社会科学版），28（4）：43 - 50.

江艇，2022. 因果推断经验研究中的中介效应与调节效应 [J]. 中国工业经济（5）：100 - 120.

李成茂，2010. 森林资源培育与林业产业结构及区域布局的关系研究 [D]. 北京：北京林业大学 .

李凯，陈珂，陈同峰，2020. 城市森林对经济发展影响的实证检验：基于 281 个城市的面板数据 [J]. 统计与决策，36（1）：91 - 95.

李兰冰，姚彦青，张志强，2020. 农村劳动力跨部门流动能否缩小中国地区收入差距？[J]. 南开经济研究（4）：127 - 143.

李实，陈基平，滕阳川，2021. 共同富裕路上的乡村振兴：问题、挑战与建议 [J]. 兰州大学学报（社会科学版），49（3）：37 - 46.

李晓龙，冉光和，2019. 农村产业融合发展如何影响城乡收入差距：基于农村经济增长与城镇化的双重视角 [J]. 农业技术经济（8）：17 - 28.

刘炳亮，苏金豹，马建章，2018. 旅游开发对景观边缘植物溢出效应的影响 [J]. 生态学报，38（10）：3653 - 3660.

刘浩，2013. 林业重点工程对农民持久收入的影响研究 [J]. 林业经济，37（12）：75 - 82.

刘珉，胡鞍钢，2022. 中国创造森林绿色奇迹（1949—2060 年）[J]. 新疆师范大学学报（哲学社会科学版），43（3）：69 - 80.

刘宗飞，赵伟峰，2018. 森林资源异质性对收入不平等的影响：基于 1986—2012 年省际面板数据 [J]. 农林经济管理学报，17（4）：445 - 454.

吕洁华，史永姣，王惠，等，2022. 效率分解、中介传递与中国林业经济增长的空间溢出 [J]. 世界林业研究，35（2）：70 - 75.

潘丹，陆雨，孔凡斌，2022. 退耕程度高低和时间早晚对农户收入的影响：基于多项内生转换模型的实证分析 [J]. 农业技术经济（6）：19 - 32.

彭红军，徐笑，俞小平，2022. 林业碳汇产品价值实现路径综述 [J]. 南京林业大学学报（自然科学版），46（6）：177 - 186.

舒斌，沈月琴，贺永波，等，2017. 林业补贴对浙江省农户林业投入影响的实证分析 [J].

浙江农林大学学报，34（3）：534－542.

宋建，王静，2018. 人口迁移、户籍城市化与城乡收入差距的动态收敛性分析：来自262个地级市的证据［J］. 人口学刊，40（5）：86－99.

田国双，邹玉友，任月，等，2017. 林业补贴政策实施结构特征与微观效果评价：基于黑龙江省的跟踪调查［J］. 资源开发与市场，33（9）：1090－1094.

王雨露，谢煜，2020. 中国省际森林资源诅咒效应的时空分异及传导机制分析［J］. 南京林业大学学报（人文社会科学版），20（3）：103－113.

魏浩，赵春明，2012. 对外贸易对我国城乡收入差距影响的实证分析［J］. 财贸经济（1）：78－86.

魏秀华，杨建州，2020. 森林资源开发减贫效应研究［J］. 统计与决策，36（2）：76－80.

温映雪，刘伟平，2021. 资产专用性与交易频率对农户林业生产环节外包决策的影响［J］. 东南学术（6）：196－205.

邬紫荆，曾辉，2021. 基于Meta分析的中国森林生态系统服务价值评估［J］. 生态学报，41（14）：5533－5545.

徐晋涛，易媛媛，2022. "双碳"目标与基于自然的解决方案：森林碳汇的潜力和政策需求［J］. 农业经济问题（9）：11－23.

杨龙，汪三贵，2015. 贫困地区农户脆弱性及其影响因素分析［J］. 中国人口·资源与环境，25（10）：150－156.

杨冕，谢泽宇，杨福霞，2022. 省界毗邻地区绿色发展路径探索：来自革命老区振兴的启示［J］. 世界经济，45（8）：157－179.

余泳泽，潘妍，2019. 高铁开通缩小了城乡收入差距吗：基于异质性劳动力转移视角的解释［J］. 中国农村经济（1）：79－95.

余智涵，宁卓，杨红强，2022. 随机价格下杉木人工林的碳汇收益及最优轮伐期确定［J］. 自然资源学报，37（3）：753－768.

张明林，李华旭，2021. 国家优先支持政策促进绿色全要素生产率的效应评估：来自革命老区的经验证据［J］. 财经研究，47（10）：65－79.

张启正，袁菱苗，胡沛楠，等，2022. 革命老区振兴规划对农业增长的影响及其作用机理［J］. 中国农村经济（7）：38－58.

张义博，刘文忻，2012. 人口流动、财政支出结构与城乡收入差距［J］. 中国农村经济（1）：16－30.

郑满生，张静，2020. 我国森林旅游生态环境发展水平综合评价与分析［J］. 林业经济，42（5）：30－39.

周立，2020. 中国农村金融体系的政治经济逻辑（1949—2019年）［J］. 中国农村经济（4）：78－100.

朱金兆，周心澄，胡建忠，2004. 对"三北"防护林体系工程的思考与展望［J］. 水土保持研究（1）：189-192.

Hao Y，Chen H，Zhang Q，2016. Will Income Inequality Affect Environmental Quality? ［J］. Analysis Based on China's Provincial Panel Data ［J］. Ecological Indicators，67：533-542.

Huang J，Yang G，2017. Understanding Recent Challenges and New Food Policy in China ［J］. Global Food Security，12：119-126.

Lesage J，Pace R K，2009. Introduction to Spatial Econometrics ［M］. New York：Chapman and Hall/CRC.

Li Q，Wu X，Zhang Y，et al. ，2020. The Effect of Agricultural Environmental Total Factor Productivity on Urban-Rural Income Gap：Integrated View from China ［J］. Sustainability，12（8）：3327.

Qi J，Zheng X，Guo H. 2019，The Formation of Taobao Villages in China ［J］. China Economic Review，53：106-127.

Qing Y，Chen M，Sheng Y，et al. ，2019. Mechanization Services，Farm Productivity and Institutional Innovation in China ［J］. China Agricultural Economic Review，11（3）：536-554.

Xue Y，Pan X，2021. The Impact of Agricultural Mechanization on Urban-Rural Income Gap in China：An Empirical Analysis Based on Comprehensive FGLS Estimations ［J］. Scientific and Social Research，3（5）：7-11.

Zhang M，Zhang G，Liu H，2021. Analysis of the Impact of Tourism Development on the Urban-Rural Income Gap：Evidence from 248 Prefecture-Level Cities in China ［J］. Asia Pacific Journal of Tourism Research，26（6）：614-625.

Zhou Q，Li Z，2021. The Impact of Industrial Structure Upgrades on the Urban-Rural Income Gap：An Empirical Study Based on China's Provincial Panel Data ［J］. Growth and Change，52（3）：1761-1782.

第3章 林业社会化服务对农户家庭收入差距的影响机制及政策启示

党的二十大报告明确指出，建设全体人民共同富裕的中国式现代化，要通过增加低收入者收入，扩大中等收入群体，规范收入分配秩序，扎实推进共同富裕。实现共同富裕，最艰难的工作重点仍然在乡村，缩小农户家庭之间的收入差距是实现乡村共同富裕的重要环节。社会化服务在林业生产中扮演着帮助低收入农户获得专业化分工和服务规模效益的重要角色，对于缩小农户家庭收入差距产生积极影响。本章基于分工与专业化效应、优化家庭劳动力配置与促进林地流转经营的理论，构建林业社会化服务对农户家庭收入差距影响的分析框架，利用农户调查数据，量化检验林业社会化服务对农户家庭收入差距的影响机制，分析不同林业社会化服务采纳程度下的影响差异及其分解效应，提出完善林业社会化服务体系及推动形成"以需促供、以供带需"良性循环格局的对策建议（廖文梅等，2023）。

3.1 研究背景和意义

2020 年《中国农村统计年鉴》数据显示，中国农村家庭最高收入组家庭的年人均可支配收入为 38 520.3 元，而最低收入组家庭仅 4 681.5 元，其收入之比高达 8.23∶1。农村家庭收入差距不断扩大不仅影响农村居民的幸福感、安全感和获得感，还会对经济发展和社会稳定产生不利影响（牛坤在等，2022）。农村内部收入差距扩大已经成为乡村共同富裕的最大障碍。如何避免农村居民家庭收入差距的进一步扩大成为实现共同富裕的题中应有之义。此前，有关缩小农村家庭收入差距的理论研究主要集中在农村家庭收入差距的动态演变（Piketty 等，2019；李实等，2019），农村收入分配差距的结构变动（程名望等，2015）以及农村家庭收入差距的影响因素（刘浩等，2017）等方面。有研究认为缩小农村居民内部收入差距关键是要解决低收入农户的收入增长问题，而农户的收入增长有赖于专业化分工的深化和劳动力就业的充分有效性（罗必良，2007）。因此，实现农村劳动力的充分就业需要持续加大对低收入农村家庭的资源投入力度，并进一步激活农村要素市场，增强其内生发展动力（刘志忠等，2022）。党的十九大报告中明确提出"健全农业社会化服务体系，实现小农户和现代农业发展有机衔接"的目标任务，推动了中国农业社会化服务市场不断完善（曲朦等，2021）。实践中，小农家庭经营与现代农业有机衔接的实现得益于完备的农业生产社会化服务体系，而完备的服务体系则依赖于专业化分工的深化来建立（陶善信，2022）。社会化服务作为现代化分工体系的一部分，有助于克服小农户生产经营规模小、生产技术落后的弊端，在林业生产中扮演着帮助低收入农户获得专业化分工和服务规模效益的重要角色（高雪萍等，2021），专业化分工可以有效缩小收入差距（李春梅，2013），林业社会化服务是专业化分工深化的产物，对于缩小农户家庭收入差距也会产生积极影响。然而，有关林业社会化服务影响低收入农户家庭收入变化以及农户家庭收入差距之间关系的研究少且不够深入（罗明忠，2021），难以满足建设全体人民共同富裕的中国式现代化战略需要。

鉴于此，本研究将林业社会化服务纳入农户决策行为分析框架，考察共同富裕目标下农户家庭收入差距的变动逻辑，基于2 413份农户调查数据，量化分析林业社会化服务对农户家庭收入差距的影响及其作用机制，为新时代新征程健全林业社会化服务体系助力实现乡村共同富裕的规划和政策提供决策参考。

3.2 理论分析与研究框架

社会化服务是提高农业生产效率、增加农民收入及实现乡村共同富裕的重要环节。林业社会化服务贯穿着林业生产即生产前期阶段的育苗服务、生产中期的生产技术服务和生产后期的运输与销售服务等的全过程（孔凡斌等，2018）。理性经济人假设认为，农户作为最主要的生产经营主体之一，总是力图付出最低的成本实现收益最大化目标，农户对于林业社会化服务的选择同样也是实现资源配置优化的过程。在技术进步与分工深化背景下，实现资源配置帕累托最优的关键是农户家庭需要对劳动力资源、土地资源等生产要素进行合理的优化配置（刘洋等，2022）。具体而言，林业社会化服务影响农户家庭收入差距的理论机理如图3-1所示，具体从以下三个方面分析。

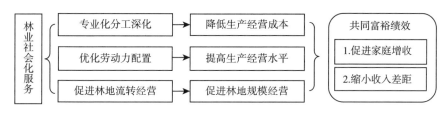

图3-1　林业社会化服务影响农户家庭收入差距的理论机制

3.2.1　分工与专业化效应

通过林业社会化服务本身具有的专业化分工效应提升生产效率，降低生产成本和提高产出从而提升农户收入。林业生产分工本质上是指林业各类生产要素在森林资源培育上的内部分工和协调（温亚平等，2021），但在整个社会化产业中林业仍处于弱势地位，小农户的要素优化配置限于自有资源禀赋框架下进行，可能会忽略主动参与社会化分工（廖文梅等，2016；廖文梅等，2022）。随着技术进步和社会分工不断深化，由此衍生出了诸如技术培训、市场信息、投资融资、政策法律咨询、病虫害及火灾预防、林业生产外包中介服务等一系列林业社会化服务（李立朋等，2020）。因此，对于农户而言，林业社会化服务可以通过生产专业化及生产环节分工来提升其收入水平。在追求个人效益最大化的前提下，农户把一部分不适合自己完成的生产环节交给专门的服务组织，从而降低自身的生产成本，有利于增收（高雪萍等，2022）。其中，小农户在市场风险下会面临高额的交易成本，林业社会化服务具有的"分工"特点可以弥补小农户交易过程损失，减少服务交易成本；加之采用社会化服务必须满足交易成本低于自身生产成本是农户考虑社会化服务购买决策的前提，因而农户采用林业社会化服务能够节约农业生产成本，有利于增收（曲朦等，2021）。因此，专业化分工深化背景下，农户采纳林业社会化服务有助于降低生产成本、提高生产效率，进而对农户增收及收入差距产生影响。

3.2.2　优化家庭劳动力配置

林业社会化服务通过劳动力的要素优化配置来影响农户家庭收入结构，提升家庭总收入水平，影响收入差距。自改革开放以来，农民就业择业权趋于自由化，农民的就业结构改变催生了农民收入的结构转型（郑沃林等，2022）。其中，农村劳动力转移形成的兼业化减少了农户家庭对林业生产的劳动力供给，而劳动生产率较高的非农就业也会导致农户从事林业生产的机会成本不断攀升，一定程度上给林业生产带来负面影响。林业社会化服务作为农户生产经营过程中的替代要素，其重要功能就是替代稀缺的劳动力要素以保持产出不变甚至增加，节省日益昂贵的劳动力成本并获取更高的产出水平和家庭经营性收入（曲朦等，2021）。此外，林业社会化服务有助于推动低收入组农户家庭的剩余劳动力向其他部门转移，使农户获得更高水平的工资性收入。在林业社会化服务供给充分的条件下，缺乏劳动力的农户可以选择购买服务，机械的使用和统一的雇工可以有效解决农户家庭劳动力短缺的问题，突破了农户原有的资源禀赋限制（Chiodi 等，2012），有助于农户提高生产经营水平进而增加收入。因此，林业社会化服务有助于优化农户家庭的劳动力资源配置进而对农户家庭增收及收入差距产生影响。

3.2.3 促进林地流转经营

通过促进土地流转形成土地规模效应，促进经营性收入或非农收入的提升，进而缩小农户家庭间的收入差距。在家庭经营规模有限的基本格局难以改变的情况下，发展现代农业的关键是推动生产服务的社会化（陶善信，2022）。林业社会化服务中的技术培训、市场信息、投资融资、政策法律咨询、病虫害及火灾预防、林业生产外包中介等服务为农户实现林地规模经营提供了支撑。采用林业栽培技术服务会显著促进农户扩大林地经营规模，即服务的规模化更有利于林地的集中，从而实现林地的规模化经营。其中，林业社会化服务带来的技术优势可以缓解林业生产中的技术约束，激励农户扩大林地经营规模，增加家庭经营性收入。根据规模经济理论和交易成本理论，林地规模经营有助于降低生产的边际成本以及交易成本（刘洋等，2022），进而提升农户收入，尤其是低收入水平组的农户家庭收入，因而有利于缩小农户家庭收入差距。

总之，林业社会化服务对于农户家庭收入差距的作用路径是通过赋予农民进行资源要素优化配置的空间，提高行为主体独立自主决策的可能性。农户家庭是否选择采纳林业社会化服务及采纳程度是农户综合决策的结果，这为农户劳动力转移、资金投入、土地流转等决策行为提供了可能，进而对不同收入水平农户家庭收入产生不同的影响。此外，林业社会化服务市场存在异质性，使得支付意愿以及支付能力较高的农户采用林业社会化服务的可能性更高,导致林业社会化服务对于农户家庭增收的作用机制存在差异。相较于低收入农户家庭,高收入农户家庭内在财富水平相对更高(李成明等,2019)。具体而言,在进行资源要素配置优化的过程中,低收入农户家庭获得的收入比高收入农户家庭更多,表明其收入差距趋于缩小,这时林业社会化服务便发挥了缩小农户家庭收入差距的积极作用。

3.3　数据来源与研究设计

3.3.1　数据来源

2018 年 12 月至 2019 年 8 月,课题组对福建、江西、浙江、湖南、四川、广西等 6 个省份的农村进行入户调查。入户调查问卷内容主要包括农户的户主特征、家庭特征、林地资源禀赋、林地经营特征、林业社会化服务采纳情况及家庭收入状况等。按照人均林业产业总产值排序分层,县镇村的选择在人均林业产业总产值排名前 4 中随机抽取,每个省份抽取 2 个县,每个县抽取 3 个镇,每个镇抽取 3 个村,每个村随机抽取 25 户,共抽取样本农户 2 700 户。在删除异常值和缺失值后,得到实际有效样本 2 413 个。

3.3.2　变量设置与描述性统计分析

(1)被解释变量。被解释变量为基尼系数及分位数这两个收入分布统计量的再中心化影响函数。其中,再中心化影响函数是由农户家庭人均年收入转换而来的(牛文浩等,2022)。

(2)解释变量。林业社会化服务采纳。参考李立朋等(2020)的研究,通过是否接受过技术培训、市场信息、投资融资、政策法律咨询、病虫害及火灾预防、林业生产外包中介服务等六个方面来测算农户的林业社会化服务采纳水平。其中,接受过相关服务赋值为 1,否则为 0。测算方法主要借鉴张寒等(2022)的研究,采用熵权法测度农户的林业社会化服务采纳程度。首先利用Shannon 的熵权法对所需指标权重进行赋值;其次,得出衡量林业社会化服务采纳水平的各项指标权重。

第 1 步,指标标准化处理。利用熵权法计算各单项指标值的权重,采用极差标准化法对衡量林业社会化服务采纳水平的指标进行标准化处理。其中计算公式如下:

$$Y_{ij} = \frac{X_{ij} - X_{j\min}}{X_{j\max} - X_{j\min}}$$

式中，Y_{ij} 表示第 i 个农户第 j 项指标标准化后的值，X_{ij} 表示第 i 个农户第 j 项指标的原始值，$X_{j\min}$ 表示第 j 项指标中的最小值，$X_{j\max}$ 表示第 j 项指标中的最大值。

第 2 步，采用综合指数法计算单项指标的总水平，计算公式为：

$$U = \sum_{j=1}^{m} W_{ij} Y_{ij}, \quad \sum_{j=1}^{m} W_{ij} = 1$$

式中，U 表示农户单项林业社会化服务指标的采纳总水平，W_{ij} 表示第 i 个农户第 j 项指标的权重，Y_{ij} 表示第 i 个农户第 j 项指标标准化后的值。

（3）控制变量。选取户主特征、家庭特征、林业生产经营特征和地理区位特征作为控制变量（表 3-1）。户主特征主要囊括户主年龄、受教育年限以及是否村干部；家庭特征主要关注劳动力数量占比、林业收入占比；林地经营特征，包括林地经营面积、林地细碎化程度；区位因素包括林地距离公路距离、村离县城距离、地形三个变量。此外，为了控制区域层面因素的影响，设置地区虚拟变量。变量的具体说明见表 3-1。

表 3-1　变量定义及其描述性统计

变量名称	变量解释	均值	标准差	最小值	最大值
被解释变量					
家庭人均年收入	家庭人均年收入（万元）	2.89	4.36	0.22	5.67
核心解释变量					
林业社会化服务	林业社会化服务采纳程度	0.35	0.18	0	0.87
林业技术培训服务	是否接受过林业技术培训服务	0.43	0.50	0	1
林业市场信息服务	是否接受过林业市场信息服务	0.25	0.43	0	1
林业投资融资服务	是否接受过林业投资融资服务	0.26	0.44	0	1
林业政策法律咨询服务	是否接受过林业政策法律咨询服务	0.35	0.48	0	1
病虫害及火灾预防服务	是否接受过病虫害及火灾预防服务	0.60	0.49	0	1
林业生产外包中介服务	是否接受过林业生产外包中介服务	0.23	0.42	0	1
控制变量					
户主年龄	户主实际年龄（岁）	52.55	10.44	22	88
户主文化水平	户主受教育的年限	7.07	2.82	0	16

（续）

变量名称	变量解释	均值	标准差	最小值	最大值
是否村干部	户主是否村干部（否＝0；是＝1）	0.26	0.44	0	1
劳动力数量占比	家庭劳动力数量/家庭总人口数	0.71	0.24	0	1
林业收入占比	林业收入/家庭总收入（均为调查前一年）	0.14	0.25	0	1
林地经营面积	农户实际经营的林地面积（公顷）	2.95	6.59	0	134.67
林地细碎化程度	林地流转前面积/林地流转前块数	1.00	2.85	0	66.67
林地距离公路距离	以实际距离计算（千米）	1.57	1.61	0	20
村距县城距离	以实际距离计算（千米）	32.55	25.71	0	137
地形	农户所在地形是否为山地（否＝0；是＝1）	0.60	0.49	0	1
地区虚拟变量（以浙江为参照）	湖南＝1；其他＝0	0.19	0.39	0	1
	江西＝1；其他＝0	0.20	0.40	0	1
	四川＝1；其他＝0	0.22	0.41	0	1
	福建＝1；其他＝0	0.20	0.40	0	1
	广西＝1；其他＝0	0.21	0.39	0	1
工具变量	除本户外其他农户采用的社会化服务种类数	2.11	1.08	0	5.571

3.3.3 模型设定

（1）无条件分位数回归模型。本研究主要考察林业社会化服务与农村家庭收入差距之间的关系，参考万海远等（2022）和牛文浩等（2022）的研究，采用Firpo等（2009）提出的无条件分位数回归（UQR）模型来分析林业社会化服务对不同分位农户家庭收入的影响。无条件分位数回归的原理是利用分布统计量的再中心化影响函数（RIF）进行回归，Q_τ分位数的RIF方程公式为：

$$RIF(Y; Q_\tau, F_Y) = Q_\tau + \frac{(\tau - I\{Y \leqslant Q_\tau\})}{f_Y(Q_\tau)}$$

式中，$I\{Y \leqslant Q_\tau\}$为指示函数，如果满足$Y \leqslant Q_\tau$的条件，指示函数的值为1，否则为0，$f_Y(Q_\tau)$为Y的边际密度函数，Q_τ为Y的无条件分布的总体τ分位数。

$RIF(Y；Q_\tau，F_Y)$ 是自变量的线性函数，其公式为：

$$RIF(Y；Q_\tau，F_Y)=X_i\beta_i+\varepsilon_i$$

（2）RIF 回归分解法。该方法结合了无条件分位数回归模型与 $Oaxaca$ - $Blinder$ 均值分解法，模型的思路在于首先构建反事实框架，将农户家庭人均年收入分布的差异进行分解，即特征效应和系数效应；然后利用 RIF 回归模型将各协变量对被解释变量的影响进行分解，得到各协变量在不同分位上对被解释变量的贡献率。因此，可以将林业社会化服务对农户家庭收入差距的影响分解为两个部分，即：

$$Q_\tau(\ln Y_m)-Q_\tau(\ln Y_n)=[Q_\tau(\ln Y_m)-Q_\tau(\ln Y_c)]+[Q_\tau(\ln Y_c)-Q_\tau(\ln Y_n)]$$

式中，m 为未采纳林业社会化服务的农户家庭，n 为采纳林业社会化服务的农户家庭。$\ln Y_c$ 是所构建反事实分布的统计量。进一步结合上式可以得到：

$$Q_\tau(\ln Y_m)-Q_\tau(\ln Y_n)=[(X_m-X_n)\beta_m+\varepsilon_{mc}]+[X_n(\beta_m-\beta_n)+\varepsilon_{cn}]$$

式中，等号右边第一项是两种农户家庭协变量不同而导致的差异可解释部分，即特征效应；第二项则为两种农户家庭差异的不可解释部分，即系数效应。

3.4　结果与分析

3.4.1　农户收入不平等与林业社会化服务采纳情况分析

在进行基准回归之前，对农户家庭收入差距及林业社会化服务采纳情况进行介绍。首先，根据农户家庭人均年收入数据进行计算，得出总体农户家庭人均收入的基尼系数是 0.513，而国际上通常把基尼系数 0.4 作为收入差距的"警戒线"，由此可以得出，研究区域的整体收入差距较大。

其次，熵权法计算结果显示（表 3-2），研究区域的平均社会化服务采纳水平为 0.354，一定程度上说明研究区域的林业社会化服务采纳水平偏低。进一步借鉴张寒等（2022）的研究，按照林业社会化服务采纳程度均值将农户家庭划分为林业社会化服务采纳低水平和高水平两组，并分别计算基尼系数，得出林业社会化服务采纳低水平组的基尼系数为 0.561，而高水平组则为 0.451。可见林业社会化服务采纳低水平组的收入差距大于高水平组家庭，且大于总体农户家庭的收入差距。

表 3 - 2　农户林业社会化服务采纳水平测度结果

维度	均值	标准差
林业技术培训服务	0.309	0.150
林业市场信息服务	0.351	0.139
林业投资融资服务	0.407	0.170
林业政策法律咨询服务	0.419	0.146
病虫害及火灾预防服务	0.440	0.164
林业生产外包中介服务	0.549	0.174
总体指标	0.354	0.184

3.4.2　林业社会化服务对农户家庭收入差距的影响

采用无条件分位数回归模型来测度林业社会化服务采纳程度对不同收入分位上农户家庭收入差距的影响差异。首先，对所有解释变量的方差膨胀因子（VIF）进行计算以检验模型是否存在多重共线性。VIF 最大值为 2.41，即不存在严重的共线性问题。需要说明的是，借鉴吴超等（2022）的研究，本研究主要关注基于农户家庭人均年收入的基尼系数。此外，根据农户家庭人均年收入水平划分为 Q_{10}、Q_{25}、Q_{50}、Q_{75} 和 Q_{90} 这 5 个分位点，依次对应低收入组、中低收入组、中等收入组、中高收入组和高收入组（杨涛涛等，2020）。其中，在进行分位数回归中，被解释变量为农户家庭人均年收入的对数，分别对应 Q_{10}、Q_{25}、Q_{50}、Q_{75} 和 Q_{90}；但虑及系数可读性和直观性，在进行基尼系数回归时，使用农户家庭人均年收入作为被解释变量，表示为 Q_{gini}。

表 3 - 3 中无条件分位数回归结果显示，除基尼系数的估计系数显著为负外，其余五个分位点上林业社会化服务的估计系数均显著为正。其中，表 3 - 3 模型 1（Q_{gini}）对基尼系数回归显著为负，说明林业社会化服务整体有利于缩小地区的农户家庭收入差距。而模型 2 至模型 6 的回归系数显著为正则说明林业社会化服务整体对低收入组、中低收入组、中等收入组、中高收入组和高收入组农户均具有显著的增收效应，其中，低收入组（Q_{10} 分位点）的增收效应比中高收入组（Q_{75} 分位点）高出 0.144，比高收入组（Q_{90} 分位点）高出 0.151，一定程度上验证了林业社会化服务对于低收入组的增收效应更大，有利于缩小农户家庭收入差距。

表3-3　林业社会化服务对农户家庭收入差距的影响分析结果

变量	模型1：Q_{gini}	模型2：Q_{10}	模型3：Q_{25}	模型4：Q_{50}	模型5：Q_{75}	模型6：Q_{90}
林业社会化服务	−0.080***	0.782***	0.604***	0.591***	0.638***	0.631***
	(0.020)	(0.226)	(0.141)	(0.122)	(0.139)	(−0.171)
户主年龄	0.001***	−0.011**	−0.009***	−0.006***	−0.012***	−0.012***
	(0.000)	(0.004)	(0.003)	(0.002)	(0.002)	(−0.003)
户主文化水平	−0.003*	0.008	0.024**	0.028***	0.012	0.013
	(0.001)	(0.015)	(0.010)	(0.008)	(0.010)	(−0.014)
是否村干部	−0.009	0.088	0.057	0.071	0.056	0.01
	(0.008)	(0.086)	(0.056)	(0.050)	(0.060)	(−0.086)
劳动力数量占比	−0.031**	0.260	0.267**	0.471***	0.490***	0.244*
	(0.015)	(0.168)	(0.106)	(0.091)	(0.104)	(−0.147)
林业收入占比	−0.016	0.244	0.142	0.318***	0.486***	0.907***
	(0.013)	(0.150)	(0.099)	(0.088)	(0.111)	(−0.183)
林地经营面积	−0.002**	0.014**	0.011*	0.009*	0.004	0.008
	(0.001)	(0.007)	(0.006)	(0.005)	(0.007)	(−0.011)
林地细碎化程度	−0.001	−0.004	0.012	0.012	0.027**	0.007
	(0.001)	(0.015)	(0.011)	(0.010)	(0.012)	(−0.026)
林地距离公路距离	−0.003	0.009	0.032**	0.042***	0.037**	0.043
	(0.002)	(0.021)	(0.013)	(0.013)	(0.017)	(−0.03)
村距县城距离	0.002*	−0.001	−0.003***	−0.001	−0.001	0.001
	(0.000)	(0.002)	(0.001)	(0.001)	(0.001)	(−0.001)
地形	0.008	−0.198**	0.012	0.012	−0.034	−0.094
	(0.007)	(0.083)	(0.054)	(0.048)	(0.056)	(−0.078)
地区虚拟变量	0.004	0.024	−0.076***	−0.090***	−0.087***	−0.057***
	(0.003)	(0.033)	(0.021)	(0.017)	(0.018)	(−0.022)
常数项	0.215***	8.603***	9.315***	9.494***	10.504***	11.093***
	(0.031)	(0.363)	(0.225)	(0.187)	(0.209)	(−0.279)
R-squared	0.029	0.016	0.048	0.071	0.065	0.036
N	2 413	2 413	2 413	2 413	2 413	2 413

注：***、**、*分别表示1%、5%、10%的统计水平显著性，括号中为相应的标准误，下同。

3.4.3 林业社会化服务对农户家庭收入差距的影响分解

为探究林业社会化服务及各因素对农户家庭收入差距的影响，继续使用无条件分位数回归分解法，研究不同分位点上各因素对农户家庭收入增长的贡献，结果如表3-4所示。

采用RIF回归分解法来构建反事实分析框架，探索林业社会化服务采纳程度对农村家庭收入差距的作用机制，结果见表3-4。结果表明，总差异的估计系数在基尼系数及五个分位点上均显著为负，这意味着在考虑样本自选择偏差后，林业社会化服务对各收入分位点农户家庭的增收效应仍然显著。其中，林业社会化服务对农户家庭人均年收入的边际贡献表现为低收入家庭整体上大于高收入家庭。进一步观察数据结果可以发现系数效应主导了农村家庭收入差距的扩大，几乎所有变量的系数效应及特征效应均为负。

表3-4 林业社会化服务对农户家庭收入差距的影响分解回归结果

变量	模型1：Q_{gini}	模型2：Q_{10}	模型3：Q_{25}	模型4：Q_{50}	模型5：Q_{75}	模型6：Q_{90}
总差异	−0.103**	−0.804***	−0.498***	−0.514***	−0.626***	−0.562***
	(0.041)	(−0.080)	(−0.049)	(−0.047)	(−0.060)	(−0.073)
特征效应贡献	−2.019*	−0.021	−0.045**	−0.041**	−0.046**	−0.053**
	(1.074)	(−0.030)	(−0.021)	(−0.020)	(−0.020)	(−0.021)
系数效应贡献	1.917*	−0.542***	−0.453***	−0.473***	−0.580***	−0.751***
	(1.076)	(−0.084)	(−0.051)	(−0.049)	(−0.062)	(−0.076)
特征效应						
户主年龄	0.002	−0.031*	−0.031***	−0.019**	−0.031***	−0.028***
	(0.008)	(−0.016)	(−0.011)	(−0.009)	(−0.01)	(−0.010)
户主受教育年限	0.001	−0.005	−0.011	−0.012*	−0.01	−0.003
	(0.003)	(−0.013)	(−0.009)	(−0.008)	(−0.008)	(−0.009)
户主是否村干部	0.001	−0.008	−0.007	−0.007*	−0.009*	−0.007
	(0.004)	(−0.007)	(−0.005)	(−0.004)	(−0.005)	(−0.006)
劳动力占比	−0.007	0.039**	0.039***	0.049***	0.046***	0.029***
	(0.012)	(−0.016)	(−0.011)	(−0.01)	(−0.011)	(−0.011)
林业收入占比	0.005	−0.003	0.000	−0.007	−0.011*	−0.022**
	(0.009)	(−0.007)	(−0.004)	(−0.004)	(−0.006)	(−0.009)

（续）

变量	模型 1：Q_{gini}	模型 2：Q_{10}	模型 3：Q_{25}	模型 4：Q_{50}	模型 5：Q_{75}	模型 6：Q_{90}
林地经营面积	−0.791 (0.750)	−0.025* (−0.014)	−0.017 (−0.011)	−0.012 (−0.009)	0.004 (−0.011)	0.013 (−0.01)
林地细碎化程度	1.135* (0.660)	0.005 (−0.009)	−0.004 (−0.005)	−0.007 (−0.005)	−0.014* (−0.007)	−0.024** (−0.012)
林地距离公路距离	−0.001 (0.003)	−0.001 (−0.003)	−0.003 (−0.003)	−0.004 (−0.004)	−0.004 (−0.004)	−0.002 (−0.003)
村距县城距离	−0.565* (0.243)	−0.001 (−0.002)	−0.004 (−0.004)	−0.002 (−0.003)	−0.002 (−0.003)	0.000 (−0.001)
地形	−0.033 (0.025)	0.008 (−0.006)	0.001 (−0.003)	−0.004 (−0.003)	−0.003 (−0.003)	0.002 (−0.003)
地区虚拟变量	−1.767** (0.848)	0.001 (−0.004)	−0.009* (−0.005)	−0.015* (−0.008)	−0.012* (−0.007)	−0.01 (−0.006)
系数效应						
户主年龄	0.130 (0.249)	0.254 (−0.451)	−0.328 (−0.273)	−0.077 (−0.265)	−0.061 (−0.319)	0.086 (−0.403)
户主受教育年限	−0.014 (0.105)	−0.039 (−0.233)	−0.075 (−0.144)	0.056 (−0.139)	−0.037 (−0.176)	0.019 (−0.223)
户主是否村干部	−0.006 (0.021)	0.03 (−0.054)	0.087*** (−0.034)	0.045 (−0.032)	0.08* (−0.041)	0.045 (−0.053)
劳动力占比	−0.210 (0.128)	0.229 (−0.231)	0.027 (−0.138)	−0.106 (−0.139)	−0.264 (−0.193)	−0.089 (−0.244)
林业收入占比	0.006 (0.023)	0.029 (−0.052)	−0.061** (−0.029)	−0.034 (−0.029)	−0.047 (−0.039)	−0.012 (−0.054)
林地经营面积	0.858 (0.806)	0.113 (−0.078)	0.041 (−0.044)	−0.002 (−0.04)	−0.028 (−0.052)	−0.073 (−0.07)
林地细碎化程度	−1.185* (0.687)	−0.07 (−0.046)	−0.013 (−0.026)	0.012 (−0.024)	0.021 (−0.03)	0.101** (−0.04)
林地距离公路距离	−0.070 (0.117)	−0.041 (−0.063)	0.014 (−0.042)	0.009 (−0.042)	0.066 (−0.058)	0.011 (−0.088)

（续）

变量	模型 1：Q_{gini}	模型 2：Q_{10}	模型 3：Q_{25}	模型 4：Q_{50}	模型 5：Q_{75}	模型 6：Q_{90}
村距县城距离	1.768**	−0.034	−0.094	−0.084	−0.11	−0.115
	(0.746)	(−0.091)	(−0.064)	(−0.059)	(−0.074)	(−0.096)
地形	0.166*	−0.146	0.089	0.165**	0.133	0.012
	(0.089)	(−0.107)	(−0.067)	(−0.066)	(−0.085)	(−0.106)
地区虚拟变量	已控制	已控制	已控制	已控制	已控制	已控制
常数项	−2.562*	−0.799	0.043	−0.275	−0.155	−0.77
	(1.317)	(−0.639)	(−0.407)	(−0.391)	(−0.475)	(−0.615)

3.4.4 稳健性检验

为了验证上述结果的稳健性，借鉴高雪萍等（2022）的研究，采用倾向得分匹配法解决有偏估计问题，并进一步采用替换核心解释变量的方法对模型进行重新估计。

（1）倾向得分匹配法。利用 Stata15.1 软件进行倾向得分匹配，结果如表 3-5 所示，基尼系数的回归系数显著为负且低收入组（Q_{10}）、中高收入组（Q_{75}）、高收入组（Q_{90}）的系数显著为正，加之低收入组（Q_{10}）的系数大于中高收入组（Q_{75}）及高收入组（Q_{90}），进一步验证了林业社会化服务具有显著的增收效应且有助于缩小农户家庭的收入差距。此外，根据表 3-6 的平衡性检验结果，匹配后绝大多数变量的偏差绝对值减小且小于 10%，说明整体通过了平衡性检验，模型的匹配效果良好。

表 3-5 倾向得分匹配法的检验稳健性结果

匹配方法	模型 1：Q_{gini}	模型 2：Q_{10}	模型 3：Q_{25}	模型 4：Q_{50}	模型 5：Q_{75}	模型 6：Q_{90}
最近邻匹配	−0.178***	0.254***	0.001	0.022	0.032**	0.101**
	(0.044)	(0.096)	(0.022)	(0.014)	(0.015)	(0.050)
半径匹配	−0.188***	0.195**	0.004	0.020	0.026*	0.109**
	(0.040)	(0.078)	(0.020)	(0.013)	(0.014)	(0.047)
核匹配	−0.187***	0.203**	0.001	0.020	0.027*	0.108**
	(0.040)	(0.083)	(0.020)	(0.013)	(0.014)	(0.048)

表 3-6 平衡性检验结果

变量	样本状态	平均处理效应		标准偏差	绝对值降低	t 值
		处理组	对照组			
户主年龄	匹配前	52.557	52.721	−3.700	29.200	−0.900
	匹配后	52.562	52.834	−2.600		−0.570
户主受教育年限	匹配前	7.188	6.987	7.100	83.500	1.730*
	匹配后	7.128	7.096	1.200		0.250
是否村干部	匹配前	0.288	0.240	11.000	78.700	2.700***
	匹配后	0.254	0.265	−2.300		−0.520
劳动力占比	匹配前	0.710	0.701	3.900	38.500	0.950
	匹配后	0.706	0.712	−2.400		−0.530
林业收入占比	匹配前	0.139	0.132	3.500	25.800	0.860
	匹配后	0.140	0.133	−2.600		0.560
林地经营面积	匹配前	3.169	2.787	5.700	55.900	1.410
	匹配后	2.614	2.783	−2.500		−0.670
林地细碎化程度	匹配前	1.191	0.858	11.300	79.000	2.850***
	匹配后	0.860	0.930	−2.400		−0.770
林地距离公路距离	匹配前	1.539	1.586	−2.900	4.400	−0.720
	匹配后	1.571	1.525	2.800		0.630
村距县城距离	匹配前	31.864	33.073	−4.700	98.000	−1.140
	匹配后	32.456	32.480	−0.100		−0.020
地形	匹配前	0.536	0.642	−21.700	86.400	−5.30***
	匹配后	0.570	0.555	3.000		0.640

（2）替换核心解释变量。为进一步检验模型估计结果的稳健性，将核心解释变量替换为林业社会化服务种类数进行重新估计，结果如表 3-7 所示，发现模型估计结果与前文的基准回归结果基本一致，即林业社会化服务有助于农户增收，基尼系数的回归系数显著为负则表明林业社会化服务有利于缩小农户家庭收入差距，因此，模型的估计结果是稳健的。

3.4.5 内生性讨论

考虑采用林业社会化服务存在一定的邻里"示范"效应，为控制由该变量带来的内生性测量偏差，借鉴高雪萍等（2022）的研究，选择村集体中周围采用林业社会化服务的环境作为工具变量，即村集体中除了研究对象外其他样本农户采用林业社会化服务的种类数。村集体中其他农户采用林业社会化服务的环境对研究对象的林业社会化服务采纳行为产生直接影响，但对该农户家庭的人均年收入无直接影响，满足了工具变量所要求的相关性及外生性原则。

表 3-7　替换核心解释变量的稳健性检验结果

变量	模型1：Q_{gini}	模型2：Q_{10}	模型3：Q_{25}	模型4：Q_{50}	模型5：Q_{75}	模型6：Q_{90}
林业社会化服务种类数	−0.082***	0.204***	0.065	0.139***	0.131**	0.190**
	(0.061)	(0.061)	(−0.063)	(−0.053)	(−0.059)	(−0.078)
户主年龄	0.001***	−0.010***	−0.009***	−0.007***	−0.013***	−0.012***
	(0.000)	(0.002)	(−0.003)	(−0.002)	(−0.002)	(−0.003)
户主受教育年限	−0.002*	0.018**	0.022**	0.026***	0.010	0.011
	(−0.001)	(−0.007)	(−0.010)	(−0.008)	(−0.010)	(−0.014)
是否村干部	−0.011	0.048	0.078	0.088*	0.076	0.026
	(−0.008)	(−0.045)	(−0.056)	(−0.051)	(−0.06)	(−0.086)
劳动力占比	−0.027*	0.336***	0.240**	0.445***	0.461***	0.217
	(−0.015)	(−0.081)	(−0.106)	(−0.091)	(−0.104)	(−0.147)
林业收入占比	−0.015	0.363***	0.139	0.319***	0.486***	0.910***
	(−0.013)	(−0.078)	(−0.100)	(−0.089)	(−0.111)	(−0.183)
林地经营面积	−0.002***	0.007	0.013**	0.012**	0.007	0.011
	(−0.001)	(−0.004)	(−0.006)	(−0.005)	(−0.007)	(−0.011)
林地细碎化程度	0.001	0.016	0.011	0.011	0.026**	0.006
	(−0.001)	(−0.010)	(−0.012)	(−0.010)	(−0.012)	(−0.026)
林地距离公路距离	−0.003	0.036***	0.030**	0.040***	0.035**	0.041
	(−0.002)	(−0.012)	(−0.013)	(−0.013)	(−0.017)	(−0.03)
村距县城距离	0.002**	−0.001*	−0.003***	−0.001	−0.001	0.001
	(0.001)	(−0.001)	(−0.001)	(−0.001)	(−0.001)	(−0.001)
地形	0.006	−0.196**	0.014	0.013	−0.033	−0.095
	(−0.007)	(−0.083)	(−0.055)	(−0.048)	(−0.056)	(−0.078)
地区虚拟变量	已控制	已控制	已控制	已控制	已控制	已控制
常数项	0.248***	9.783***	9.573***	9.674***	10.716***	11.244***
	(−0.041)	(−0.165)	(−0.218)	(−0.183)	(−0.205)	(−0.279)
N	2 413	2 413	2 413	2 413	2 413	2 413
R-squared	0.028	0.079	0.041	0.064	0.058	0.034

　　林业社会化服务对农户家庭收入差距影响的两阶段估计结果如表3-8所示。由第一阶段模型结果可知 F 统计量远大于10，表明拒绝了弱工具变量假设。因此，工具变量的回归结果证实在考虑内生性问题后，林业社会化服务仍然具有显著的增收效应。

表3-8　工具变量的回归结果

变量	第一阶段	第二阶段
	林业社会化服务	林业收入取对数
林业社会化服务采纳程度		0.837***
		(0.115)
林业社会化服务种类数	0.158***	
	(0.001)	
户主年龄	−0.001	−0.010***
	(0.000)	(0.002)
户主受教育年限	0.001	0.018**
	(0.001)	(0.007)
是否村干部	0.013***	0.042***
	(0.003)	(0.045)
劳动力占比	−0.019***	0.343***
	(0.005)	(0.081)
林业收入占比	−0.008	0.365***
	(0.005)	(0.078)
林地经营面积	0.001	0.007
	(0.001)	(0.004)
林地细碎化程度	0.001	0.016
	(0.001)	(0.010)
林地距离公路距离	−0.001	0.037*
	(0.001)	(0.012)
村距县城距离	−0.001***	−0.001
	(0.001)	(0.001)
地形	0.018***	−0.031***
	(0.003)	(0.042)
地区虚拟变量	已控制	已控制

（续）

变量	第一阶段	第二阶段
	林业社会化服务	林业收入取对数
常数项	0.042***	9.712***
	(0.011)	(0.166)
F 统计量	1 521.33	
N	2 413	2 413
R - squared	0.884	0.079

进一步研究林业社会化服务种类数对农户家庭收入差距的影响，结果如表 3 - 9 所示。进行模型内生性讨论后，林业社会化服务对农户家庭收入仍具有显著的增收效应且有助于缩小农户家庭收入差距。

表 3 - 9　林业社会化服务种类数对农户家庭收入差距的影响

变量	模型 1：Q_{gini}	模型 2：Q_{10}	模型 3：Q_{25}	模型 4：Q_{50}	模型 5：Q_{75}	模型 6：Q_{90}
林业社会化服务种类数	−0.015***	0.152***	0.119***	0.101***	0.117***	0.136***
	(0.003)	(−0.038)	(−0.024)	(−0.021)	(−0.023)	(−0.03)
控制变量	已控制	已控制	已控制	已控制	已控制	已控制
地区虚拟变量	已控制	已控制	已控制	已控制	已控制	已控制
常数项	0.221***	8.550***	9.268***	9.498***	10.482***	11.009***
	(0.031)	(−0.361)	(−0.224)	(−0.186)	(−0.208)	(−0.28)
R - squared	0.031	0.018	0.051	0.071	0.066	0.039
N	2 413	2 413	2 413	2 413	2 413	2 413

3.4.6　异质性分析

为进一步验证不同林业社会化服务采纳水平下，林业社会化服务对农户家庭收入差距的影响及分解效应，按照林业社会化服务采纳程度均值（0.35）为标准，将农户家庭进行划分，分别为林业社会化服务采纳低水平和高水平两组，并分组进行回归。表 3 - 10 回归结果表明，首先，就林业社会化服务采纳低水平组而言，基尼系数的回归结果显著为负，说明林业社会化服务有助于缩小低水平组林农家庭的内部收入差距。分位数回归结果表明，除中等收入组，其余四分位点上的林业社会化服务回归系数均显著为正，说明林业社会化服务总体具有较好的增收效应。其次，从采纳高水平组来看，林业社会化服务仅对低收入组和中高收入组的农户家庭具有显著的增收效应。

表 3-10　林业社会化服务对农户家庭收入差距影响的分组回归结果

低水平组	模型 1：Q_{gini}	模型 2：Q_{10}	模型 3：Q_{25}	模型 4：Q_{50}	模型 5：Q_{75}	模型 6：Q_{90}
林业社会化服务	−0.137**	2.237***	0.909**	0.386	0.839**	2.074***
	(−0.054)	(−0.587)	(−0.376)	(−0.297)	(−0.336)	(−0.481)
控制变量	已控制	已控制	已控制	已控制	已控制	已控制
地区虚拟变量	已控制	已控制	已控制	已控制	已控制	已控制
常数项	0.212***	8.201***	9.274***	9.565***	9.857***	10.189***
	(−0.046)	(−0.513)	(−0.321)	(−0.249)	(−0.28)	(−0.42)
N	1 268	1 268	1 268	1 268	1 268	1 268
R-squared	0.025	0.034	0.042	0.053	0.051	0.045
高水平组	模型 1：Q_{gini}	模型 2：Q_{10}	模型 3：Q_{25}	模型 4：Q_{50}	模型 5：Q_{75}	模型 6：Q_{90}
林业社会化服务	−0.03	1.796***	0.159	0.212	1.015***	0.258
	(−0.042)	(−0.535)	(−0.302)	(−0.295)	(−0.31)	(−0.415)
控制变量	已控制	已控制	已控制	已控制	已控制	已控制
地区虚拟变量	已控制	已控制	已控制	已控制	已控制	已控制
常数项	0.183***	9.075***	9.854***	10.214***	11.776***	12.756***
	(−0.047)	(−0.603)	(−0.339)	(−0.314)	(−0.324)	(−0.424)
N	1 145	1 145	1 145	1 145	1 145	1 145
R-squared	0.031	0.015	0.051	0.058	0.086	0.073

再进一步进行林业社会化服务对农户家庭收入差距的分解效应回归，结果如表 3-11 所示。回归结果表明，对低水平组而言，仅 Q_{gini}、Q_{10} 与 Q_{25} 模型的总差异估计系数显著为负，且进一步观察数据结果可以发现特征效应主导了研究区域低水平组农村家庭收入差距的扩大，几乎所有变量的系数效应及特征效应均为负。对高水平组而言，除低收入组及高收入组外，基尼系数及 0.25～0.75 的总差异系数均显著为负，不同于低水平组，高水平组主要是系数效应主导了农户家庭收入差距的扩大。

表 3-11 林业社会化服务对农户家庭收入差距影响分解的分组回归结果

低水平组	模型1：Q_{gini}	模型2：Q_{10}	模型3：Q_{25}	模型4：Q_{50}	模型5：Q_{75}	模型6：Q_{90}
总差异	−0.089***	−0.376***	−0.217***	−0.054	−0.036	−0.219
	(−0.033)	(−0.087)	(−0.069)	(−0.06)	(−0.069)	(−0.137)
系数效应贡献	0.002	−0.003	−0.024	−0.017	−0.035	−0.035
	(−0.01)	(−0.032)	(−0.027)	(−0.023)	(−0.027)	(−0.03)
特征效应贡献	−0.091***	−0.373***	−0.193***	−0.038	−0.001	−0.184
	(−0.034)	(−0.091)	(−0.071)	(−0.062)	(−0.071)	(−0.14)
控制变量	已控制	已控制	已控制	已控制	已控制	已控制
地区虚拟变量	已控制	已控制	已控制	已控制	已控制	已控制
高水平组	模型1：Q_{gini}	模型2：Q_{10}	模型3：Q_{25}	模型4：Q_{50}	模型5：Q_{75}	模型6：Q_{90}
总差异	−0.079***	−0.162	−0.274***	−0.194***	−0.145*	−0.106
	(−0.028)	(−0.118)	(−0.072)	(−0.073)	(−0.076)	(−0.099)
系数效应贡献	−0.004	−0.046	−0.108***	−0.112***	−0.099***	−0.047
	(−0.01)	(−0.039)	(−0.032)	(−0.033)	(−0.034)	(−0.037)
特征效应贡献	−0.075***	−0.116	−0.166**	−0.082	−0.045	−0.059
	(−0.028)	(−0.119)	(−0.071)	(−0.074)	(−0.082)	(−0.106)
控制变量	已控制	已控制	已控制	已控制	已控制	已控制
地区虚拟变量	已控制	已控制	已控制	已控制	已控制	已控制
常数项	−0.187	1.464	1.002	0.278	0.244	−0.299
	(−0.191)	(−0.926)	(−0.56)	(−0.551)	(−0.557)	(−0.754)

3.5 结论及政策启示

党的二十大确立了以中国式现代化全面推进中华民族伟大复兴的宏伟目标。林业作为中国生态扶贫的主阵地，也是巩固拓展脱贫攻坚成果、全面推进乡村振兴的主阵地，应该在提高农村家庭收入水平、缩小农户家庭收入差距及实现乡村共同富裕中发挥重要作用，做出更大贡献。据此，本研究基于福建、江西、浙江、湖南、四川、广西等6个省份的2 413份农户调研数据，采用无条件分位数回归模型和 RIF 回归分解法，从农户家庭收入差距视角，探讨林业社会化服务促进乡村共同富裕的绩效机制，研究结果表明：

第一，林业社会化服务对不同分位点的农户家庭人均收入均为显著正向影响，这表明林业社会化服务对各收入水平组的农户家庭均具有显著增收效应。其中，低收入组（Q_{10}分位点）的增收效应比较高收入组（Q_{75}分位点）高出0.144，比高收入组（Q_{90}分位点）高出0.151，一定程度上验证了林业社会化服务对于低收入农户家庭的增收效应更大，有利于缩小农户家庭收入差距。

第二，无条件分位数回归和分解效应研究结果显示，林业社会化服务对不同分位点农户家庭的收入边际贡献差异显著，且对基尼系数的影响效应显著为负，总体呈现分位点越低边际贡献越大的趋势，说明林业社会化服务有助于缩小农户家庭收入差距。

第三，RIF回归分解和分位差异检验结果显示，系数效应主导了农户家庭收入差距的扩大，几乎所有变量的系数效应及特征效应均为负。

第四，农户的林业社会化服务采纳程度均值为0.35，异质性结果表明林业社会化服务总体而言对低水平组的农户家庭具有较好的增收效应，但仅对高水平组的中高收入组及高收入组的农户家庭具有显著的增收效应。低水平组的农户家庭收入差距主要由特征效应主导，而高水平组则主要由系数效应主导。

以上研究结论表明，在推进乡村共同富裕的实践中，要高度重视和充分发挥林业社会化服务对于缩小农户家庭收入差距的积极作用，不断完善林业社会化服务促进乡村共同富裕的政策措施，具体而言：

第一，要全面提高林业社会化服务供给水平，加快推进林业社会化服务体系建设。要充分发挥产权激励机制、市场竞争机制等方面的积极作用，促进林业社会化服务供给水平的提升，助推农户实现林业高质量发展与收入增加。

第二，要进一步激发与鼓励农户积极采纳林业社会化服务。引导农户转变生产经营理念，发挥能人的示范带动作用，提升林农采用林业社会化服务的意识，降低其在传统生产经营模式中对于劳动力和土地投入的过度依赖，提高农户家庭采纳林业社会化服务的积极性，推动形成"以需促供、以供带需"的良性循环格局。

第三，要针对不同收入水平的群体，采取精准的激励政策，畅通服务渠道，创新服务模式，促进低收入农户自愿采用林业社会化服务，助力农户提高林业生产经营水平。此外，还需加大职业技术培训力度，帮助从原有林业生产释放出来的剩余劳动力提升非农就业的能力水平，通过就业创业，增加其非农收入，助力乡村振兴，促进共同富裕。

参考文献

程名望，史清华，JinYanhong，等，2015. 农户收入差距及其根源：模型与实证 [J]. 管理世界（7）：17 - 28.

高雪萍，王璐，孔凡斌，等，2022. 社会化服务对农户林地规模经营行为的影响研究 [J]. 林业经济问题，42（1）：1 - 8.

高雪萍，王璐，袁若兰，等，2021. 林业社会化服务提高了农户林业生产效率吗 [J]. 农林经济管理学报，20（2）：209 - 218.

孔凡斌，阮华，廖文梅，等，2018. 农村劳动力转移对农户林业社会化服务需求的影响：基于 1 407 户农户生产环节的调查 [J]. 林业科学，54（6）：132 - 142.

李成明，孙博文，董志勇，2019. 农户异质性、农地经营权流转与农村收入分配：基于中国家庭追踪调查数据（CFPS）的实证研究 [J]. 农村经济（8）：26 - 33.

李春梅，2013. 二元劳动力市场框架下产品内分工对我国相对收入差距变化影响分析 [J]. 上海经济研究，25（2）：108 - 119.

李立朋，李桦，丁秀玲，2020. 林业生产性服务能促进农户林地规模经营吗：基于林地流入视角的实证分析 [J]. 中国人口·资源与环境，30（3）：143 - 152.

李实，岳希明，史泰丽，等，2019. 中国收入分配格局的最新变化 [J]. 劳动经济研究，7（1）：9 - 31.

廖文梅，王璐，高雪萍，2022. 社会化服务能否促进农户林业生产要素的投入：基于林业病虫害统防统治服务调查 [J]. 华中农业大学学报（社会科学版）（5）：101 - 113.

廖文梅，张广来，孔凡斌，2016. 农户林业社会化服务需求特征及其影响因素分析：基于我国 8 省（区）1 413 户农户的调查 [J]. 林业科学，52（11）：148 - 156.

刘浩，陈思焜，张敏新，等，2017. 退耕还林工程对农户收入不平等影响的测度与分析：基于总收入决定方程的 Shapley 值分解 [J]. 林业科学，53（5）：125 - 133.

刘洋，余国新，2022. 农业社会化服务对土地规模经营的影响：基于棉花产业的实证研究 [J]. 经济问题（1）：93 - 100.

刘志忠，张浩然，欧阳慧，2022. 乡村振兴下土地流转的收入分配效应研究：基于农村劳动力就地转移的视角 [J]. 学术研究（8）：83 - 91，177.

罗必良，2007. "三农"问题的症结及其化解逻辑 [J]. 经济理论与经济管理（4）：57 - 62.

罗明忠，邱海兰，2021. 农机社会化服务采纳、禀赋差异与农村经济相对贫困缓解 [J]. 南方经济（2）：1 - 18.

牛坤在，许恒周，2022. 农地赋权与农村内部收入不平等：基于农地流转与劳动力转移的中介作用 [J]. 中国土地科学，36（3）：51 - 61.

牛文浩，申淑虹，罗岚，等，2022. 农户兼业扩大了农村内部收入差距吗：来自黄河流域中上游 1 879 份农户调研的证据 [J]. 干旱区资源与环境，36（9）：80-87.

曲朦，赵凯，2021. 粮食主产区农户农业社会化服务采用：增收效应及要素贡献分解 [J].
农村经济（5）：118-126.

陶善信，2022. 社会化服务面临的分工困境：资本下乡如何有效改造家庭经营 [J]. 农村
经济（4）：118-126.

万海远，王盈斐，2022. 我国农村居民收入分配差距新变化 [J]. 农业经济问题（1）：
27-39.

王晶，吕开宇，2021. 共同富裕目标下缩小农村内部收入差距的实现路径：基于生计多样
化视角的分析 [J]. 华中农业大学学报（社会科学版）（5）：34-44，192-193.

温亚平，冯亮明，刘伟平，2021. 非农就业对农户林业生产分工的影响：基于福建省的农
户调研数据 [J]. 林业科学，57（3）：135-144.

吴超，李强，王会，等，2022. 农地流转对农村内部收入不平等的影响 [J]. 农业现代化
研究，43（2）：261-272.

薛凯芸，王越，胡振，2022. 共同富裕视角下数字普惠金融对农户收入的影响：来自黄河
流域中上游地区的证据 [J]. 农业现代化研究（5）：1-14.

张寒，周正康，杨红强，等，2022. 劳动力成本上升对农户营林投入结构的影响：基于林
业社会化服务供给约束的视角 [J]. 中国农村经济（4）：106-125.

郑沃林，李尚蒲，2022. 收入、生态与农民共富：来自农户的证据 [J]. 南方经济（5）：
29-42.

Chiodi V，Jaimovich E，Montes-Rojas G，2012. Migration，Remittances and Capital Accu-
mulation：Evidence from Rural Mexico [J]. Journal of Development Studies，48（8）：
1139-1155.

Firpo S，Fortin N M，Lemieux T，2009. Unconditional Quantile Regressions [J]. Econo-
metrica，77（3）：953-973.

Piketty T，Yang L，Zucman G，2019. Capital Accumulation，Private Property，and Rising
Inequality in China，1978—2015 [J]. American Economic Review，109（7）：2469-96.

第4章 生态产品价值实现与林业推动共同富裕行动

建立健全生态产品价值实现机制，是贯彻落实习近平生态文明思想的重要举措，是践行绿水青山就是金山银山理念的关键路径，是从源头上推动生态环境领域国家治理体系和治理能力现代化的必然要求。浙江高质量发展建设共同富裕示范区是国家重大战略部署，通过打造共同富裕区域性示范，将助力推动中国特色社会主义制度优势转化为治理效能、发展优势，形成为全球治理贡献中国智慧的重要窗口。人与自然和谐共生和全体人民共同富裕确立为中国式现代化建设的重要历史使命，协同推进生态文明建设和共同富裕是新时代新征程重要历史使命。浙江作为全国生态文明先行示范区、建立健全生态产品价值实现机制试点省和全国高质量发展建设共同富裕示范区，林业将是主阵地之一。本章系统阐释建立健全生态产品价值实现机制国家战略部署和浙江行动计划，立足打造全国林业现代化先行区、全国林业践行绿水青山就是金山银山理念示范区、全国林业高质量发展标杆区三大定位，归纳整理浙江探索森林生态产品价值实现机制、构建国家生态文明试验区先行探路以及为全国林业推动共同富裕先行探路的主要模式和政策措施以及取得的主要标志性成果。

4.1 建立健全生态产品价值实现机制国家战略与浙江行动

4.1.1 国家战略

（1）重大意义和目标。《关于建立健全生态产品价值实现机制的意见》明确指出，建立健全生态产品价值实现机制，是贯彻落实习近平生态文明思想的重要举措，是践行绿水青山就是金山银山理念的关键路径，是从源头上推动生态环境领域国家治理体系和治理能力现代化的必然要求，对推动经济社会发展全面绿色转型具有重要意义。其目标是：到2025年，生态产品价值实现的制度框架初步形成，比较科学的生态产品价值核算体系初步建立，生态保护补偿和生态环境损害赔偿政策制度逐步完善，生态产品价值实现的政府考核评估机制初步形成，生态产品"难度量、难抵押、难交易、难变现"等问题得到有效解决，保护生态环境的利益导向机制基本形成，生态优势转化为经济优势的能力明显增强。到2035年，完善的生态产品价值实现机制全面建立，具有中国特色的生态文明建设新模式全面形成，广泛形成绿色生产生活方式，为基本实现美丽中国建设目标提供有力支撑。

（2）主要任务。

一是建立生态产品调查监测机制。推进自然资源确权登记，依托自然资源统一确权登记明确生态产品权责归属；开展生态产品信息普查，形成生态产品目录清单。

二是建立生态产品价值评价机制。建立生态产品价值评价体系，制定生态产品价值核算规范，推动生态产品价值核算结果应用。

三是健全生态产品经营开发机制。推进生态产品供需精准对接，加强和规范平台管理，拓展生态产品价值实现模式。加快培育生态产品市场经营开发主体，推进相关资源权益集中流转经营。促进生态产品价值增值，建立和规范生态产品认证评价标准，建立生态产品质量追溯机制，健全生态产品交易流通全过程监督体系。推动生态资源权益交易，健全碳排放权交易机制，探索碳汇权益交易试点。

四是健全生态产品保护补偿机制。完善纵向生态保护补偿制度，建立横向生态保护补偿机制，健全生态环境损害赔偿制度。

五是健全生态产品价值实现保障机制。建立生态产品价值考核机制，推动将生态产品价值核算结果作为领导干部自然资源资产离任审计的重要参考。建立生态环境保护利益导向机制；加大绿色金融支持力度。

六是建立生态产品价值实现推进机制。加强组织领导，推进试点示范，强化智力支撑，推动督促落实。

4.1.2 浙江建立健全生态产品价值实现机制行动

（1）总体要求。以习近平新时代中国特色社会主义思想为指导，深入贯彻习近平生态文明思想，围绕忠实践行"八八战略"、奋力打造"重要窗口"主题主线，以体制机制改革创新为核心，推进生态产业化和产业生态化，培育经济高质量发展新动力，塑造城乡区域协调发展新格局，引领保护修复生态环境新风尚，打造人与自然和谐共生新方案。到2025年，生态产品价值实现的制度框架基本形成，具有浙江特色的生态产品价值核算体系基本建立，生态系生产总值（GEP）核算应用工作基本实现县（市、区）全覆盖，生态产品价值实现的相关法规、制度、政策更加完善，生态产品价值实现的政府考核评估机制更加健全，生态产品难度量、难抵押、难交易、难变现等问题得到有效解决，保护生态环境的利益导向机制基本形成，为高质量发展建设共同富裕示范区提供有力支撑。到 2035 年，完善的生态产品价值实现机制全面建立，绿色生产生活方式广泛形成，具有浙江特色的生态文明制度体系全面建立，为全面建成美丽中国先行示范区作出积极贡献。

（2）主要任务。

一是建立调查监测机制，全面摸清生态产品家底。推进自然资源确权登记，开展生态产品信息普查。整合自然资源调查监测优势资源，扩大生态环境监测网络范围。依托网格化自然资源调查监测体系，开展生态产品基础信息调查，摸清生态产品构成、数量、质量等底数，编制生态产品目录清单。依托省域空间治理平台，建立生态产品动态监测制度，及时跟踪掌握优质生态产品数量分布、质量等级、功能特点、权益归属、保护和开发利用情况等信息，建立开放共享的生态产品信息云平台。探索建立生态资源资产账户管理制度。

二是健全价值评价机制，科学度量绿水青山生态价值。完善价值评价体系，健全价值核算标准体系，推进核算结果应用。探索建立碳排放权等环境权益初始配额与生态产品价值挂钩机制，健全基于生态产品价值核算的自然资源分等定级、价格评估制度。建立生态产品价值核算结果发布制度，适时评估各地生态保护成效和生态产品价值。

三是健全经营开发机制，拓展生态产品价值实现路径。创新产业化经营模式，促进生态产品价值增值，推进生态产品供需精准对接，推进生态资源权益交易。

四是健全保护补偿机制，形成区域生态利益联结新体系。完善纵向生态保护补偿制度，完善横向生态保护补偿机制，完善生态环境损害赔偿制度。

五是健全保障机制，营造多方共建共享局面。建立考核机制，优化生态环境保护利益导向机制，丰富绿色金融政策工具。探索生态产品资产证券化路径和模式。

六是建立推进机制，确保工作任务落地见效。加强组织领导，推进试点示范。支持丽水市深化生态产品价值实现机制国家试点，支持衢州市以生态占用补偿为导向开展"生态账户"改革试点，支持丽水、安吉等地争创国家生态产品价值实现机制示范基地。强化智力支持，深化数字赋能，强化氛围营造。

4.2 高质量发展建设共同富裕示范区国家战略与浙江行动

4.2.1 战略背景和现实意义

中国发展不平衡不充分问题仍然突出，城乡区域发展和收入分配差距较大，各地区推动共同富裕的基础和条件不尽相同。促进全体人民共同富裕是一项长期艰巨的任务，需要选取部分地区先行先试、作出示范。

浙江省情具备开展示范区建设的代表性。从规模看，浙江面积、人口具有一定规模。从地理区划看，浙江有"七山一水二分田"，行政区划上有 2 个副省级城市、9 个地级市和 53 个县（市），代表性较强。从城乡看，浙江既有城市也有农村，农村户籍人口占了一半。其次，浙江具备开展示范区建设的基础和优势。富裕程度较高，发展均衡性较好，改革创新意识较为浓烈。最后，浙江开展示范区建设的空间和潜力还较大。浙江在优化支撑共同富裕的经济结构，完善城乡融合、区域协调的体制机制，实现包容性增长的有效路径方面都还有较大的探索空间。

浙江高质量发展建设共同富裕示范区，具有重大的历史意义和现实意义。通过开展示范区建设，及时形成可复制推广的经验做法，能为其他地区分梯次推进、逐步实现全体人民共同富裕作出示范。同时，浙江省多年来一以贯之践行"八八战略"，持续深化改革开放，在市场经济、现代法治、富民惠民、绿色发展等方面成果显著。通过打造共同富裕区域性示范，将助力推动中国特色社会主义制度优势转化为治理效能、发展优势，形成为全球治理贡献中国智慧的重要窗口。

4.2.2 共同富裕示范区建设战略定位和目标任务

（1）战略定位。即高质量发展高品质生活先行区、城乡区域协调发展引领区、收入分配制度改革试验区和文明和谐美丽家园展示区。

——高质量发展高品质生活先行区。率先探索实现高质量发展的有效路径，促进城乡居民收入增长与经济增长更加协调，构建产业升级与消费升级协调共进、经济结构与社会结构优化互促的良性循环，更好满足人民群众品质化多样化的生活需求，富民惠民安民走在全国前列。

——城乡区域协调发展引领区。坚持城乡融合、陆海统筹、山海互济，形成主体功能明显、优势互补、高质量发展的国土空间开发保护新格局，健全城乡一体、区域协调发展体制机制，加快基本公共服务均等化，率先探索实现城乡区域协调发展的路径。

——收入分配制度改革试验区。坚持以按劳分配为主体、多种分配方式并存，着重保护劳动所得，完善要素参与分配政策制度，在不断提高城乡居民收入水平的同时，缩小收入分配差距，率先在优化收入分配格局上取得积极进展。

——文明和谐美丽家园展示区。加强精神文明建设，推动生态文明建设先行示范，打造以社会主义核心价值观为引领、传承中华优秀传统文化、体现时代精神、具有江南特色的文化强省，实现国民素质和社会文明程度明显提高、团结互助友爱蔚然成风、经济社会发展全面绿色转型，建设人民精神生活丰富、社会文明进步、人与自然和谐共生的幸福美好家园。

（2）目标任务。到2025年，浙江省推动高质量发展建设共同富裕示范区取得明显进展。经济发展质量效益明显提高，人均地区生产总值达到中等发达经济体水平，基本公共服务实现均等化；城乡区域发展差距、城乡居民收入和生活水平差距持续缩小，低收入群体增收能力和社会福利水平明显提升，以中等收入群体为主体的橄榄型社会结构基本形成，全省居民生活品质迈上新台阶；国民素质和社会文明程度达到新高度，美丽浙江建设取得新成效，治理能力明显提升，人民生活更加美好；推动共同富裕的体制机制和政策框架基本建立，形成一批可复制可推广的成功经验。

到2035年，浙江省高质量发展取得更大成就，基本实现共同富裕。人均地区生产总值和城乡居民收入争取达到发达经济体水平，城乡区域协调发展程度更高，收入和财富分配格局更加优化，法治浙江、平安浙江建设达到更高水平，治理体系和治理能力现代化水平明显提高，物质文明、政治文明、精神文明、社会文明、生态文明全面提升，共同富裕的制度体系更加完善。

（3）重大举措。紧扣推动共同富裕和促进人的全面发展，明确了六大方面的重大举措。一是提高发展质量效益，夯实共同富裕的物质基础。二是深化收入分配制度改革，多渠道增加城乡居民收入。三是缩小城乡区域发展差距，实现公共服务优质共享。四是打造新时代文化高地，丰富人民精神文化生活。五是践行绿水青山就是金山银山理念，打造美丽宜居的生活环境。六是坚持和发展新时代"枫桥经验"，营造舒心安心放心的社会环境。

4.2.3 高质量发展建设共同富裕示范区保障政策措施

（1）国家主要政策措施。中共中央、国务院《关于支持浙江高质量发展建设共同富裕示范区的意见》明确的主要保障措施有四条。

一是坚持和加强党的全面领导。把党的领导贯穿推动浙江高质量发展建设共同富裕示范区的全过程、各领域、各环节。

二是建立评价体系和示范推广机制。加快构建推动共同富裕的综合评价体系，建立评估机制，坚持定量与定性、客观评价与主观评价相结合，全面反映共同富裕示范区建设工作成效，更好反映人民群众满意度和认同感。建立健全示范推广机制，及时总结示范区建设的好经验好做法，归纳提炼体制机制创新成果，成熟一批、推广一批，发挥好对全国其他地区的示范带动作用。

三是完善实施机制。健全中央统筹、省负总责、市县抓落实的实施机制。依托推动长三角一体化发展领导小组，加强对浙江建设共同富裕示范区的统筹指导，国家发展改革委牵头设立工作专班负责协调推进本意见提出的任务措施。浙江省要切实承担主体责任，增强敢闯敢试、改革破难的担当精神，始终保持奋进姿态，立足省情和发展实际，制定具体实施方案，充分动员各方力量，不断开辟干在实处、走在前列、勇立潮头新境界。

（2）浙江省主要政策保障措施。《浙江高质量发展建设共同富裕示范区实施方案（2021—2025年）》明确构建高质量发展建设共同富裕示范区保障措施和推进机制。

一是坚持和加强党的全面领导。建立健全党总揽全局、协调各方的全面领导制度体系，把党的领导贯穿推动共同富裕的全过程、各领域、各环节。

二是深入推进清廉浙江建设。建设清廉文化高地，推进党和国家监督体系在浙江实践。

三是全面深化数字化改革。以数字化驱动制度重塑，建设一体化、智能化公共数据平台，建立健全数据治理机制。推进数字政府综合应用建设，迭代升级"浙政钉""浙里办"。推进数字经济综合应用建设，推动资源要素有效配置和产业发展高效协同。推进数字社会综合应用建设。推进数字法治综合应用建设。构建数字化改革理论体系和制度规范体系。全面实施网络安全整体能力提升行动，构建一体化数字化改革网络安全保障体系。

四是强化政策制度创新。聚焦重点领域，研究出台省级相关配套政策。主动承担全国性的改革试点、探索示范任务，努力在数字化改革、生态产品价值实现等方面先行先试，率先形成创新性、突破性制度成果。

五是建立上下联动、高效协同的抓落实机制。建立健全大成集智机制，完善工作机制，形成系统集成、精准施策、一抓到底的工作体系。

六是建立争先创优机制。鼓励和支持有条件的市县和相关部门打造更多最佳实践。建立最佳实践总结推广机制。

七是构建推动共同富裕的评价考核体系。科学设立高质量发展建设共同富裕示范区评价体系和目标指标体系，探索建立共同富裕实现度测度标准和方法，探索建立群众获得感幸福感安全感评价指数，全面反映示范区建设工作成效，更好反映人民群众满意度和认同感。加强监测分析和动态调整。

八是凝聚全社会共同奋斗共同富裕的强大力量。让每一个人都成为共同富裕的直接参与者、积极贡献者、共同受益者，依靠全体人民的共同奋斗和团结互助，走共建共治共享的共同富裕之路。

4.3 全国林业推动共同富裕战略与浙江行动

4.3.1 全国林业推动共同富裕示范区建设的战略定位与政策措施

2021年10月，国家林业和草原局印发《关于支持浙江共建林业践行绿水青山就是金山银山理念先行省 推动共同富裕示范区建设的若干措施》，明确加大对浙江省林业工作支持力度，充分发挥林业在推动共同富裕示范区建设中的作用，提出共同打造林业践行绿水青山就是金山银山理念先行省的主要政策措施。

一是建设人与自然和谐共生的美丽浙江。实行生态保护修复制度，完善自然保护地体系建设，推动钱江源-百山祖国家公园正式设立，建设美丽生态廊道，创建国际湿地城市等。

二是推进林农增收林业增效。打造五大千亿富民产业，培育林业龙头企业和国家林下经济示范基地，推广"一亩山万元钱"，加快竹产业转型升级，建设"网上森博会"等。

三是统筹推进山水林田湖草系统治理。实施长江三角洲重要河口区生态保护和修复等重大工程，建设钱江源头、瓯江源头林草区域性系统治理项目和国土绿化试点示范项目，开展森林质量精准提升工程，加大松材线虫病防治，提升森林防火能力等。

四是推进林业数字化改革建设生态网络感知系统。建设林草生态网络感知系统试点省，完善一体化智能化林业数字系统，开展林草生态综合监测评价，建设林业数据云中心，提升林业智治水平等。

五是加快建立林业生态产品价值实现机制。建立林业生态产品价值的评价体系、核算机制和开发机制，加快林业碳汇发展，探索开展区域性林业碳汇交易等。

六是鼓励先行先试深化林业综合改革。推进集体林地"三权分置"，建立健全林权资源资产交易平台，开展全国林业改革发展推进重点林区共同富裕市试点，加强林业金融创新，推行林业特色品种保险，开展建设项目使用林地占补平衡试点，深化国有林场改革，打造"未来国有林场"等。

七是强化科技创新引领高质量发展。建设国家林草装备科技创新园、国家林业科技园区等科技创新平台，完善林草种质资源保护体系，建立林业智库等。

八是弘扬生态文化树牢生态文明价值观。创建国家森林城市，推进金义都市区森林城市群试点，建设科普教育基地，加强古树古道保护修复，开展自然教育研学实践等。

九是支持全面推行林长制。建立省市县乡村五级林长制组织体系，构建基层管护网格化体系，建立林长制考核评价制度等。

4.3.2 浙江省林业促进共同富裕的主要措施

浙江省林业局发布了《关于支持山区 26 县跨越式高质量发展的意见》，提出加快将山区生态优势转化为经济优势，努力使林业成为山区富民的重要产业和农民增收的重要渠道，为浙江高质量发展建设共同富裕示范区提供有力支撑。还制定了《林业推进共同富裕示范区建设行动方案（2021—2025 年)》，将全面推行林长制，全力推进数字化改革，加强生态保护与修复，提升产业富民能力，弘扬森林生态文化，建美绿水青山，做大金山银山，不断增强人民群众的获得感、幸福感、安全感和认同感，为全国林业实现高质量发展、促进共同富裕提供浙江经验。

浙江省坚持以林业共同富裕和现代化先行为目标，突出打造"森林碳汇、一村万树、名山带富、未来林场、竹业振兴、千村万元、机械强林、数字林业"等八大标志性品牌，取得了显著成效。具体而言：

一是提升森林碳汇能力。实施固碳增汇行动，推进试点先行，开展区域性森林碳汇开发交易，以数字化改革推动机制重塑为抓手，全面提升林业碳汇管理水平。

二是打响一村万树品牌。启动新一轮"一村万树"五年行动，将绿化建设与地形风貌、风土人情等有机融合，推动美丽乡村从"一处美"迈向"全域美"。

三是开展名山带富行动。以项目带动周边村镇融合发展，促进当地产业转型，推动发展以生态资源为依托的生态旅游、森林康养等生态产业，打造名山公园特色品牌，实现村镇共同富裕。

四是打造未来国有林场。打造以未来生态、碳汇、智慧、治理、产业、景观、交通、文化、共富等九大场景为重点，集成构建"生态建设＋生态富民＋科技创新＋智慧管理"于一体，符合生态安全、低碳智治、绿色发展、和谐共享的新型国有林场。

五是推动竹产业振兴。组织编制竹产业高质量发展实施方案，构建竹材分解点、半成品加工、精深加工为框架的竹材三级加工体系，打造一批三产融合紧密、产业效益提升、共富成效显著的竹产业发展示范典型。

六是实施千村万元工程。在全省范围内筛选 1 000 个适合发展林下经济的山区村，发展相对集中连片的林下种植（养殖）基地，通过推进股份合作、订单生产、科技"四联"和三产融合四大机制，带动林农增加经营性、资源性和工资性收入。

七是发挥机械强林优势。聚焦重点林业领域的关键生产环节，扎实开展宜机化与装备关键技术协同攻关、新产品新技术应用推广、试验示范基地建设等工作，实现科技强林、机械强林，推动林业生产方式转变。

八是推进数字林业改革。完善升级林业"一张图"，开展"林业看板"建设，打造开发省级重要应用场景与地方特色应用场景，为科学决策研判林业重点工作提供技术支撑。

4.3.3　浙江省林业促进共同富裕的典型经验

浙江省立足林业特色，以高质量发展为基石，以共建共享为导向，扎实推动国家林业和草原局各项支持政策全面落地，积极谋划实施一批新项目、新举措，不断强化生态保护修复，持续深化集体林权制度改革，做大做强五大千亿产业，努力擦亮林业改革发展"金名片"，总结凝练出一批可复制可推广的十大典型经验，不断放大林业推进共同富裕的新优势（浙江日报，2022）。

（1）丽水市"国家公园＋"模式打通"生态"与"富民"转化通道。丽水市围绕森林康养、气候养生、有机食品、科普教育、天文观测、自然体验等，结合自身实际和特长，打响了国家公园品牌，创新了生态价值实现机制，让隐藏的"生态密码"不断转化为看得见、摸得着的经济效益。坚持以"国家公园＋"孕育兴林富民活力源，出台国家公园集体林地地役权补偿收益质押贷款和贴息等政策，创推"国家公园＋地役权""国家公园＋绿色金融""国家公园＋森林碳汇""国家公园＋生态品牌"等系列"国家公园＋"模式，构建"线上导购＋线下体验"营销体系，推动国家公园品牌与丽水"山"字品牌融合发展，入选中国改革 2020 年度十佳典型案例、省第二批大花园"耀眼明珠"。

（2）常山县"一切为了U"建五大平台振油茶产业。常山县将油茶产业作为县域支柱产业，不断拓宽"两山"转化通道，围绕油茶"产研销"全环节搭建五大平台：建设"共富果园"改革平台推动规模化经营、"院校共建"研发平台推动科技化管理、"一份常礼"销售平台推动品牌化营销、"产学研旅"融合平台推动景区化打造、"油茶指数"发布平台推动全国化发展。在探索过程中，常山县逐渐形成、完善并推广油茶产业"共建、共管、共享"的发展理念，为争当共同富裕示范区县域典范贡献油茶力量。

（3）临安区山核桃产业大脑助力农民增收致富。临安山核桃产业大脑紧紧围绕"哪里合适种""如何种得好""如何加工好产品""如何卖得好"等三产融合发展的核心问题进行谋划。聚焦规模化经营、生态化治理、原料交易、标准化加工和品牌培育等核心业务，梳理适度规模流转、绿色生产、原料价格信息对称、食品安全监管、消费者信任等重大需求，重点开展现代化未来农场建设，升级全流程社会化服务，推进标准化加工，加强品牌管理建设，实现产业链重塑，形成了"产业大脑＋未来农场＋透明工厂＋N 个多跨应用场景"的基本构架。

（4）龙泉市"益林富农"探索山区共富新路子。为了实现数字变革产业赋能山区共富，龙泉市率先以林权数字化管理为切口，通过数字赋能、技术倒逼、流程再造、制度重塑建设，从森林资源管理和利用、林区综合治理、竹木产业发展、林农增收拓径等方面建设运行"益林共富"多跨场景应用，全面加快数字林业发展，走出一条生态保护、林农致富"双赢"新路子，为山区共富提供更多可复制、可推广的经验。

（5）龙游县加快竹产业创新发展推进"竹山"变"金山"。龙游县瞄定林业推动共同富裕跑道，通过"森林魔方"，充分激活林业发展要素资源，夯实美丽龙游绿色本色、擦亮生态文化底色、做深全竹产业特色，打造"竹业促富""碳汇造富""名山带富"等一批"林业促共富"标志性成果，以生态产品价值实现机制为创新，形成"森林魔方"，打造迈向共富的"龙游路径"和

"竹木之道","两山"转化"龙游实践"。实施布局竹材初加工、打造全竹绿色循环园、开发竹纤维工艺造纸、做强食用笋龙头企业、着力科技支撑竹产业发展等五大核心举措,以绿色共生、产业共融、文化共兴、云端共智、改革共进、区域共美等 6 项为主要发展方向,进一步把生态资源转化为发展资本、生态优势转化为发展实力,带动竹区 10 万竹农增收致富。

(6) 磐安县打造古树公园助推乡村旅游。根据古树名木建成古树主题公园84 个,磐安在古树公园的特色基础上,延伸打造生态旅游风景点,全县共有省 A 级景区村 139 个,景区村古树公园覆盖率达到 64%,并连景成线,打造"浪漫花乡线""休闲茶乡线""养生药乡线""百里樱花线"等 4 条精品游线。建成省级森林城镇 14 个,省市级森林村庄 102 个,着力建设了"樱花谷""杜鹃谷""银杏谷""玫瑰谷""芍药谷"等五大花谷。古树公园建设和系列森林村庄的创建结合,成了名副其实的惠民富民工程,实现了以绿色发展推动共同富裕。

(7) 庆元县创新"国乡合作"新机制打造"共同富裕"新样本。为全力栽好"国乡合作"这一奔富"摇钱树",庆元县迭代升级国乡合作 2.0 模式,对全县 59 万亩集体商品林资源进行集中收储和整合优化,实施珍贵树种造林、杉木大径材培育以及林下经济发展,全面提升森林资源的复合效益,打造"富裕森林",释放带动增收能力。搭建"两山银行"融资平台,打通资源变资产、资产变资本通道,探索了一条把森林生态资源优势转化为经济发展优势的生态产品价值实现路径。

(8) 文成县利用森林景观优势发展森林康养产业。文成县依托自然资源禀赋,大力发展森林康养产业,积极打造全要素配套、全产业联动、全社会参与的森林康养度假产业集群,实现产业和文化、生态与业态的高度融合,形成了林业高质量发展新的经济增长极。全县森林康养产业总投资达 15 亿元,森林景观利用类总产值达 22.16 亿元,其中森林康养与休闲类产值达 3.2 亿元;建成省市森林康养基地各 3 个,其中 3 家列入国家级森林康养试点建设单位。

(9) 余杭区长乐林场山中新天地林间大课堂。长乐林场以自身自然资源优势为依托,融入当地大径山国家乡村公园建设,以"营地＋"模式整体推动自然教育活动的开展,被学员形象地誉为"山中新天地,林间大课堂"。每年为当地带来近 60 万人次客流量的同时,也为当地提供了 100 余个工作岗位和近300 个次临时就业机会。每年采购周边农户的蔬菜、禽蛋、春笋等乡土特色产品 200 余万元,带动周边乡村民宿、餐饮等产业不断发展,每年增收近千万元，为振兴周边乡村、百姓增收致富提供服务。

（10）长兴县做精苗木拳头品牌扎牢花木之乡根基。长兴县积极探索花木销售新思路、新方法，充分利用全县 1 800 名"苗二代"，组建了一支苗木经纪人队伍，培养了百余名带货达人。利用中国长兴花木大会这一展会品牌，构建起"线上线下"花木交易平台，参展单位遍布全国 14 个省份，订单量从 8 000 万元攀升到 4.8 亿元。依托花木产业景观资源和生态价值，积极发展"游、赏、购"一体化经营模式，促进产业融合发展，先后创建了省级花木产业强镇、森林康养名镇和多个森林人家，实现了从"卖树"到"卖风景"的转变，带动了 1 万余户人均增收 1.5 万元，让"美丽风景"转化为"美丽经济"。

第5章　浙江省森林生态产品价值实现对县域发展差距的影响及政策启示

　　党的二十大报告将建设全体人民共同富裕的中国式现代化确立为新时代新征程中国共产党的历史使命，明确提出要建立生态产品价值实现机制，要坚持城乡融合和区域协调发展，着力缩小城乡和区域发展差距。县域协调发展不仅关联着城乡间和地区间的要素配置，而且关联着发展成果在城乡间和地区间的分配状态，是社会财富增长和分配状况的桥梁，也是推动经济社会发展成果全民共享的关键，有效缩小县域发展差距成为新征程推动共同富裕的重要历史使命。生态产品价值实现是平衡经济发展与生态环境保护关系的根本途径，也是助力山区实现共同富裕的重要路径，高质量推进森林生态产品价值实现既是浙江林业推进共同富裕、助力县域协调发展的重要工作，也是浙江山区实现跨越式高质量发展的重大机遇。本章基于浙江省山区 26 县的数据，分析森林生态产品价值实现对县域发展差距的影响及其作用机制，提出提升森林生态产品价值实现效率促进森林资源富集山区县共同富裕的政策建议（徐彩瑶等，2023）。

5.1　研究背景与现实意义

　　2022 年国家印发《关于推进以县城为重要载体的城镇化建设的意见》明确提出要加快缩小县域发展差距的重大任务。有效缩小县域发展差距成为新征程推动共同富裕的重要历史使命。建立生态产品价值实现促进共同富裕的协同机制，是践行"绿水青山就是金山银山"发展理念的重要举措，也是森林资源富集地区推进高质量发展和共同富裕的重要路径。森林生态系统是陆地生态系统的主体，为人类提供丰富的水源涵养、固碳释氧、防风固沙、净化空气、调节气候等多种调节类生态产品以及木材、经济林果、生物质能源等供给类生态产品和旅游康养、景观价值等文化类生态产品。然而，森林资源及生态产品富集地区多为山区，其经济发展相对较为落后，是中国解决发展不平衡不充分问题的重点和难点，更是实现共同富裕的关键区域。森林生态产品作为一种生产要素存在于经济系统之中，既是山区和林区居民重要的生计资本，也是山区实现共同富裕的优势和潜力所在（程文杰等，2022）。有关森林生态产品实现效率的理论方法以及浙江省生态产品实现效率的实证研究已受到学者们的关注（王兵等，2020；程文杰等，2022；孔凡斌等，2022；Wang 等，2022；林亦晴等，2023），这些有重要价值的研究探索为开启中国森林生态产品价值经济转换的量化研究奠定了理论和方法基础。然而，不断提升的森林生态产品价值实现效率是否能够缩小县域发展差距以及通过何种路径缩小县域发展差距，既有研究尚未涉及。

浙江省是全国高质量发展建设共同富裕示范区，推动发展相对落后的山区26 县是实现全省共同富裕的重点、难点和关键点。2021 年 9 月，国家林业和草原局印发《关于支持浙江共建林业践行绿水青山就是金山银山理念先行省推动共同富裕示范区建设的若干措施》明确要充分发挥林业在推动共同富裕示范区建设中的作用，共同打造林业践行绿水青山就是金山银山理念先行省。2022 年 8 月，浙江省正式启动首批林业推进共同富裕试点工作，致力于探索、打造和总结林业助力共同富裕的创新模式与经验（何晓玲等，2021）。鉴于此，以浙江省山区 26 县为研究对象，以森林生态产品价值实现效率为起点，深入探讨森林生态产品价值实现效率对县域发展差距的影响及其作用机制，以期为浙江和全国探索生态产品价值实现促进共同富裕的路径提供科学依据。

5.2　理论分析

5.2.1　森林生态产品价值实现缩小县域发展差距的理论基础

自然资源是影响国家发展能力和人民福祉的一种自然资本，一切经济生产都依赖于自然资本存量所产生的自然资源流量（张雪溪等，2020）。自然生态资源作为自然存在的价值形态，与生产资料和劳动力相结合而生产出满足人们要求的生态产品和生态服务，最后通过市场机制实现生态产品和生态服务的货币化（龚勤林等，2021），此时的自然生态资源为经济学意义上的生态资本。生态资本即为能够带来经济、社会效益的生态资源（张雪溪等，2020），能够以生产要素的形式直接进入社会经济生产系统，其循环过程是通过生态技术进行形态和价值的转换而成为生态产品，生态产品进入市场通过交易成为生态商品及物质财富（严立冬等，2010；严立冬等，2012；张雪溪等，2020），进而促进经济增长和人类福祉。

　　森林生态产品价值实现是森林资源嵌入地域空间环境，并与经济、社会、文化、环境等多要素融合的过程，将生态的比较优势转化成经济发展的竞争优势（于浩等，2019）。森林生态产品富集的山区，由于"绿水青山"向"金山银山"转化的通道和机制不健全，很容易陷入生态资本"富足的矛盾"，生态资源禀赋与经济发展和收入增长之间出现"脱钩"现象。同时，由于缺乏向生态财富和生态福利转化的市场基础，导致生态资本的市场投入受阻，难以发挥运营与福利的协同增益效应。因此，国家持续加大重要自然生态系统保护修复力度，大力实施森林质量提升工程，不断提升森林生态系统服务功能，巩固生态资本存量，提升森林生态产品的高质量持续供给能力，促进森林资源提量增值。通过吸引资本、科技、人才等要素上山入林，推动各地依托本地区森林资源与生态产业发展潜力，大力发展木本油料、林下经济、花卉苗木、竹木制造、森林康养等绿色富民产业，加强木本粮油供给，进行良种更新和低产林改造，形成益农森林生态产业体系，实现森林生态资源优势转化为经济优势和农户增收优势，推动森林产业提效增收。因此，在推动森林生态产品价值实现过程中，通过资源提量增值、产业提效增收等措施，持续促进区域经济增长，为森林生态产品富集山区实现跨越式发展、缩小发展差距提供了条件。同时，考虑到不同区域的资源禀赋以及经济、社会、治理、文化等的发展状况不同，森林生态产品价值实现推动县域发展的效果会存在空间异质性。

5.2.2　森林生态产品价值实现能够通过促进产业结构调整缩小县域发展差距

　　森林生态产业化是森林生态产品价值实现的主要路径，也是"绿水青山"向"金山银山"转化的主要方式。森林生态产品价值实现旨在将可利用的森林生态产品和可供交易的森林生态系统服务转化为经济价值、实现森林生态系统服务增值，将森林生态优势转化为生态经济优势（孙博文等，2021）。在建立健全森林生态产品价值实现机制过程中，林业产业结构优化与升级将会被不断推进，通过林业产业生态化和森林生态产业化，让森林生态比较优势成为不同于传统优势的推动生态经济增长的内生驱动力，实现森林生态与林业经济发展协调互动，走出一条具有区域特色的发展道路，把潜在比较优势转化为现实的竞争优势，把森林生态优势转化为林业经济优势和区域竞争优势，进而带动县域经济社会持续高质量发展（于浩等，2019），有利于缩小县域发展差距。

5.2.3 森林生态产品价值实现能够通过提升技术应用水平缩小县域发展差距

技术创新是推动生态经济系统可持续发展的主要动力，也是提高生态产品经营开发效率水平的关键要素。森林生态资本运营的实质就是将森林生态资源型生产要素转化凝结到森林生态产品或森林生态服务中去，这一转化和凝结的过程就是生态技术应用的过程（严立冬等，2010）。森林生态产品价值实现过程贯穿于森林资源高效培育、森林资源数字化监测与管理、高生态质量附加值产品开发、高生态品位需求产业支撑功能开发以及森林康养等高端休闲功能开发等全链条、全过程，所有环节都离不开生态技术的运用和创新，生态技术的运用和创新也会在生态产品价值实现过程中不断迭代升级，推动森林生态产品价值实现效率的持续提升，进而带动县域经济社会持续高质量发展，有利于缩小县域发展差距。

5.2.4 森林生态产品价值实现能够通过推动人力资本升级缩小县域发展差距

人力资本是影响区域经济增长及影响地区发展差距的一个关键因素（王小鲁等，2004；杨建芳等，2006）。提升人力资本水平是缩小地区发展差距及实现共同富裕的动力源泉之一（杨晨旭等，2022）。围绕生态产品开发、经营、交易、支撑服务等技术经济关系形成的森林生态产品产业链（王金南等，2021）需要以更高素质的人力资本的投入为条件，不断提高的森林生态产品价值实现效率必将推动初级人力资本向高级人力资本的演进（刘智勇等，2018），更高水平的人力资本会推动森林生态价值实现效率的持续提升，进而推动县域社会经济持续高质量发展，有利于缩小县域发展差距。

5.3 研究区概况、研究方法与数据来源

5.3.1 研究区概况

作为高质量发展建设共同富裕示范区的浙江省，有着"七山一水两分田"的自然资源分布格局。根据 2022 年森林资源监测数据，浙江省现有林地面积 660.20 万公顷，森林面积 607.53 万公顷，森林覆盖率为 61.15%，居全国前列。浙江省瞄准发展相对落后的山区 26 县，发布了《浙江省山区 26 县跨越式高质量发展实施方案（2021—2025 年）》。浙江省山区 26 县总面积占浙江全省

的 44.5％，森林覆盖率为 82.96％，2020 年末人口总数约占浙江省的 15.8％，GDP 总量占浙江省的 9.65％。综合考虑资源禀赋、产业基础、生态功能等因素，《浙江省山区 26 县跨越式高质量发展实施方案（2021—2025 年）》将山区 26 县分为跨越发展类和生态发展类两大类型。具体来说，跨越发展突出谋划特色产业，按照"一县一业"的思路，打造一批标志性的县域现代化产业集群，聚焦先进制造业、生态工业、高新技术产业，谋划实施一批能够改变山区发展格局的大项目大平台大产业。生态发展突出谋划旅游特色、生态特色、文化特色，聚焦重点领域，打造一批文旅农相结合的特色产业链，要做优做精特色优势产业，加快数字化绿色化转型，推动山区发展方式实现根本性转变（袁家军，2021）。其中，跨越发展类包括永嘉县、平阳县、苍南县、武义县、柯城区、衢江区、龙游县、江山市、三门县、天台县、仙居县、莲都区、青田县、缙云县和松阳县 15 个县（市、区）；生态发展类包括淳安县、文成县、泰顺县、磐安县、常山县、开化县、龙泉市、庆元县、遂昌县、云和县和景宁畲族自治县（简称"景宁县"）11 个县（市）。浙江省山区 26 县拥有丰富的森林资源，林业产值占农林牧渔经济总产值的 96.29％，森林生态产品价值实现及林业产业发展对浙江省山区 26 县高质量发展与共同富裕示范建设至关重要。鉴于此，本章选择浙江省山区 26 县作为研究区进行山区森林生态产品价值实现效率与县域发展差距关系和机制研究，具有典型示范价值。

5.3.2　森林生态产品价值实现效率的测度方法

本研究定义生态产品价值实现效率为生态系统生产总值（GEP）到国内生产总值（GDP）的转化效率，是评估和优化生态产品价值实现机制的重要依据（孔凡斌等，2022；程文杰等，2022）。参考已有研究（孔凡斌等，2022；Wang 等，2022），基于经济学的投入产出视角，构建森林生态产品价值实现效率的投入产出指标体系，具体以森林生态产品价值、劳动力、物质资本作为投入指标，以林业产业产值（林业一、二、三产的产值）作为产出指标；并借助 Super-SBM 模型和 MaxDEA 软件测度 2001—2020 年浙江省山区 26 县森林生态产品价值实现效率。其中，劳动力以林业从业人员数量来表征，物质资本采用林业固定资产投资完成额来衡量。本研究中森林生态产品主要包括物质供给产品、调节服务产品（产水服务、固碳释氧服务、土壤保持服务、空气净化服务）和文化服务产品，其中，固碳服务、产水服务和土壤保持服务通过InVEST 模型中的相关模块进行计算。InVEST 模型具体测度方法参考已有文献（马国霞等，2017；孔凡斌等，2022；Wang 等，2022），该模型所需的生物物理系数参考已有文献（Canadell 等，1996；胡胜等，2014；许联芳等，2015；侯建坤等，2022；孙文浩等，2022）。空气净化服务的核算方法参考《生态系统生产总值（GEP）核算技术规范陆域生态系统》（DB33/T2274—2020）省级地方标准。森林生态产品价格参考《生态系统生产总值（GEP）核算技术规范陆域生态系统》（DB33/T2274—2020）省级地方标准，均以 2015年为基准进行计算。

5.3.3 县域发展差距的测度方法

（1）县域发展水平评价指标体系。借鉴区域发展差距的概念（徐勇等，2014），本研究定义县域发展差距是指不同县域的经济、社会发展水平及生态环境质量等方面的差别程度。遵循科学性、系统性、数据可获得性的原则，参考相关研究（丁鹏，2013；徐勇等，2014；武小龙等，2017；许宪春等，2021），构建县域发展水平的评价指标体系，具体包括经济发展水平、社会进步水平、生态环境质量三个维度（表 5 - 1）。其中，生态环境质量通过InVEST模型中的 Habitat Quality 模块进行计算，相关参数及具体步骤参考已有文献（郑宇等，2018）。

表 5 - 1　县域发展水平评价指标体系

目标	一级指标	二级指标	计算方法或指标说明	属性	权重
县域发展水平	经济发展水平	经济效益	人均 GDP（元）	正	0.110 8
		人均财富	城乡居民储蓄存款年末余额（万元）/常住人口数（人）	正	0.159 5
		基础设施	公路运营里程（千米）/土地面积（公顷）	正	0.075 3
		人力资本	第二、三产业从业人员比重（%）	正	0.020 2
	社会进步水平	教育情况	各类学校在校学生数/常住人口数（%）	正	0.024 5
		医疗条件	每万人医疗床位数	正	0.084 0
		文化建设	人均公共图书馆图书藏量（册）	正	0.109 1
		社会保障	基本养老保险参保人数/常住人口数（%）	正	0.109 0
	生态环境质量	生境质量	InVEST 模型计算获得	正	0.021 9
		水域分布	水域面积/土地面积	正	0.234 5
		污染状况	农用化肥施用量（吨）	负	0.019 7
		绿化水平	森林覆盖率（%）	正	0.031 5

为消除不同属性指标量纲的差异，采用下式对各指标进行标准化处理，然后通过熵权法获取各指标的权重，并采用加权求和的方法计算得到各年份县域发展水平。

$$\begin{cases} R_j = \dfrac{X_j - X_{\min}}{X_{\max} - X_{\min}}, & \text{当指标属性为正时} \\[3mm] R_j = \dfrac{X_{\max} - X_j}{X_{\max} - X_{\min}}, & \text{当指标属性为负时} \end{cases}$$

$$CDI = \sum_{j=1}^{n} \omega_j R_j$$

式中，R_j 代表第 j 指标的标准化值；X_j 为指标的实际值；$X_{\max}$ 为指标的最大值；$X_{\min}$ 为指标的最小值；n 为指标数量，本研究中 n 为 12；ω_j 为第 j 指标的权重；CDI 为县域发展水平。

（2）县域发展差距的测度。参考已有研究对区域发展差距或区域经济差距的测度思路（鲁万波等，2018；曾永明等，2021），本研究以某一县域的县域发展水平与研究区各县域的县域发展水平均值的差值来表征该县的县域发展差距。考虑到差值后出现负值的情况，将各年份所得差值结果统一进行平移处理，即将各年份所得差值结果加上相应年份结果中最小值的绝对值。根据研究区内县域发展差距的相对情况，将县域发展差距划分为 3 个不同分区，具体为：0～0.05（发展落后区）、0.05～0.15（发展潜力区）、＞0.15（发展优势区）。

5.4　模型构建

5.4.1　基准回归模型

本章构建森林生态产品价值实现对县域发展差距影响的基准模型：

$$GAP_{it} = \beta_0 + \beta_1 EFF_{it} + \alpha_i controls_{it} + \mu_i + \lambda_t + \varepsilon_{it}$$

式中，被解释变量 GAP_{it} 为县域发展差距。核心自变量 EFF_{it} 为森林生态产品价值实现效率。$controls_{it}$ 为控制变量，包括经济发展水平、城镇化水平、政府财政支出规模、基础设施和对外开放程度。β_1 表示森林生态产品价值实现对县域发展差距的影响，α_i 表示控制变量的估计系数；β_0 表示常数项；μ_i、λ_t 分别代表个体（地区）和时间效应。ε_{it} 为随机扰动项。i 和 t 分别代表样本（县域）和时间。

5.4.2　影响机制分析

基于本章的理论分析部分提出森林生态产品价值实现主要通过产业结构调

整、技术应用水平和人力资本升级等机制来缩小县域发展差距，借鉴已有研究的做法（江艇，2022），通过直接识别核心解释变量对中介变量（机制变量）的因果关系来检验这 3 个方面的机制，具体模型如下：

$$Indust_{it} = \beta_0 + \beta_1 EFF_{it} + \alpha_i controls_{it} + \mu_i + \lambda_t + \varepsilon_{it}$$

$$Tech_{it} = \beta_0 + \beta_1 EFF_{it} + \alpha_i controls_{it} + \mu_i + \lambda_t + \varepsilon_{it}$$

$$Human_{it} = \beta_0 + \beta_1 EFF_{it} + \alpha_i controls_{it} + \mu_i + \lambda_t + \varepsilon_{it}$$

式中，$Indust_{it}$、$Tech_{it}$、$Human_{it}$ 分别为浙江省山区 26 县各县域的产业结构、技术水平和人力资本。

5.5　变量说明与数据来源

5.5.1　变量说明

根据研究设计与模型构建，本章所使用的变量如下：

（1）核心变量。本文核心被解释变量为县域发展差距；核心解释变量为森林生态产品价值实现效率。

（2）控制变量。除了森林生态产品价值实现，县域发展差距还受其他因素的影响。本章参考相关研究，选取如下控制变量。①经济发展水平。已有研究表明，区域发展差距与经济发展水平密切相关（樊杰等，2022），本章采用人均 GDP 的对数表征。②城镇化水平。城镇化能够促进地区经济增长和缩小地区收入差距（张莅黎等，2019），进而对县域发展差距产生影响。本章采用城镇常住人口与总人口的比值表征。③政府财政支出规模。政府财政支出能够调控收入分配（邓旋，2011），也会影响经济发展（李光龙等，2019），进而对县域发展差距具有重要影响。本章采用地方财政支出占 GDP 比重来表征。④基础设施。基础设施与经济发展紧密相关，是影响县域发展差距的重要因素。目前，基础设施对区域发展的影响未达成一致观点：基础设施建设一方面能够促进产业集聚，从而促进经济增长（李红昌等，2016）；也可能加大区域经济发展的不均衡，扩大发展差距（鲁万波等，2018）。本章采用各县区每平方千米的公路里程来表征。⑤对外开放程度。对外开放程度是影响县域发展的重要因素，能够通过引进外资和先进的管理、技术，推动经济发展（章奇，2001），但也有研究指出，对外开放会扩大地区或城乡收入差距（宋红军，2011；孙永强等，2011）。本章采用进出口额与 GDP 的比值表征。

（3）机制变量。基于森林生态产品价值实现有效缩小县域发展差距的理论机制分析，森林生态产品价值实现主要通过产业结构调整、技术应用水平和人力资本升级等机制来缩小县域发展差距。产业结构，林业产业生态化和森林生态产业化是森林生态产品价值实现发挥县域发展差距缩小效应的重要途径，不仅要推动花卉苗木产业和林下经济产业等林业一产的发展，还要加大竹木加工产业和森林生态旅游产业等林业二三产业的发展力度。其中，林业二三产业发展比林业第一产业更能体现森林生态产品价值实现缩小县域发展差距机制中林业产业结构调整的内涵。参考已有研究（魏秀华等，2019），本章利用林业二三产业产值占 GDP 的比重来衡量。技术应用水平的提升能够提高生产效率，进而缩小县域发展差距。本章借鉴已有研究（Qing 等，2019），通过农业机械化水平来表征第一产业技术应用水平的变化，具体采用农业机械总动力的对数值来表征。人力资本，参考已有研究（杨桂红等，2015；姜钰等，2021），以林业人力资本存量来表征林业人力资本投入，主要由林业从业人员数量和林业人力资本水平来衡量，具体测算公式为：$Human = Num \times HC$

式中，$Human$ 表示林业人力资本存量，Num 表示林业从业人员数量，HC 表示林业人力资本水平。关于林业人力资本水平指标，已有研究通过平均受教育年限法进行测度（杨桂红等，2015）。考虑县域数据的可获得性，本章参考教育人力资本的测度思路（盛伟等，2021），采用各类学校在校学生数占常住人口数的比重来衡量人力资本水平。

（4）变量描述。主要变量的描述性统计见表5-2。

表5-2　变量说明及描述性统计

变量类型	变量名称	样本量	均值	标准差	最小值	最大值
被解释变量	县域发展差距	520	0.076 8	0.060 5	0.000 0	0.297 4
核心解释变量	森林生态产品价值实现效率	520	0.765 6	1.217 2	0.044 0	21.138 8
控制变量	经济发展水平	520	10.034 8	0.780 5	8.203 9	12.425 2
	城镇化水平	520	0.218 3	0.126 0	0.043 1	0.602 2
	政府财政支出规模	520	0.200 0	0.116 9	0.000 0	0.713 3
	基础设施	520	0.740 4	0.445 0	0.045 5	6.481 1
	对外开放程度	520	0.163 8	0.139 6	0.000 1	0.894 0
机制变量	产业结构	520	0.013 5	0.011 9	0.000 3	0.054 6
	技术水平	520	11.958 3	0.727 4	10.539 3	14.005 6
	人力资本	520	0.086 5	0.062 2	0	0.321 8

5.5.2 数据来源

本章样本涉及 2001—2020 年浙江省山区 26 县，所使用的数据主要包括社会经济数据和自然环境数据。社会经济数据来源于《浙江省统计年鉴》及各设区市统计年鉴。自然环境数据主要包含遥感影像数据、土壤属性数据、气象数据、数字高程数据、土地利用数据、陆地蒸散发数据等，主要来源于中国科学院计算机网络信息中心地理空间数据云（http：//www.gscloud.cn/）、国家气象数据中心（http：//data.cma.cn/）、中国科学院资源环境科学与数据中心（https：//www.resdc.cn/）、国家地球系统科学数据中心（http：//www.geodata.cn/）和国家青藏高原科学数据中心（http：//data.tpdc.ac.cn/zh-hans/）。土壤属性数据来自联合国粮食及农业组织（FAO）和维也纳国际应用系统研究所（IIASA）构建的世界土壤数据库（HWSD）中的中国土壤数据集（1：100 万）；土地利用数据来自武汉大学的研究论文数据库（Yang 等，2021）。

5.6 结果与分析

5.6.1 浙江省山区 26 县发展水平及县域发展差距的变化特征

2001—2020 年浙江省山区 26 县发展水平及县域发展差距的总体趋势如图 5-1 所示。2001—2020 年浙江省山区 26 县县域发展水平整体呈现逐年增长的态势，县域发展水平的平均值由 2001 年的 0.315 7 升至 2020 年的 0.482 5。浙江省山区 26 县县域发展差距呈先扩大后缩小的变化趋势。具体来说，县域发展差距在 2001 年至 2016 年呈现逐步扩大的态势，于 2016 年达到峰值后逐渐减小，于 2020 年回落至 21 世纪初期水平。2002 年以来，浙江省实施"山海协作工程"，旨在通过沿海发达地区（"海"）带动以浙西南山区为主的欠发达地区（"山"）发展，缩小县域发展差距（董雪兵等，2022）。2015 年，这 26 个相对欠发达县的经济发展水平均已超过全国县域经济发展平均水平（郭占恒，2022）。随着县域发展水平的不断上升，在"十三五"期间，浙江省山区 26 县发展不均衡的现象凸显，导致 2016 年和 2019 年这两个县域发展差距极值的出现。浙江省山区 26 县县域发展差距的变化趋势符合"倒 U 形"假说（Kuznets，1955）。总体而言，2001—2020 年，在县域发展水平不断增长的过程中，浙江省山区 26 县县域发展差距呈现"倒 U 形"特征，这一现象在中国省际经济发展差距的研究中亦有出现（Ying，1999）。

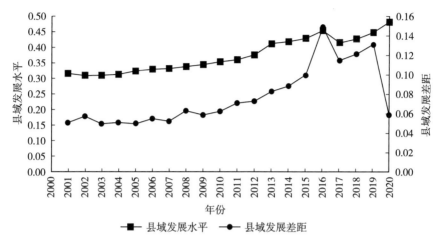

图 5-1 2001—2020 年浙江省山区 26 县发展水平及县域
发展差距的变化趋势

进一步分析 2001—2020 年浙江省山区 26 县县域发展水平，结果如表 5-3 所示。结合《浙江省山区 26 县跨越式高质量发展实施方案（2021—2025 年）》中划分的两大发展类型，可以看出，苍南县具有相对优越的发展条件，在 2001—2020 年间的发展水平均处于前列，由 2001 年的 0.315 7 增至 2020 年的 0.482 5（表 5-3）。莲都区的发展水平在 2001—2020 年则呈先降后升的变化趋势。衢江区在 2001—2020 年间的发展水平皆处于末位，虽整体呈现上升态势，由 2001 年的 0.088 8 发展为 2016 年的 0.157 4 以及 2019 年的 0.168 2，但发展非常缓慢，最后于 2020 年升为 0.263 3。江山市的发展速度快于衢江区，发展水平于 2015 年超过 0.2。在生态发展类县中，庆元县具有较好的发展基础，其发展水平在 2001 年便高于 0.2，于 2015 年超过 0.3，随后保持这一发展水平。云和县、龙泉市、淳安县、开化县、常山县、遂昌县、磐安县、泰顺县、景宁县则呈现出典型的后发优势，在较低水平（0.1 左右）的基础上，陆续于 2015 年或 2020 年超过 0.3；尤其是泰顺县和景宁县，"十三五"期间发展较快。综上分析可知，浙江省山区 26 县中大部分地区不断加快发展，尤其是"十三五"期间，然而衢江区的发展落后且缓慢，这可能是导致"十三五"期间县域发展差距扩大的主要原因。

表 5 - 3　2001—2020 年浙江省山区 26 县县域发展水平

山区县	2001 年	2005 年	2010 年	2015 年	2016 年	2019 年	2020 年	类型
淳安县	0.108 3	0.118 2	0.145 6	0.222 3	0.295 2	0.267 1	0.347 1	2
永嘉县	0.107 5	0.117 0	0.155 4	0.207 2	0.242 8	0.256 2	0.269 9	1
平阳县	0.112 3	0.121 2	0.153 3	0.220 6	0.255 3	0.279 4	0.282 7	1
苍南县	0.315 7	0.324 4	0.353 9	0.427 9	0.454 8	0.448 6	0.482 5	1
文成县	0.106 8	0.105 9	0.136 9	0.204 1	0.322 8	0.281 3	0.287 9	2
泰顺县	0.122 1	0.122 3	0.144 9	0.195 2	0.281 7	0.265 3	0.304 1	2
武义县	0.129 9	0.145 2	0.208 8	0.293 2	0.299 2	0.317 1	0.277 5	1
磐安县	0.124 3	0.131 5	0.185 1	0.261 2	0.318 3	0.297 5	0.315 9	2
柯城区	0.190 4	0.127 4	0.176 7	0.226 3	0.250 1	0.255 0	0.384 2	1
衢江区	0.088 8	0.093 5	0.124 2	0.147 3	0.157 4	0.168 2	0.263 3	1
江山市	0.099 8	0.104 8	0.145 0	0.202 0	0.262 3	0.263 5	0.285 1	1
常山县	0.137 9	0.137 5	0.180 3	0.222 6	0.316 3	0.297 3	0.322 0	2
开化县	0.116 4	0.113 6	0.153 8	0.205 6	0.287 3	0.265 3	0.304 1	2
龙游县	0.103 1	0.115 4	0.161 7	0.227 0	0.260 6	0.261 3	0.304 1	1
三门县	0.106 8	0.111 5	0.155 2	0.215 8	0.296 5	0.288 3	0.303 8	1
天台县	0.142 2	0.158 4	0.183 8	0.240 7	0.336 7	0.358 5	0.347 9	1
仙居县	0.117 5	0.138 5	0.154 5	0.207 6	0.328 2	0.319 8	0.309 7	1
莲都区	0.231 0	0.197 5	0.303 0	0.402 6	0.364 0	0.394 7	0.359 6	1
龙泉市	0.160 3	0.171 6	0.216 3	0.266 3	0.317 7	0.299 7	0.316 6	2
青田县	0.100 2	0.126 6	0.209 1	0.249 0	0.369 6	0.395 6	0.358 1	1
云和县	0.183 2	0.195 0	0.264 5	0.338 0	0.348 9	0.314 8	0.312 6	2
庆元县	0.207 4	0.231 9	0.258 1	0.305 4	0.388 7	0.366 9	0.387 0	2
缙云县	0.121 9	0.132 5	0.184 1	0.245 8	0.307 6	0.286 8	0.303 7	1
遂昌县	0.146 0	0.141 2	0.176 2	0.224 8	0.276 4	0.271 8	0.307 7	2
松阳县	0.124 0	0.126 1	0.175 5	0.246 4	0.305 4	0.282 1	0.305 1	1
景宁县	0.121 8	0.120 8	0.144 0	0.198 7	0.300 4	0.277 2	0.324 5	2

　　注：类型中 1 表示跨越发展类，2 表示生态发展类。由于篇幅所限，本表仅报告了部分关键年份的结果。下同。

　　2001—2020 年浙江省山区 26 县县域发展差距的结果如表 5 - 4 所示。苍

南县在考察期内均为发展优势区（＞0.15），而衢江区在考察期内一直为发展
落后区（0～0.05）。由图 5－1 可知，2016 年是考察期内县域发展差距最大的
一年。2016 年，研究区有 12 个县（市）发展为优势区，而衢江区的县域发展
差距值依然处于发展落后区，相对发展差距不断扩大。此外，跨越发展类中莲
都区在 2010 年、2015 年和 2016 年为发展优势区（＞0.15），到 2020 年转为
发展潜力区（0.05～0.15）；生态发展类县中庆元县和云和县在 2015 年和
2016 年为发展优势区，到 2020 年分别转为发展潜力区和发展落后区。整体看
来，20 年来浙江省山区 26 县县域发展的重点体现在推动发展落后区转为发展
潜力区，如，淳安县、常山县、青田县、磐安县、景宁县，而发展优势区的分
布较为稳定。

表 5－4　2001—2020 年浙江省山区 26 县县域发展差距

山区县	2001 年	2005 年	2010 年	2015 年	2016 年	2019 年	2020 年	类型
淳安县	0.019 5	0.024 7	0.021 4	0.075 0	0.137 8	0.098 9	0.083 8	2
永嘉县	0.018 7	0.023 5	0.031 3	0.059 8	0.085 4	0.088 0	0.006 6	1
平阳县	0.023 5	0.027 7	0.029 2	0.073 3	0.097 9	0.111 2	0.019 5	1
苍南县	0.226 9	0.230 8	0.229 8	0.280 5	0.297 4	0.280 4	0.219 2	1
文成县	0.018 0	0.012 4	0.012 8	0.056 8	0.165 4	0.113 1	0.024 7	2
泰顺县	0.033 3	0.028 8	0.020 7	0.047 8	0.124 3	0.097 1	0.040 9	2
武义县	0.041 1	0.051 9	0.084 6	0.145 9	0.141 8	0.148 9	0.014 2	1
磐安县	0.035 5	0.037 9	0.061 0	0.113 8	0.160 8	0.129 2	0.052 6	2
柯城区	0.101 7	0.033 9	0.052 6	0.079 0	0.092 7	0.086 8	0.120 9	1
衢江区	0.000 0	0.000 0	0.000 0	0.000 0	0.000 0	0.000 0	0.000 0	1
江山市	0.011 0	0.011 3	0.020 9	0.054 7	0.104 9	0.095 3	0.021 8	1
常山县	0.049 1	0.044 0	0.056 1	0.075 3	0.158 9	0.129 1	0.058 7	2
开化县	0.027 7	0.020 1	0.029 7	0.058 3	0.129 8	0.097 1	0.040 9	2
龙游县	0.014 4	0.021 8	0.037 5	0.079 7	0.103 2	0.093 1	0.040 9	1
三门县	0.018 0	0.018 0	0.031 1	0.068 4	0.139 1	0.120 1	0.040 5	1
天台县	0.053 5	0.064 8	0.059 7	0.093 4	0.179 3	0.190 3	0.084 7	1
仙居县	0.028 7	0.045 0	0.030 3	0.060 3	0.170 6	0.151 6	0.046 4	1
莲都区	0.142 2	0.103 9	0.178 9	0.255 2	0.206 6	0.226 5	0.096 3	1

（续）

山区县	2001 年	2005 年	2010 年	2015 年	2016 年	2019 年	2020 年	类型
龙泉市	0.071 5	0.078 0	0.092 2	0.119 0	0.160 2	0.131 5	0.053 4	2
青田县	0.011 4	0.033 1	0.085 0	0.101 7	0.212 2	0.227 4	0.094 9	1
云和县	0.094 4	0.101 5	0.140 3	0.190 7	0.191 4	0.146 6	0.049 3	2
庆元县	0.118 6	0.138 4	0.134 0	0.158 1	0.231 3	0.198 7	0.123 7	2
缙云县	0.033 1	0.038 9	0.060 0	0.098 5	0.150 2	0.118 6	0.040 5	1
遂昌县	0.057 3	0.047 6	0.052 1	0.077 4	0.119 0	0.103 6	0.044 5	2
松阳县	0.035 2	0.032 6	0.051 4	0.099 0	0.148 0	0.113 9	0.041 9	1
景宁县	0.033 1	0.027 2	0.019 8	0.051 4	0.143 0	0.109 0	0.061 3	2

5.6.2　浙江省山区 26 县森林生态产品价值实现效率的变化特征

2001—2020 年，浙江省山区 26 县森林生态产品价值实现效率整体呈现先降后升的态势，但不同县的变化趋势存在差异（表 5－5）。根据效率的定义，当效率值≥1 时，说明该类县达到 DEA 有效，位于生产前沿面上；当效率值<1 时，说明该类县处于生产前沿面以下，存在不同程度的改进空间（Färe 等，1994）。具体来看，淳安县和龙游县在 2001—2020 年间一直处于生产前沿面上，达到了 DEA 有效，具有高森林生态产品价值实现效率水平。柯城区、莲都区、磐安县、三门县、武义县在测算期间内大部分年份达到 DEA 相对有效水平，只有个别年份处于 DEA 无效状态，森林生态产品价值实现效率水平较高且有待改善。苍南县、江山市、松阳县、常山县、天台县、仙居县、永嘉县、衢江区、平阳县、青田县在测算期间内只有部分年份处于 DEA 相对有效水平，森林生态产品价值实现效率具有较大的提升空间，其中仙居县、永嘉县、平阳县、青田县在处于 DEA 无效状态的年份，其效率值低于 0.6，具有很大的提升空间。此外，缙云县、景宁县、开化县、龙泉市、庆元县、遂昌县、泰顺县、文成县、云和县在测算期间一直处于 DEA 无效状态，尤其是文成县，20 年来，其森林生态产品价值实现效率值均低于 0.3；此外，泰顺县、龙泉市、云和县、景宁县的森林生态产品价值实现效率值在 2020 年前均低于 0.6。值得注意的是，20 年来均处于 DEA 无效状态的大部分县（市）的森林覆盖率高于 80%，具有较强的森林生态产品供给优势。

表 5－5 2001—2020 年浙江省山区 26 县森林生态产品价值实现效率

山区县	2001 年	2005 年	2010 年	2015 年	2016 年	2019 年	2020 年	类型
淳安县	14.125 2	3.946 3	3.261 6	2.218 1	1.820 1	1.759 8	1.950 2	2
永嘉县	0.090 7	0.136 4	0.323 3	1.069 4	0.224 6	0.176 3	0.741 8	1
平阳县	0.162 3	0.283 1	0.457 8	0.746 9	0.516 3	1.005 1	0.984 6	1
苍南县	0.124 0	0.273 5	0.603 0	1.164 8	0.494 8	1.019 1	1.016 1	1
文成县	0.044 0	0.083 6	0.178 3	0.138 9	0.081 2	0.068 2	0.271 3	2
泰顺县	0.095 1	0.141 8	0.251 1	0.340 3	0.277 3	0.210 9	0.729 6	2
武义县	0.579 4	1.172 7	1.044 9	1.042 1	1.156 8	0.715 0	1.000 0	1
磐安县	1.019 9	0.889 8	0.368 9	1.039 6	1.073 2	0.722 6	1.000 0	2
柯城区	0.141 5	1.019 1	1.110 7	1.103 7	1.145 4	1.315 6	0.736 2	1
衢江区	1.031 5	0.733 1	1.008 6	0.614 8	0.744 0	0.647 3	0.512 4	1
江山市	1.036 1	0.529 6	1.048 3	0.561 6	0.631 6	0.646 3	0.461 7	1
常山县	0.636 9	0.628 5	0.205 4	1.018 1	0.944 2	0.955 2	0.744 5	2
开化县	0.586 0	0.375 4	0.242 7	0.430 2	0.668 8	0.547 8	0.404 5	2
龙游县	1.126 4	1.211 5	1.014 4	1.122 8	1.097 5	1.076 4	1.108 5	1
三门县	1.389 9	0.367 2	2.183 7	1.252 2	1.240 3	1.030 0	1.063 3	1
天台县	0.754 4	0.187 7	1.433 4	0.576 0	0.601 9	0.501 5	0.628 1	1
仙居县	0.239 3	0.190 8	1.351 7	0.415 3	0.428 8	0.387 7	0.247 8	1
莲都区	1.137 1	1.015 1	1.032 8	1.054 1	1.082 9	1.577 4	1.078 2	1
龙泉市	0.444 8	0.385 0	0.459 1	0.572 8	0.524 4	0.448 9	0.765 9	2
青田县	0.218 8	0.196 2	0.246 9	0.373 9	1.958 9	0.291 4	0.722 9	1
云和县	0.435 6	0.527 6	0.445 2	0.582 4	0.444 8	0.300 1	0.692 3	2
庆元县	0.234 5	0.259 3	0.407 9	0.768 9	0.522 7	0.470 2	0.767 4	2
缙云县	0.444 3	0.339 3	0.406 7	0.647 3	0.516 8	0.552 4	0.893 4	1
遂昌县	0.381 9	0.367 1	0.471 1	0.680 5	0.526 8	0.429 0	0.754 0	2
松阳县	0.541 8	0.485 6	0.742 4	1.000 5	0.697 0	0.520 7	0.857 3	1
景宁县	0.385 9	0.307 1	0.401 1	0.491 3	0.406 3	0.282 8	0.663 6	2
平均值	1.054 1	0.617 4	0.796 2	0.808 7	0.762 6	0.679 2	0.799 8	—

进一步结合《浙江省山区 26 县跨越式高质量发展实施方案（2021—2025

年）》中划分的两大发展类型对各县域的森林生态产品价值实现效率（EFF）以及分解得到的纯技术效率（PTE）和规模效率（SE）进行综合分析（表5-6），可以看出，生态发展类县的综合效率平均值（0.815 8）高于跨越发展类县（0.728 8）。生态发展类县中，淳安县的效率值超过1；跨越发展类县中，三门县、柯城区和龙游县的效率值大于1，其余各县均存在不同程度的低效率状态。此外，文成县、泰顺县、永嘉县、景宁县和青田县的总效率值低于0.4，主要原因在于纯技术效率较低，说明这些县域在森林生态产品价值实现相关的技术水平和运营管理能力方面需要提升。这一结论在浙江省（孔凡斌等，2022；Wang等，2022）和丽水市（程文杰等，2022）的研究中均得到了证实。

表5-6 浙江省山区26县不同发展类型森林生态

产品价值实现效率平均情况

跨越发展类	森林生态产品价值实现效率			生态发展类	森林生态产品价值实现效率		
	EFF	PTE	SE		EFF	PTE	SE
缙云县	0.512 7	0.557 5	0.919 1	文成县	0.120 5	0.129 9	0.926 9
武义县	0.953 3	1.032 1	0.917 5	庆元县	0.471 6	0.598 3	0.864 0
苍南县	0.613 7	0.700 9	0.862 5	龙泉市	0.500 9	0.824 0	0.690 5
三门县	1.105 5	1.504 4	0.745 2	遂昌县	0.486 7	0.687 9	0.785 2
天台县	0.597 7	0.698 8	0.876 2	常山县	0.727 5	0.807 8	0.884 0
青田县	0.382 0	0.420 6	0.948 0	淳安县	4.205 7	4.815 7	0.846 5
江山市	0.771 6	0.874 5	0.892 2	磐安县	0.876 6	0.930 2	0.942 1
平阳县	0.551 6	0.609 7	0.900 9	泰顺县	0.274 0	0.303 5	0.929 4
松阳县	0.635 3	0.702 0	0.923 0	开化县	0.466 7	0.524 3	0.907 3
柯城区	1.064 0	4.086 9	0.483 9	景宁县	0.395 3	0.428 6	0.928 0
衢江区	0.775 5	1.049 7	0.741 5	云和县	0.448 5	0.540 7	0.869 7
仙居县	0.467 4	0.504 9	0.924 5	平均值	0.815 8	0.962 8	0.870 3
莲都区	1.065 4	1.143 7	0.944 5				
永嘉县	0.293 4	0.321 1	0.939 4				
龙游县	1.142 8	1.162 3	0.983 7				
平均值	0.728 8	1.024 6	0.866 8				

注：EFF表示森林生态产品价值实现效率，PTE表示纯技术效率，SE表示规模效率。

5.7　森林生态产品价值实现有效缩小县域发展差距的机制分析

5.7.1　森林生态产品价值实现与县域发展差距关系的初步刻画

在分析森林生态产品价值实现对县域发展差距的影响前,通过对浙江省山区 26 县森林生态产品价值实现与县域发展差距之间的基本关系进行初步刻画。图 5-2 描述了浙江省山区 26 县森林生态产品价值实现效率均值与县域发展差距均值在 2001—2020 年间的变化趋势。其中,森林生态产品价值实现效率均值总体在 1 附近上下波动,呈现先下降后波动上升的特征;县域发展差距则呈现先上升后下降的趋势。可以看出,森林生态产品价值实现效率与县域发展差距在总体趋势上表现出负向关系,即,森林生态产品价值实现效率的提高能够缩小县域发展差距。然而,这仅是描述性统计的结果,影响县域发展差距的因素是十分复杂的,在没有加入相关控制变量的情况下,这种关系并不能精确地反映森林生态产品价值实现效率与县域发展差距之间的真实关系。基于此,将通过计量分析方法,进一步探究森林生态产品价值实现效率对县域发展差距的影响。

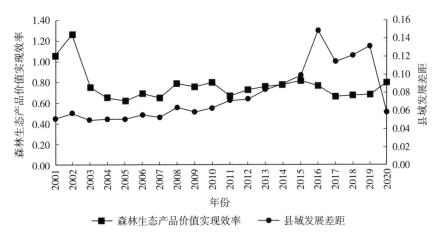

图 5-2　浙江省山区 26 县森林生态产品价值实现效率与县域发展差距的关系

5.7.2　基准回归模型结果

考察 2001—2020 年森林生态产品价值实现效率对县域发展差距的影响,

基准回归结果如表 5-7 所示，其中模型（1）是作为基准的 OLS 回归模型，模型（2）加入了个体固定效应，模型（3）是"双向固定效应"模型。考虑到所用数据为宏观经济数据，采用 LLC 和 IPS 方法检验数据的平稳性，结果均在 1% 水平上通过检验，拒绝单位根存在的假设，说明面板数据具有较好的平稳性。由模型（1）至（3）可以发现，R^2 逐渐增大，说明模型（3）的拟合效果优于模型（1）和模型（2）。对选用固定效应模型还是随机效应模型进行检验，Hausman 检验值在 1% 的显著水平上拒绝原假设。综上，本章使用"双向固定效应"模型。可以看出，森林生态产品价值实现效率对县域发展差距的影响均呈现显著为负，这说明森林生态产品价值实现效率的提高能够有效缩小县域发展差距。从影响幅度看，森林生态产品价值实现效率每提高 1%，将缩小县域发展差距 0.017 1%。此外，从控制变量的回归结果看，只有经济发展水平和政府财政支出规模的回归系数显著，其余控制变量均不具备解释效力。其中，政府财政支出规模的系数为 -0.027 6，在 10% 水平上通过了检验，说明政府财政支出规模每增加 1%，县域发展差距将缩小 0.027 6%；经济发展水平在 5% 水平上显著为正，其系数为 0.025 4，说明经济发展水平每提升 1%，县域发展差距将扩大 0.025 4%。

表 5-7　基准回归结果

变量	基准回归模型（1）	个体固定效应（2）	双向固定效应（3）
森林生态产品价值实现效率	-0.017 1***	-0.018 5***	-0.017 1**
	(0.005 1)	(0.004 8)	(0.001 1)
城镇化水平	0.126 7***	0.058 0**	0.127 0
	(0.024 2)	(0.023 0)	(0.036 7)
经济发展水平	0.025 4***	0.025 3***	0.025 4**
	(0.004 8)	(0.008 2)	(0.001 1)
基础设施	-2.89e-05	0.010 1**	-2.89e-05
	(0.005 9)	(0.004 0)	(0.002 4)
政府财政支出规模	-0.027 6	0.026 4	-0.027 6*
	(0.023 5)	(0.024 9)	(0.002 8)
对外开放程度	-0.017 4	0.005 8	-0.017 4
	(0.018 8)	(0.018 8)	(0.003 8)

（续）

变量	基准回归模型 （1）	个体固定效应 （2）	双向固定效应 （3）
常数项	−0.185 2***	−0.176 0**	−0.185 0*
	（0.040 9）	（0.071 4）	（0.019 5）
地区效应		控制	控制
时间效应			控制
F	26.24***	27.31***	35.88***
R^2	0.235 9	0.350 3	0.519 7

注：括号内数值为标准误，*、**和***分别表示在10%、5%和1%的水平上显著。下同。

5.7.3　异质性分析结果

由上文分析跨越发展类和生态发展类县的森林生态产品价值实现效率和县域发展差距的结论可知，森林生态产品价值实现效率对县域发展差距的影响可能会存在空间异质性。因此，进一步对跨越发展类县和生态发展类县分别进行分析，结果如表5-8所示。可以看出，森林产品价值实现效率的提升对县域发展差距的抑制作用在跨越发展类县和生态发展类县的估计中均得到证实，分别在10%和1%水平上通过了检验。通过系数的比较可以发现，跨越发展类县的森林生态产品价值实现效率的系数（0.019 2）比生态发展类县（0.018 7）略大，说明这一抑制作用在跨越发展类县发挥更为充分。具体来说，跨越发展类县每提升1%的森林生态产品价值实现效率，县域发展差距将缩小0.019 2%；生态发展类县每提升1%的森林生态产品价值实现效率，县域发展差距将缩小0.018 7%。

在控制变量上，只有城镇化水平和经济发展水平通过了检验。其中，跨越发展类县和生态发展类县的城镇化水平的系数显著为正，分别在1%和10%水平上通过了检验，说明对于跨越发展类县和生态发展类县，城镇化水平每提高1%，县域发展差距将分别提高0.160 1%和0.063 2%。经济发展水平系数显著为正，均在1%水平上通过了检验，说明对于跨越发展类县和生态发展类县而言，经济发展水平每提高1%，县域发展差距将分别提高0.030 1%和0.028 3%。

表 5-8 异质性分析回归结果

变量	跨越发展类县	生态发展类县
森林生态产品价值实现效率	−0.019 2*	−0.018 7***
	(0.001 0)	(0.005 3)
城镇化水平	0.160 1***	0.063 20*
	(0.034 6)	(0.034 3)
经济发展水平	0.030 1***	0.028 3***
	(0.007 8)	(0.006 4)
基础设施	−0.003 1	0.001 2
	(0.010 1)	(0.006 4)
政府财政支出规模	−0.076 8	−0.039 0
	(0.068 8)	(0.026 7)
对外开放程度	−0.010 9	0.007 1
	(0.024 4)	(0.036 3)
常数项	−0.232 8***	−0.197 0***
	(0.066 5)	(0.052 2)
R^2	0.228	0.300

5.7.4 内生性讨论

基于基准回归结果，森林生态产品价值实现效率的提高有助于缩小县域发展差距，但模型中可能存在内生性问题，造成估计结果偏差。通常情况下造成内生性问题的原因为两种：一是遗漏解释变量问题。为解决该问题所导致的内生性影响，本章尽量将影响县域发展差距的因素加入控制变量中，以降低遗漏变量的影响。二是反向因果。实际上，县域发展差距的扩大，可能会导致森林生态产品价值实现效率的降低。对于该问题的处理，采用核心解释变量即森林生态产品价值实现效率的滞后一期作为工具变量进行两阶段最小二乘法估计。表 5-9（1）结果显示，模型估计结果与前文的基准回归结果基本一致，即森林生态产品价值实现效率的提高有助于缩小县域发展差距，因此，森林生态产品价值实现效率和县域发展差距的负向关系进一步得到了验证。

5.7.5 稳健性检验

替换被解释变量。采用更换被解释变量的方法，将衡量县域发展差距的方法替换为以某一县的县域发展水平与研究区各县的县域发展水平均值的差值来表征该县的县域发展差距进行回归，结果如表 5 - 9（2）所示，核心解释变量森林生态产品价值实现效率及其显著性和系数符号均与基准回归模型的实证结果基本一致，表明模型的估计结果是稳健的。

排除异常值处理。考虑到浙江省山区 26 县的部分县（区、市）可能会因受到某些特殊因素影响而产生一些异常值，从而干扰模型的回归结果，影响结果的稳健性，因此对县域发展差距在 1‰ 分位处进行缩尾处理。处理结果如表 5 - 9（3）列所示。结果表明，核心解释变量森林生态产品价值实现效率在 1‰ 水平上通过检验，且其他解释变量的符号和显著性并未发生明显变化，证明基准回归结果稳健。

表 5 - 9　内生性讨论及稳健性检验结果

变量	将森林生态产品价值实现效率滞后一期处理（1）	替换被解释变量（2）	缩尾（3）
森林生态产品价值实现效率	−0.007 4**	−0.011 3**	−0.018 6***
	(0.003 1)	(0.004 9)	(0.004 7)
城镇化水平	−0.003 2	0.118 5***	0.057 2**
	(0.030 4)	(0.023 2)	(0.022 9)
经济发展水平	0.032 1**	−0.000 1	0.025 8***
	(0.015 4)	(0.004 6)	(0.008 2)
基础设施	0.009 4***	−0.000 2	0.010 1**
	(0.001 6)	(0.005 7)	(0.004 0)
政府财政支出规模	0.013 3	−0.069 2***	0.028 1
	(0.038 9)	(0.022 6)	(0.024 8)
对外开放程度	0.005 1	−0.007 0	0.006 1
	(0.033 4)	(0.018 1)	(0.018 8)
常数项	−0.237 3*	−0.001 4	−0.180 0**
	(0.136 1)	(0.039 3)	(0.071 2)
R^2	0.642 4	0.073 8	0.518 5

5.7.6　作用机制检验

上述回归结果已经验证森林生态产品价值实现效率提升能够有效缩小县域

发展差距，据此，进一步对森林生态产品价值实现效率有效缩小县域发展差距的路径机制进行研究。基于前文的理论分析，引入产业结构、技术水平和人力资本三个变量，用以分析森林生态产品价值实现效率缩小县域发展差距的作用机制，结果如表5-10所示。由表5-10（1）可以看出，产业结构的回归系数显著为正，说明森林生态产品价值实现效率能够提高林业二三产业产值，进而缩小县域发展差距。这一研究结果与孔凡斌等（2022）的结论一致。由表5-10（2）可以发现，技术水平的回归系数显著为正，说明森林生态产品价值实现效率能够有效促进农业机械使用，通过在生产过程中提升技术应用水平，提高生产效率，进而缩小县域发展差距。表5-10（3）的结果表明，人力资本的回归系数显著为正，说明森林生态产品价值实现效率的提高会推动人力资本升级。森林生态产品价值占比最大的是调节类生态产品，对于调节类生态产品价值实现，在人力资本的需求上更加重视生态产品市场经营开发、生态环境综合服务等方面，因此，随着森林生态产品价值实现模式与机制的不断拓展与优化，人力资本能够得到有效升级，推动县域发展差距的缩小。

表 5 - 10　作用机制检验结果

变量	产业结构 (1)	技术水平 (2)	人力资本 (3)
森林生态产品价值实现效率	0.000 7*** (0.000 2)	0.163 4*** (0.060 7)	0.005 5*** (0.148 5)
控制变量	是	是	是
地区效应	是	是	是
时间效应	是	是	是
常数项	0.044 0*** (0.010 5)	11.055 1*** (0.912 6)	−0.090 2 (0.087 8)
R^2	0.293 1	0.368 7	0.353 7

5.8　结论及政策启示

生态产品价值实现是平衡经济发展与生态环境保护关系的根本途径，也是助力山区实现共同富裕的重要路径。高质量推进森林生态产品价值实现是浙江林业推进共同富裕、助力县域协调发展的重要工作，更是浙江山区26县实现跨越式高质量发展的重大机遇。鉴于此，本章基于 2001—2020 年浙江省山区 26 县的面板数据，分析了森林生态产品价值实现对县域发展差距的影响及其作用机制，主要结论如下。

第一，2001—2020 年浙江省山区 26 县县域发展水平整体呈现逐年增长的态势，县域发展差距呈先扩大后缩小的"倒 U 形"特征。

第二，2001—2020 年浙江省山区 26 县森林生态产品价值实现效率总体上显著上升，其中生态发展类县实现效率略高于跨越发展类县。此外，仍有不少县（市、区）存在效率低下甚至无效状态，相关的技术水平及运营管理能力不足是主要原因。

第三，森林生态产品价值实现效率提高能够有效缩小县域发展差距，即森林生态产品价值实现效率每提高 1 个单位，将缩小县域发展差距 0.017 1 个单位。经济发展水平表现出扩大县域发展差距的作用，说明人均 GDP 的增加，会使经济呈现集聚发展特征，马太效应的存在使得发展较落后的地区难以实现跨越式发展，不利于县域发展差距的缩小。政府财政支出规模的增加能够缩小县域发展差距，说明大部分的财政支出能够用于改善各县域的基础设施等条件，有助于缩小县域发展差距。因此，如何用好政府这只"看得见的手"对于浙江省山区 26 县缩小县域发展差距至关重要。

第四，森林生态产品价值实现效率缩小县域发展差距存在异质性，跨越发展类县的作用略优于生态发展类县，具体而言，森林生态产品价值实现效率每提升 1%，将推进跨越发展类县和生态发展类县分别缩小县域发展差距 0.019 2% 和 0.018 7%。

第五，森林生态产品价值实现效率能够通过提高林业二三产业产值、技术应用水平、人力资本等路径缩小县域发展差距。

基于上述研究结论，面向建立和完善森林生态产品价值实现机制促进县域协调发展的目标任务，提出如下建议：

第一，浙江省山区 26 县应根据各自森林资源禀赋特征，在不断提升森林资源质量的基础上，充分挖掘并拓宽森林资源产业化的实现路径，森林生态产业融合发展模式，多元化盘活森林资源，实现森林生态产品价值，持续推动县域发展差距的缩小。

第二，浙江省山区 26 县应加强森林资源产业化相关的技术应用和运营管理能力的提升，尤其是 2001—2020 年均处于无效状态的缙云县、景宁县、开化县、龙泉市、庆元县、遂昌县、泰顺县、文成县和云和县。同时，借助数字技术的应用，能够有效破解制约森林生态产品价值实现的"度量难、交易难、抵押难、变现难"等突出难题，提高森林生态产品价值实现效率。

第三，应加强林业一二三产业的深度融合，加快打造森林生态产品全产业链，加大林业二三产业的发展力度，如促进森林康养、森林旅游等生态富民产业的发展，以产业链引导人力资本从农业向非农产业转移，从而缩小县域发展差距。

第四，应加强不同类型县域之间的合作，通过优势互补达到共同推进县域协调高质量发展、实现共同富裕的目标。鉴于森林生态产品价值实现效率缩小县域发展差距的作用在跨越发展类县和生态发展类县之间的差异并不大，因此，要针对浙江省山区 26 县资源禀赋相近与产业同质性问题，应加大整合力度，依托各自特色森林生态产品，实现优势互补、错位发展、差异化竞争，共同助力山区县的跨越式高质量发展，推动缩小县域发展差距，最终实现县域协调发展。

参考文献

程文杰，孔凡斌，徐彩瑶，2022. 国家试点区森林调节类生态产品价值转化效率初探 [J]. 林业经济问题，42 (4)：354 - 362.

邓旋，2011. 财政支出规模、结构与城乡收入不平等：基于中国省级面板数据的实证分析 [J]. 经济评论 (4)：63 - 69.

丁鹏，2013. 浙江省县域经济差异演变及其协调发展研究 [D]. 杭州：浙江大学.

董雪兵，孟顺杰，辛越优，2022. "山海协作"促进共同富裕的实践、创新与价值 [J]. 浙江工商大学学报 (5)：111 - 122.

樊杰，赵浩，郭锐，2022. 我国区域发展差距变化的新趋势与应对策略 [J]. 经济地理，42 (1)：1 - 11.

傅斌，徐佩，王玉宽，等，2013. 都江堰市水源涵养功能空间格局 [J]. 生态学报，33 (3)：789 - 797.

高帆，2022. 县域发展的战略意义、基本特征及政策建议 [J]. 国家治理 (10)：13 - 19.

龚勤林，陈说，2021. 基于资本循环理论的区域优势转化与生态财富形成研究：兼论绿水青山就是金山银山的理论逻辑与实现路径 [J]. 政治经济学评论，12 (2)：97 - 118.

郭占恒，2022. 推动山区 26 县跨越式高质量发展 [J]. 浙江经济 (2)：11 - 12.

何晓玲，赵希元. 2021. 浙江奋力建设共同富裕林业示范区 [J]. 浙江林业 (7)：18 - 19.

侯建坤，陈建军，张凯琪，等，2022. 基于 InVEST 和 GeoSoS - FLUS 模型的黄河源区碳储量时空变化特征及其对未来不同情景模式的响应 [J]. 环境科学，43 (11)：5253 -

5262.

胡胜，曹明明，刘琪，等，2014. 不同视角下 InVEST 模型的土壤保持功能对比 [J]. 地理研究，33 (12)：2393 - 2406.

江艇，2022. 因果推断经验研究中的中介效应与调节效应 [J]. 中国工业经济 (5)：100 - 120.

姜钰，姜佳玮，2021. 林业技术进步对林业产业结构升级影响的空间效应 [J]. 东北林业大学学报，49 (5)：148 - 152.

孔凡斌，王宁，徐彩瑶，2022. "两山"理念发源地森林生态产品价值实现效率 [J]. 林业科学，58 (7)：12 - 22.

李光龙，范贤贤，2019. 财政支出、科技创新与经济高质量发展：基于长江经济带 108 个城市的实证检验 [J]. 上海经济研究 (10)：46 - 60.

李红昌，Linda Tjia，胡顺香，2016. 中国高速铁路对沿线城市经济集聚与均等化的影响 [J]. 数量经济技术经济研究，33 (11)：127 - 143.

林亦晴，徐卫华，李璞，等，2023. 生态产品价值实现率评价方法研究：以丽水市为例 [J/OL]. 生态学报，43 (1)：1 - 9 [2022 - 11 - 13].

刘培林，钱滔，黄先海，等，2021. 共同富裕的内涵、实现路径与测度方法 [J]. 管理世界，37 (8)：117 - 129.

刘智勇，李海峥，胡永远，等，2018. 人力资本结构高级化与经济增长：兼论东中西部地区差距的形成和缩小 [J]. 经济研究，53 (3)：50 - 63.

鲁万波，贾婧，2018. 高速铁路、城市发展与区域经济发展不平等：来自中国的经验数据 [J]. 华东经济管理，32 (2)：5 - 14，2.

马国霞，於方，王金南，等，2017. 中国 2015 年陆地生态系统生产总值核算研究 [J]. 中国环境科学，37 (4)：1474 - 1482.

盛伟，廖桂蓉，2021. 教育人力资本、外部性及时空异化效应：劳动力市场效率视角 [J]. 南开经济研究 (5)：240 - 256.

宋红军，2011. 对外贸易、全要素生产率与地区收入差距 [J]. 理论探索 (6)：70 - 73.

孙博文，彭绪庶，2021. 生态产品价值实现模式、关键问题及制度保障体系 [J]. 生态经济，37 (6)：13 - 19.

孙文浩，卞建民，李一涵，等，2022. 长白山北坡流域水资源涵养功能与矿泉水开发阈值研究 [J]. 水资源与水工程学报，33 (3)：89 - 97.

孙永强，万玉琳，2011. 金融发展、对外开放与城乡居民收入差距：基于 1978—2008 年省际面板数据的实证分析 [J]. 金融研究 (1)：28 - 39.

王兵，牛香，宋庆丰，2020. 中国森林生态系统服务评估及其价值化实现路径设计 [J]. 环境保护，48 (14)：28 - 36.

王金南，王志凯，刘桂环，等，2021. 生态产品第四产业理论与发展框架研究 [J]. 中国环境管理，13（4）：5 - 13.

王小鲁，樊纲，2004. 中国地区差距的变动趋势和影响因素［J］. 经济研究（1）：33 - 44.

魏秀华，杨建州，曹玮，2019. 人力资本、产业结构与林业经济增长的交互效应：基于南方集体林区的实证分析［J］. 福建论坛（人文社会科学版）（12）：144 - 153.

武小龙，张露，2017. 中国城乡发展差距水平及其波动效应的实证［J］. 统计与决策（13）：96 - 100.

徐彩瑶，王宁，孔凡斌，等，2023. 森林生态产品价值实现对县域发展差距的影响：以浙江省山区 26 县为例［J］. 林业科学，59（1）：12 - 30.

徐勇，樊杰，2014. 区域发展差距测度指标体系探讨［J］. 地理科学进展，33（9）：1159 - 1166.

许联芳，张海波，张明阳，等，2015. 南方丘陵山地带土壤保持功能及其经济价值时空变化特征［J］. 长江流域资源与环境，24（9）：1599 - 1605.

许宪春，雷泽坤，窦园园，等，2021. 中国南北平衡发展差距研究：基于"中国平衡发展指数"的综合分析［J］. 中国工业经济（2）：5 - 22.

严立冬，陈光炬，刘加林，等，2010. 生态资本构成要素解析：基于生态经济学文献的综述［J］. 中南财经政法大学学报（5）：3 - 9，142.

严立冬，麦琼翎，屈志光，等，2012. 生态资本运营视角下的农地整理［J］. 中国人口·资源与环境，22（12）：79 - 84.

杨晨旭，刘霞辉，2022. 共同富裕视角下的人力资本配置与包容性增长［J］. 中国流通经济，36（9）：71 - 85.

杨桂红，张颖，毛宇飞，2015. 人力资本对林业生态经济增长的影响：基于我国 31 个省区系统聚类分析［J］. 陕西师范大学学报（哲学社会科学版），44（5）：167 - 176.

杨建芳，龚六堂，张庆华，2006. 人力资本形成及其对经济增长的影响：一个包含教育和健康投入的内生增长模型及其检验［J］. 管理世界（5）：10 - 18，34，171.

于浩，郑晶，2019. 生态优势转化为经济优势的实现路径研究：以国家生态文明试验区为例［J］. 林业经济，41（8）：87 - 94.

袁家军，2021. 超常规推动山区 26 县高质量发展共同富裕［EB/OL］. 今日浙江.（2021 - 08 - 31）［2022 - 12 - 11］. http：//jrzj. cn/art/2021/8/31/art_10_11276. html.

曾永明，骆泽平，汪瑶瑶，2021. 人口流迁对长江经济带区域经济差距的影响及空间溢出效应［J］. 热带地理，41（6）：1258 - 1269.

张莅黎，赵果庆，吴雪萍，2019. 中国城镇化的经济增长与收敛双重效应：基于 2000 与 2010 年中国 1 968 个县份空间数据检验［J］. 中国软科学（1）：98 - 116.

张雪溪，董玮，秦国伟，2020. 生态资本、生态产品的形态转换与价值实现：基于马克思资本循环理论的扩展分析［J］. 生态经济，36（10）：213 - 218，227.

章奇，2001. 中国地区经济发展差距分析［J］. 管理世界（1）：105 - 110.

郑宇，张蓬涛，汤峰，等，2018. 基于 InVEST 模型的昌黎县土地利用变化对生境质量的影响研究 [J]. 中国农业资源与区划，39 (7)：121 - 128.

Canadell J，Jackson R B，Ehleringer J B，et al. ，1996. Maximum Rooting Depth of Vegetation Type Sat the Global Scale [J]. Oecologia，108 (4)：583 - 595.

Färe R，Grosskopf S，Norris M，et al. ，1994. Productivity Growth，Technical Progress，and Efficiency Change in Industrialized Countries [J]. The American Economic Review，84 (1)：66 - 83.

Kuznets S，1955. Economic Growth and Income Inequality [J]. The American Economic Review，45 (1)：1 - 28.

QingY，ChenM，ShengY，et al. ，2019. Mechanization Services，Farm Productivity and Institutiona Innovation in China [J]. China Agricultural Economic Review，11 (3)：536 - 554.

Wang N，Xu C Y，Kong F B，2022. Value Realization and Optimization Path of Forest Ecological Products—Case Study from Zhejiang Province，China [J]. International Journal of Environmental Research and Public Health，19 (12)：7 538.

Yang J，Huang X，2021. The 30m Annual Landcover Dataset and its Dynamics in China from 1990 to 2019 [J]. Earth System Science Data，13 (8)：3907 - 3925.

Ying L G，1999. China's Changing Regional Disparities during the Reform Period [J]. Economic Geography，75 (1)：59 - 70.

第6章 浙江省森林生态产品价值实现对城乡差距的影响及政策启示

推动全体人民共同富裕，最大难点和最艰巨的任务就在于缩小城乡差距。城乡收入差距和消费差距是缩小城乡差距及实现城乡共同富裕重点关注的研究方向。山区和林区是中国落后乡村的重要分布区。森林生态系统持续提供密切关联乡村经济发展和农民生计的生态产品，为发展乡村多元复合式生态产业、破解乡村发展滞后困境及实现共同富裕目标提供了广泛而深厚的物质基础，森林生态产品价值转化及实现效率已经成为影响乡村经济增长和农民生计福祉的决定性因素。浙江省在全国率先探索林业促进共同富裕的实践路径，依托丰富的森林生态资源、良好的林业生态产业基础以及不断完备的支持政策体系，高起点打造全国林业践行绿水青山就是金山银山理念示范区，以乡村林业共富助力全域共同富裕，为全国实现共同富裕先行探路，取得了良好的共富效应。本章以浙江省为研究对象，从森林生态产品实现促进城乡共同富裕的研究视角，以生态产品实现效率与城乡差距变化因果关系为切入点，构建衡量森林生态产品价值实现效率和城乡差距的多维度测算体系，分析浙江省森林生态产品价值实现效率对城乡差距的影响效应及其作用机制，为新时代新征程中制定和完善城乡共同富裕规划和政策提供科学依据（孔凡斌等，2023）。

6.1 研究背景与现实意义

2022年10月，党的二十大报告将"实现全体人民共同富裕的中国式现代化"确定为新时代新征程党和国家的重要历史使命。推动全体人民共同富裕，最大难点和最艰巨的任务就在于缩小城乡差距。城乡差距过大是未来相当长一段时期内扎实推动全民共同富裕道路上的主要矛盾和矛盾的主要方面。根据国家统计局数据，2020年中国城镇居民的人均可支配收入仍是农村居民的2.56

倍。如果将义务教育、基本医疗、其他社会保障等因素考虑在内，中国城乡差距会更大。如果不能解决城乡差距过大的问题，促进全体人民共同富裕是缺乏坚实基础的（刘培林，2021；刘彦随，2018）。如何避免城乡差距进一步扩大成为实现共同富裕的重要任务（何仁伟，2018）。在中国，城市和乡村长久以来被看作两个单独的体系，两者之间的差距包括但不仅限于经济指标，由于经济增长与居民福祉、社会保障和可持续发展之间并不存在必然的因果关系，单一指标衡量城乡差距将导致研究结果的偏颇，以城乡收入差距、城乡消费差距、城乡公共差距和城乡就业差距等为核心的多维城乡差距指标替代传统的经济差距指标体系，已成为中国城乡差距识别、瞄准和解决的新趋势（王德文等，2005；叶璐等，2021），其中，城乡收入差距和消费差距是缩小城乡差距及实现城乡共同富裕重点关注的研究方向。乡村地区的落后是造成中国城乡差距的主要原因，而山区和林区又是中国落后乡村的重要分布区。历史上，林业是中国生态扶贫的主阵地（许正松等，2022），在未来，林业必将也是扎实推进乡村共同富裕的主阵地。绿水青山是最重要的自然资源，决定绿水青山面貌的森林资源是中国乡村分布最广、存量最为丰富的生态资产。森林生态系统持续提供密切关联乡村经济发展和农民生计的生态产品，为发展乡村多元复合式生态产业、破解乡村发展滞后困境及实现共同富裕目标提供了广泛而深厚的物质基础（张文明等，2020；刘浩等，2022）。森林生态产品作为生态资本及生产要素而现实地存在于经济系统之中，其价值实现是自然生态资本价值（GEP）到国民经济生产总值（GDP）的转换过程，森林生态产品价值实现程度的高低以要素转化效率来衡量，森林生态产品价值转化及实现效率已经成为影响乡村经济增长和农民生计福祉的决定性因素，也是科学评价和不断优化生态产品价值实现促进共同富裕路径和政策的重要依据（孔凡斌等，2022；程文杰等，2022）。具体而言，有效的森林生态资产运营可以通过森林生态资源要素价格优势吸引资金投向乡村林业经济发展，进而为乡村特别是森林生态资源禀赋优越的山区和林区带来发展动力，农民从中获得经济收入，从而缩小城乡的收入差距，同时有效的森林生态资本运营可以推动山区和林区林业经济增长，进而带动当地就业率的上升，稳定的收入来源可以进一步提升乡村农户的消费水平，缩小城乡消费差距。近年来，浙江省在全国率先探索林业促进共同富裕的实践路径，依托丰富的森林生态资源、良好的林业生态产业基础以及不断完备的支持政策体系，高起点打造全国林业践行绿水青山就是金山银山理念示范区，以乡村林业共富助力全域共同富裕，为全国实现共同富裕先行探路，取得了良好的共富效应。

鉴于此，本章以全国高质量发展建设共同富裕示范区——浙江省为研究对象，从森林生态产品实现促进城乡共同富裕的研究视角，以生态产品实现效率与城乡差距变化因果关系为切入点，量化分析森林生态产品价值实现效率对城乡差距的影响及其作用机制，以期为探索全国森林生态产品价值实现机制促进城乡共同富裕的规划和政策优化提供科学依据。

6.2　理论分析

森林生态产品价值实现作为将生态效益转化为经济效益的重要路径，其带来的收益不仅局限于林业产业本身，在经济社会等诸多层面都能够产生正的外部性，对于实现城乡协调发展具有深远影响（林珺焱等，2022；吴之见等，2022）。森林生态产品价值实现效率的提高所导致的林产品变现能力提升，不仅直接激发农民生产的内生动力，更能深化对于产业结构、人民福祉和要素分配等的影响。本研究从城乡收入差距、城乡消费差距、城乡公共差距和城乡就业差距 4 部分综合衡量城乡差距，选取农村居民人均林业收入、农林水事务支出、农村居民转移性收入比重以及非农就业人数比重这 4 个指标分别检验森林生态产品价值实现效率对城乡差距的具体影响及其作用机制。

6.2.1　森林生态产品价值实现效率提高对城乡差距有直接影响且呈"倒 U 形"关系

森林生态产品价值实现效率提高对城乡差距的影响会呈现先扩大后缩小的态势。在森林生态产品价值实现的初期，由于森林产品价值实现的市场体系还不成熟，林产品市场交易渠道窄小，营销费用高，中间商获取了大部分利益，导致农户可获得的林产品收入低于预期水平，因而森林生态产品价值实现效率提高反而会扩大城乡差距。随着数字经济的发展，农村居民能够享受到数字经济带来的"数字红利"（李晓钟等，2022），构建林产品电商平台通过引致农民思想理念转变、林业经销成本降低，进而推动农民福祉提升；不仅如此，森林生态产品价值实现过程能提供更多的非农就业机会和更大的政府支农力度，而有利于缩小城乡差距。据此，森林生态产品价值实现效率的提高有可能显著缩小城乡差距。

6.2.2　森林生态产品价值实现效率会通过不同路径对城乡差距产生影响

（1）森林生态产品价值实现效率能够通过农村居民家庭人均林业收入影响城乡收入差距。森林生态产品价值实现是使森林生态系统为人类提供的产品和服务的隐形价值以货币形式得到显现，是将森林生态产品的正外部性内部化的过程（李京梅，2022）。提高其实现效率能够优化森林生态效益转化为经济效益的过程，促进林业产业产值增长，进而带动农户林业收入增加。显然，农村居民人均林业收入的增加有可能减少城乡收入差距。据此，森林生态产品价值实现效率有可能通过增加农村居民家庭人均林业收入而缩小城乡收入差距。

（2）森林生态产品价值实现效率能够通过财政农林水事务支出影响城乡消费差距。森林生态产品价值实现是在保护森林生态环境的基础上因地制宜地发挥乡村生态资源禀赋的比较优势，促进林业特色化产业发展，从而打通绿水青山向金山银山的转换通道，形成"资源变资产，资产变资本，资本变产品，产品变产业"的生态产品价值实现路径。农业被视为一种弱质产业，农林水事务支出是政府增加农业投入与保护农业发展的重要手段。森林生态产品价值实现效率提高所带动的农户收入增加值将替代一部分财政支农支出，这种替代意味着森林生态产品价值实现对农业产业结构的优化效应。促进城乡融合发展，提升林业产业优势转化效能，需要政府在改善市场环境、提供公共物品和弥补市场失灵等方面给予合理的政策支持（黄少安等，2018；郑宏运等，2022），农林水事务支出作为政府一只"有形的手"优化了城乡间要素配置，因而对城乡均衡发展具有促进作用。

（3）森林生态产品价值实现效率能够通过农村居民转移性收入比重影响城乡公共差距。转移性收入是反映居民所获得社会保障和公共服务程度的重要指标。森林生态产品价值实现能够通过促进营林收入增加，从而减少保障性收入在农民收入中的比重，从总体上优化农村居民收入结构（胡书东，2002）。中国公共转移性收入存在一定的减贫效果，在2013年使得全国贫困发生率下降了4.26个百分点，但仍存在低保瞄准率低下和转移收入水平偏低等问题（李实等，2016）。据此，优化保障性收入在农村居民收入中的比重，有可能是缩小城乡公共差距的有效手段。

（4）森林生态产品价值实现效率能够通过非农就业人数影响城乡就业差距。就业是最大的民生，尤其是在防控新冠疫情的当下，"稳就业"更是成为

"六稳"工作的重要内容。要提高森林生态产品价值实现效率，完善林产品市场定价机制是林业产业发展中的关键环节。不仅如此，完善的市场机制通过促进要素的自由流动，进而促进林业产业及其相关产业蓬勃发展，推动产业结构的优化升级，可以引导更多农村人口从事非农就业，从而有可能获得缩小城乡就业差距的效果。

6.3 研究方法与数据来源

6.3.1 研究方法

（1）森林生态产品价值实现效率投入产出指标构建。参考已有文献（孔凡斌等，2022）构建投入产出指标。投入指标选取 GEP（亿元）、林业固定资产投资完成额（亿元）以及林业产业从业人数（万人）。GEP 核算参考已有相关研究方法（欧阳志云等，1999），由物质产品价值、调节服务价值以及文化服务价值三部分来表示。通过 InVEST 模型核算出生态系统服务实物量及其分布特征，根据《生态系统生产总值（GEP）核算技术规范陆域生态系统》（后简称《核算技术规范》）计算价值量，鉴于《核算技术规范》中各类服务单价以 2015 年价格为基准，因此指标体系中所有价格指标，包括物质产品价值、文化服务价值、物质资本以及林业产业产值均依据居民价格平减指数（CPI）将当期价格贴现为 2015 年价格。产出指标选取林业一二三产业产值（亿元），为保证产出投入指标同期衡量，产值指标同样依据居民价格平减指数（CPI）将当期价格贴现为 2015 年价格。

（2）森林生态产品价值实现效率 Super-SBM 模型方法。在建立投入导向 Super-SBM 模型的基础上将每个设区市视为一个决策单元（DMU），利用 MaxDEA 软件测算 2001—2020 年浙江省各设区市森林生态产品价值实现效率。Super-SBM 模型具体公式（Tone 等，2002）为：

$$\min\theta = \frac{1+\dfrac{1}{m}\sum\limits_{q=1}^{m}\dfrac{S_q^-}{x_{qk}}}{1-\dfrac{1}{S}\left(\sum\limits_{r=1}^{S}\dfrac{S_o^+}{y_{ok}}\right)};$$

$$\text{s.t.} \sum_{q=1, j\neq k}^{m} x_{qj}\lambda_j - S_q^- \leqslant x_{qk}(q=1, 2, \cdots, m);$$

$$\sum_{j=1, j\neq k}^{m} y_{oj}\lambda_j + S_o^+ \geqslant y_{ok}(o=1, 2, \cdots, s)。$$

式中，θ 为决策单元的相对效率值，$\theta<1$ 时，表示决策单元未达到生产前沿面，存在效率损失，$\theta \geq 1$ 时意味着相对有效；m 和 S 分别为输入、输出指标的数量；x_{qk}、x_{qj} 均为投入矩阵中的元素；y_{ok}、y_{oj} 均为产出矩阵中的元素；S_q^- 和 S_o^+ 分别为输入和输出的松弛变量；λ_j 为权重变量。$\lambda_j \geq 0$，$j=1$，2，…，$n(j \neq k)$；$S_q^- \geq 0$，$S_o^+ \geq 0$。

（3）森林生态产品价值实现效率影响城乡差距的计量模型构建。根据前文的理论分析，构建如下计量模型：

$$GAP_{i,t}=\alpha_0+\alpha_1 Effi_{i,t}+\alpha_2 Effi^2_{i,t}+\beta_i X_{i,t}+\tau_i+\gamma_t+\varepsilon_{i,t}$$

式中，$GAP_{i,t}$ 表示城乡差距，为被解释变量；$Effi_{i,t}$ 表示森林生态产品价值实现效率，为本章核心解释变量；X 为一组控制变量。i 表示地区，t 表示年份，α_0 为常数项，α_1、α_2、β_i 为系数，τ_i 为设区市固定效应，γ_t 为年份固定效应，$\varepsilon_{i,t}$ 为随机误差项。$\alpha_2<0$ 说明森林生态产品价值实现效率的提高与城乡差距存在"倒 U 形"关系（拗口），$\alpha_2>0$ 说明森林生态产品价值实现效率的提高与城乡差距存在"U 型"关系，$\alpha_2=0$ 时森林生态产品价值实现效率的提高和城乡差距存在线性关系，$\alpha_1>0$ 意味着森林生态产品价值实现效率的提高会扩大城乡差距；$\alpha_1<0$ 则代表森林生态产品价值实现效率的提高会缩小城乡差距。

为进一步检验森林生态产品价值实现效率对城乡差距的影响机制，参考已有文献（Baron，等，1986）的方法，具体模型设定如下：

$$M_{i,t}=\theta_0+\theta_1 Effi_{i,t}+X'_{i,t}\beta_i+\tau_i+\gamma_t+\varepsilon_{i,t}$$
$$GAP_{i,t}=\omega_0+\omega_1 Effi_{i,t}+\omega_2 M_{i,t}+X'_{i,t}\beta_i+\tau_i+\gamma_t+\varepsilon_{i,t}$$

式中，$M_{i,t}$ 为中介变量，θ_0、ω_0 为常数项，θ_1 反应森林生态产品价值实现效率对中介变量影响的效应。前述森林生态产品价值实现效率与城乡差距关系计量模型中的 α_1 反应森林生态产品价值实现效率对城乡差距影响的总效应，本公式中的 ω_1 为直接效应，当上述公式中的 α_1、θ_1、ω_1、ω_2 均显著时说明存在中介效应。

（4）变量设置。以下变量的描述性统计如表 6-1 所示。①被解释变量。被解释变量选择参考以往研究（叶璐等，2021；李萱等，2021）的做法，具体从城乡收入差距、城乡消费差距、城乡公共差距和城乡就业差距四方面来衡量城乡差距，构建包括 4 个一级指标、7 个二级指标的城乡差距水平评价指标体系，并采用熵值法为不同指标赋权。城乡收入差距用泰尔指数来衡量；城乡消费差距通过城乡居民人均消费比值和恩格尔指数比值来衡量；城乡公共差距主要从医疗差距、教育差距和社会保障差距三个维度衡量；城乡就业差距利用城乡就业人数比值来衡量。②核心解释变量。采用森林生态产品价值实现效率（$Effi_{i,t}$）作为核心解释变量，在构建表 6-1 指标体系的基础上，利用上述公式测算得出。③控制变量。参考已有文献（李晓钟等，2022）从经济水平、人口水平、产业结构和自然因素四部分选取控制变量。经济发展水平通过各地区人均 GDP 来衡量，并取对数；农村人口数取对数；第二产业结构以各地区第二产业增加值占其 GDP 比重衡量；第三产业结构以各地区第三产业增加值占其 GDP 比重衡量；森林资源情况选取森林覆盖率和森林蓄积量进行控制；气象因素选取年均温和年均降水量进行控制。④作用机制变量。森林生态产品价值实现效率对城乡差距的影响分析可以分解为对城乡收入差距、城乡消费差距、城乡公共差距和城乡就业差距四部分，参考已有研究（李实等，2016；纪江明，2012）选取的 4 个指标（表 6-2）包括：农村居民人均林业收入，农林水事务支出，农村居民转移性收入比重以及非农就业人数，均取对数。农村居民转移性收入比重通过农村居民人均转移性净收入与农村居民人均总收入比值来衡量。

表 6-1　城乡差距测定指标体系

一级指标	一级指标权重	二级指标	二级指标权重	数据来源
城乡收入差距	0.134 4	泰尔指数	0.134 4	《浙江省统计年鉴》
城乡消费差距	0.228 1	恩格尔系数比值	0.074 4	
		城乡消费支出比值	0.153 7	
城乡公共差距	0.524 8	城乡医疗床位数比例	0.116 4	
		城乡教育支出比例	0.214 3	各市域统计年鉴
		城乡低保人数比例	0.194 1	
城乡就业差距	0.112 7	城乡就业人口比值	0.112 7	

表 6-2　变量的描述性统计

变量	样本量	均值	标准差	最小值	最大值
城乡差距	240	2.91	0.84	1.15	5.19
森林生态产品价值实现效率	240	0.59	0.57	0.1	6.85
国民生产总值	240	1.64	0.59	−0.13	2.64
农村人口数	240	5.23	0.86	3.3	7.71
第二产业结构	240	0.5	0.06	0.3	0.61

（续）

变量	样本量	均值	标准差	最小值	最大值
第三产业结构	240	0.43	0.07	0.3	0.68
年均降水量	240	1.52	0.32	0.74	2.56
年均温	240	18.03	0.79	16.3	19.9
森林覆盖率	240	0.56	0.24	0.01	0.93
森林蓄积量	240	1 906.5	1 945.18	23.28	9 885.83
农村居民人均林业收入	240	0.08	0.04	0.01	0.21
农林水事务支出	240	3.42	1.54	−0.55	7.29
非农就业人数	240	5.07	1.01	3.08	7.74
农村居民转移收入比重	240	−3.45	−3.14	−7.65	−0.08

6.3.2　数据来源

统计数据主要来源于 2001—2020 年的《中国林业统计年鉴》、《中国城市统计年鉴》、《浙江省统计年鉴》、《浙江省自然资源与环境统计年鉴》、浙江省 11 个设区市 2001—2020 年的统计年鉴以及浙江省林业局。测算 GEP 的遥感数据来自中国科学院资源环境科学与数据中心、国家青藏高原科学数据中心、国家气象数据中心、地理空间数据云。土壤数据来自武汉大学逐年 30 米分辨率土地利用数据。

6.4　结果与分析

6.4.1　浙江省森林生态产品价值实现效率动态变化特征

利用 MaxDEA 软件对 2000—2020 年浙江省 11 个设区市森林生态产品价值实现效率进行测度。浙江省整体情况如图 6-1 所示。20 年间，全省森林生态产品价值实现效率均未达到有效层面，呈现波动上升的态势。2007 年，浙江省放开林权抵押贷款政策，林地承包经营权得以流转，提升了森林生产集约化经营水平，在一定程度上提升了全省森林生态产品价值实现效率。各设区市情况如表 6-3 所示，各市森林生态产品价值实现效率较低，各年份中森林生态产品价值实现效率达到有效层面的设区市较少，20 年间各市森林生态产品价值实现效率均值排序为：嘉兴＞金华＞台州＞舟山＞湖州＞绍兴＞宁波＞温州＞杭州＞丽水。其中，杭州、丽水、温州三市森林生态产品价值实现效率显著提升。2001—2020年浙江省森林生态产品价值实现效率的整体态势由区域差异较大逐步转变为各市均衡发展。总体而言，浙江省森林生态产品价值实现效率逐年向好。

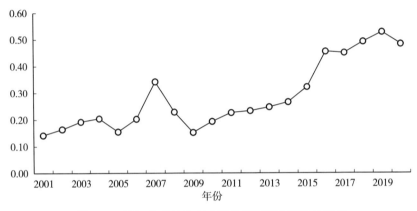

图6-1　浙江省森林生态产品价值实现效率变化趋势

表6-3　2000—2020年浙江省各设区市森林生态产品价值实现效率变化态势

地市	2001年	2005年	2010年	2015年	2020年
杭州市	0.10	0.14	0.26	0.52	0.68
湖州市	0.39	1.05	0.32	0.64	1.21
嘉兴市	6.85	1.07	1.00	0.91	1.03
金华市	1.13	0.49	1.01	0.67	0.82
丽水市	0.12	0.14	0.23	0.24	0.40
宁波市	0.60	0.39	0.22	0.42	0.63
衢州市	0.37	0.21	0.13	0.16	0.23
绍兴市	0.71	1.01	0.30	0.68	1.07
台州市	1.12	0.37	0.42	0.50	1.08
温州市	0.13	0.20	0.25	0.46	0.76
舟山市	0.28	0.42	0.55	0.55	0.72

6.4.2　浙江省城乡差距动态变化特征

通过建立多维城乡差距指标体系衡量浙江省2001—2020年城乡差距的变化情况，结果如图6-2所示。2001—2020年浙江省城乡差距指数总体较小且呈波动下降趋势，尤其自 2017 年开始呈现快速下降趋势，由 2017 年的 2.76 直降到 2018 年的 1.94，相较 2001 年，2020 年城乡差距水平值降幅达 39.48%。从表 6-4 中可以得出，2001—2020 年各市城乡差距区域异质性显著，总体呈现东北低，西南高的状态。20 年间各设区市城乡差距均值排序为：嘉兴<湖州<舟山<宁波<杭州<绍兴<温州<台州<金华<衢州<丽水。总体来看，各市城乡差距指数呈逐年递减的状态，说明浙江省城乡发展逐渐趋于均衡。

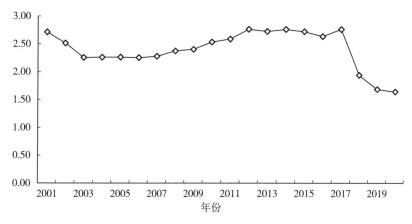

图 6-2　浙江省城乡差距指数变化趋势

表 6-4　2001—2020 年浙江省城乡差距指数变化态势及其均值排序

地市	2001 年	2005 年	2010 年	2015 年	2020 年
杭州市	3.09	2.85	2.63	3.07	3.13
湖州市	2.16	2.23	1.86	1.68	1.87
嘉兴市	2.18	1.94	1.85	1.70	1.49
金华市	4.08	3.45	3.78	3.10	3.15
丽水市	4.65	4.45	4.64	3.04	2.90
宁波市	2.70	2.58	2.56	2.29	2.48
衢州市	3.99	4.15	3.83	3.46	3.27
绍兴市	3.20	3.22	3.13	3.03	2.85
台州市	5.10	3.89	4.21	2.92	1.17
温州市	3.45	3.37	3.20	3.33	3.50
舟山市	2.49	2.27	1.84	2.25	2.47

6.4.3 基准回归结果

浙江省 11 个设区市数据的回归估计结果如表 6-5 所示。首先，在表中模型（1）~（4）采用静态面板模型，通过了 Hausman 检验；模型（5）~（8）选择了面版矫正标准误差估计方法（PCSE）。在静态面板回归中，模型（1）~（4）在加入控制变量后 R^2 增大，可见加入控制变量是必要的。在静态固定效应面板之中，部分设区市虚拟变量显著，即存在固定效应，静态面板回归中未考虑存在组间异方差和组间同期相关的可能性，因此采用面板矫正标准误进行估计。如表 6-5 所示，静态面板回归结果与面板矫正标准误进行估计结果基本相同，具有较好的稳健性。

表 6-5 面板回归分析

变量	静态面板回归模型				面板矫正标准误模型			
	(1)	(2)	(3)	(4)	(5)	(6)	(7)	(8)
森林生态产品价值实现效率	0.110 9**	0.144 1**	0.526 6***	0.511 7***	0.111 0**	0.144 1**	0.526 5**	0.511 8***
	(0.061)	(0.060 6)	(0.151 6)	(0.146 5)	(0.064 5)	(0.066 1)	(0.210 4)	(0.184 9)
森林生态产品价值实现效率平方项			−0.070 2***	−0.061 8***			−0.070 2**	−0.061 8***
			(0.023 5)	(0.022 5)			(0.027 0)	(0.022 9)
国民生产总值		−0.623 3		−0.613 8*		−0.623 3*		−0.613 7
		(0.383 6)		(0.406 1)		(0.378 9)		(0.381 7)
农村人口数		−3.069 3***		−2.906 6***		−3.069 3***		−2.906 6***
		(0.699 9)		(0.690 1)		(0.786 3)		(0.736 5)
第二产业结构		−1.977 2		−2.393 3		−1.977 1		−2.393 3
		(2.714 9)		(2.671 4)		(2.295 9)		(2.291 6)
第三产业结构		0.564 4		0.371 1		0.564 4		0.371 2
		(3.300 7)		(3.243 3)		(2.978 2)		(3.017 1)
年均降水量		0.000 3**		0.000 3**		0.000 3*		0.000 3*
		(0.000 1)		(0.000 1)		(0.000 1)		(0.000 1)
年均温		−0.129 2		−0.139 1		−0.129 2		−0.117 6
		(0.150 9)		(0.128 4)		(0.157 8)		(0.155 5)
森林覆盖率		−2.252 5		−2.219 6		−2.252 5		−2.219 6
		(2.993 7)		(2.941 1)		(3.057 1)		(3.036 0)

（续）

变量	静态面板回归模型				面板矫正标准误模型			
	(1)	(2)	(3)	(4)	(5)	(6)	(7)	(8)
森林蓄积量		−0.000 1		−0.000 1		−0.000 1		−0.000 1
		(0.000 1)		(0.000 1)		(0.000 1)		(0.000 1)
常数项	3.206 2***	23.589 3***	3.089 0***	22.690 34***	2.727 8***	24.826 8***	2.697 9***	23.984 8***
	(0.136 6)	(5.199 2)	(0.139 8)	(5.118 3)	(0.077 7)	(6.184 8)	(0.079 2)	(5.956 6)
Hausman	6.78	15.93	9.32	36.61				
	(0.009 2)	(0.025 7)	(0.009 5)	(0.000 0)				
Within_R^2	0.257 1	0.401 5	0.287 8	0.425 6	0.780 1	0.822 2	0.789 2	0.829 4

注：*、**、***分别表示10%、5%、1%的水平显著；括号内数值为标准误。下同。

由表6-5中模型（8）可知，森林生态产品价值实现效率系数在1%的水平上显著为正，其平方项系数为负，且通过了1%的显著性水平，即森林生态产品价值实现效率和城乡差距之间存在"倒U形"曲线关系，拐点处的森林生态产品价值实现效率为0.060 4。该结论表明，森林生态产品价值实现效率的提升先扩大了城乡差距，在森林产生态产品价值实现效率到达一定程度时会缩小城乡差距。经济发展水平和农业人口数量对城乡差距均呈现负向影响，说明经济发展水平和农业人口数量的提高均能缩小城乡差距。工业化水平对于城乡差距有负向影响，第三产业发展水平对其有正向影响，但两者系数均不显著；森林资源指标中，森林覆盖率和森林蓄积量均能缩小城乡差距，但影响系数并不显著；年均降水量回归系数为正且显著，年均温呈现负向影响但不显著。

在表6-5模型（2）的基础上加入森林生态产品价值实现效率和年份的交叉项，以2001年为基期，进行双固定效应模型估计，刻画森林生态产品价值实现效率对城乡居民收入差距影响的时间趋势特征，估计结果如表6-6所示。

表6-6　森林生态产品价值实现效率对城乡差距影响的时间趋势分析

变量	时间趋势系数	变量	时间趋势系数
$Effi$	0.144 3** (0.059 7)	$Effi×2013$	−1.037 5*** (0.359 2)
$Effi×2002$	−0.042 9 (0.167 9)	$Effi×2014$	−1.145 1*** (0.389 5)
$Effi×2003$	−0.235 5 (0.178 5)	$Effi×2015$	−1.478 0*** (0.423 2)
$Effi×2004$	−0.272 9 (0.188 0)	$Effi×2016$	−1.713 9*** (0.447 4)

（续）

变量	时间趋势系数	变量	时间趋势系数
$Effi\times2005$	$-0.399\ 5^{**}\ (0.218\ 3)$	$Effi\times2017$	$-1.683\ 0^{***}\ (0.479\ 6)$
$Effi\times2006$	$-0.494\ 2^{**}\ (0.224\ 4)$	$Effi\times2018$	$-2.104\ 7^{***}\ (0.510\ 9)$
$Effi\times2007$	$-0.525\ 3^{**}\ (0.246\ 4)$	$Effi\times2019$	$-2.267\ 0^{***}\ (0.535\ 1)$
$Effi\times2008$	$-0.529\ 4^{**}\ (0.257\ 4)$	$Effi\times2020$	$-2.392\ 7^{***}\ (0.560\ 9)$
$Effi\times2009$	$-0.521\ 7^{**}\ (0.278\ 3)$	$Cons$	$26.258\ 5^{***}\ (4.066\ 9)$
$Effi\times2010$	$-0.702\ 1^{**}\ (0.306\ 5)$	是否控制变量	是
$Effi\times2011$	$-0.755\ 9^{**}\ (0.319\ 2)$		
$Effi\times2012$	$-0.786\ 0^{**}\ (0.344\ 0)$	拟合优度	0.368 2

注：$Effi$ 代表森林生态产品价值实现效率；$Effi\times n$ 代表森林生态产品价值实现效率与 n 年份的交乘项。

由表6-6可知，基期2001年森林生态产品价值实现效率显著且时间趋势系数为正，此时森林生态产品价值实现效率的提升扩大了城乡差距，处于"倒U形"曲线拐点左侧。从2005年开始，森林生态产品价值实现效率与时间的交叉项总体显著，且时间趋势系数均为负，2002—2020年交叉项系数的绝对值总体趋势不断增大，相对于基期2001年，自2003年起，森林生态产品价值实现效率系数绝对值始终大于基期系数绝对值，该结果表明2003年以来森林生态产品价值实现效率对城乡差距的影响始终处于"倒U形"曲线的拐点右侧，说明森林生态产品价值实现效率有效地缩小了城乡差距。

6.4.4 稳健性检验

为检验上述基准回归结果的可靠性，采用以下三个稳健性检验：①为避免未考虑到数据存在组内异方差性而导致的回归结果不稳定，采用可行的广义最小二乘法估计进行修正检验。回归结果如表6-7左2列所示，回归系数与基准回归方向一致且在5%的水平上显著。这说明回归结果基本稳健。②依据浙江省统计年鉴内对于浙江省的地域划分，将浙江省11个设区市归纳为包括宁波、绍兴、舟山、杭州、嘉兴和湖州六设区市在内的浙东北以及包括衢州、金华、台州、丽水和温州五设区市在内的浙西南两大区域，保持研究期限不变，以考察在改变研究个体的情况下上文的基本回归结果是否稳定。回归结果如表6-7左3列所示，回归系数为正且显著，验证了上文研究结果。③由于森林生长周期较长，为克服森林生态产品价值实现过程对城乡收入差距的影响可能存在时滞效应，将森林生态产品价值实现效率滞后一期处理并进行静态面板回归分析。回归结果如表 6-7 右 1 列所示，可以看出，森林生态产品价值实现效率系数仍为正且显著，这说明研究结果是稳健的。

表 6-7　稳健性检验

项目	GAP		
	可行的广义最小二乘法	更改研究个体	将森林生态产品价值实现效率滞后一期处理
森林生态产品价值实现效率	0.061 6** (0.035 6)	0.724 8*** (0.275 4)	0.291 1*** (0.098 8)
是否控制变量	是	是	是
是否固定年份效应	是	是	是
是否固定地区效应	是	是	是
拟合优度	0.807 3	0.839 0	0.412 7

6.4.5　作用机制检验

上述回归结论验证了森林生态产品价值实现效率提升到一定水平后会显著缩小城乡差距。据此，进一步对森林生态产品价值实现效率促进城乡差距缩小的路径机制进行分析。引入农村居民家庭人均林业收入、非农就业人数、农林水事务支出和农村居民人均转移性收入 4 个变量，用以分析森林生态产品价值实现效率促进城乡差距缩小的作用机制。

前文已经进行了回归，结果发现 α_1 在 1% 的统计水平上显著为正，接下来进行检验，检验结果如表 6-8 所示。表 6-8 左 2 列代表森林生态产品价值实现效率对城乡收入差距的影响，结果显示森林生态产品价值实现效率的提高并未显著提升农村居民家庭人均林业收入。其主要原因可能在于：首先，在数据统计过程中发现浙江省各市林业产值占据第一产业产值比重较低，说明林业产业并非浙江省农村经济的主要支柱产业，森林生态产品价值实现效率的提高可能仅带动了小部分从事林业生产的小农户增收，从农村人均林业收入上来看促进效应可能并不显著。其次，森林生态产品价值实现在目前仍没有足够完善的市场体系以作支撑，交易过程中可能存在很大程度上无效率的甚至产生亏损的行为，因此森林生态产品实现效率的提高仍无法切实转化为农户的经济利益。以上两点原因可能导致森林生态产品价值实现效率并不能通过影响农村居民家庭人均林业收入有效地缩小城乡差距。表 6-8 左 4 列的估计结果说明，森林生态产品价值实现效率的提高能够显著减少非农就业人数，可以解释为森林生态产品价值实现能够促进劳动密集型林业相关的发展，吸纳农村人口就地就近就业，减少非农就业人口数量。表6-8右3列为森林生态产品价值实现效率对政府农林水事务支出的影响，结果显示森林生态产品价值实现效率的提高能提升农林水事务支出，代表着森林产品的生态效益可以更好地转化为经济效益，以林养林，从而使得政府农林水事务支出可获得的边际效益得到提升。表6-8右1列报告了森林生态产品价值实现效率对农村居民转移性收入比重的影响，结果显示森林生态产品价值实现效率上升会减少农村居民转移性收入比重，意味着森林生态产品价值实现效率的提升能够优化农村居民收入结构，促进农村居民减贫及共富目标的达成。

表6-8 作用机制检验结果I

项目	农村居民人均林业收入	农林水事务支出	非农就业人数	农村居民转移收入比例
森林生态产品 价值实现效率	−0.116 1 (0.111 0)	0.065 6*** (0.022 4)	−0.220 2*** (0.053 4)	−0.011 7*** (0.003 3)
是否控制变量	是	是	是	是
拟合优度	0.268 5	0.964 8	0.761 6	0.450 0

在此基础上，进一步就这4个变量何以影响城乡差距进行研究，估计结果如表6-9所示。结果表明，非农就业人数、农林水事务支出回归系数均为负且显著，农村居民转移性收入比例回归系数为正且显著，农村居民家庭人均林业收入回归结果不显著。可能的解释在于：首先，非农就业人数的提升有利于促进城乡就业服务均等化进程；其次，根据凯恩斯的边际消费倾向递减规律的理论，消费倾向随着人们可支配收入的增加而递减。农村居民相较城市居民而言，其边际消费倾向更高，更有可能将获得的转移资金进行消费，与农林水事务支出能够显著促进城乡消费差距的缩小这一结论相符；再次，农村居民转移性收入比例缩小意味着农村低收入保障人群的减少或农村居民收入结构得到优化，从而促进了城乡之间的社会公平，即结论所示农村居民转移性收入比例与城乡差距呈现同方向变动的特征；最后，农村居民家庭人均林业收入对城乡差距回归结果不显著很可能是因为浙江省农户收入中林业收入占比较小，林业收入的提高对于农民整体人均收入提升效果不显著，这与李普亮（2012）的研究结论基本一致。据此推测森林生态产品实现效率的提高对农民人均林业收入也存在类似的影响机制，即森林生态产品价值实现效率的提高可能在带动农村林

业经济发展的同时，也带动了城市相关产业的快速发展，因此农民人均林业收入对城乡收入差距的影响未能表现为显著减小。表6-9左3、4、5列Sobel检验的Z值均达到显著水平，由于表6-9中有关于农村居民转移净收入比例的回归系数相反，因此导致表6-9左5列中Sobel检验的Z值为负数，但其绝对值大于1.96，不影响回归显著性。因此，本章理论分析中3条作用机制得到验证，即森林生态产品价值实现效率提高不仅能直接促进城乡差距的缩小，还能够通过非农就业人数、农林水事务支出和农村居民人均转移性收入等路径缩小城乡差距。

表6-9　作用机制检验结果Ⅱ

项目	GAP			
森林生态产品价值实现效率	−0.276 7***	−0.209 2***	−0.222 0**	−0.134 3*
	(0.086 1)	(0.076 5)	(0.076 7)	(0.076 7)
农村居民人均林业收入	−0.005 6			
	(0.050 7)			
农林水事务支出		−0.123 2**		
		(0.059 7)		
非农就业人数			−0.290 2***	
			(0.090 8)	
农村居民转移收入比例				5.184 6***
				(1.478 5)
是否控制变量	是	是	是	是
拟合优度	0.267 3	0.403 4	0.465 0	0.457 4
Sobel Z值	1.076	1.91*	2.104**	−2.291**

6.5　结论及政策启示

本章构建森林生态产品价值实现效率对城乡差距影响的理论分析框架，运用计量模型方法，基于2001—2020年浙江省11个设区市的面板数据，实证分析了浙江省森林生态产品价值实现效率对其城乡差距的影响。研究结果表明：

第一，2001—2020年浙江省森林生态产品价值实现效率达成度较低，但总体呈现波动上升的态势。

第二，浙江省森林生态产品价值实现效率的提升对城乡收入差距整体上呈现出"倒 U 形"发展态势，且拐点处的森林生态产品价值实现效率水平约为 0.060 4。

第三，森林生态产品价值实现效率能够通过非农就业人数、农林水事务支出和农村居民人均转移性收入等路径缩小城乡差距。

基于上述研究结论，面向建立和完善森林生态产品价值实现机制促进城乡协调发展及共同富裕的战略目标，提出如下建议。

第一，各设区市应根据各自森林资源禀赋特征，创新森林生态产品价值增值模式，完善森林生态补偿机制、森林生态产业市场化促进机制和生态产业发展利益共享机制，拓宽森林生态产品价值实现路径，积极吸纳农村劳动力就业，提高农村非农就业收入和森林资源财产性收入水平。政府应提高对农村的政策偏向性，有效调控资源配置，优化城乡资源配给，大力发展森林产业，将浙江森林资源优势转化为共同富裕效能。

第二，要顺应时代潮流，运用数字经济发展机遇，大力培育具有地方特色和品牌效应的林产品产业集群，吸引外部投资的同时缩短产业链条，促进市场资金和技术回流，促进农村人口非农就业，巩固提升森林生态产品价值实现效率。

第三，鉴于农村居民家庭人均林业收入对森林生态产品价值实现效率推动城乡协调发展这一影响并不显著，说明森林生态产品价值实现路径亟待完善。为此，应明晰林业生态产品价值评估思路，完善林业生态产品定价机制，依据评估目的针对不同生态产品类型划分具体指标，需要将生态产品的生产能力和对人类福祉的影响纳入评估体系中（刘江宜，2020）。同时，森林生态产品价值实现路径设计和优化中应充分发挥市场定价的主导作用，政府采取转移支付、直接购买或征收生态税费等调控手段，助力森林生态产品价值高效转化，最大限度地将生态优势转化为经济与增收效能。

参考文献

程文杰，孔凡斌，徐彩瑶，2022. 国家试点区森林调节类生态产品价值转化效率初探 [J]. 林业经济问题，42（4）：354 - 362.

何仁伟，2018. 城乡融合与乡村振兴：理论探讨、机理阐释与实现路径 [J]. 地理研究，37（11）：2127 - 2140.

胡书东，2002. 中国财政支出和民间消费需求之间的关系 [J]. 中国社会科学（6）：26 -

32，204.

黄少安，2018. 改革开放 40 年中国农村发展战略的阶段性演变及其理论总结 [J]. 经济研究，53（12）：4-19.

纪江明，2012. 中国民生性财政支出对城乡居民消费差距影响的实证研究：基于 1995—2009 年省级面板数据的协整分析 [J]. 经济与管理研究（10）：13-23.

孔凡斌，崔铭烨，徐彩瑶，等，2023 浙江省森林生态产品价值实现对城乡差距的影响 [J]. 林业科学，59（1）：31-43.

孔凡斌，王宁，徐彩瑶，2022. "两山"理念发源地森林生态产品价值实现效率 [J]. 林业科学，58（7）：12-22.

李京梅，王娜，2022. 海洋生态产品价值内涵解析及其实现途径研究 [J]. 太平洋学报，30（5）：94-104.

李普亮，2012. 财政农业支出、农民增收与城乡居民收入差距：基于省级面板数据的实证 [J]. 南方经济（8）：57-75.

李实，詹鹏，杨灿，2016. 中国农村公共转移收入的减贫效果 [J]. 中国农业大学学报（社会科学版），33（5）：71-80.

李晓钟，李俊雨，2022. 数字经济发展对城乡收入差距的影响研究 [J]. 农业技术经济（2）：77-93.

李萱，杨庆媛，毕国华，2021. 中国城乡福祉差距及其影响因素研究 [J]. 地域研究与开发，40（2）：1-6.

林瑒焱，徐昔保，2022. 长三角地区生态系统生产总值时空变化及重要生态保护空间识别 [J]. 资源科学，44（4）：847-859.

刘浩，余琦殷，2022. 我国森林生态产品价值实现：路径思考 [J]. 世界林业研究，35（3）：130-135.

刘江宜，牟德刚，2020. 生态产品价值及实现机制研究进展 [J]. 生态经济，36（10）：207-212.

刘培林，钱滔，黄先海，董雪兵，2021. 共同富裕的内涵、实现路径与测度方法 [J]. 管理世界，37（8）：117-129.

刘彦随，2018. 中国新时代城乡融合与乡村振兴 [J]. 地理学报，73（4）：637-650.

欧阳志云，王效科，苗鸿，1999. 中国陆地生态系统服务功能及其生态经济价值的初步研究 [J]. 生态学报（5）：19-25.

王德文，何宇鹏，2005. 城乡差距的本质、多面性与政策含义 [J]. 中国农村观察（3）：25-37，80.

吴之见，杜思敏，黄云，等，2022. 基于生态系统生产总值核算的生态保护成效评估：以赣南地区为例 [J]. 生态学报，42（16）：6670-6683.

许正松，徐彩瑶，陆雨，等，2022. 中国生态扶贫的实践逻辑、政策成效与机制创新 [J].

林业经济问题，42（3）：225-232.

叶璐，王济民，2021. 我国城乡差距的多维测定［J］. 农业经济问题（2）：123-134.

张文明，2020. 完善生态产品价值实现机制——基于福建森林生态银行的调研［J］. 宏观
    经济管理（3）：73-79.

郑宏运，李谷成，2020. 城乡政策偏向对农业资源配置效率的影响研究［J］. 农业技术经
    济（7）：79-92.

Baron R M，Kenny D A，1986. The Moderator - Mediator Variable Distinction in Social Psy-
    chological Research：Conceptual，Strategic，and Statistical Considerations［J］. Journal
    of Personality and Social Psychology，51（6）：1173-1182.

Kaoru T，2002. A Slacks - Based Measure of Super - Efficiency in Data Envelopment Analysis
    ［J］. European Journal of Operational Research（1）：32-41.

Tone K，2001. A Slacks - Based Measure of Efficiency in Data Envelopment Analysis［J］.
    European Journal of Operational Research，130（3）：498-509.

第7章 浙江省森林生态产品价值实现对城乡收入差距的影响及政策启示

党的二十大报告强调中国式现代化是全体人民共同富裕的现代化，将建立生态产品价值实现机制作为新时代新征程生态文明建设的重要任务。推动实现全体人民共同富裕的关键在于缩小城乡收入差距。山区是实现共同富裕的重点和难点，森林资源禀赋是山区实现共同富裕的潜力和希望所在。森林生态产品价值实现效率则是森林生态产品价值实现效果及生态产业化水平的集中体现，提高森林生态产品价值实现效率是推动乡村产业共富的必要条件。本章以浙江省山区26县作为研究对象，量化分析森林生态产品价值实现效率对城乡收入差距的影响及其绩效机制，提出政策建议，以期为森林资源富集山区县建立生态产品价值实现机制以及促进共同富裕的规划和政策的制定提供科学依据（孔凡斌等，2023）。

7.1 研究背景与现实意义

2022年10月，党的二十大报告强调中国式现代化是全体人民共同富裕的现代化，将建立生态产品价值实现机制作为新时代新征程生态文明建设的重要任务。推动实现全体人民共同富裕的关键在于缩小城乡收入差距，这是由中国当前发展不平衡不充分的现实问题决定的（王宾，2022）。改革开放以来，中国经济不断增长，农民收入虽也稳步提高，但相比于城市居民增速依然缓慢，城乡收入不平衡的问题依然存在，是实现共同富裕道路上要解决的主要问题，并影响到共同富裕目标的实现（陈志钢等，2022；张玉昌等，2018）。建立生态产品价值实现机制是推动生态资源富集地区共同富裕最直接、最有效的途径（王宾，2022）。生态产品价值实现效率则是生态产品价值实现效果及生态产业化水平的集中体现，提高生态产品价值实现效率是推动乡村产业共富的必要条件。森林作为最大的陆地生态系统，是区域自然资源禀赋中的重要组成部分（刘宗飞等，2018），森林所提供的物质产品、营养累积、固碳释氧、净化空气、土壤保持等生态产品和服务关系人们生产生活的各个方面，森林生态产品及其价值的投入对森林生态资源富集山区经济增长和农民生计福祉产生重要影响。据此，森林生态产品价值的核算、实现效率及其影响因素已逐渐得到了人们的关注（王兵等，2011；于丽瑶等，2019；罗佳等，2019；程文杰等，2022；Wang等，2022；吴之见等，2022；孔凡斌等，2022a）。研究森林生态产品价值实现效率与城乡收入差距因果关系的意义在于探明生态资源优势转化为经济和收入增长优势的绩效机制，为建立和完善生态产品价值实现及促进共同富裕的政策机制提供科学依据（雷明，2015；王宾，2022）。

由于森林资源多分布在山区县乡村地区，这些地区位置偏远且地形复杂，经济增长缓慢（冯菁等，2008），提高森林生态产品价值实现效率能够有效促进山区经济增长和农村居民增收，从而能够在生态维度上缩减城乡收入差距（郭韦杉等，2022）。此前，国内外对收入差距方面已经进行了卓有成效的探索，关于生产效率对于城乡收入差距方面的研究也已经展开（张子贤等，2022；俞彤晖等，2018；胡晶晶，2013；张爱英等，2021；刘青，2021）。然而，在对生产效率与城乡收入差距的因果关系研究之中，还缺乏森林生态产品价值实现效率对城乡收入差距影响的量化探索。那么，提高森林生态产品价值实现效率能否缩小城乡收入差距？如果答案是肯定的，那么提高森林生态产品价值实现效率又是通过何种路径缩小城乡收入差距？对上述问题的讨论将可以为推动林业促进共同富裕的实践探索提供科学依据。

浙江省山区26县拥有着丰富的森林资源，但因其资源禀赋和发展条件的限制而成为浙江省域高质量发展的"短板"。《浙江高质量发展建设共同富裕示范区实施方案（2021—2025年)》、《浙江省山区26县跨越式高质量发展实施方案（2021—2025年)》、《关于支持山区26县生态工业高质量发展的若干举措》均将推动山区26县高质量发展作为推进共同富裕示范区建设的重点、难点和关键点。山区26县要实现共同富裕，短板在农村，弱项在产业，潜力在资源。因此，以浙江省山区26县作为研究对象，量化分析森林生态产品价值实现效率对城乡收入差距的影响及其绩效机制，据此提出政策建议，对于中国探索建立山区生态产品价值实现促进共同富裕的政策机制，意义重大。

7.2　理论分析

根据刘易斯二元经济理论，若生产要素能自由流动，城乡劳动生产率便会趋同，最终将消除城乡居民收入差距（杨守德等，2022）。森林资源作为自然资源禀赋的重要组成部分，是乡村地区分布最广、存量最为丰富的生态资产，是重要的生产力要素（于丽瑶等，2019），也是地区经济发展的重要支撑条件（侯孟阳等，2020）。森林生态系统服务价值与生产要素结合而转化为森林生态产品，森林生态产品又以生产要素形式进入社会经济系统而促进经济增长和人类福祉。森林生态产品是以森林资源为载体，向自然界提供的能满足人类需要的各类产品和服务的总称（窦亚权等，2022）。森林生态产品供给是连接森林生态系统和人类经济社会系统的桥梁和纽带，森林生态产品是全面推进乡村振兴和建设共同富裕乡村进程中最重要和最具潜力的生产要素（孔凡斌等，2022b）。森林生态产品作为生产要素，其价值实现程度的高低需要通过要素转化效率来衡量，森林生态产品价值实现就是生态产品使用价值转化为交换价值的过程（沈满洪，2016；孔凡斌等，2022a），其经济学本质就是生态系统生产总值（GEP）到国内生产总值（GDP）的转化过程，森林生态产品价值实现效率即是指 GEP 向 GDP 转化的效率（孔凡斌等，2022a）。森林生态产品价值实现效率越高，则表明森林生态系统服务价值产业化转化效果越好，森林资源优势向经济优势转化的程度也越高。理论上，有效的森林生态产品价值实现及产业转化可以通过森林生态资源要素价格优势吸引资金投向乡村林业经济发展，进而为乡村特别是森林生态资源禀赋优越的山区和林区带来发展动力，农民从中获得经济收入，从而缩小城乡的收入差距，同时，有效的森林生态产品价值实现及生态产业化可以有效推动山区和林区林业经济增长，进而带动当地就业率的上升，稳定的收入来源可以进一步提升乡村农户的消费水平，缩小城乡消费差距（孔凡斌等，2022b）。在实践中，山区和林区是中国落后乡村的重要分布区，也是森林生态产品富集的地区，森林生态产品价值实现及产业转化能更好发挥森林资源的比较优势，促进林业特色化产业兴旺，提升农民增收的发展动力，带动地区乡村居民家庭的收入增加（刘宗飞等，2018；郭韦杉等，2022），从而缩小城乡收入差距。据此，提高森林生态产品价值实现效率有利于显著缩小城乡收入差距。

森林生态产品价值实现及其对城乡收入差距的影响受到自然和经济社会因

素的交互复杂影响。在自然因素方面，森林资源禀赋如林地面积因素会约束森林生态产品价值实现效率进而能够影响农民收入增长（刘宗飞等，2015；刘宗飞等，2018）。在经济社会方面，经济发展水平和产业结构（徐伟等，2021；汝刚等，2016；王亚男等，2020）、城镇化水平（陆铭等，2004；韩其恒等，2011；李子叶等，2016）、基础设施水平（冯梦黎等，2018）以及对外开放程度（宋红军，2011；汝刚等，2016）等因素都能通过影响森林生态产品价值实现效率（孔凡斌等，2022a）进而可能影响城乡收入差距的变化（刘宗飞等，2018）。据此，森林生态产品价值实现效率对城乡收入差距的具体影响存在明显的空间异质性特征。

技术创新是提高森林生态产品价值实现效率水平的关键要素。森林生态产品价值实现的实质就是将森林生态资源型生产要素转化凝结到森林生态产品或森林生态服务中去，这一转化和凝结的过程就是生态技术应用的过程（严立冬等，2010）。森林生态产品价值实现过程贯穿于森林资源高效培育、森林资源数字化监测与管理、高生态质量附加值产品开发、高生态品位需求产业支撑功能开发以及森林康养等高端休闲功能开发等全链条、全过程，所有环节都离不开生态技术的运用和创新，生态技术的运用和创新也会在生态产品价值实现过程中不断迭代升级，推动森林生态产品价值实现效率的持续提升，进而带动农村经济增长和农民收入提高，有利于缩小城乡收入差距。据此，通过技术进步提升森林生态产品价值实现规模效率将有助于缩小城乡收入差距。

7.3 研究区概况、研究方法与数据来源

7.3.1 研究区概况

本章选择浙江省山区的 26 个县为研究区域，具体包括淳安县、永嘉县、平阳县、苍南县、文成县、泰顺县、武义县、磐安县、柯城区、衢江区、江山市、常山县、开化县、龙游县、三门县、天台县、仙居县、莲都区、龙泉市、青田县、云和县、庆元县、缙云县、遂昌县、松阳县、景宁畲族自治县，分布于杭州市（1 个县）、台州市（3 个县区）、丽水市（9 个县区）、温州市（5 个县区）、金华市（2 个县区）以及衢州市（6 个县区）。山区 26 县土地面积约为浙江全省的 45%，人口接近全省的 24%，经济社会发展水平长期低于全省平均水平。26 县属亚热带季风气候，全年光照较多，雨量丰沛，水热条件十分适宜林木生长。山区 26 县拥有丰富的森林资源，在农林牧渔经济总产值中，

林地经济产值合计占比 96.29%，林业产业发展对山区 26 县高质量发展与共同富裕示范建设至关重要。因此，选取浙江山区 26 县作为案例区进行山区森林生态产品价值实现效率与城乡收入差距关系的研究，具有典型示范价值。

7.3.2　研究方法

（1）森林生态产品价值核算方法。本研究中森林生态产品主要考虑了林产品供给、产水服务、固碳释氧服务、土壤保持服务、空气净化服务、文化服务 6 种类型，其中，固碳释氧服务、产水服务和土壤保持服务通过 InVEST 模型中的相关模块进行计算，生态系统服务分类及核算方法如表 7-1 所示，核算方法参考文献（Wang 等，2022）。具体说明如下。

①林产品价值计算公式为：

$$V_1 = \sum_{i=1}^{n} A_i \times P_i$$

式中，V_1 为林产品价值（元/年）；A_i 为第 i 类产品产量（吨/年）；P_i 为第 i 类林产品的价格（元/吨）。

②产水量为降水量减去实际蒸发量后地表及地下的剩余水量。计算公式（刘业轩等，2021）为：

$$Y_x = \left(1 - \frac{AET_x}{P_x}\right) \times P_x \quad \frac{AET_x}{P_x} = 1 + \frac{PET_x}{P_x} - \left[1 + \left(\frac{PET_x}{P_x}\right)^w\right]^{1/w}$$

$$PET_x = K_{cx} \times ET_{ox}$$

$$W_x = \frac{AWC_x \times Z}{P_x} + 1.25$$

$$V_2 = Y_x \times P_w \times \delta$$

式中，Y_x 为某景观类型的年产水量（毫米）；$\frac{AET_x}{P_x}$ 为栅格单元的年实际蒸散发量（毫米），其中，P_x 为栅格单元 x 的年降水量，AET_x 表示栅格单元 x 的年实际蒸散量；W_x 为栅格单元的年降水量（毫米）；PET_x 为栅格单元 x 的潜在蒸散量；K_{cx} 为作物蒸散发系数；ET_{ox} 为参考（作物）蒸散量；AWC_x 为植物可利用含水量；w 为经验参数，Z 为 zhang 系数。V_2 为水源涵养总价值（元/年）；P_w 为水价（元/立方米）；δ 为溢价系数，默认为 1。

③固碳释氧主要包括吸收二氧化碳和释放氧气两项指标。自然生态系统通过植物光合作用吸收大气中二氧化碳合成有机物并释放氧气，将碳固定在植物或土壤中，维持大气氧气稳定，调节大气组分（马国霞等，2017）。固碳服务

价值计算公式（侯建坤等，2022）为：

$$C_{tot} = C_a + C_b + C_s + C_d$$
$$V_3 = C_{tot} \times P_{CO_2}$$

式中，C_{tot} 为总碳储量；C_a 为地上生物碳储量；C_b 为地下生物碳储量；C_s 为土壤碳储量；C_d 为枯落物碳储量；V_3 为固碳服务价值；P_{CO_2} 为碳交易价格（元/吨）。

根据植物光合作用原理，植物每固定 1 克 CO_2，释放 0.73 克 O_2（马国霞等，2017）。释氧服务价值计算公式为：

$$Q_{or} = 0.73\, C_{tot}$$
$$V_4 = Q_{or} \times P_{O_2}$$

式中，V_4 为释氧服务价值（元）；Q_{or} 为释氧量（吨）；P_{O_2} 为释氧价格（元/吨）。

④土壤保持量是指没有地表植被覆盖情形下可能发生的土壤侵蚀量与当前地表植被覆盖情形下的土壤侵蚀量的差值（马国霞等，2017），其实物量的计算原理主要来自通用土壤流失方程，土壤保持价值运用替代成本法进行核算：

$$SRET = (RKLS - USLE)$$
$$RKLS = R \times K \times LS$$
$$USLE = R \times K \times LS \times C \times T$$
$$V_5 = \lambda \times (Q_{sr}/\rho) \times P_s$$

式中，$SRET$ 为地块沉积物保持量（吨）；$RKLS$ 为潜在土壤流失量（吨）；$USLE$ 为实际土壤流失量（吨）；R 为降雨侵蚀因子［（焦耳·毫米）/（公顷·公顷）］；K 为土壤可侵蚀因子；LS 为坡度坡长因子；C 为植被覆盖和管理因子；T 为土壤保持措施因子；V_5 为土壤保持总价值（元/年）；λ 为泥沙淤积系数；ρ 为土壤密度（吨/立方米）；P_s 为水库单位库容清淤工程费用（元/年）。

⑤空气净化。自然生态系统能吸收、过滤、分解减少大气污染物，从而有效净化空气，具有改善大气环境的功能。用二氧化硫的净化量、氮氧化物的净化量以及滞尘量作为核算指标，按照《环境空气质量标准》（GB 3095—2012）中对环境空气质量应控制项目的规定用替代成本法进行核算。

$$Q_{ap} = \sum_{i=1}^{n} Q_i$$
$$V_6 = \sum_{i=1}^{n} Q_{api} \times C_i$$

式中，Q_{ap} 为大气污染物净化总量（吨/年）；Q_i 为第 i 类大气污染物排放量（千克/年）；i 为污染物类别，$i=1$，2，$\cdots$，n，无量纲；n 为大气污染物类别的数量，无量纲。V_6 为生态系统大气环境净化的价值（元/年）；C_i 为第 i 类大气污染物的治理成本（元/年）。

⑥文化服务价值采用各县区旅游收入的 70% 来代替，即假设森林旅游收入占总旅游收入的 70%（马国霞等，2017）。

（2）森林生态产品价值实现效率测算方法。将每个县（区）视为一个决策单元（DMU）在建立无导向 Super - SBM 模型的基础上，利用 max ultra 8 软件测算了 2001—2020 年浙江省 26 个山区县生态产品的价值转化效率，Super - SBM 模型具体公式参考已有文献（Tone，2002；Wang 等，2022；孔凡斌等，2022a）。

7.3.3　指标选取与模型设定

（1）指标选取。①被解释变量。被解释变量是城乡收入差距，综合考虑相关数据的可获得性、结果可靠性等因素选择泰尔指数作为衡量城乡收入差距的指标。计算公式为（俞彤晖，2018）：

$$Theil_{i,t} = \sum_{j=1}^{2} \left(\frac{I_{ij,t}}{I_{i,t}} \right) \ln \left(\frac{I_{ij,t}}{I_{i,t}} \Big/ \frac{H_{ij,t}}{H_{i,t}} \right)$$

式中，$Theil$ 为泰尔指数，表征城乡收入差距，泰尔指数越大，说明城乡收入差距越大；j 为区域（城市、农村）；i 为截面单元；t 为时间单元；I 为收入水平；H 为人口数量。

②解释变量。核心解释变量为森林生态产品价值实现效率，该指标参考采用 Super - SBM 模型进行核算，具体分为投入变量和产出变量，投入变量为森林生态产品价值、劳动力和物质资本，产出变量为林业一二三产产值。具体投入产出指标体系参考已有文献（Wang 等，2022；孔凡斌等，2022a），说明如表 7 - 1 所示。

③控制变量。根据理论分析部分，城乡收入差距与经济发展、政策环境、市场需求等因素紧密相关，为准确评估森林生态产品价值实现效率对城乡收入差距的影响，选择以下 7 种控制变量。一是经济发展水平。大量研究表明收入差距与经济发展具有重要的关系（徐伟等，2021；汝刚等，2016），但其影响方向还需要验证。同时为了提高实证模型的拟合度并减弱异方差影响，具体采用人均 GDP 的对数作为经济发展水平的衡量指标。二是城镇化率。城镇化发

展阶段或城镇化水平对城乡收入差距的影响已经被学者们关注（陆铭等，2004；韩其恒等，2011；李子叶等，2016），其对收入差距的影响也有待验证。采用城镇常住人口数占总人口数的比例来衡量城镇化水平。三是产业结构。第一产业所占比重越高，城乡收入差距越小，而二三产业比重的逐渐增加，会吸引农村剩余劳动力，从而促进农村居民收入增加，降低城乡收入差距，但也有可能会加剧城乡发展不均，扩大收入差距（王亚男等，2020）。因此，其影响方向仍不确定。采用第一产业产值占 GDP 比重来衡量产业结构。四是政府财政支出规模。财政支出规模会影响城乡资源的配置，直接影响城乡收入分配，对居民收入具有重要影响。采用政府财政支出占 GDP 比重来表示。五是基础设施。地区基础设施的情况在一定程度上可以反映地区的发展情况，同时会影响城乡间的要素流动速度（冯梦黎等，2018）。具体采用各县（区）每平方千米公路里程来表示。六是对外开放程度。对外开放是影响城乡收入差距的重要因素，参照以往文献（宋红军，2011；汝刚等，2016）的做法，具体采用各县（区）进出口总额占 GDP 的比重作为衡量指标。七是林地面积。林地面积越大，可能会导致地区落入"资源陷阱"，陷入更加贫穷的状况，但也可能使得林业成为地区优势，成为缩小城乡收入差距的动力，因此林地面积对于城乡收入差距的影响方向未知，具体采用各县（区）林地面积的对数作为衡量指标。表 7 - 2 展示了主要变量的描述性统计分析结果，可以发现各个变量都有较大的变化区间，表明检验森林生态产品价值实现效率和城乡收入差距两者关系的基础数据是良好的。

表 7 - 1 森林生态产品价值实现效率投入产出指标体系及评估方法

类别	一级指标	二级指标	三级指标	评估方法
投入指标	森林生态产品价值	物质产品价值	林产品	市场价值法
		调节服务价值	涵养水源 固碳释氧 空气净化 土壤保持	市场价值法/替代成本法/影子工程法
		文化服务价值	森林休憩	旅行费用法
	劳动力		林业从业人数	
	物质资本		林业固定资产投资完成额	
产出指标	林业产业产值		林业一二三产业产值	

表 7 - 2　变量及描述性统计

变量名称	观测值	均值	标准误	最小值	最大值
城乡收入差距	520	0.091	0.054	0	0.344
森林生态产品价值实现效率	520	0.766	1.217	0.044	21.139
经济发展水平	520	10.035	0.781	8.204	12.425
城镇化率	520	0.218	0.126	0.043	0.602
产业结构	520	0.122	0.065	0.003	0.383
政府财政支出规模	520	0.200	0.117	0	0.713
基础设施	520	0.74	0.445	0.046	6.481
对外开放程度	520	0.164	0.140	0	0.894
林地面积	520	7.260	0.516	5.579	8.378
纯技术效率	520	0.998	1.640	0.047	24.292
规模效率	520	0.868	0.171	0.026	1.000

（2）基准回归模型设定。考察森林生态产品实现效率对于收入差距的影响计量模型设置为：

$$Theil_{it} = \beta_0 + \beta_1 EFF_{it} + \alpha_i X_{it} + \mu_i + \lambda_t + \varepsilon_{it}$$

式中，$Theil_{it}$ 为被解释变量；核心自变量 EFF_{it} 为森林生态产品价值实现效率；X_{it} 为影响城乡收入差距的一组控制变量；μ_i 为个体不可观察的异质性；λ_t 为随时间变化的不可观察的因素；ε_{it} 为随机扰动项。β_0 为常数项，β_1、α_i 则为各变量影响城乡收入差距相对应的系数。

（3）影响机制检验模型设定。考虑到森林生态产品价值实现效率同时注重技术和规模两种要素，因此，在前文的基础上构建模型，分析纯技术效率和规模效率对于城乡收入差距的影响，以检验森林生态产品价值实现效率对于城乡收入差距的影响机制。

$$Theil_{it} = \beta_0 + \beta_1 PTE_{it} + \alpha_i X_{it} + \mu_i + \lambda_t + \varepsilon_{it}$$
$$Theil_{it} = \beta_0 + \beta_1 SE_{it} + \alpha_i X_{it} + \mu_i + \lambda_t + \varepsilon_{it}$$

式中，PTE_{it} 和 SE_{it} 分别为纯技术效率和规模效率。

7.3.4　数据来源

所需数据分为社会经济数据和遥感数据，社会经济数据来源于《浙江省统计年鉴》及各地市、县区统计年鉴，遥感数据来自中国科学院资源环境科学与数据中心、国家青藏高原科学数据中心、国家气象数据中心、中国科学院计算机网络信息中心地理空间数据云、国家地球系统科学数据中心，土壤数据来自联合国粮食及农业组织（FAO）和维也纳国际应用系统研究所（IIASA）构建的世界土壤数据库（HWSD）中的中国土壤数据集（1：100万）。其中，土地利用数据来源于武汉大学的研究论文数据库（Yang等，2002），生物物理系数表参考已有文献（傅斌等，2013；Canadell等，1996；孙文浩等，2022；蔚芳等，2019；侯建坤，2022；胡胜等，2014；许联芳，2015）。森林各生态产品价格参考《浙江省生态系统生产总值（GEP）核算技术规范　陆域生态系统》均以2015年为基准进行计算。

7.4　结果与分析

7.4.1　浙江省山区26县森林生态产品价值实现效率及城乡收入差距变化特征

（1）森林生态产品价值实现效率变化特征。选取2001年、2005年、2010年、2015年、2020年5年的数据绘制了表7-3。可以看出，浙江省山区26县各县的森林生态产品价值实现效率总体呈现出上升趋势，但森林生态产品价值实现效率存在显著的地区差异，2001—2020年间各县的效率水平发生了不同程度的变化。根据定义，效率大于等于1时，说明该研究单元是完全有效的，位于生产前沿面，小于1代表生产效率处于生产前沿面以下，仍存在改进潜力。据此将其划分为高效率区（＞1）、中效率区（0.6～1）和低效率区（＜0.6）。其中，淳安县、龙游县是高效率地区，始终保持优势。2001年，中高效率区仅有9个县区，2005年下降至8个，由均值也可以发现效率情况出现大幅度下降，这与当时主要依靠采伐林木的发展方式密切相关，高效率区、中效率区和低效率区县数比例为5：3：18，呈现整体效率值偏低的情况。2010年，中高效率县区数量增加至12个，高效率县主要集中在杭州、衢州和台州。2001—2010年，高效率集团的重心开始向西部地区偏移，主要集中在山区26县的北部地区，其他地区都呈现出效率值偏低的情况。2015年，26县的森林生态产品价值实现效率得到明显提高，高、中、低效率区县数比例变为11：5：10，除东部的永嘉县、苍南县、三门县外，高效率区均集中在杭州、温州、金华、衢州，主要分布在西北部一带。2020年，除开化县、文成县、仙居县、衢江区、江山市外，其他县区的森林生态产品价值实现效率均提升为中高效率区，森林生态产品价值实现效率出现了整体提高的变化特征。

表 7-3　浙江省山区 26 县森林生态产品价值实现效率时空变化特征

所属地市	26 县	2001 年	2005 年	2010 年	2015 年	2020 年
杭州	淳安县	14.125	3.946	3.262	2.218	1.950
台州	仙居县	0.239	0.191	1.352	0.415	0.248
	三门县	1.390	0.367	2.184	1.252	1.063
	天台县	0.754	0.188	1.433	0.576	0.628
丽水	遂昌县	0.382	0.367	0.471	0.680	0.754
	青田县	0.219	0.196	0.247	0.374	0.723
	云和县	0.436	0.528	0.445	0.582	0.692
	缙云县	0.444	0.339	0.407	0.647	0.893
	松阳县	0.542	0.486	0.742	1.000	0.857
	龙泉市	0.445	0.385	0.459	0.573	0.766
	庆元县	0.234	0.259	0.408	0.769	0.767
	莲都区	1.137	1.015	1.033	1.054	1.078
	景宁县	0.386	0.307	0.401	0.491	0.664
温州	苍南县	0.124	0.274	0.603	1.165	1.016
	平阳县	0.162	0.283	0.458	0.747	0.985
	永嘉县	0.091	0.136	0.323	1.069	0.742
	泰顺县	0.095	0.142	0.251	0.340	0.730
	文成县	0.044	0.084	0.178	0.139	0.271
金华	磐安县	1.020	0.890	0.369	1.040	1.000
	武义县	0.579	1.173	1.045	1.042	1.000
衢州	龙游县	1.126	1.212	1.014	1.123	1.109
	柯城区	0.142	1.019	1.111	1.104	0.736
	开化县	0.586	0.375	0.243	0.430	0.404
	衢江区	1.031	0.733	1.009	0.615	0.512
	常山县	0.637	0.628	0.205	1.018	0.744
	江山市	1.036	0.530	1.048	0.562	0.462
	均值	1.054	0.617	0.796	0.809	0.800

《浙江省山区 26 县跨越式高质量发展实施方案（2021—2025 年）》综合考虑资源禀赋、产业基础、生态功能等因素将 26 县分为跨越发展县和生态发展县。对两类县分别进行比较，以观察两类县的森林生态产品价值实现效率情

况。由表7-4可知，在跨越发展县中，龙游县、柯城区、三门县、莲都区的效率值超过1，达到生产前沿面。在生态发展县中，淳安县效率值超过1，且位居26县森林生态产品价值实现效率的首位。从均值比较来看，生态发展县的森林生态产品价值实现效率要高于跨越发展县区，说明生态发展县的森林生态产品价值实现效果优于跨越发展县。

表7-4 2001—2020年浙江省山区26县森林生态
产品价值实现效率均值情况

跨越发展县	森林生态产品价值实现效率	生态发展县	森林生态产品价值实现效率
平阳县	0.552	遂昌县	0.487
龙游县	1.143	磐安县	0.877
青田县	0.382	云和县	0.449
仙居县	0.467	开化县	0.467
柯城区	1.064	苍南县	0.614
武义县	0.953	常山县	0.728
缙云县	0.513	龙泉市	0.501
松阳县	0.635	文成县	0.120
衢江区	0.775	淳安县	4.206
永嘉县	0.293	庆元县	0.472
江山市	0.772	泰顺县	0.274
三门县	1.105	景宁县	0.395
天台县	0.598		
莲都区	1.065		
平均值	0.737	平均值	0.799

（2）城乡收入差距变化特征。表7-5给出了浙江省26县的城乡收入差距情况，由表7-5可知，无论是从总体还是分县区来看，城乡收入差距都呈现下降趋势。以泰尔指数为例，2001—2020年间，26县的泰尔指数由2001年的0.15下降到2020年的0.05，年均下降5.34%。分地区看，跨越发展县的收入差距情况较生态发展县小，低于26县平均水平。就下降趋势看，跨越发展县泰尔指数由2001年的0.14下降到2020年的0.04，年均下降6.07%；生态发展县泰尔指数由2001年的0.13下降到0.05，年均下降4.67%。

表 7 - 5　2001—2020 年浙江省山区 26 县城乡收入差距及其变化趋势

年份	基于泰尔指数计算的结果			基于城乡收入比计算的结果		
	26 县	跨越发展县	生态发展县	26 县	跨越发展县	生态发展县
2001	0.15	0.14	0.13	3.62	3.47	3.22
2002	0.15	0.12	0.14	3.51	3.29	3.14
2003	0.15	0.13	0.14	3.49	3.33	2.98
2004	0.13	0.12	0.12	3.29	3.14	2.91
2005	0.13	0.11	0.13	3.20	3.03	2.78
2006	0.12	0.11	0.12	3.08	2.93	2.67
2007	0.12	0.11	0.11	3.01	2.92	2.56
2008	0.11	0.10	0.11	2.87	2.77	2.35
2009	0.10	0.09	0.09	2.71	2.69	2.23
2010	0.08	0.08	0.08	2.56	2.52	2.14
2011	0.08	0.07	0.07	2.45	2.41	2.17
2012	0.08	0.07	0.07	2.39	2.28	2.07
2013	0.07	0.06	0.07	2.34	2.27	1.78
2014	0.05	0.04	0.04	2.06	2.04	1.76
2015	0.06	0.05	0.06	2.03	2.01	1.75
2016	0.06	0.05	0.06	2.03	2.01	1.74
2017	0.06	0.05	0.06	2.01	2.00	1.73
2018	0.06	0.05	0.05	2.00	1.98	1.71
2019	0.06	0.05	0.05	1.98	1.96	1.67
2020	0.05	0.04	0.05	1.92	1.90	3.22

（3）森林生态产品价值实现效率与城乡收入差距相关性。图 7 - 1 描述了 2001—2020 年浙江省山区 26 县森林生态产品价值实现效率均值与城乡收入差距均值逐年变化趋势。森林生态产品价值实现效率呈现先波动下降后稳定的趋势，效率值稳定在 1 左右。城乡收入差距则呈现明显的下降趋势，在总体趋势上虽未表现出两者之间的正负相关关系，但这仅是描述性统计的结果，影响城乡收入差距的因素是十分复杂的，在没有加入相关控制变量的情况下，这种关系并不能精确地反映森林生态产品价值实现效率与城乡收入差距之间的真实关系。基于此，下文将通过计量分析方法，进一步探究森林生态产品价值实现效率对城乡收入差距的影响。

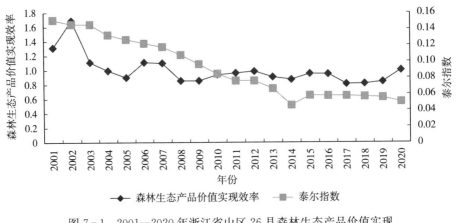

图 7-1 2001—2020 年浙江省山区 26 县森林生态产品价值实现
效率均值与城乡收入差距均值逐年变化趋势

7.4.2 回归模型结果分析

（1）基准回归结果分析。基准回归结果如表 7-6 所示，模型（1）是作为基准的 OLS 回归模型，模型（2）加入了个体固定效应，模型（3）是"双向固定效应"模型。考虑到所用数据为宏观经济数据，首先采用 LLC 和 IPS 方法检验数据的平稳性，结果均在 1% 水平上通过检验，拒绝单位根存在的假设，说明面板数据具有较好的平稳性。接着对模型的选择进行检验，观察模型（1）～（3）可以发现 R^2 从左至右逐渐增大，说明拟合效果模型（3）优于模型（1）和模型（2）。再对是否存在时间固定效应进行检验，得到时间虚拟变量联合显著性检验的 F 值为 3.52，相应的 P 值为 0.001，在 1% 显著水平上拒绝了"不存在时间固定效应"的原假设，最后，对选用个体固定效应模型还是随机效应模型进行检验，Hausman 检验值在 5% 的显著水平上拒绝原假设。综上，本章考虑使用"双向固定效应"模型。

表 7-6 回归结果显示，在控制了其他因素以后，模型（1）～（3）中森林生态产品价值实现效率的系数均为负，且均在 1% 水平上显著。模型（3）系数为 −0.004，表明从整体上看，森林生态产品价值实现效率每提高 1 个单位，城乡收入差距将缩小 0.004 个单位，这说明森林生态产品价值实现效率的提高能够有效缩小城乡收入差距。

观察模型（3）可以发现，控制变量上只有城镇化率、对外开放程度以及林地面积 3 个变量显著，其他变量均不具备解释效力。城镇化率的系数为

0.078，在1％的显著性水平上通过了检验，说明城镇化率每增加1％，城乡收入差距将增加0.078％；对外开放程度在1％水平上显著为负，其系数为－0.121，说明对外开放水平每提升1％，城乡收入差距将缩小0.121％，对外开放水平的提高有助于缩小城乡收入差距；林地面积的系数为－0.115，说明林地面积每增加1％，城乡收入差距将减少0.115％。

表 7-6 基准回归结果

变量	混合回归模型 （1）	个体固定效应 （2）	双向固定效应 （3）
森林生态产品价值实现效率	－0.004*** (0.002)	－0.005*** (0.002)	－0.004*** (0.001)
经济发展水平	－0.041*** (0.004)	0.004 (0.007)	0.005 (0.008)
城镇化率	0.152*** (0.020)	0.098*** (0.023)	0.078*** (0.025)
产业结构	0.114*** (0.040)	0.076* (0.041)	－0.011 (0.072)
政府财政支出规模	－0.069*** (0.018)	0.042* (0.023)	0.021 (0.031)
基础设施	－0.003 (0.005)	0.001 (0.005)	－0.002 (0.004)
对外开放程度	0.027* (0.014)	0.027* (0.014)	－0.121*** (0.018)
林地面积	0.016*** (0.004)	0.017*** (0.004)	－0.115*** (0.016)
常数项	0.359*** (0.048)	－0.110 (0.080)	0.952*** (0.126)
个体效应		控制	控制
时间效应			控制
F			3.52***
Hausman 检验			40.15**
R^2	0.052	0.109	0.655

注：括号内数值为标准误，＊、＊＊、＊＊＊分别表示在10％、5％、1％的水平上显著。下同。

（2）异质性分析。由上文分析可知，跨越发展类县和生态发展类县森林生态产品价值实现效率和城乡收入差距均存在差异，森林生态产品价值实现效率对城乡收入差距的影响可能会因地区差异而有所不同，因此，有必要对跨越发展县和生态发展县分别进行探讨，回归结果见表7-7。基于表7-7结果可知，首先，核心解释变量森林产品价值实现效率对城乡收入不平等的抑制效应在跨越发展县和生态发展县的估计中同样得到证实，分别在5％、1％水平上通过了检验，但其影响效应在跨越发展县发挥得更充分，其森林生态产品价值实现效率的系数较生态发展区更大。跨越发展县每提升1％森林生态产品价值实现效率，将降低0.015％的城乡收入差距；生态发展县每提升1％森林生态产品价值实现效率，城乡收入差距将缩小0.006％。

表7-7 跨越发展县和生态发展县回归结果

变量	跨越发展县	生态发展县
森林生态产品价值实现效率	-0.015^{**}（0.007）	-0.006^{***}（0.001）
经济发展水平	-0.035^{**}（0.017）	0.027^{***}（0.010）
城镇化率	0.108^{***}（0.033）	0.071^{*}（0.042）
产业结构	-0.147（0.094）	-0.016（0.131）
政府财政支出规模	-0.016（0.068）	0.138^{***}（0.045）
基础设施	-0.013（0.071）	0.005（0.005）
对外开放程度	-0.175^{***}（0.023）	-0.096^{***}（0.037）
林地面积	-0.083^{***}（0.019）	-0.221^{***}（0.038）
常数项	1.094^{***}（0.212）	1.568^{***}（0.284）
R^2	0.646	0.731

在控制变量上，只有经济发展水平、城镇化率、对外开放程度、林地面积在两类县均通过了检验。对于两类县区来说，城镇化率的系数显著为正，在1％和10％水平上通过了检验，说明对于跨越发展县和生态发展县，城镇化水平每提高1％，城乡收入差距将分别提高0.108％和0.071％；对外开放程度系数为负，说明对外开放水平每提高1％，城乡收入差距将分别缩小0.175％和0.096％，表明对外开放程度越高，对于缩小城乡收入差距的效应就越大；林地面积的系数显著为负，说明林地面积每提高1％，城乡收入差距将分别降低0.083％和0.221％。而对于跨越发展县来说，经济发展水平的系数为一

0.035，在5%水平上显著，表明其对于城乡收入差距具有显著的负向影响，对于生态发展县来说，经济发展水平显著为正，在1%水平上显著，说明其对该地区缩小城乡收入差距存在消极影响。

（3）内生性讨论。基于基准回归结果，森林生态产品价值实现效率的提高有助于缩小城乡收入差距，但模型中可能存在内生性问题，造成估计结果偏差。通常情况下造成内生性问题的原因为2种：一是遗漏解释变量问题。为解决该问题所导致的内生性影响，本章尽量将影响城乡收入差距的因素加入控制变量中，以降低遗漏变量的影响。二是反向因果。实际上，城乡收入差距的扩大，可能会导致森林生态产品价值实现效率的降低。对于该问题的处理，采用核心解释变量即森林生态产品价值实现效率的滞后一期作为工具变量进行两阶段最小二乘法（2SLS）估计。表7-8（1）结果显示，考虑到内生性问题后，对主要研究结果并没有产生显著影响，该结果与基准回归的系数值、符号方向和显著性水平基本一致。因此，森林生态产品价值实现效率和城乡收入差距的负向关系进一步得到了验证。

表7-8　内生性讨论及稳健性检验结果

变量	两阶段最小二乘法 （1）	替换被解释变量 （2）	缩尾 （3）
森林生态产品价值实现效率	-0.007*** (0.001)	-0.051*** (0.019)	-0.004*** (0.001)
经济发展水平	0.008 (0.010)	-0.042 (0.113)	0.007 (0.008)
城镇化率	0.080*** (0.029)	-0.099 (0.357)	-0.005*** (0.008)
产业结构	-0.074 (0.153)	0.781 (1.011)	0.008 (0.068)
政府财政支出规模	0.009 (0.039)	-0.105 (0.442)	0.016 (0.030)
基础设施	-0.002 (0.003)	-0.003 (0.054)	-0.002 (0.004)
对外开放程度	-0.100* (0.057)	-1.462*** (0.256)	-0.101*** (0.017)

（续）

变量	两阶段最小二乘法 （1）	替换被解释变量 （2）	缩尾 （3）
林地面积	−0.110*** （0.035）	−1.366*** （0.219）	−0.111*** （0.015）
常数项	0.221** （0.113）	14.073*** （1.771）	0.901*** （0.119）
R^2	0.675	0.707	0.670

（4）稳健性检验。①替换被解释变量。采用更换被解释变量的方法，将衡量城乡收入差距的泰尔指数替换为城乡收入比进行回归，结果如表 7-8（2）所示，核心解释变量森林生态产品价值实现效率及其显著性和系数符号均与基准回归模型的实证结果具有较强的一致性，表明模型估计结果比较可靠。②排除异常值处理。研究区域内部分县（区）可能会因受到某些特殊因素影响而产生一些异常值，从而干扰模型的回归结果，影响结果的稳健性，因此对城乡收入差距（GAP）在 1% 分位处进行缩尾处理。处理结果如表 7-8（3）列所示。结果显示，核心解释变量在 1% 水平上通过检验，且其他解释变量的符号和显著性并未发生明显变化，证明基准回归结果稳健。

7.4.3 影响机制检验

上述回归结论验证了森林生态产品价值实现效率提升对于城乡收入不平等具有一定收敛作用。为识别森林生态产品价值实现效率对城乡收入不平等的影响机制，以基准回归模型为基础进一步做出分析，根据效率的定义将森林生态产品价值实现效率分解为纯技术效率和规模效率分别进行估计，两者分别聚焦于技术要素和规模要素，分解回归结果如表 7-9 所示。

表 7-9　森林生态产品价值实现效率对城乡收入差距的机制检验

变量	纯技术效率 （1）	规模效率 （2）
纯技术效率	−0.002*（0.001）	
规模效率		−0.009（0.011）
城镇化率	0.076***（0.026）	0.072***（0.026）

（续）

变量	纯技术效率 （1）	规模效率 （2）
经济发展水平	0.005（0.008）	0.006（0.008）
产业结构	−0.015（0.073）	0.015（0.074）
基础设施	−0.002（0.004）	−0.002（0.004）
政府财政支出规模	0.019（0.032）	0.026（0.032）
对外开放程度	−0.124***（0.018）	−0.126***（0.018）
林地面积	−0.107***（0.016）	−0.118***（0.017）
常数项	0.902***（0.128）	0.965***（0.134）
R^2	0.651	0.648

从纯技术效率的角度来看，其系数为−0.002，在 10% 水平上通过了检验，说明纯技术效率每提高 1% 会缩减城乡收入差距 0.002%，观察表 7-9（2）可以发现，规模效率存在着不显著的负向影响，说明规模效率未对缩小城乡收入差距起到主要作用，森林生态产品价值实现效率能够缩减城乡收入差距作用的主要贡献者不是规模效率，而是纯技术效率。

7.5　结论及政策启示

本章基于 2001—2020 年县级面板数据，分析了森林生态产品价值实现效率和城乡收入差距之间的因果关系及其影响机制，得出以下结论与启示。

第一，2001—2020 年，浙江省山区 26 县整体森林生态产品价值实现效率得到显著提高，其中生态发展县实现效率高于跨越发展县。县（区）间虽具有明显的空间分异特征，但随时间演变县（区）间的差异逐渐缩小，表现为中高效率县（区）数量明显增加。这与森林面积逐年增加、森林生态产品供给能力不断提高有着密不可分的关系。说明浙江省森林生态产品价值实现效果实现大幅度提升，在探索"两山"转化模式方面取得了显著成效。

第二，森林生态产品价值实现效率提高对于缩小城乡收入差距具有积极作用，充分说明 26 县依托森林生态资源优势能够促进乡村经济发展、缩减城乡收入差距。城镇化率表现出的消极作用，说明乡村人口向县城聚集，会使得乡村劳动力减少以及农村空心化，内生动力不足，不利于城乡收入差距的缩减。

对外开放程度的提高能够促进经济增长和居民收入水平的提高，从而缩小城乡收入差距。林地面积增加有利于促进当地林业产业的发展，促进经济增长从而缩小城乡收入差距。因此，要优化财政支出规模的配置，使财政资金更多地流向乡村，同时提高对外开放程度，保护林地面积不被减少，是缩小 26 县城乡收入差距的有效手段。

第三，无论是跨越发展县还是生态发展县，森林生态产品价值实现效率的提高都会缩减城乡收入差距，但不同县（区）的表现不同，该边际效应在跨越发展县中的作用更为明显，这与前文所述跨越发展县的城乡收入差距下降速度高于生态发展县的事实相呼应。对于跨越发展县来说，经济发展水平越高，城乡收入差距越小。而对于生态发展县来说，经济发展水平越高则不利于缩小该地区的城乡收入差距，一定程度上说明了生态发展县经济增长多体现在了城市地区，而对乡村地区惠及较少。因此促进跨越发展县的经济增长，优化生态发展县城乡资源配给是缩小城乡收入差距的有效手段。

第四，森林生态产品价值实现效率对于城乡收入差距产生作用主要是通过纯技术效率实现，规模效率对于城乡收入差距未见明显作用，得出技术进步是缩小城乡收入差距的关键。因此，要抓好科技创新这个核心要务，加大对于林业的科研、教育投资，重视林业科技成果的转化工作，加快将科研成果转变为生产力，促进森林生态产品供给技术进步和供给模式的创新，有利于缩小城乡收入差距。

参考文献

陈志钢，茅锐，张云飞，2022. 城乡融合发展与共同富裕：内涵、国际经验与实现路径［J］. 浙江大学学报（人文社会科学版），52（7）：68-78.

程文杰，孔凡斌，徐彩瑶，2022. 国家试点区森林调节类生态产品价值转化效率初探［J］. 林业经济问题，42（4）：354-362.

窦亚权，杨琛，赵晓迪，等，2022. 森林生态产品价值实现的理论与路径选择［J］. 林业科学，58（7）：1-11.

冯菁，程堂仁，夏自谦，2008. 森林覆盖率较高地区经济落后现象研究［J］. 西北林学院学报（1）：224-228.

冯梦黎，王军. 2018. 城镇化对城乡收入差距的影响［J］. 城市问题（1）：26-33.

傅斌，徐佩，王玉宽，等，2013. 都江堰市水源涵养功能空间格局［J］. 生态学报，33（3）：789-797.

郭韦杉，李国平，2022. 欠发达地区实现共同富裕的主抓手：生态产品价值实现机制［J］.

上海经济研究（2）：76 - 84.

侯建坤，陈建军，张凯琪，等，2022. 基于 InVEST 和 GeoSoS - FLUS 模型的黄河源区碳储量时空变化特征及其对未来不同情景模式的响应 ［J］. 环境科学，43（11）：1 - 14.

侯孟阳，邓元杰，姚顺波，等，2020. 考虑空间溢出效应的森林质量与经济增长关系 EKC 检验 ［J］. 林业科学，56（12）：145 - 156.

胡晶晶，2013. 中国城乡居民收入差距对经济效率影响的测度：基于 1991—2010 年省级面板数据的经验分析 ［J］. 学习与探索（7）：86 - 89.

胡胜，曹明明，刘琪，等，2014. 不同视角下 InVEST 模型的土壤保持功能对比 ［J］. 地理研究，33（12）：2393 - 2406.

孔凡斌，王宁，徐彩瑶，2022a. "两山"理念发源地森林生态产品价值实现效率 ［J］. 林业科学，58（7）：12 - 22.

孔凡斌，王宁，徐彩瑶，等，2023，浙江省山区 26 县森林生态产品价值实现对城乡收入差距的影响 ［J］. 林业科学，59（1）：44 - 58.

孔凡斌，徐彩瑶，陈胜东，2022b. 中国生态扶贫共建共享机制研究 ［M］. 北京：中国农业出版社，184 - 190.

雷明，2015. 两山理论与绿色减贫 ［J］. 经济研究参考（64）：21 - 22，28.

梁坤丽，刘维奇，2022. 共同富裕背景下生产性服务业对城乡收入差距的影响：基于生产要素的空间计量和门槛效应分析 ［J］. 华东经济管理，36（10）：79 - 89.

刘刚，衣保中，2016. 城乡收入差距对区域全要素生产率的影响 ［J］. 北方论丛（3）：154 - 160.

刘业轩，石晓丽，史文娇，2021. 福建省森林生态系统水源涵养服务评估：InVEST 模型与 meta 分析对比 ［J］. 生态学报，41（4）：1349 - 1361.

刘宗飞，姚顺波，刘越，2015. 基于空间面板模型的森林"资源诅咒"研究 ［J］. 资源科学，37（2）：379 - 390.

刘宗飞，赵伟峰，2018. 森林资源异质性对收入不平等的影响：基于 1986—2012 年省际面板数据 ［J］. 农林经济管理学报，17（4）：445 - 454.

陆铭，陈钊，2004. 城市化、城市倾向的经济政策与城乡收入差距 ［J］. 经济研究（6）：50 - 58.

罗佳，黎蕾，姜芸，等，2022. 湖南省森林生态系统服务功能价值评估 ［J］. 生态科学，41（4）：70 - 77.

马国霞，於方，王金南，等，2017. 中国 2015 年陆地生态系统生产总值核算研究 ［J］. 中国环境科学，37（4）：1474 - 1482.

汝刚，刘慧，任志安，2016. 资源禀赋对城乡收入差距的影响：来自中国主要能源生产省份的面板数据和经验 ［J］. 金融与经济（6）：4 - 10，82.

沈满洪，2016. 生态经济学 ［M］. 北京：中国环境出版社.

宋红军，2011. 对外贸易、全要素生产率与地区收入差距［J］. 理论探索（6）：70－73.

孙文浩，卞建民，李一涵，等，2022. 长白山北坡流域水资源涵养功能与矿泉水开发阈值研究［J］. 水资源与水工程学报，33（3）：89－97.

王宾，2022. 共同富裕视角下乡村生态产品价值实现：基本逻辑与路径选择［J］. 中国农村经济（6）：129－143.

王兵，任晓旭，胡文，2011. 中国森林生态系统服务功能及其价值评估［J］. 林业科学，47（2）：145－153.

王莉雁，肖燚，欧阳志云，等，2017. 国家级重点生态功能区县生态系统生产总值核算研究：以阿尔山市为例［J］. 中国人口·资源与环境，27（3）：146－154.

王亚男，张明斗，2022. 农业产业集聚与城乡收入差距：基于社会资本调节效应的再考察［J］. 江汉论坛（10）：27－37.

蔚芳，詹小稳，2019. 基于生境质量与碳储量的城市刚性开发边界划定［J］. 浙江大学学报（工学版），53（8）：1478－1487.

吴之见，杜思敏，黄云，等，2022. 基于生态系统生产总值核算的生态保护成效评估：以赣南地区为例［J］. 生态学报，42（16）：1－14.

熊子怡，张科，何宜庆，2022. 数字经济发展与城乡收入差距：基于要素流动视角的实证分析［J］. 世界农业（10）：111－123.

徐伟，李直儒，施慧斌，等，2021. 基于 Super－SBM 模型和 Malmquist 指数的中国工业创新效率评价［J］. 宏观经济研究（5）：55－68.

许联芳，张海波，张明阳，等，2015. 南方丘陵山地带土壤保持功能及其经济价值时空变化特征［J］. 长江流域资源与环境，24（9）：1599－1605.

严立冬，陈光炬，刘加林，等，2010. 生态资本构成要素解析：基于生态经济学文献的综述［J］. 中南财经政法大学学报（5）：3－9，142.

杨守德，杨倩，2022，农业生产性服务业对城乡收入差距的影响及路径研究：基于 24 个省份面板数据的中介效应检验［J］. 林业经济，44（12）：24－40.

于丽瑶，石田，郭静静，2019. 森林生态产品价值实现机制构建［J］. 林业资源管理（6）：28－31，61.

俞彤晖，2018. 流通产业集聚、地区经济效率与城乡收入差距［J］. 经济经纬，35（4）：94－100.

张爱英，孟维福，2021. 普惠金融、农业全要素生产率和城乡收入差距［J］. 东岳论丛，42（9）：63－76，191.

张馥，韩冬青，董明岩，等，2022. 城镇化水平、农业劳动生产率与城乡融合发展：以吉林省为例［J］. 中国农机化学报，43（7）：237－244.

张玉昌，陈保启，2018. 产业结构、空间溢出与城乡收入差距：基于空间 Durbin 模型偏微分效应分解［J］. 经济问题探索（9）：62－71.

张子贤，孙伯驰，2022. 公共服务供给效率对城乡收入差距的影响及其提升路径［J］. 求
　　索（1）：152 - 164.

Canadell J，Jackson R B，Ehleringer J B，et al. ，1996. Maximum Rooting Depth of Vegeta-
　　tion Types at the Global Scale ［J］. Oecologia，108（4）：583 - 595.

Tone K，2002. A Slacks - Based Measure of Super - Efficiency in Data Envelopment Analysis
　　［J］. European Journal of Operational Research，143（1）：32 - 41.

Wang N，Xu C Y，Kong F B，2022. Value Realization and Optimization Path of Forest Eco-
　　logical Products—Case Study from Zhejiang Province，China ［J］. International Journal of
　　Environmental Research and Public Health，19（12）：7538.

Yang J，Huang X，2021. The 30 m Annual Land Cover Dataset and Its Dynamics in China
　　from 1990 to 2019 ［J］. Earth System Science Data，13（8）：3907 - 3925.

第 8 章　浙江省林业产业发展对城乡收入差距的影响及政策启示

党的二十大报告指出要建设全体人民共同富裕的中国式现代化。收入差距过大问题是中国实现共同富裕的现实挑战，城乡收入差距又是众多收入差距问题中最为突出的问题。缩小城乡收入差距及实现城乡收入公平是中国式现代化建设的重要任务之一。合理利用山区森林资源发展特色林业产业，吸纳农村居民就地就近就业，拓宽农民增收致富渠道，是协调推进森林资源产业化利用与农民增收致富以及实现城乡收入公平的重要选择。本章以浙江省山区 26 个县为研究对象，从林业产业规模和林业产业结构两个角度，分析林业产业发展对城乡收入差距的影响及作用机制，量化检验林业产业发展对于城乡收入差距的影响及作用机制，提出大力发展林业产业助力实现城乡收入公平的政策建议，为全国山区探索林业产业高质量发展推动共同富裕的实践路径提供参考。

8.1　研究背景

2022 年 10 月，党的二十大报告指出要建设全体人民共同富裕的中国式现代化。目前，在中国快速发展过程中，收入差距过大问题是中国实现共同富裕的现实挑战（李实等，2019），城乡收入差距又是众多收入差距问题中最为突出的问题（郭根龙、柴佳，2023）。2022 年《中国统计年鉴》显示，中国城镇居民人均可支配收入为 47 411.9 元，农村居民人均可支配收入为 18 930.9 元，城乡收入比达 2.5∶1，远远超出国际平均水平，基尼系数长期超过国际警戒线 0.4 以上（Yuan Y 等，2020），城乡收入不公平现象十分突出。城乡居民收入差距扩大不仅影响农村居民的幸福感、安全感和获得感，还会对经济发展和社会稳定产生不利影响（韩建雨，2013）。缩小城乡收入差距及实现城乡收入公平是中国式现代化建设的重要任务之一。如何避免城乡居民收入差距进一步扩大，逐步实现城乡收入公平，是新时代新征程扎实推动共同富裕必须破解的重要难题。

林业产业是培育战略性新兴产业的重要领域（刘珉，2016）。林业产业在保障林产品和生态产品供给方面发挥着极其重要的作用（刘浩、余琦殷，2022）。发展林业产业既是中国生态文明建设的重要举措，又是中国推进生态扶贫和实现林业共富的重要途径（孔凡斌等，2022）。实践证明，不断发展壮大的中国林业产业不仅较好地满足了人们对美好生活的需要，还有效地拓宽了农民就业渠道，促进了农村居民持续增收，成为农村产业振兴和农民生活富裕的重要途径（董玮、秦国伟，2017），助力2 000万贫困人口成功实现生态脱贫（许正松等，2022）。中国近90％的森林资源分布在基础设施落后、交通不发达以及自然灾害频发的山区（张寒等，2022），森林资源富集的山区是当前中国低收入人口主要聚集地之一，是中国巩固拓展脱贫攻坚成果及扎实推进共同富裕的重点和难点区域（孔凡斌等，2022）。合理利用山区森林资源发展特色林业产业，吸纳农村居民就地就近就业，拓宽农民增收致富渠道，是协调推进森林资源产业化利用与农民增收致富以及实现城乡收入公平的重要选择（潘丹等，2023；孔凡斌等，2023；孔凡斌等，2023；徐彩瑶等，2023；廖文梅等，2023）。在政策实践层面，国家林业和草原局2021年发布《关于支持浙江共建林业践行绿水青山就是金山银山理念先行省　推动共同富裕示范区建设的若干措施》明确提出要通过"打造五大千亿富民产业"推进林农增收林业增效的政策措施，开启了新时代中国林业产业发展助力共同富裕的实践探索。在学术理论层面，尽管既有相关文献从多个视角和维度分别对林业产业发展（高雪萍等，2021；刘涛、李继霞，2020；路亚欣、张彩虹，2022；熊立春等，2022；宁攸凉等，2021；宁攸凉等，2021；张琦、万志芳，2022；丘水林、靳乐山，2022）、林业产业增收效应（魏建等，2023；高清、靳乐山，2021；李军龙等，2020；张宽等，2017）、城乡收入差距等问题（韩建雨，2013；张义博等，2017；宋建、王静，2018；冯梦黎、王军，2018；穆怀中、吴鹏，2016；龚新蜀等，2018；蓝管秀锋、匡贤明，2021；罗超平等，2021；余泳泽、潘妍，2019；王春雷、黄素心，2012；张红丽、李洁艳；2019）进行了卓有成效的探讨，但就林业产业发展与城乡收入差距之间的因果关系及其作用机制的研究尚属空白，致使既有理论研究为中国林业产业发展助力城乡共同富裕政策设计提供的科学证据还十分有限。

基于以上分析，在国家支持浙江省林业高质量发展推动共同富裕示范区建设的重大现实背景下，以浙江省山区 26 县为研究对象，从林业产业规模和林业产业结构两个角度，从理论层面分析林业产业发展对城乡收入差距的影响及作用机制，从实证层面借助面板固定效应、面板门槛模型、中介效应模型检验林业产业发展对于城乡收入差距的影响及作用机制。与已有文献相比，本章可能的边际贡献：一是本章不仅关注林业产业规模发挥的经济效应，而且关注林业产业结构的效应，系统地探究林业产业发展对城乡收入差距的影响；二是本章将山区 26 县分为不同的类型进行讨论，以揭示山区 26 县林业产业发展影响的非均质特征，据此提出大力发展林业产业助力实现城乡收入公平的政策建议，为全国山区探索林业产业高质量发展推动共同富裕的实践路径提供参考。

8.2 理论分析

8.2.1 林业产业发展对城乡收入差距的整体影响

城乡二元经济结构理论认为，城乡收入差距产生的主要原因在于农村农业和城市工业两部门产业发展及其带动城乡居民收入增长的程度不同所导致的。因此，要想打破森林资源丰富的山区二元经济结构，必须大力发展现代林业产业，提高和增强山区林业产业发展带动农村居民收入增长的有效性及其可持续性，进而逐步缩小城乡收入差距。就林业而言，森林资源作为"自然要素禀赋"的主要构成之一，是维系区域尤其是山区经济发展和社会公平的重要自然支撑（侯孟阳等，2020）。林业产业是依托和经营森林资源促进城乡协调发展和社会公平的重要民生经济部门，这是由于林业产业发展与农村经济发展和农村居民收入增长及生计改善紧密相关（陈梅英等，2017；何文剑等，2021）。一方面，林业产业作为农业产业的重要组成部分，在推动农村经济发展和农村居民家庭总收入增长中发挥着重要作用。林业产业发展提供林业副产品、生物能源、饲料等物质产品改善农村居民生计，农村居民还能通过出售林产品获得经济收入；林业产业发展为农村居民提供新的就业岗位，例如农村居民通过参与林木种植、管护、采伐、运输、加工业和森林旅游等而获得工资性收入；随着森林康养、林下经济、林业电商等林业新业态的蓬勃发展，农村居民能够从中获得林地和房屋场地出租租金等财产性收入；不断增长的政府森林生态补偿资金则可以为农村居民带来稳定的财政转移性收入。不仅如此，农村居民能从林业产业发展中获得更多的工作机会，这将推动农村劳动力的优化配置，提高农村劳动力市场的效率（黎元生，2018），为农村居民收入的持续增长创造了有利条件。另一方面，林业产业发展能够推进城乡一体化发展进程。具体而言，城市居民通过购买农村产出的林业产品支持农村经济发展和农村居民收入增长，增强了城乡之间的经济联系。同时，城市工商资本进入农村投资发展林业产业，加速了城市资金、信息、技术和人才要素向农村的流动并与森林资源要素紧密结合，推动农村林业产业技术更新、结构的转型升级与高质量发展（余戎、王雅鹏，2020），为农村居民提供更多更高质量的就业机会和工作岗位，农村居民因此获得更多的增收致富渠道。因此，林业产业发展能够对农村居民收入增长直接产生积极影响，整体有利于缩小城乡收入差距。

8.2.2　林业产业发展对城乡收入差距影响的就业路径

配第-克拉克定理认为，产业中心将随着经济发展而出现变动，随着人均国民收入水平的提高，劳动力的转移首先会出现在第一、二产业之间，第一产业国民收入和劳动力的相对比重逐渐下降，第二产业国民收入和劳动力的相对比重上升，随着人均国民收入水平进一步提高，第三产业国民收入和劳动力的相对比重也开始上升。从现实看，林业产业发展无疑是农村居民就业增加促进收入增长的重要前提。具体而言，林业产业在发展过程中将拓宽相关林业产业，直接影响产业就业行为，进而影响城乡收入差距。林业产业规模扩大涉及种植、养殖、加工、销售等多个环节（李杰义，2009）。尤其是林产品的加工、销售和维护等环节需要大量的从业人员，可以有效增加第二和第三产业的从业人数。在促进农民就业方面，如上所述，林业产业发展能够增加造林、营林及管护的就业机会（田国双等，2017），为农村居民提供就业机会并拓宽增收渠道，提供较稳定的收入来源。在促进非农就业方面，就第二产业就业而言，林业产业发展能够增加木材采伐、加工业等工业产业的就业机会（郭艳芹、孔祥智，2008）；就第三产业就业而言，林业产业发展能够激发当地森林资源潜力，凸显生态优势，增加当地居民发展森林旅游、森林康养等森林产业的就业机会（汪浩，2011）。林业产业的结构优化升级将增加对于第二和第三产业的劳动力需求，吸引大量农村剩余劳动力流出。农村居民转移到劳动生产率较高的第二和第三产业，收入相较于仅从事农业就业的居民而言会有所增加。同时，农业劳动力的转移也会缓解农村地区原有紧张的人地关系，有助于农业生产效率的提高（周国富、陈菌彬，2021），促使农村整体收入水平的增加，进一步缩小城乡收入差距（潘丹等，2023）。因此，林业产业发展影响城乡收入差距可能具有就业的中介效应。

8.2.3　林业产业发展对城乡收入差距影响的收入路径

收入分配理论认为，收入分配是影响农村居民收入增长的重要因素之一，不同的收入分配机制导致不同的收入效果和城乡收入差距。农村劳动力市场理论进一步认为，农村劳动力市场的供需关系直接影响农村居民收入水平，林业产业发展可以扩大农村劳动力需求，提高农村劳动力供需匹配程度，实现农村劳动力充分就业，从而促进农村居民收入增长，有利于缩小城乡收入差距。就林业而言，由于森林资源主要分布在山区、农村地区，林地是山区农村居民主要的生产资料，林业产业发展也将主要惠及农村居民，将直接提高农村居民收入。在林业经营收入方面，森林康养、森林旅游等林业产业新业态不断发展，使森林资源优势有效转化为产业经济优势（付晓涵等，2018），提高农村居民收入。林业专业合作社、林业龙头企业等新型林业经营主体的发展使得林业经营过程中规模不经济、要素利用效率低下、管理水平不完善等问题得以缓解（吴伟光等，2022），提高林地的规模效益，进而提升了农村居民收入水平（陈铭昊等，2021）。对于城市而言，林业产业发展可以拉动城市相关产业如建筑业、装修业、家具业等产业的发展，这些产业的发展可以进一步促进城市基础设施的完善。林业产业所具有的生态效益也能为城市居民提供更好的人居环境，提升居民生活的幸福感和满意度，带来更多的消费需求和消费意愿（周绍杰等，2015），促进城市经济的发展，有利于扩大山区农村林产品销售以及提高农村居民收入水平，影响城乡收入差距。同时，伴随着林业产业结构优化升级，产业间协调度提高，将使得劳动力不断由农村向城市聚集，也会刺激城市经济发展（彭代彦等，2017），城市经济发展又会给进城务工的农村居民提供更多的就业机会，进而提升农村居民收入水平，影响城乡收入差距。因此，林业产业发展影响城乡收入差距可能具有收入的中介效应。

8.2.4　林业产业发展对城乡收入差距影响的门槛效应

根据配第-克拉克定理，在经济发展不同阶段，林业产业发展影响城乡收入差距的效果也会存在差异。具体而言，在区域经济发展初、中期阶段，林业产业在规模上主要聚集于林业第一、第二产业，且部分林业产业发展已到瓶颈期，导致林业产业发展出现低端化趋势。通常情况下，林业第一产业发展较好，就能够表明农村地区的自然资源较为丰富，这会影响农村居民在其他产业发展和创新的选择，即农村居民可能会更倾向于种植林木或农作物，而不是选择探索发展加工及旅游业,这在一定程度上会影响林业发展的多样性和效率水平,林业产业结构将会更大可能地趋于单一化和低级化,进而影响农村居民林业就业质量和收入水平,不利于农村居民收入的持续增长,对缩小城乡收入差距带来约束。尽管随着经济发展水平不断提高,人们物质生活水平不断丰富,人们将提高对身心健康及丰富精神生活的需求程度,越来越多的城市居民会选择到森林和农村中进行旅游消遣活动,农村居民可以通过提供旅游设施和服务来获得收入,这为农村居民提供了就业和增加收入的机会(黄细嘉,2023)。但是,随着区域经济发展水平整体提高,农村农民非林就业渠道的不断拓展,非林收入占农村居民收入比重快速提高,林业产业发展带来的收入占比快速下降,林业产业发展对缩小城乡收入差距的影响随之出现边际效应递减的变化。因此,林业产业发展对城乡收入差距的影响有可能存在门槛效应。

综上所述,林业产业发展可以从多个方面促进农村经济发展和提高农村居民收入水平,从而整体上有利于缩小城乡收入差距,构建理论逻辑如图 8-1 所示。

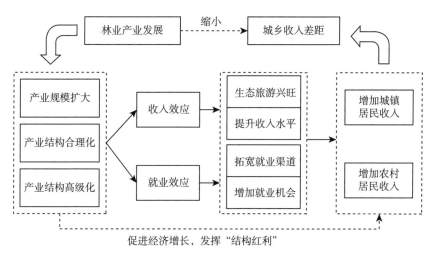

图 8-1　林业产业发展有利于缩小城乡收入差距的理论逻辑

8.3　研究设计

8.3.1　研究区域

浙江省(118°01′~123°10′E,27°02′~31°11′N)地处中国东南沿海,因

其地形多以山地丘陵为主，故有"七山一水二分田"之称。浙江省现有林地面积 660.20 万公顷，森林面积 607.53 万公顷，森林覆盖率为 61.15%，居全国前列（徐彩瑶等，2023）。作为林业大省，林业产业发展在浙江省经济发展中占据举足轻重的地位。2021 年，浙江省以全国 2% 的林地创造了全国 8% 的林业产值，林业产值对农民收入的贡献率为 19%，其中重点林区县的贡献率达到了 50% 以上。浙江省山区 26 县具体包括杭州市下属 1 个县（淳安县）、温州市下属 5 个县（永嘉县、平阳县、苍南县、文成县、泰顺县）、金华市下属 2 个县（武义县、磐安县）、衢州市下属 6 个县市区（柯城区、衢江区、江山市、龙游县、开化县、常山县）、台州市下属 3 个县（三门县、天台县、仙居县）以及丽水市下属 9 个县市区（莲都区、龙泉市、青田县、云和县、庆元县、缙云县、遂昌县、松阳县和景宁畲族自治县）。在国家赋予高质量发展建设共同富裕示范区的历史任务背景下，浙江省出台《浙江省山区 26 县跨越式高质量发展实施方案（2021—2025 年）》，基于资源禀赋、产业基础、生态功能等因素综合考量，将 26 县分为跨越发展县和生态发展县，旨在推进山区经济社会高质量发展。跨越发展县包括永嘉县、平阳县、苍南县、武义县、柯城区、衢江区、龙游县、江山市、三门县、天台县、仙居县、莲都区、青田县、缙云县、松阳县等 15 个县（市、区），生态发展县包括淳安县、文成县、泰顺县、磐安县、常山县、开化县、龙泉市、庆元县、遂昌县、云和县、景宁畲族自治县等 11 个县（市）。

山区 26 县土地面积约占浙江省的 45%，人口接近全省的 24%，但就经济和社会发展水平来说，26 县与浙江省的差距仍然明显。2021 年 26 县地区生产总值为 6 963.81 亿元，仅占全省 GDP 的 9.47%，发展相对不足，城乡收入比为 1.97，高于全省 1.94 的平均水平（徐彩瑶等，2023）。山区 26 县拥有着丰富的森林资源，其林业产值占农林牧渔经济总产值的 96.29%，但林业产值占森林生态产品价值比仅为 7.17%（孔凡斌等，2022），森林资源产业化利用效率依然偏低，山区 26 县因其资源禀赋和发展条件的限制而成为浙江省域高质量发展的"短板"，推动山区 26 县已成为浙江实现全域共同富裕的重点、难点和关键点（徐彩瑶等，2023）。浙江山区 26 县实现共同富裕的希望在山，关键在林业产业高质量发展。鉴于此，以浙江省山区 26 县作为研究对象，量化探讨林业产业发展对城乡收入差距的影响及其作用机制，可以为全国其他经济欠发达的山区依托森林资源发展特色林业产业促进城乡收入公平的规划和政策优化提供新思路。

8.3.2　模型设定

（1）基准回归模型设定。为验证上述研究假设，首先构建以下基准回归模型：

$$Theil_{i,t} = \alpha_0 + \beta_1 \ln industry_{i,t} + \beta \sum X_{i,t} + v_{i,t} + \varepsilon_{i,t}$$

$$Theil_{i,t} = \alpha_0 + \beta_2 RIIS_{i,t} + \beta \sum X_{i,t} + v_{i,t} + \varepsilon_{i,t}$$

$$Theil_{i,t} = \alpha_0 + \beta_3 AIIS_{i,t} + \beta \sum X_{i,t} + v_{i,t} + \varepsilon_{i,t}$$

式中，$Theil_{i,t}$ 表示第 i 个县（市、区）第 t 年的城乡收入差距；$\ln industry_{i,t}$ 表示第 i 个县（市、区）第 t 年的林业产业规模，$RIIS_{i,t}$、$AIIS_{i,t}$ 分别表示第 i 个县（市、区）第 t 年的产业结构合理化指数和产业结构高级化指数；$X_{i,t}$ 为一系列控制变量的集合，α_0 为常数项，$v_{i,t}$ 为个体固定效应，$\varepsilon_{i,t}$ 为随机扰动项。

（2）中介效应模型构建。前述理论分析表明，林业产业发展主要通过收入效应和就业效应对城乡收入差距产生影响。参考已有研究，建立如下中介效应模型来验证就业、收入在林业产业发展与城乡收入差距之间的作用。

$$M_{j,it} = \beta_0 + \beta_5 \ln industry_{i,t} + \beta \sum X_{i,t} + \varepsilon_{i,t}$$

$$Theil_{i,t} = \gamma_0 + \gamma_1 \ln industry_{i,t} + \gamma_2 M_{j,it} + \beta \sum X_{i,t} + \varepsilon_{i,t}$$

$$M_{j,it} = \beta_0 + \beta_6 RIIS_{i,t} + \beta \sum X_{i,t} + \varepsilon_{i,t}$$

$$Theil_{i,t} = \gamma_0 + \gamma_3 RIIS_{i,t} + \gamma_4 M_{j,it} + \beta \sum X_{i,t} + \varepsilon_{i,t}$$

$$M_{j,it} = \beta_0 + \beta_7 AIIS_{i,t} + \beta \sum X_{i,t} + \varepsilon_{i,t}$$

$$Theil_{i,t} = \gamma_0 + \gamma_5 AIIS_{i,t} + \gamma_6 M_{j,it} + \beta \sum X_{i,t} + \varepsilon_{i,t}$$

式中，$M_{j,it}$ 表示中介变量，包括旅游收入和林业二三产业从业人数占比。$\beta_5 \sim \beta_7$ 是待估计系数，其他变量含义与上述一致。

（3）面板门槛回归模型。为了进一步探究林业产业发展对城乡收入差距的非线性影响，采用面板门槛回归模型解决非线性问题（HALL R E，1999）。设定如下面板门槛模型。

$$Theil_{i,t} = \varphi_0 + \varphi_1 \sum X_{i,t} \times I(Th_{i,t} \leqslant \theta) + \varphi_2 \sum X_{i,t} I(Th_{i,t} > \theta) \alpha_2 C_{i,t} + \lambda_t + \varepsilon_{i,t}$$

式中，$X_{i,t}$ 表示核心解释变量，$Th_{i,t}$ 为门槛变量，$I(\cdot)$ 是取值为 0 或 1 的指示函数，满足括号内条件的即取值为 1，否则为 0。本式是仅考虑了单一门槛的情况，可以根据具体的样本计量检验扩充为多门槛的情况。φ_0 表示常数项，φ_1、φ_2 表示系数，其他的变量和上述一致。

8.3.3 变量说明

（1）被解释变量。被解释变量为城乡收入差距，采用泰尔指数的方法进行衡量，其计算公式为：

$$Theil_{it} = \sum_{m=1}^{2} \left[\left(\frac{I_{m,it}}{I_{it}} \right) \ln \left(\frac{I_{m,it}}{I_{it}} \bigg/ \frac{P_{m,it}}{P_{it}} \right) \right]$$

式中，$Theil_{it}$ 为泰尔指数，表征城乡收入差距，泰尔指数越大，说明城乡收入差距越大；m 为区域（城市、农村）；i 为截面单元；t 为时间单元；I 为收入水平；P 为人口数量。

（2）解释变量。解释变量分为林业产业规模和林业产业结构，林业产业规模运用林业产业增加值的对数表征，均采用居民消费价格指数进行平减。林业产业结构则参考已有文献（干春晖等，2011），选用产业结构合理化和产业结构高级化程度作为衡量产业结构的核心解释变量。在产业结构合理化程度的测度上，已有研究采用结构偏离度这一指标（傅元海等，2014），但由于结构偏离度是绝对指标，未区分三大产业的权重，忽视了不同产业的重要程度，因此采用泰尔指数方法能够更加准确地衡量产业结构合理化程度。参考已有研究（刘璇等、刘长英，2022），采用改进的泰尔指数来测度产业结构合理化程度，其计算公式为：

$$RIIS_{it} = 1 - \sum_{j=1}^{3} \left[\left(\frac{Y_{j,it}}{Y_{it}} \right) \ln \left(\frac{Y_{j,it}}{Y_{it}} \bigg/ \frac{L_{j,it}}{L_{it}} \right) \right], \ j \in \{1, 2, 3\}$$

式中，$RIIS_{it}$ 表示林业产业结构合理化程度，Y 表示林业产业产值，L 表示就业人数，j 表示产业。改进后的泰尔指数进行了正向处理，越大表示林业产业结构合理化程度越高。

产业结构高级化是指产业结构从低级向高级发展的升级过程，即三大产业结构由第一、二产业占主导向第三产业占主导演进（刘璇等、刘长英，2022），参考已有文献（王海平等，2019），其计算公式为：

$$AIIS_{it} = \sum_{j=1}^{3} \left[\left(\frac{Y_{j,it}}{Y_{it}} \right) \times j \right], \ j \in \{1, 2, 3\}$$

式中，$AIIS_{it}$ 表示林业产业结构高级化程度，$AIIS$ 越大说明林业产业高级化程度越高，反之则越低。

（3）控制变量。城乡收入差距还受到许多因素的影响，选取的控制变量包括：一是经济发展水平。社会财富的增加会改变收入分配结构，城乡收入差距与经济发展水平紧密相关（张荐华、高军，2019；张子贤、孙伯驰等，2022），但其影响方向还需要验证。同时，为了提高实证模型的拟合度，减弱异方差影响，参考既有研究的做法（张子贤、孙伯驰等，2022），对经济发展水平取对数处理。具体采用人均 GDP 的对数作为经济发展水平的衡量指标。二是政府财政支出规模。财政支出规模会影响城乡资源的配置，直接影响城乡收入分配（张爱英、孟维福，2021）。具体采用政府财政支出占地区生产总值比重来表示。三是基础设施。地区基础设施的情况一定程度上可以反映地区的发展情况，同时会影响城乡间的要素流动速度（冯梦黎、王军，2018）。具体采用各地市每平方千米公路里程来表示。四是对外开放程度。参照以往文献（汝刚等，2016）的做法，具体采用各地市进出口总额占 GDP 的比重作为衡量指标。五是林地面积。林地面积越大，可能会导致地区落入"资源陷阱"，陷入更加贫穷的状况，但也可能使得林地资源成为地区优势，成为缩小城乡收入差距的动力，因此林地面积对于城乡收入差距的影响方向未知（孔凡斌等，2023），具体采用各县（区）林地面积的对数作为衡量指标。

（4）中介变量。前述理论分析部分提出，收入效应和就业效应是林业产业发展影响城乡收入差距的两个重要机制。因此，进一步采用中介模型对这两个机制进行检验。对于收入效应的验证，通过检验林业产业发展对地区旅游收入的影响来进行。对于就业效应的验证，通过检验林业产业发展对林业二三产业就业的影响来进行。其中地区旅游收入用其对数值进行衡量，林业第二三产业就业人数则用其占林业从业总人数比重衡量。

8.3.4　数据来源

浙江省山区 26 县的相关数据主要来源于各县区统计公报和各地市统计年鉴，时间范围均为 2001—2021 年，个别缺失数据利用插值法进行补足。在运用数据进行实证分析之前，首先将各个指标进行描述性统计，结果见表 8-1。可以发现各变量变化区间较大，为后文进行计量分析奠定良好基础。

表 8-1　变量的描述性统计特征

指标名称	观测数	均值	标准差	最小值	最大值
城乡收入差距	546	0.090	0.054	0.000	0.344
林业产业规模	546	8.981	0.934	5.270	10.847
产业结构合理化指数	546	0.910	0.094	−0.006	1.107

（续）

指标名称	观测数	均值	标准差	最小值	最大值
产业结构高级化指数	546	1.929	0.191	1.510	2.594
经济发展水平	546	9.611	1.236	3.946	13.701
财政支出规模	546	0.204	0.118	0.000	0.713
基础设施	546	0.756	0.443	0.046	6.481
对外开放程度	546	0.165	0.142	0.000	0.991
林地面积	546	7.254	0.521	5.499	8.378
林业二三产业就业人数占比	546	0.622	0.158	0.101	1.828
旅游收入	546	0.923	1.685	0.000	4.593
城镇居民可支配收入	546	9.808	0.383	8.927	10.531
农村居民可支配收入	546	9.115	0.746	7.666	10.749

8.4 结果与分析

8.4.1 浙江山区26县林业产业发展时空演化特征

在分析林业产业发展对城乡收入差距的影响前，先通过对林业产业增加值及产业结构情况进行初步观察，了解林业产业发展的基本情况。图8-2描述了浙江山区26县的林业增加值及产业结构情况。从产业规模上看，山区26县的林业产业增加值总体呈现上升趋势，由2001年的178 701元增长至2021年554 859元，其中的生态发展县林业产业增加值高于跨越发展县，且两类县都呈现逐年上升趋势，从产业结构上看，产业结构合理化指数呈现平稳状态，20年间波动不大，均集中在0.9左右，表明山区26县林业产业结构较为合理，产业结构高级化指数呈现波动上升趋势，表明26县林业产业结构正从第一产业向二三产业跃迁，这也与浙江省林业情况向"二、三、一"格局转变的趋势相一致（孔凡斌等，2022）。由图8-2可以发现，林业产业结构合理化指数和林业产业结构高级化指数两者的相关性并不强，而且两者的演变趋势也不一样。这意味着林业产业结构衡量可以从产业结构合理化和高级化两个维度进行区分。

8.4.2 浙江省山区26县城乡收入差距时空演化特征

图8-3描述了2001—2021年浙江山区26县整体城乡收入差距均值情况。

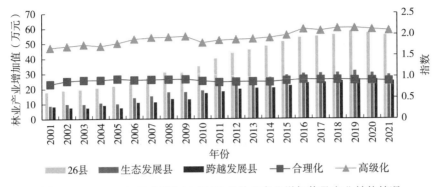

图 8-2　2001—2021 年浙江山区 26 县林业产业增加值及产业结构情况

由图 8-3 可知，26 县的城乡收入差距情况整体不大，但具有区域的不平衡性且存在较大的时间差异，两类县区的城乡收入差距均值均高于总体均值，但跨越发展县的城乡收入差距要高于生态发展县，两类县区之间的差异在不断缩小，并逐渐趋于稳定。跨越发展县的城乡收入差距稳定在 0.22 左右，生态发展县则稳定在 0.17 左右。从整体上看，随着时间的演进，泰尔指数数值在不断减小并稳定于 0.05，表明城乡间的收入差距在减小。

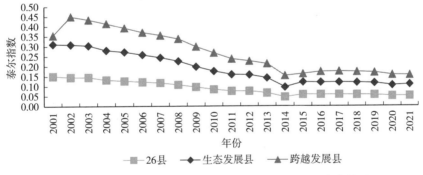

图 8-3　2001—2021 年浙江山区 26 县城乡收入差距变化情况

8.4.3　浙江省山区 26 县林业产业发展与城乡收入差距基准回归模型结果

为了防止伪回归的出现，综合使用 ADF 检验、IPS 检验和 LLC 检验方法对经济变量进行平稳性检验，结果均在 1% 水平上通过检验，表明面板数据具有较好的平稳性。对选用固定效应模型还是随机效应模型进行检验，Haus-man 检验值在 1% 的显著水平上拒绝原假设，故应选用固定效应模型，模型分析结果如表 8-2 所示。

表 8 - 2　基准模型回归结果

变量	（1）	（2）	（3）
ln*industry*	−0.016** (0.004)		
RIIS		−0.055*** (0.020)	
AIIS			−0.024** (0.011)
ln*avergdp*	−0.002 (0.001)	−0.002** (0.001)	−0.002* (0.001)
Road	−0.014*** (0.004)	−0.017*** (0.004)	−0.015*** (0.004)
Financial	−0.196*** (0.021)	−0.218*** (0.020)	−0.196*** (0.021)
Open	−0.155*** (0.019)	−0.149*** (0.019)	−0.154*** (0.020)
ln*farea*	0.003 (0.013)	0.035*** (0.013)	0.024* (0.012)
Constant	0.311***	−0.006	0.066
R^2	0.489	0.479	0.476
F - test	81.987	78.767	77.964

注：*、**、***分别表示在10％、5％、1％的水平上显著，括号内为稳健标准误，下同。

从核心解释变量来看，林业产业规模对城乡收入差距具有显著的负向作用，在5％水平上通过了检验，即林业产业规模每提升1％，城乡收入差距将缩小0.016％，表明提升林业产业规模有利于缩小城乡收入差距。从产业结构来看，产业结构合理化程度对城乡收入差距具有显著的负向作用，产业结构合理化程度每提高1％，城乡收入差距将减少0.055％，表明产业结构合理化程度提高将缩小城乡收入差距。产业结构高级化程度系数为负，在5％水平上通过了检验，表明产业结构高级化程度每提高1％，城乡收入差距将缩小0.024％，表明林业产业结构高级化水平提升将有助于缩小城乡收入差距。

控制变量上，经济发展水平、基础设施、政府财政支出规模、对外开放水平呈现出显著的负向作用，且均通过了检验，表明经济发展水平的提高、基础设施的完善、政府财政支出规模的提高、对外开放程度的提高将有助于缩小城乡收入差距。但是林地面积呈现出显著的正向作用，即增加林地面积将会扩大城乡收入差距。可能的原因是，当前单纯地提高森林资源的数量已不再是利于农村居民收入增加的举措，要着眼于提高森林资源质量和森林资源利用效率，持续增加森林资源的经济产出效益，才能够为农村居民提供更多更好的就业机会和经济收入。

8.4.4　浙江省山区 26 县林业产业发展与城乡收入差距面板门槛回归模型结果

借鉴 Hansen 的研究成果来检验门槛效应是否存在，同时确定门槛值的个数和门槛模型的具体形式。表 8 - 3 是门槛效应的检验结果，结果表明以经济发展水平为门槛变量的单门槛模型的 P 值显著，在 1% 和 5% 水平下通过了检验。因此，基于上述分析，后续对林业产业发展对城乡收入差距的影响采用单面板门槛模型进行分析。

表 8 - 3　门槛效应检验

	林业产业规模		产业结构合理化		产业结构高级化	
	单一门槛	双重门槛	单一门槛	双重门槛	单一门槛	双重门槛
F 值	62.41	22.65	73.21	22.56	71.01	25.73
P 值	0.013 3	0.487	0.007	0.427	0.010	0.437
BS 次数	300	300	300	300	300	300

注：P 值和临界值均采用"Bootstrap（自抽样法）"反复抽样 300 次得到。

通过对表 8 - 4 的模型结果分析可知，当经济发展水平低于 5.953 时，林业产业规模的提高有利于缩小城乡收入差距，且产业规模每提高 1%，城乡收入差距将减少 0.042%，当跨过这一门槛值时，林业产业规模的提高仍对缩小城乡收入差距有积极影响，但是其影响效果降低为 0.018%。对于林业产业结构而言，林业产业结构合理化及高级化程度都对缩小城乡收入差距具有积极影响，且都存在门槛效应，在跨过门槛之后，林业产业结构合理化程度对于城乡收入差距的影响系数由 −0.049 变为 −0.019，林业产业结构高级化程度对于城乡收入差距的影响系数由 −0.095 变为 −0.079。林业产业规模产生门槛效应可能的原因在于，山区和农村经济增长既带来了效率提升和整体财富增加，

表 8 - 4　门槛回归结果

变量	林业产业规模	产业结构合理化	产业结构高级化
$\ln avergdp \leqslant 5.953$	−0.042*** (0.008)	−0.049*** (0.008)	−0.095*** (0.010)
$\ln avergdp > 5.953$	−0.018*** 0.004	−0.019*** (0.004)	−0.079*** (0.008)
控制变量	是	是	是
R^2	0.562	0.561	0.556

在明显地缩小城乡收入差距（程名望等，2022）的同时，导致林业产业规模影响城乡收入差距缩小的边际效应减少。林业产业结构产生门槛效应可能的原因在于，随着山区和农村经济发展水平的不断提高，区域宏观产业结构日趋完备，致使林业产业结构可调整空间以及林业资源在产业间再配置的作用越来越小，林业产业"结构红利"正在逐渐减弱（贺俊、吕铁，2015）。

8.4.5　稳健性检验与内生性讨论

（1）稳健性检验。为使研究结果更具有稳健性，分别采用调整样本和替换核心解释变量两种方法进行稳健性检验。一是调整样本，通过缩尾的方法，降低异常值对于实证结果的干扰。二是替换核心解释变量，将被解释变量替换成城乡收入比来进行稳健性检验。检验结果如表 8-5 所示，核心解释变量的方向、符号及显著性基本未发生变化，结果与上述一致。因此，实证结果稳健。

表 8-5　稳健性检验结果

变量	排除异常值			替换核心解释变量		
	（1）	（2）	（3）	（1）	（2）	（3）
$\ln industry$	−0.015 ***			−0.239 ***		
	(0.004)			(0.057)		
$RIIS$		−0.055 ***			−0.663 **	
		(0.019)			(0.019)	
$AIIS$			−0.023 **			−0.846 ***
			(0.010)			(0.158)
$\ln avergdp$	−0.002	−0.002 *	−0.002 *	0.077 ***	0.070 ***	0.079 ***
	(0.001)	(0.001)	(0.001)	(0.019)	(0.019)	(0.018)
$Road$	−0.014 ***	−0.016 ***	−0.015 ***	−0.262 ***	−0.297 ***	−0.247 ***
	(0.004)	(0.004)	(0.004)	(0.059)	(0.059)	(0.059)
$Financial$	−0.201 ***	−0.221 ***	−0.200 ***	−3.875 ***	−4.212 ***	−3.323 ***
	(0.020)	(0.020 0)	(0.023)	(0.315)	(0.305)	(0.347)
$Open$	−0.134 ***	−0.129 ***	−0.133 ***	−2.185 ***	−2.118 ***	−2.197 ***
	(0.018)	(0.020)	(0.019)	(0.287)	(0.291)	(0.284)
$\ln farea$	0.005	0.036 ***	−0.025 **	0.360 *	0.813 ***	0.610 ***
	(0.013)	(0.012)	(0.012)	(0.020)	(0.189)	(0.181)
$Constant$	0.278	−0.018	0.051	2.706	−1.975	0.246
R^2	0.497	0.489	0.485	0.570	0.559	0.578

（2）内生性讨论。尽管基准回归结果已经表明山区林业产业发展有助于缩小城乡收入差距，但是为了克服可能存在的内生性问题，需要对模型进行严格的内生性检验。具体采用林业产业规模、林业产业结构合理化程度、林业产业高级化程度的滞后一期作为工具变量，借助两阶段最小二乘法（2SLS）进一步估计山区林业产业发展对城乡收入差距的影响，估计结果如表8-6所示。结果表明，在考虑到内生性问题之后，该结果仍然与基准回归的估计结果基本一致。

表8-6　内生性讨论结果

变量	两阶段最小二乘法		
	（1）	（2）	（3）
$\ln industry$	-0.025^{***} (0.006)		
$RIIS$		-0.138^{***} (0.049)	
$AIIS$			-0.034^{**} (0.015)
$\ln avergdp$	-0.001 (0.001)	-0.002^{*} (0.001)	-0.002 (0.001)
$Road$	-0.011^{**} (0.005)	-0.016^{**} (0.008)	-0.013^{**} (0.006)
$Financial$	-0.183^{***} (0.024)	-0.210^{***} (0.023)	-0.188^{***} (0.029)
$Open$	-0.132^{***} (0.035)	-0.122^{***} (0.033)	-0.131^{***} (0.033)
$\ln farea$	-0.008 (0.012)	-0.051^{***} (0.013)	0.024^{**} (0.010)
$Constant$	0.414^{***}	-0.035	0.068
R^2	0.616	0.592	0.608

8.4.6　异质性分析

（1）区域异质性分析。为了探究山区林业产业发展对城乡收入差距影响的空间异质性及作用方式，将26县分为跨越发展县和生态发展县进行比较分析，结果如表8-7所示。结果表明，山区林业产业规模扩大对于城乡收入差距的抑制效果在两类县的估计中均得到证实，且相对于跨越发展县，生态发展县缩小城乡收入差距的效果较好。对于生态发展县来说林业产业结构合理化程度、林业产业结构高级化程度影响城乡收入差距的系数为负，但不显著。相比而言，生态发展县林业产业发展对城乡收入差距产生的影响更大，不断扩大林业产业规模是缩小城乡收入差距的一个有效举措。山区林业产业结构优化对缩小城乡收入差距的积极影响还未能有效发挥出来。控制变量上，生态发展县均与基准回归模型表现一致，表明经济增长、政府公共财政资金有力支持以及地区基础设施改善均为抑制当地城乡居民收入差距扩大的有效举措。跨越发展县的核心解释变量均呈现与基准回归模型相似的结果，表明山区林业产业规模提升、林业产业结构合理化和林业产业结构高级化对缩小城乡收入差距起到了积极作用。与生态发展县不同的是，跨越发展县经济发展水平的回归系数不显著，即在当前阶段单纯提高跨越发展县经济发展水平已不再是缩小城乡收入差距的最有效措施，应着眼于巩固提升山区基础设施、扩大财政支出规模以及提高对外开放水平等方面。

表 8-7　区域异质性分析结果

变量	生态发展县			跨越发展县		
	(1)	(2)	(3)	(1)	(2)	(3)
ln*industry*	−0.032***			−0.011**		
	(0.007)			(0.004)		
RIIS		−0.018			−0.085***	
		(0.037)			(0.024)	
AIIS			−0.014			−0.036**
			(0.017)			(0.015)
ln*avergdp*	−0.002	−0.004**	−0.004*	−0.001	−0.001	−0.001
	(0.002)	(0.002)	(0.002)	(0.002)	(0.002)	(0.002)
Road	−0.016***	−0.019***	−0.018***	−0.013**	−0.015***	−0.014**
	(0.006)	(0.006)	(0.006)	(0.006)	(0.005)	(0.006)
Financial	−0.194***	−0.245***	−0.231***	−0.150***	−0.142***	−0.126***
	(0.028)	(0.026)	(0.031)	(0.042)	(0.042)	(0.046)
Open	−0.116***	−0.103**	−0.111***	−0.176***	−0.176***	−0.172***
	(0.039)	(0.041)	(0.041)	(0.022)	(0.022)	(0.022)
ln*farea*	−0.041	0.017	0.005	0.022	0.052***	0.037**
	(0.032)	(0.031)	(0.033)	(0.016)	(0.015)	(0.014)
Constant	0.785***	0.109	0.206	0.096	−0.138	−0.038
R^2	0.535	0.499	0.500	0.465	0.478	0.465

（2）城乡维度异质性分析。为探究林业产业发展对城乡收入差距影响的具体作用方式，对城镇居民可支配收入和农村居民可支配收入分别进行回归分析，结果如表 8-8 所示。结果表明，对于城镇居民可支配收入，林业产业规

模对城镇居民可支配收入呈现显著的正向影响，林业产业规模每提高1％，城镇居民可支配收入将提高0.126％。林业产业结构合理化程度对城镇居民可支配收入呈现显著的正向影响，林业产业结构合理化程度每提高1％，城镇居民收入将增加0.412％。林业产业结构高级化程度对城镇居民可支配收入呈现显著的正向影响，林业产业结构高级化程度每提高1％，城镇居民收入将提高0.622％。对于农村居民可支配收入，呈现出与城镇居民可支配收入相似的回归结果。但是林业产业发展对于农村居民可支配收入的影响相对较大。林业产业规模每提高1％，农村居民收入将提高0.38％；林业产业结构合理化程度每提高1％，农村居民收入将提高0.722％；林业产业结构高级化程度每提高1％，农村居民收入将提高1.075％。这表明，相对于城市，山区林业产业发展将在增加农村居民收入方面发挥着更大的作用。

表8-8 城乡维度异质性分析结果

变量	城镇居民可支配收入			农村居民可支配收入		
	(1)	(2)	(3)	(1)	(2)	(3)
ln$industry$	0.126***			0.380***		
	(0.020)			(0.076)		
RIIS		0.412***			0.772***	
		(0.106)			(0.198)	
AIIS			0.622***			1.075***
			(0.052)			(0.098)
ln$avergdp$	−0.009	−0.005	−0.012*	0.003	0.008	−0.003
	(0.007)	(0.007)	(0.006)	(0.018)	(0.012)	(0.011)
Road	0.131***	0.149***	0.111***	0.220***	0.305***	0.241***
	(0.021)	(0.021)	(0.019)	(0.057)	(0.039)	(0.036)
Financial	2.103***	2.273***	1.610***	3.83***	4.560***	3.422***
	(0.111)	(0.109)	(0.113)	(0.287)	(0.203)	(0.216)
Open	0.040	0.002	0.056	0.795**	0.733***	0.830***
	(0.101)	(0.103)	(0.093)	(0.402)	(0.193)	(0.176)
ln$farea$	−0.856***	−1.104***	−0.965***	−1.555***	−1.842***	−1.594***
	(0.071)	(0.067)	(0.059)	(0.333)	(0.126)	(0.112)
Constant	14.438***	16.914***	15.297***	15.813***	20.418***	17.611***
R^2	0.780	0.769	0.815	0.791	0.788	0.823

8.4.7 机制检验

为更进一步分析林业产业发展对城乡居民收入差异的影响，本章分别以各县区旅游收入、林业第二、三产业就业占比的影响作为中介变量，具体检验就业效应和收入效应。

（1）就业效应检验。表8-9结果显示，山区林业产业规模对林业第二、三产业从业人数有显著的正向影响，其系数为0.034，即林业产业规模每增加1%，林业第二、三产业从业人数将增长0.034%，同时，林业产业规模对城乡收入差距的直接效应是显著的，表明山区林业产业规模扩大可以通过增加林业第二、三产业就业人数比重对缩小城乡收入差距产生作用。林业产业结构合理化程度和林业产业结构高级化程度尚未对林业第二、三产业就业人数产生显著作用，表明山区林业产业结构并没有通过就业效应作用于城乡收入差距的变化。

表8-9 就业效应机制分析结果

变量	林业产业规模		产业结构合理化		产业结构高级化	
	(1)	(2)	(3)	(4)	(5)	(6)
$Sethird$		-0.057^{***}		-0.063^{***}		-0.065^{***}
		(0.016)		(0.016)		(0.016)
$lnindustry$	0.034^{***}	-0.014^{***}				
	(0.010)	(0.003)				
$RIIS$			0.083	-0.050^{***}		
			(0.054)	(0.020)		
$AIIS$					0.034	-0.021^{**}
					(0.030)	(0.011)
控制变量	是	是	是	是	是	是
$Constant$	1.253	0.374^{***}	1.935^{***}	0.119	1.832^{***}	0.177^{***}
R^2	0.415	0.622	0.405	0.616	0.404	0.615

（2）收入效应检验。森林与旅游融合是现代林业产业发展的重要内容，这一产业已成为农村居民林业收入增长的重要来源。为了验证收入效应，具体通过检验山区林业产业发展对旅游收入的影响进行验证，结果如表8-10所示。结果表明，山区林业产业规模扩大能够通过增加山区县旅游收入达到缩小城乡

收入差距的效果。加入旅游收入的中介变量后，模型（2）中的回归系数相比模型（1）有所下降，表明提升旅游收入水平是山区林业产业规模扩大对缩小城乡收入差距产生作用的重要路径。进一步观察模型（3）、（4）可知，旅游收入也是山区林业产业结构合理化程度作用于城乡收入差距的重要路径，山区林业产业结构高级化程度的提高则未能够通过影响旅游收入而作用于城乡收入差距。

表 8 - 10　收入效应机制分析结果

变量	林业产业规模		产业结构合理化		产业结构高级化	
	(1)	(2)	(3)	(4)	(5)	(6)
$\ln income$		−0.009***		−0.015***		−0.017***
		(0.002)		0.002		(0.002)
$\ln industry$	0.423***	−0.004				
	(0.079)	(0.004)				
RIIS			3.133***	−0.007		
			(0.496)	(0.019)		
AIIS					2.532	0.017
					(0.309)	(0.011)
控制变量	是	是	是	是	是	是
Constant	−18.139***	0.711***	12.948***	0.221***	9.902	0.199***
R^2	0.859	0.679	0.672	0.661	0.702	0.642

8.5　结论及政策启示

8.5.1　结论

本章以浙江省山区 26 县为研究对象，基于 2001—2021 年面板数据，运用基准回归模型、中介效应模型和面板门槛回归模型等分析方法，揭示了山区林业产业发展对城乡收入差距的影响及其作用机制，得出如下主要研究结论。

第一，山区林业产业发展能够有效缩小城乡收入差距。具体表现为不断扩大山区林业产业规模、提高山区林业产业结构合理化程度和林业产业结构高级化程度均能显著缩小城乡收入差距。提升经济发展水平、完善基础设施整体水平、适度扩大政府财政支出规模水平及对外开放程度也是缩小城乡收入差距的有效途径，而提高山区林地面积将会扩大城乡收入差距。

第二，促进林业第二和第三产业人员就业、提升旅游收入是扩大山区林业产业规模达到缩小城乡收入差距目的的两条路径。提高农村居民在山区林业产业发展中的就业质量和旅游收入水平将有利于提高农村居民收入水平及缩小城乡收入差距。

第三，山区林业产业发展缩小山区城乡收入差距的效果存在门槛效应。当区域经济发展水平高于门槛值时，山区林业产业发展对于缩小城乡收入差距的积极影响会降低，表明对森林资源的利用要因经济发展阶段而异，只有持续提升山区森林资源的经济产出效益，才能为农村居民提供可持续的收入增长机会。

第四，山区林业产业发展呈现出明显的区域差异性和城乡维度差异性的特征。相对于跨越发展县而言，生态发展县林业产业发展对城乡收入差距的收敛效应更强。相对于城镇居民，山区林业产业发展更有利于农村居民收入的增长。

8.5.2 政策启示

第一，以严格保护夯实山区林业产业发展的资源基础。当前，山区森林资源面积及数量扩大虽已不能为缩小城乡收入差距提供有力支持，但不可否认的是，山区林业产业高质量发展必须以森林资源高质量培育和高水平保护为前提。因此，要在山区持续实施森林质量提升工程，在确保林业用地规模不减少的前提下，切实加强中、幼龄林抚育和低效林更新改造力度，全面提高森林质量，为林业产业高质量发展奠定更为坚实的物质基础。

第二，以科技创新引领山区林业产业高质量发展。推进山区林业产业高质量发展将是促进农村居民增收和缩小城乡收入差距的重要举措。林业进入创新发展新阶段，科技进步和智慧林业发展为林业产业高质量发展提供了新引擎。当前，加快数字化转型已经成为推动山区林业产业高质量发展的必然选择。为此，要促进数字化与山区林业产业深度融合，探索建立数字化森林管理和数字化市场营销体系，推动实现山区林业产业智能化和数字化。与此同时，政府要加大对山区农村居民从事林业产业的技能培训力度，增长其林业产业从业知识，要加强林业产业特别是基层林业工作人员的实用技术培训，提升林业产业队伍专业水平和管理素质，为山区林业产业高质量发展注入强劲动力。

第三，以优化结构促进山区林业产业迭代升级。以科学规划引领树种和林种结构调整，加快发展山区高效复合林业种养业，提高林业第一产业规模化、机械化和智能化水平。要适时研究出台林业产业结构优化和调整措施，重新配置山区林业三次产业的比重，提高林业产业结构高级化水平，推动林业三次产业生态链和产品链紧密协作，最大程度地推动林业产业价值链攀升。还要加快山区新型林业社会化服务体系建设，推动以数字林业经济为核心的新型林业服务业高质量发展。

第四，以就地就近就业带动山区农村居民增收。促进农村劳动力就地就近就业是国家全面推进乡村振兴和扎实推进农村共同富裕的战略需要。要依托丰富的森林资源，不断加快发展山区现代林业产业，提高林业产业就近吸纳农村劳动力的能力。还要以林地资源产权为纽带，建立健全山区林业产业发展与农村居民经济利益联结和共享机制，使得农村居民发展林业产业的合法权益得到切实保障。在保障农村居民合理合法经济利益的前提下，实现山区森林资源保护、林业产业发展和农村居民收入增长的同步协同，合力推进城乡收入相对均衡和共同富裕目标的实现。

参考文献

陈梅英，刘伟平，廖小玉，等，2017. 集体林权制度改革后期南方林区农户林业收入结构分析：基于福建省500个固定观察户6年的调查数据 [J]. 东南学术 (1)：198-206.

陈铭昊，刘强，吴伟光，等，2021. 新型林业经营主体对小农增收的影响路径与效果研究：基于浙江、福建、江西3个省的调查 [J]. 林业经济，43 (9)：42-54.

程名望，韩佳峻，杨未然，2022. 经济增长、城乡收入差距与共同富裕 [J/OL]. 财贸研究，33 (10)：1-17.

董玮，秦国伟，2017. 新时期实施林业绿色减贫的理论和实践研究：以安徽省界首市刘寨村为例 [J]. 林业经济，39 (10)：3-7.

冯梦黎，王军，2018. 城镇化对城乡收入差距的影响 [J]. 城市问题 (1)：26-33.

付晓涵，文彩云，吴柏海，等，2018. 林改背景下辽宁省农户林业收入增长的影响因素分析 [J]. 林业经济，40 (8)：36-41.

傅元海，叶祥松，王展祥，2014. 制造业结构优化的技术进步路径选择：基于动态面板的经验分析 [J/OL]. 中国工业经济 (9)：78-90.

干春晖，郑若谷，余典范，2011. 中国产业结构变迁对经济增长和波动的影响 [J]. 经济研究，46 (5)：4-16，31.

高清，靳乐山，2021. 新一轮退耕还林对农户收入影响的机理研究：基于赣南、鄂北农户

调查的实证分析 [J]. 中国土地科学，35（5）：57-66.

高雪萍，王璐，袁若兰，等，2021. 林业社会化服务提高了农户林业生产效率吗？[J]. 农林经济管理学报，20（2）：209-218.

龚新蜀，张洪振，王艳，等，2018. 产业结构升级、城镇化与城乡收入差距研究 [J]. 软科学，32（4）：39-43.

郭根龙，柴佳，2023. 共同富裕背景下数字经济缩小城乡收入差距的路径与机制研究：基于"宽带中国"战略的准自然实验 [J]. 四川农业大学学报，41（2）：380-388.

郭艳芹，孔祥智，2008. 集体林产权改革的经济学分析 [J]. 福建论坛（人文社会科学版）（10）：111-114.

韩建雨，2013. 城乡居民收入差距治理：基于城市化与劳动力自由流动的分析 [J]. 软科学，27（7）：61-65.

何文剑，赵秋雅，张红霄，2021. 林权改革的增收效应：机制讨论与经验证据 [J]. 中国农村经济（3）：46-67.

贺俊，吕铁，2015. 从产业结构到现代产业体系：继承、批判与拓展 [J]. 中国人民大学学报，29（2）：39-47.

侯孟阳，邓元杰，姚顺波，等，2020. 考虑空间溢出效应的森林质量与经济增长关系 EKC 检验 [J]. 林业科学，56（12）：145-156.

黄细嘉，张科，熊子怡，等，2023. 乡村旅游、结构转型与农民收入增长：来自"全国休闲农业与乡村旅游示范县"的经验证据 [J/OL]. 世界农业（3）：71-84.

孔凡斌，崔铭烨，徐彩瑶，2023. 浙江省森林生态产品价值实现对城乡差距的影响 [J]. 林业科学，59（1）：31-43.

孔凡斌，王宁，徐彩瑶，2022. "两山"理念发源地森林生态产品价值实现效率 [J]. 林业科学，58（7）：12-22.

孔凡斌，王宁，徐彩瑶，2023. 浙江省山区 26 县森林生态产品价值实现对城乡收入差距的影响 [J]. 林业科学，59（1）：44-58.

孔凡斌，徐彩瑶，陈胜东，2022. 中国生态扶贫共建共享机制研究 [M]. 北京：中国农业出版社.

蓝管秀锋，匡贤明，2021. 产业结构转型升级对城乡收入差距的影响分析：基于金融"脱实向虚"视角 [J]. 产经评论，12（3）：104-113.

黎元生，2018. 生态产业化经营与生态产品价值实现 [J]. 中国特色社会主义研究（4）：84-90.

李杰义，2009. "以城带乡"机制的动力模式与路径选择 [J]. 改革（4）：110-114.

李军龙，邓祥征，张帆，等，2020. 激励相容理论视角下生态公益林补偿对农户的增收效应：以福建三明为例 [J]. 自然资源学报，35（12）：2942-2955.

李实，岳希明，史泰丽，等，2019. 中国收入分配格局的最新变化 [J]. 劳动经济研究，7

（1）：9-31.

廖文梅，林静，沈月琴，等，2023. 林业社会化服务对农户家庭收入差距的影响［J］. 林业科学，59（1）：59-73.

刘浩，余琦殷，2022. 我国森林生态产品价值实现：路径思考［J］. 世界林业研究，35（3）：130-135.

刘珉，2016. 解读林业发展"十三五"规划：服务国家发展战略与林业现代化［J］. 林业经济，38（11）：3-8.

刘涛，李继霞，2020. 中国林业绿色全要素生产率时空分异及其影响因素［J］. 世界林业研究，33（6）：56-61.

刘璇，李长英，2022. 产业结构变迁、互联网发展与全要素生产率提升［J］. 经济问题探索（7）：124-138.

路亚欣，张彩虹，2022. 绿色信贷、技术创新对中国林业产业结构的交互影响［J］. 林业经济问题，42（5）：524-531.

罗超平，朱培伟，张璨璨，等，2021. 互联网、城镇化与城乡收入差距：理论机理和实证检验［J］. 西部论坛，31（3）：28-43.

穆怀中，吴鹏，2016. 城镇化、产业结构优化与城乡收入差距［J］. 经济学家（5）：37-44.

宁攸凉，李岩，马一博，等，2021. 我国林业产业发展面临的挑战与对策［J］. 世界林业研究，34（4）：67-71.

宁攸凉，沈伟航，宋超，等，2021. 林业产业高质量发展推进策略研究［J］. 农业经济问题（2）：117-122.

潘丹，罗璐蒽，余异，等，2023. 森林资源培育工程对革命老区县域城乡收入差距的影响［J］. 林业科学，59（1）：74-89.

彭代彦，杨迎亚，于寄语，2017. 城镇化对贫困率的非线性影响［J］. 城市问题（11）：4-10.

丘水林，靳乐山，2022. 生态公益林补偿、收入水平与政策满意度：基于生态保护红线区农户调查数据的实证分析［J］. 长江流域资源与环境，31（1）：234-243.

汝刚，刘慧，任志安，2016. 资源禀赋对城乡收入差距的影响：来自中国主要能源生产省份的面板数据和经验［J］. 金融与经济（6）：4-10，82.

宋建，王静，2018. 人口迁移、户籍城市化与城乡收入差距的动态收敛性分析：来自262个地级市的证据［J］. 人口学刊，40（5）：86-99.

田国双，邹玉友，任月，等，2017. 林业补贴政策实施结构特征与微观效果评价：基于黑龙江省的跟踪调查［J］. 资源开发与市场，33（9）：1090-1094，1152.

汪浩，2011. 林业产业集聚与经济增长的关系研究［J］. 统计与决策（3）：140-141.

王春雷，黄素心，2012. 论城乡收入差距对居民福利的影响：基于公共品溢出效应的讨论

［J］. 经济体制改革（2）：16－20.

王海平，周江梅，林国华，等，2019. 产业升级、农业结构调整与县域农民收入：基于福建省 58 个县域面板数据的研究［J］. 华东经济管理，33（8）：23－28.

魏建，刘璨，张大红，2023. 林权改革与农户家庭收入：理论线索和经验证据［J/OL］. 华中农业大学学报（社会科学版）（1）：106－119.

吴伟光，王美兰，卢峰，等，2022. 农户参与新型林业经营主体的增收效应研究：基于浙江、福建、江西 3 个省的调研数据［J］. 林业经济，44（5）：41－58.

熊立春，赵利媛，王凤婷，2022. 产业政策对林业产业结构优化影响研究进展［J］. 世界林业研究，35（4）：76－81.

徐彩瑶，王宁，孔凡斌，2023. 森林生态产品价值实现对县域发展差距的影响：以浙江省山区 26 县为例［J］. 林业科学，59（1）：12－30.

许正松，徐彩瑶，陆雨，等，2022. 中国生态扶贫的实践逻辑、政策成效与机制创新［J/OL］. 林业经济问题，42（3）：225－232.

余戎，王雅鹏，2020. 土地流转类型影响农村劳动力转移机制的经济分析：基于全国 2 290 份村级问卷的实证研究［J］. 经济问题探索（3）：20－32.

余泳泽，潘妍，2019. 高铁开通缩小了城乡收入差距吗：基于异质性劳动力转移视角的解释［J］. 中国农村经济（1）：79－95.

张爱英，孟维福，2021. 普惠金融、农业全要素生产率和城乡收入差距［J］. 东岳论丛，42（9）：63－76，191.

张寒，周正康，杨红强，等，2022. 劳动力成本上升对农户营林投入结构的影响：基于林业社会化服务供给约束的视角［J］. 中国农村经济（4）：106－125.

张红丽，李洁艳，2019. 农业技术进步、农村劳动力转移与城乡收入差距：基于农业劳动生产率的分组研究［J］. 华东经济管理，34（1）：67－75.

张荐华，高军，2019. 发展农业生产性服务业会缩小城乡居民收入差距吗：基于空间溢出和门槛特征的实证检验［J］. 西部论坛，29（1）：45－54.

张宽，邓鑫，沈倩岭，等，2017. 农业技术进步、农村劳动力转移与农民收入：基于农业劳动生产率的分组 PVAR 模型分析［J］. 农业技术经济（6）：28－41.

张琦，万志芳，2022. 林业产业转型对区域贡献效率的实证研究：以黑龙江省为例［J］. 生态经济，38（6）：131－136，152.

张义博，刘文忻，2012. 人口流动、财政支出结构与城乡收入差距［J］. 中国农村经济（1）：16－30.

张子贤，孙伯驰，2022. 公共服务供给效率对城乡收入差距的影响及其提升路径［J］. 求索（1）：152－164.

郑满生，张静，2020. 我国森林旅游生态环境发展水平综合评价与分析［J］. 林业经济，42（5）：30－39.

周国富，陈菡彬，2021. 产业结构升级对城乡收入差距的门槛效应分析 ［J/OL］. 统计研究，38（2）：15 - 28.

周绍杰，王洪川，苏杨，2015. 中国人如何能有更高水平的幸福感：基于中国民生指数调查 ［J］. 管理世界（6）：8 - 21.

Hall R E，Jones C I，1999. Why Do Some Countries Produce So Much More Output Per Worker than Others? ［J］. The Quarterly Journal of Economics，114（1）：83 - 116.

Yuan Y，Wang M，Zhu Y，et al.，2020. Urbanization's Effects on the Urban - Rural Income Gap in China：A Meta - Regression Analysis ［J］. Land Use Policy，99：e104995.

第9章 浙江省数字经济发展对森林生态产品价值转化效率的影响及政策启示

　　党的二十大报告将"建立生态产品价值实现机制"以及"加快发展数字经济，促进数字经济和实体经济深度融合"作为新征程构建现代产业体系和生态文明建设的重要使命任务。数字经济发展与生态产品价值实现的深度融合是拓展数字经济发展新空间以及协同推进人与自然和谐共生的现代化战略选择。绿水青山是最重要的自然资源，决定绿水青山面貌的森林生态资源是中国分布最广、存量最为丰富的自然生态资产，也是生态产品价值实现的重点领域。森林生态产品价值实现效率的高低能够影响城乡发展差距进而影响社会公平，厘清森林生态产品价值实现效率的影响因素和作用机制可以为评价生态产品价值实现政策的实践成效和优化生态产品价值实现路径提供科学依据。浙江省丽水市是全国生态产品价值实现机制试点区，努力打造成数字生态经济先行区、示范区和数字大花园。本章以浙江省丽水市为例，量化分析数字经济发展水平与森林生态产品价值转化效率之间的因果关系及其作用机制，提出发展数字经济促进森林生态产品价值实现的对策建议（孔凡斌等，2023）。

9.1　研究背景和意义

　　党的二十大报告将"建立生态产品价值实现机制"以及"加快发展数字经济，促进数字经济和实体经济深度融合"作为新征程构建现代产业体系和生态文明建设的重要使命任务。2021年中共中央办公厅和国务院办公厅印发了《关于建立健全生态产品价值实现机制的意见》，明确了生态产品价值实现是贯彻落实生态文明建设的重要举措。生态产品是联结自然和社会的桥梁和纽带，生态产品价值实现是生态资本促进经济增长和增进人类福祉的关键路径（孔凡斌等，2022）。绿水青山是最重要的自然资源，决定绿水青山面貌的森林生态资源是中国分布最广、存量最为丰富的自然生态资产，也是生态产品价值实现的重点领域。森林生态系统为区域经济发展提供除直接林木产品之外的支撑、调节和文化等具有重要使用价值的功能和服务，其中的固碳释氧、水源涵养、减少泥沙淤积和气候调节等功能，直接关联人类福祉。具体而言，固碳服务与气候变化以及农业生产高度关联，水源涵养与水资源安全和粮食安全紧密相关，泥沙淤积影响土壤长期生产力和农产品产出潜能，气候调节关乎人类生产生活的各个方面（孔凡斌等，2022）。森林生态产品作为一类重要的生态产品，其价值实现效率的高低能够影响城乡发展差距进而影响社会公平（孔凡斌等，2023a），但森林生态产品价值实现效率的影响因素和作用机制比较复杂，厘清其中的关键因素及其作用机制可以为评价生态产品价值实现政策的实践成效和优化生态产品价值实现路径提供科学依据（孔凡斌等，2022；Elisabeth 等，2022；Emin，2023）。

国家《"十四五"数字经济发展规划》提出要拓展经济发展新空间。中国数字经济开始转向深化应用、规范发展、普惠共享的新阶段。数字经济发展正推动农业生产方式变革和生产效率提升，关于数字经济发展与农业生产效率关系的理论研究也随之展开，例如数字普惠金融与农业全要素生产率的关系（唐建军等，2022）、数字经济与绿色全要素生产率的关系（Lyu 等，2023）、数字经济与绿色发展效率的关系（Luo 等，2022；朱喜安和马樱格，2022；何维达等，2022）等，这些研究为深入探索数字经济发展提升农业生产效率的机制提供了理论和方法借鉴。然而，在数字经济发展对农业生产效率影响的研究中，还缺乏数字经济发展对森林生态产品价值转化效率影响的量化探索。

数字经济发展提升森林生态产品价值转化效率的机制在于，数字经济作为重要的影响因素能够渗透到森林生态产品价值转化的整个过程，即利用数字经济的强渗透性和融合性特征，打破产业组织边界，缓解信息不对称，重塑林业生产要素配置和产业分工方式，促进森林生态产品的产业链节点突破、向价值链两端攀升，不断拓宽和提升森林生态产品价值的转化路径和转化效率，进而促进森林生态产品的培育、保护、利用以及生态产业化。当前，推动数字经济发展与生态产品价值实现的深度融合是拓展数字经济发展新空间以及协同推进人与自然和谐共生的中国式现代化的战略选择，研究数字经济发展与森林生态产品价值实现之间的内在关系及其作用机制，据此提出通过发展数字经济促进森林生态产品价值实现的政策建议，意义重大。

9.2 相关概念、理论分析与研究假说

9.2.1 相关概念

生态产品与生态系统服务具有同源性（靳诚和陆玉麒，2021）。生态产品是指由自然生态系统提供的产品和服务，可分为物质供给类、调节服务类和文化服务类。生态产品能够以生产要素的形式直接进入社会经济生产系统，其循环过程是通过生态技术进行形态和价值的转换，从而进入生态市场，通过交易成为生态商品及物质财富，进而促进经济增长和增进人类福祉。森林生态产品是以森林资源为载体，提供各类满足人类需要的产品和服务的总称（窦亚权等，2022）。具体而言，森林生态产品价值包含经济价值、生态价值和社会价值，其中的生态价值是指森林生态产品作为森林生态系统的构成要素，提供水源涵养、固碳释氧、气候调节和减少泥沙淤积等维持人类生存所必需的价值（秦国伟等，2022）。森林生态产品的生态价值是生态产品价值实现的重点对象。森林生态产品价值实现机制包括生态补偿机制和生态产品价值转化机制。其中，森林生态产品价值转化机制是市场经济条件下推动森林生态产品价值实现的关键机制，具体包括价值实现路径和价值转化效率两个方面。森林生态产品价值实现路径通常包括明晰生态产权、推动生态技术应用、政府调节与市场运作相互协同等（高晓龙等，2022）；价值转化效率指将森林生态产品价值作为生态资本投入要素纳入拓展的生产函数，从而得到的要素产出效率（孔凡斌等，2022；程文杰等，2022），是衡量森林生态产品价值实现程度和生态资本配置效能的重要指标。

数字经济相关理论由 Tapscott（1996）最先提出，后经不断完善，概念逐渐成熟。2016 年，G20 杭州峰会通过的《二十国集团数字经济发展与合作倡议》将数字经济定义为"以使用数字化的知识和信息作为关键生产要素、以现代信息网络作为重要载体、以信息通信技术的有效使用作为效率提升和经济结构优化的重要推动力的一系列经济活动"。数字经济发展速度之快、辐射范围之广、影响程度之深前所未有，数字经济已经成为重组生产要素资源、重塑经济结构以及协调人与自然关系的关键力量。

9.2.2 理论分析与研究假说

（1）理论分析。在技术和制度确定的条件下，定量分析资源配置的经济增

长效率需引入转化效率这一概念。转化效率反映了最大产出度、预期目标和最佳的运营状态，即固定投入条件下，实际产出与最大产出之间的比率。理论上，技术进步效率、规模效率和配置效率共同影响转化效率（Chavas and Cox，1999）。同时，经济学理论认为资源配置效率、资本效率和技术效率将在不同程度和方向上影响生态产品价值转化效率。在经济发展过程中，森林生态产品价值的投入会对森林生态资源富集地区的经济增长产生重要影响。

柯布-道格拉斯函数是最常用于研究投入产出效率的模型。土地、物质资本和劳动力是传统投入要素，森林生态产品价值作为现代生态经济增长理论的重要概念，也将被列入经济增长的要素体系。生产函数模型转变为（孔凡斌等，2023b）：

对式取对数可得：

$$\ln Y_{i,t}=\mu \ln A_{i,t}+\alpha \ln N_{i,t}+\beta \ln K_{i,t}+\gamma \ln R_{i,t}+\delta \ln E_{i,t}+\ln \lambda_{i,t}$$

式中，$Y_{i,t}$、$N_{i,t}$、$K_{i,t}$、$R_{i,t}$、$E_{i,t}$ 和 $A_{i,t}$ 分别代表第 i 个县域单元第 t 年的林业产业增加值、林地投入、物质资本投入、劳动力投入、森林生态产品价值和其他投入；α、β、γ、δ 和 μ 分别表示林地投入、物质资本投入、劳动力投入、森林生态产品价值和其他投入的产出弹性；$\lambda_{i,t}$ 表示常数项。

数字经济通过作用于林业生产要素、互联网平台、产业转型和数字林场等路径影响森林生态产品价值实现程度和实现方式，进而影响森林生态产品价值转化效率。首先，数据作为一种投入要素，与林业劳动力、林业投资、林地资源、生态技术、森林生态产品等要素结合，形成要素配置的规模优势，推动森林生态产品要素向林业产品转化，进而影响森林生态产品价值转化效率（孔凡斌等，2023b）。其次，数字经济与森林生态产业融合发展能够降低高污染行业特别是传统的木材加工、林产化工和木浆造纸等行业带来的环境破坏程度，有效缓解林业产业发展带来的环境压力（许宪春等，2021），为林业产业绿色转型带来空间，有利于森林生态产品价值的产业转化。再次，互联网平台是数字经济的典型商业模式，互联网平台的出现减少了包括森林生态产品价值评估、林地产权界定、林地规模化流转、劳动力供给、生态技术采纳、资金投入、林产品销售、森林资产管理等环节信息获取和交易的"摩擦力"，降低了林业生产要素和产品的市场交易成本（赵涛等，2020；朱喜安和马樱格，2022；何维达等，2022），提升了森林生态产品的价值转化效率。同时，互联网成本次可加性和交叉网络外部性的存在，导致行业垄断（郭家堂和骆品亮，2016），使得森林生态产品投入产出的技术效率受到影响，可能会抑制森林生态产品价值转化效率。最后，数字基础设施完善及其深度嵌入森林培育、森林保护和森林生态产品产业化的过程，将会加速数字林场和林业数字化建设进程，推动数字化赋能林业机关信息网络化、林业社会服务数字化和林业管理智能化（唐代生和吴云华，2009），进而为森林生态产品价值实现提供政策、技术和管理保障，有利于提升森林生态产品价值转化效率。本章理论机制如图 9-1 所示。

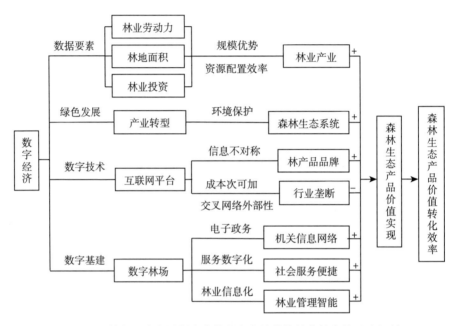

图 9-1　数字经济发展影响森林生态产品价值转化效率的理论机制

（2）研究假说。由以上理论分析可知，数字经济发展与森林生态产品价值转化效率之间存在内在联系，据此本章提出研究假说 H1。

H1：数字经济发展对森林生态产品价值转化效率具有冲击作用。

数字经济发展提供了更为优质的网络产品服务，使得社会运行效率得到提升（赵涛等，2020）。在此背景下，林业各部门借助数字经济不断优化内部结构，提高自身运行效率，进而促进森林生态产品价值转化。随着互联网规模的不断扩大，网络效应日益凸显，数字经济发展不可避免地受到"梅特卡夫法则"的限制，将会面临临界规模（Rohlfs，1974）。这也意味着数字经济发展对森林生态产品价值转化效率的作用是非线性的，两者之间存在门槛效应（郭家堂和骆品亮，2016）。基于上述分析，本章提出研究假说 H2。

H2：数字经济发展对森林生态产品价值转化效率的影响具有门槛效应。

新经济地理理论明确提出，信息技术的扩散和溢出会导致经济体之间的空间依赖性增强。信息化具有空间溢出效应（Yilmaz 等，2002），这一点在以往的研究中已经得到证实（赵涛等，2020）。从数字经济发展与森林生态产品价值转化效率的关系来看：一方面，数据要素突破了地理条件、信息传递和时间成本等传统因素的制约（安同良和杨晨，2020），打破了林业生产活动的时空壁垒，有利于森林生态产品价值转化效率的提高；另一方面，随着数字技术的不断应用，各林业部门更易相互学习和借鉴，有利于形成开放的发展环境，从而辐射周边地区林业生态经济发展，加深各地区的关联，为森林生态产品价值转化提供新途径。但是，由于数字经济发展水平存在空间异质性，各地区数字基础设施、数字人才、产业数字化发展水平并不均衡，在这种情况下，根据累计因果理论，数字经济发展的回流效应普遍大于扩散效应。也就是说，数字经济发展水平较高地区的数字经济发展会促进森林生态产品价值的转化，而与它们密切相关的邻近地区由于缺乏先进的数字基础设施、数字技术和数字人才，资本和劳动力等要素容易流出到数字经济发展水平较高地区而成为生产要素流出地，即数字经济发展水平高的地区会对邻近地区森林生态产品价值转化造成回流效应，从而对邻近地区森林生态产品价值转化效率产生负向影响，不利于区域间森林生态产品价值的协同转化。基于上述分析，本章提出研究假说 H3。

H3：数字经济发展通过空间溢出效应对邻近地区森林生态产品价值转化效率产生负向影响。

9.3　研究设计

9.3.1　研究区域概况

丽水市位于浙江省西南部，市境介于北纬 27°25′～28°57′和东经 118°41′～120°26′之间。2021 年实现地区生产总值 1 710.03 亿元，比 2020 年增长8.3%；全市户籍人口 269.97 万人，其中，城镇人口 89.92 万人，乡村人口180.05 万人，城镇居民人均可支配收入为 4.20 万元，农村人均可支配收入为2.64 万元。2020 年，丽水市森林面积为 142.14 万公顷，森林覆盖率达81.70%，活立木总蓄积量 9 885.83 万立方米，均居全省前列。2019 年 3 月，浙江省政府办公厅印发《浙江（丽水）生态产品价值实现机制试点方案》，提出要重点探索建立生态产品价值核算评估应用机制、健全生态产品市场交易体系和创新生态价值产业实现路径，致力于将丽水市打造成全国生态产品价值实现机制示范区。丽水市处于数字经济发达的浙江省，2018年丽水市发布《丽水市数字经济发展五年行动计划》推动实施数字经济"一号工程"，以"数字产业化、产业数字化"为主线，加速数字生态经济发展，使数字生态经济成为生态产品价值转换的重要通道，将丽水市打造成数字生态经济先行区、示范区和数字大花园。因此，研究丽水市数字经济发展和森林生态产品价值转化效率的关系，对于全国探索森林资源富集区域数字经济与森林生态产业深度融合发展的理论机制和实践路径，具有典型示范意义。

9.3.2 数据来源

本章参考孔凡斌等（2023a，2023b）和张亚立等（2023）的森林生态产品价值核算方法以及使用的基础数据精度，进行森林生态产品价值测算，具体如表9-1所示。

表9-1 森林生态产品价值核算方法以及数据来源

核算项目	功能量核算方法	价值量核算方法	数据来源
固碳释氧	根据净初级生产力数据以及 NEP/NPP 转换系数计算森林生态系统固碳量，进而根据净初级生产力计算释氧量	基于碳市场交易价格和医疗制氧价格计算固碳释氧价值	数据来源于中国科学院资源环境科学与数据中心（www.resdc.cn），土地利用数据空间分辨率为1千米×1千米，数字高程数据来源于地理空间数据云（www.gscloud.cn）中 SRTM 90 米空间分辨率高程数据
水源涵养	本地森林生态系统降水量减去径流量，再减去蒸散发量	基于水库和蓄水池工程造价成本和管理费用计算	数据来源于国家气象科学数据中心（data.cma.cn）、国家青藏高原科学数据中心（data.tpdc.ac.cn），土地利用数据空间分辨率为1千米×1千米，数字高程数据来源于地理空间数据云（www.gscloud.cn）中 SRTM 90 米空间分辨率高程数据
减少泥沙淤积	由通用土壤流失方程计算森林生态系统的土壤保持量，再乘以泥沙形成系数	基于土方清运成本计算	数据来源于中国科学院资源环境科学与数据中心（www.resdc.cn），土地利用数据空间分辨率为1千米×1千米，数字高程数据来源于地理空间数据云（www.gscloud.cn）中 SRTM 90 米空间分辨率高程数据

（续）

核算项目	功能量核算方法	价值量核算方法	数据来源
气候调节	在高于适宜温度时期，森林生态系统单位面积蒸散发消耗热量乘以面积	基于普通居民用电成本计算	数据来源于国家青藏高原科学数据中心（data. tpdc. ac. cn）。土地利用数据空间分辨率为 1 千米×1 千米，数字高程数据来源于地理空间数据云（www. gscloud. cn）中 SRTM 90 米空间分辨率高程数据

由于统计口径原因，本章仅能得到 2010—2019 年林业三次产业增加值统计数据。考虑到在计算森林生态产品价值转化效率时以 2010 年为基期，测算的效率值的年限范围为 2011—2019 年。为保持数据的一致性，本章将来源于《丽水统计年鉴》的数字经济发展水平和投入产出指标体系数据的时间范围也确定为 2011—2019 年。控制变量数据为实地调研以及参考《丽水市统计年鉴》所得，时间范围为 2011—2019 年。

9.3.3　变量说明

（1）被解释变量：森林生态产品价值转化效率。本章从投入和产出两个方面构建如表 9-2 所示的指标体系，然后利用超效率 SBM - Malmquist 指数模型（徐伟，2021）计算得到森林生态产品价值转化效率。投入指标：①森林生态产品价值。森林生态产品价值用固碳释氧价值、水源涵养价值、减少泥沙淤积价值和气候调节价值表示。使用 InVEST 模型（杨文仙等，2021）和中国科学院开发的 IUEMS 系统（韩宝龙和欧阳志云，2021）测算固碳释氧、水源涵养、减少泥沙淤积和气候调节的功能量，并结合影子价值法进行价值量核算。②物质资本投入。物质资本投入用林业固定资产投资表示（孔凡斌等，2023b）。林业固定资产投资水平会影响林业基础设施建设水平，从而对森林生态产品价值实现产生影响。③劳动力投入。劳动力投入用林业有效劳动力表示。林业有效劳动力会对林业资源培育、林农就业收入、林业技术效率和技术进步产生影响，进而影响森林生态产品价值实现，具体由林业劳动力乘以人均受教育水平得到（张兵等，2013）。④林地投入。林地投入用林地面积表示。林地面积作为反映森林资源和森林经营状况的重要指标，影响森林生态系统的结构和质量，进而影响森林生态系统服务功能及其产品价值实现，是林业生态研究的常用指标（孔凡斌等，2023b）。

林业产业增加值可以直观反映地方森林生态产品价值实现形态和实现程度，因此产出指标用林业产业增加值表示，包括林业第一、第二、第三产业的增加值。林业第一产业包括木质和非木质林产品生产，林业第二产业包括木质和非木质林产品加工业，林业第三产业包括森林休憩与旅游、林业生产服务等。

表9-2　森林生态产品价值转化效率的投入产出指标体系

	一级指标	二级指标
投入指标	森林生态产品价值	固碳释氧价值（亿元）
		水源涵养价值（亿元）
		减少泥沙淤积价值（亿元）
		气候调节价值（亿元）
	物质资本投入	林业固定资产投资（亿元）
	劳动力投入	林业有效劳动力（万人）
	林地投入	林地面积（公顷）
产出指标	林业产业增加值	林业第一产业增加值（亿元）
		林业第二产业增加值（亿元）
		林业第三产业增加值（亿元）

（2）核心解释变量：数字经济发展水平。鉴于对数字经济发展水平的测量尚处于探索阶段，借鉴已有研究成果（赵涛等，2020；何维达等，2022），结合"宽带中国"和"数字中国"政策要求，本章从数字基础设施、数字业务规模和数字技术创新三个维度衡量数字经济发展水平，具体见表9-3。数字基础设施不仅可以促进传统行业智能升级，还能改善经济发展结构，是数字经济发展的基础；数字业务规模体现了数字经济的市场规模和发展格局；数字技术创新是促进技术进步、改善产业结构、推动经济绿色发展的重要着力点。因此，从数字基础设施、数字业务规模和数字技术创新三个维度出发，能够较为准确地衡量数字经济发展水平。由于数据单位不一，本章采用极差法对数据进行标准化处理，运用熵值法确定指标权重。

（3）控制变量：本章模型的控制变量包括：①经济发展水平。经济发展水平会影响区域投资、生态理念等方面，对森林生态产品价值转化效率有一定影响。本章以人均地区生产总值表示经济发展水平。②林业产业发展水平。林业产业发展会促进森林生态产品价值提升，进而提高价值转化效率。

本章以林业产业增加值占地区生产总值的比重表示林业产业发展水平。③产业结构。生态环境保护、资源配置方式和技术发展水平等均受到产业结构的影响，本章以第三产业增加值占地区生产总值的比重表示产业结构。④环境污染。受到污染的环境会阻碍森林生态产品价值转化效率的提高。本章选用工业废水排放量、工业废气排放量和工业固态废弃物排放量作为基础指标（陈慧霖等，2022），测算出环境污染程度。⑤地区开放度。开放度高的地区对人才和科技都有着更强的吸引力，这有利于生态经济发展。本章以贸易进出口总额与地区生产总值的比值表示地区开放度。变量定义与描述性统计结果如表9-4所示。

表9-3　数字经济发展水平指标体系

一级指标	二级指标	三级指标	属性	权重
数字经济发展水平	数字基础设施	每万人互联网宽带接入用户数（户）	＋	0.087 3
		每万人移动电话用户数（户）	＋	0.076 0
	数字业务规模	邮电业务总量（万元）	＋	0.229 1
		信息传输、软件和技术服务业人员占私营和非私营单位总就业人员的比例（％）	＋	0.223 2
	数字技术创新	地方财政科学技术支出占财政预算的比例（％）	＋	0.199 9
		科学研究和技术服务业人员占私营和非私营单位总就业人员的比例（％）	＋	0.184 5

9.3.4　模型设定

（1）面板向量自回归模型。面板向量自回归模型能够揭示数字经济发展水平与森林生态产品价值转化效率之间的因果关系，模型具体设定如下：

$$Y_{i,t} = \gamma_0 + \sum_{j=1}^{n} \gamma_j Y_{i,t-j} + \alpha_i + \beta_t + \varepsilon_{i,t}$$

式中，i 和 t 分别表示地区和时间；$Y_{i,t}$ 作为系统变量矩阵，是一个包含数字经济发展水平与森林生态产品价值转化效率的二维列向量；γ_0 表示截距项向量；j 和 γ_j 分别表示滞后阶数以及滞后第 j 阶的参数矩阵；α_i 和 β_i 分别表示个体固定效应和时间固定效应；$\varepsilon_{i,t}$ 表示随机扰动项，且服从标准正态分布的基本假定。

表 9－4　变量定义与描述性统计结果

变量类型	变量名称	变量说明	均值	标准差	样本量
被解释变量	森林生态产品价值转化效率	由超效率 SBM－Malmquist 指数模型计算得到	1.561	1.752	81
核心解释变量	数字经济发展水平	熵值法计算得到	0.281	0.215	81
控制变量	经济发展水平	人均地区生产总值（元）	49 550.840	12 201.560	81
	林业产业发展水平	林业产业增加值占地区生产总值的比重	0.097	0.720	81
	产业结构	第三产业增加值占地区生产总值的比重	0.440	0.042	81
	环境污染	工业废水、工业废气和工业固体废弃物（万吨）	1 467.019	1 239.739	81
	地区开放度	贸易进出口总额与地区生产总值的比值	0.151	0.061	81

（2）面板门槛效应模型。参考 Hansen（1999）的做法，本章以数字经济发展水平为门槛变量，运用面板门槛效应模型进行实证分析，模型设定如下：

$$TE_{i,t} = \mu_i + \alpha_1 DE_{i,t} \times I(DE_{i,t} \leqslant \gamma_1) + \alpha_2 DE_{i,t} \times I(\gamma_1 < DE_{i,t} \leqslant \gamma_2) +$$
$$\alpha_3 DE_{i,t} \times I(\gamma_2 < DE_{it}) + \beta C_{i,t} + \varepsilon_{i,t}$$

式中，i 和 t 分别表示地区和时间；$TE_{i,t}$ 和 $DE_{i,t}$ 分别表示森林生态产品价值转化效率和数字经济发展水平，同时，$DE_{i,t}$ 也是门槛变量；γ_1 和 γ_2 表示待估计的门槛值；$I(\cdot)$ 为指示函数，当括号中表达式为假时，$I(\cdot)$ 取 0，反之，$I(\cdot)$ 取 1；α_1、α_2、α_3、β 表示待估计系数；$C_{i,t}$ 表示控制变量；μ_i 为个体固定效应；$\varepsilon_{i,t}$ 为随机扰动项，且服从标准正态分布的基本假定。

（3）空间自相关模型。在利用空间误差模型分析之前，需要先做空间自相关检验。本章的空间自相关模型设定如下：

$$Moran'I = \frac{n}{\sum\limits_{i=1}^{n}\sum\limits_{j=1}^{n} w_{i,j}} \cdot \frac{\sum\limits_{i=1}^{n}\sum\limits_{j=1}^{n} w_{i,j}(y_i - \bar{y})(y_j - \bar{y})}{\sum\limits_{i=1}^{n} w_{i,j}(y_i - \bar{y})^2}$$

式中，$Moran'I$ 表示全局空间自相关；i 和 j 表示不同的县域单元；n 为县域单元总数；y_i 和 y_j 分别表示第 i 个和第 j 个县域单元的森林生态产品价值转化效率，$\bar{y}$ 表示森林生态产品价值转化效率的平均值；$w_{i,j}$ 为空间权重矩阵。

（4）空间误差模型。为考察数字经济发展水平与森林生态产品价值转化效率之间的空间关系，本章将空间权重矩阵与相关变量结合，构建空间计量模型，具体设定如下：

$$\begin{cases} TE_{i,t} = X_{i,t}\beta + \mu_{i,t} \\ \mu_{i,t} = \lambda W\mu_{i,t} + \varepsilon_{i,t} \end{cases}$$

式中，i 和 t 分别表示地区和时间；$TE_{i,t}$ 表示森林生态产品价值转化效率；$X_{i,t}$ 为自变量向量；W 表示空间权重矩阵；β 表示待估参数向量；λ 为空间自相关系数；$\mu_{i,t}$ 和 $\varepsilon_{i,t}$ 表示随机误差项向量。

9.4　结果与分析

9.4.1　丽水市数字经济发展水平与森林生态产品价值转化效率变化特征

本章运用超效率 SBM－Malmquist 指数模型计算得到丽水市森林生态产品价值转化效率，并使用熵值法计算得到数字经济发展水平，具体结果如表 9－5 所示。

表 9－5　丽水市森林生态产品价值转化效率与数字经济发展水平

县市	指数	年份								
		2011	2012	2013	2014	2015	2016	2017	2018	2019
莲都区	TE	0.480	0.626	0.788	0.524	0.606	0.506	0.726	0.387	0.953
	Pech	1.023	1.424	1.038	0.471	0.967	0.920	1.035	0.703	1.128
	Sech	0.989	0.620	1.002	2.514	1.008	1.005	1.063	1.701	1.064
	Tech	0.474	0.709	0.758	0.442	0.622	0.547	0.66	0.324	0.794
	DE	0.788	0.714	0.814	0.877	0.549	0.908	0.916	0.945	0.921
青田县	TE	1.543	0.959	1.057	0.712	1.548	0.827	0.615	0.446	0.738
	Pech	1.013	0.62	0.985	0.718	1.084	0.829	0.887	0.552	0.978
	Sech	1.002	1.69	0.991	1.115	0.984	0.965	0.538	1.163	0.853
	Tech	1.520	0.914	1.082	0.889	1.451	1.034	1.286	0.695	0.884
	DE	0.352	0.32	0.367	0.321	0.51	0.318	0.369	0.409	0.401

（续）

县市	指数	年份								
		2011	2012	2013	2014	2015	2016	2017	2018	2019
缙云县	*TE*	0.943	0.894	0.977	1.009	0.917	1.008	1.387	2.878	0.813
	Pech	1.137	0.899	0.994	1.160	0.971	1.014	1.068	3.125	1.022
	Sech	0.963	0.993	1.002	0.935	1.004	1.052	1.830	0.970	0.680
	Tech	0.862	1.002	0.981	0.931	0.941	0.945	0.710	0.949	1.169
	DE	0.248	0.232	0.281	0.261	0.419	0.285	0.296	0.272	0.34
遂昌县	*TE*	1.123	3.507	2.137	1.681	1.322	5.787	2.577	1.523	2.708
	Pech	0.559	0.758	1.002	0.953	0.943	1.703	1.131	0.293	0.916
	Sech	0.919	1.105	1.044	0.614	1.010	1.072	0.978	0.699	1.576
	Tech	2.183	4.188	2.043	2.875	1.389	3.169	2.330	7.437	1.877
	DE	0.188	0.161	0.219	0.189	0.363	0.222	0.219	0.215	0.217
松阳县	*TE*	2.588	0.488	0.953	1.194	1.052	0.604	1.012	0.504	1.011
	Pech	1.550	1.249	1.055	1.045	1.003	0.721	0.962	1.528	0.990
	Sech	1.136	0.999	0.970	0.980	1.011	0.988	1.029	1.065	1.021
	Tech	1.469	0.391	0.931	1.166	1.037	0.849	1.022	0.310	1.000
	DE	0.128	0.126	0.218	0.147	0.231	0.157	0.166	0.164	0.171
云和县	*TE*	0.173	1.270	1.549	6.027	1.589	1.560	1.744	3.345	2.114
	Pech	0.249	0.815	0.917	1.223	1.074	1.015	0.986	0.648	1.206
	Sech	0.754	0.989	1.043	2.015	1.001	0.966	1.030	1.390	1.123
	Tech	0.922	1.575	1.620	2.445	1.477	1.592	1.717	3.715	1.561
	DE	0.103	0.118	0.134	0.144	0.186	0.15	0.143	0.156	0.143
庆元县	*TE*	0.859	0.977	0.707	0.106	0.715	0.809	0.646	0.194	0.664
	Pech	0.929	1.294	0.978	0.716	0.956	1.104	0.923	0.687	0.857
	Sech	0.931	1.024	0.994	0.233	1.000	0.904	0.967	0.739	0.999
	Tech	0.993	0.737	0.726	0.638	0.748	0.810	0.723	0.382	0.776
	DE	0.108	0.127	0.139	0.137	0.217	0.16	0.157	0.15	0.165
景宁畲族自治县	*TE*	1.069	1.013	1.189	1.086	1.059	0.894	1.077	1.083	1.620
	Pech	0.847	1.107	1.068	2.817	1.043	0.997	1.586	1.339	1.330
	Sech	1.189	0.885	0.939	0.801	0.990	1.006	0.744	1.298	0.931
	Tech	1.061	1.034	1.186	0.481	1.026	0.891	0.914	0.623	1.308
	DE	0.092	0.097	0.114	0.128	0.196	0.129	0.133	0.079	0.144

（续）

县市	指数	年份								
		2011	2012	2013	2014	2015	2016	2017	2018	2019
龙泉市	TE	4.052	2.643	1.872	2.422	1.720	2.628	3.731	13.718	1.896
	Pech	1.196	0.915	0.911	1.028	1.145	1.058	0.602	4.908	0.828
	Sech	0.512	1.130	1.056	0.198	0.953	1.108	1.388	1.041	0.345
	Tech	6.618	2.558	1.947	11.917	1.576	2.241	4.466	2.685	6.627
	DE	0.229	0.208	0.185	0.237	0.34	0.232	0.229	0.192	0.236

注：TE 表示森林生态产品价值转化效率，DE 表示数字经济发展水平，$Pech$、$Sech$、$Tech$ 分别表示纯技术效率、规模效率和技术进步效率。

2011—2019 年间，丽水市各县域单元森林生态产品价值转化效率波动上升，整体发展水平有所提高。其中，遂昌县、松阳县、云和县、景宁畲族自治县和龙泉市森林生态产品价值转化效率超过 1 的年份较多，转化效率较高。从分解结果来看，纯技术效率变化较小，规模效率值趋近 1，而技术进步效率波动幅度较大。由于森林生态产品价值转化效率为纯技术效率、规模效率和技术进步效率三者的乘积，因此，技术进步效率对森林生态产品价值转化效率的影响最大，对森林生态产品价值转化效率的解释能力最强。

丽水市各个县域单元数字经济发展水平呈现稳中有升的态势，这与浙江省高度重视数字技术发展紧密相关。数字经济发展水平在不同县域单元间差异较大，莲都区数字经济发展水平远高于其他县域单元，各县域单元之间本身也存在较大差异，这可能与各县域单元的数字经济基础设施、人力资本以及科技资金投入水平密切相关。

9.4.2　数字经济发展水平结构指标与森林生态产品价值转化效率的关系

定量分析数字经济发展水平各结构指标与森林生态产品价值转化效率之间相互作用的关系，需要量化评估各个结构指标对森林生态产品价值转化效率影响的重要程度。为此，本章参考王淑贺和王利军（2022）的方法，建立灰色关联度模型，对两者之间的关系进行模拟分析，结果如表 9-6 所示。整体上看，数字经济发展水平各结构指标和森林生态产品价值转化效率之间的关联度均较强。具体而言，对于莲都区、松阳县和庆元县，每万人互联网宽带接入用户数和每万人移动电话用户数和森林生态产品价值转化效率之间的关联度最强；对于青田县、遂昌县、云和县、景宁畲族自治县和龙泉市，每万人互联网宽带接入用户数和邮电业务总量和森林生态产品价值转化效率之间的关联度最强；对于缙云县，邮电业务总量和地方财政科学技术支出占比与森林生态产品价值转化效率之间的关联度最强。

表9-6　数字经济发展水平结构指标与森林生态产品

价值转化效率的灰色关联度分析结果

县市	每万人互联网宽带接入用户数	每万人移动电话用户数	邮电业务总量	信息传输、软件和技术服务业人员占比	地方财政科学技术支出占比	科学研究和技术服务业人员占比
莲都区	0.696	0.698	0.692	0.649	0.695	0.583
青田县	0.760	0.661	0.716	0.699	0.712	0.715
缙云县	0.737	0.630	0.752	0.700	0.782	0.679
遂昌县	0.772	0.668	0.732	0.707	0.716	0.713
松阳县	0.681	0.694	0.670	0.567	0.677	0.559
云和县	0.748	0.699	0.724	0.697	0.673	0.722
庆元县	0.707	0.687	0.681	0.641	0.669	0.685
景宁畲族自治县	0.779	0.767	0.768	0.749	0.765	0.766
龙泉市	0.713	0.607	0.701	0.608	0.682	0.654

9.4.3　数字经济发展水平与森林生态产品价值转化效率的因果关系

为厘清数字经济发展水平与森林生态产品价值转化效率之间的因果关系，本章采用面板向量自回归模型做进一步分析。

（1）平稳性检验。为避免变量间的"伪回归"现象，需要对面板数据进行平稳性检验。本章对数字经济发展水平和森林生态产品价值转化效率进行一阶差分处理后，两者均在1%的水平上通过了LLC和IPS检验，拒绝了存在单位根的原假设，说明两个变量均为平稳变量。

（2）面板向量自回归模型回归结果。使用前向均值差分法对各个变量进行处理可以有效避免个体效应造成的回归偏误（Arellano and Bover, 1995）。本章根据面板向量自回归模型系统GMM估计结果，将变量最优滞后阶数选取为1阶。面板向量自回归模型系统GMM估计结果如表9-7所示。可以发现，当以数字经济发展水平为被解释变量时，滞后一期的数字经济发展水平对当期的数字经济发展水平产生显著正向影响，但滞后一期的森林生态产品价值转化效率对本期的数字经济发展水平的影响并不显著；当以森林生态产品价值转化效率为被解释变量时，滞后一期的数字经济发展水平对本期的森林生态产品价值转化效率产生显著负向影响，但滞后一期的森林生态产品价值转化效率对本期的森林生态产品价值转化效率的影响并不显著。假说 H1 得证。

表 9 - 7 面板向量自回归模型系统 GMM 估计结果

	DE 前向差分	TE 前向差分
DE 一阶滞后	0.009* (0.086)	−0.439*** (0.009)
TE 一阶滞后	−0.309 (0.288)	5.913 (0.117)

注：①*** 和 * 分别表示 1% 和 10% 的显著性水平。②括号中的数值为标准误。③TE 表示森林生态产品价值转化效率，DE 表示数字经济发展水平。

（3）脉冲响应和方差分解。面板向量自回归模型系统 GMM 只能从宏观层面反映变量间的动态关系，而脉冲响应函数能够更全面地反映数字经济发展水平与森林生态产品价值转化效率之间的动态传导机制和影响路径。数字经济发展水平与森林生态产品价值转化效率脉冲响应的分析结果如图 9 - 2 所示。第一，数字经济发展水平和森林生态产品价值转化效率在自身的冲击下，会在当期达到正向最大值，表明数字经济发展水平和森林生态产品价值转化效率均有相对的经济惯性。然而，响应在较短时间内减弱，直至消失。这说明数字经济发展水平和森林生态产品价值转化效率的内向动力在前期影响较为明显，但持续时间较短。从长期来看，数字经济发展水平和森林生态产品价值转化效率对自身影响较小。第二，由数字经济发展水平对森林生态产品价值转化效率的冲击结果可以看出，森林生态产品价值转化效率在受到数字经济发展水平的冲击时立即做出响应，随后多期均波动幅度较大，且经过较长时间才趋于稳定。这表明数字经济发展水平对森林生态产品价值转化效率影响较大且持续时间较长。第三，森林生态产品价值转化效率对数字经济发展水平冲击持续时间较长，但总体影响较为微弱。这表明，从长期来看，森林生态产品价值转化效率对数字经济发展水平影响较小。

脉冲响应函数可以很好地反映两个变量之间的动态影响路径，方差分解可以评估各变量在变化过程中对不同结构冲击的贡献力度，故本章采用方差分解方法来进一步分析数字经济发展水平与森林生态产品价值转化效率之间相互影响的贡献程度，结果如表 9 - 8 所示。在 7 个预测期之后，系统基本达到稳定状态。数字经济发展水平对森林生态产品价值转化效率的影响程度由第 1 阶段

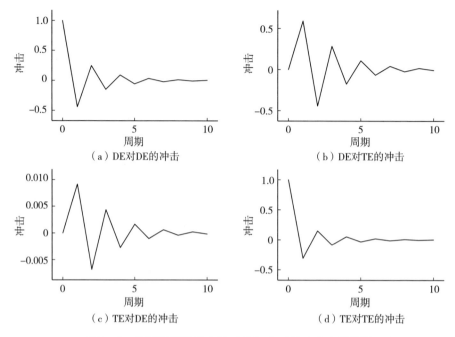

（a）DE对DE的冲击   （b）DE对TE的冲击

（c）TE对DE的冲击   （d）TE对TE的冲击

图 9-2   数字经济发展水平（DE）与森林生态产品价值
转化效率（TE）之间的脉冲响应图

的 0.032 上升到第 7 阶段的 0.102，表明森林生态产品价值转化效率对数字经济的发展具有一定的依赖性。

表 9-8   方差分解结果

	阶段	TE 一阶差分	DE 一阶差分		阶段	TE 一阶差分	DE 一阶差分
TE 一阶差分	1	1.000	0.000	TE 一阶差分	6	0.865	0.135
DE 一阶差分	1	0.032	0.968	DE 一阶差分	6	0.102	0.898
TE 一阶差分	2	0.921	0.079	TE 一阶差分	7	0.864	0.136
DE 一阶差分	2	0.075	0.925	DE 一阶差分	7	0.102	0.898
TE 一阶差分	3	0.885	0.114	TE 一阶差分	8	0.864	0.136
DE 一阶差分	3	0.092	0.908	DE 一阶差分	8	0.102	0.898
TE 一阶差分	4	0.871	0.128	TE 一阶差分	9	0.864	0.136
DE 一阶差分	4	0.098	0.902	DE 一阶差分	9	0.102	0.898
TE 一阶差分	5	0.867	0.133	TE 一阶差分	10	0.864	0.136
DE 一阶差分	5	0.101	0.899	DE 一阶差分	10	0.102	0.898

9.4.4　数字经济发展水平对森林生态产品价值转化效率影响的进一步分析

（1）面板门槛效应模型估计结果。本章将核心解释变量数字经济发展水平设置为门槛变量，森林生态产品价值转化效率设置为被解释变量，使用面板门槛效应模型进行回归分析，结果如表 9 - 9 所示。结果显示，模型存在显著的双重门槛效应，门槛值分别为 0.143 和 0.147。这也验证了假说 H2。

表 9 - 9　面板门槛效应模型回归结果

变量	被解释变量：森林生态产品价值转化效率	
	系数	标准误
数字经济发展水平（数字经济发展水平≤0.143）	−0.241	0.699
数字经济发展水平（0.143＜数字经济发展水平≤0.147）	31.683***	0.000
数字经济发展水平（数字经济发展水平＞0.147）	2.180	0.462
经济发展水平	0.000	0.814
林业产业发展水平	−0.306	0.605
产业结构	−19.496*	0.053
环境污染	0.000	0.745
地区开放度	6.930*	0.100
常数项	2.761	0.142
R^2	0.457	
F 值	6.730	

注：*** 和 * 分别表示 1% 和 10% 的显著性水平。

当数字经济发展水平大于第一门槛值（0.143）但小于第二门槛值（0.147）时，数字经济发展水平对森林生态产品价值转化效率具有显著正向影响，即数字经济发展水平提升能够促进森林生态产品价值转化效率提高。当数字经济发展水平未进入第一门槛值或超越第二门槛值时，数字经济发展水平对森林生态产品价值转化效率并没有统计学意义上的显著影响。这表明，数字经济发展水平并不能一直促进森林生态产品价值转化效率的提高。究其原因：当数字经济发展水平低于第一门槛值时，数字网络规模较小，数字基础设施建设不完善，数字经济发展对森林生态产品价值实现的影响较小；当数字经济发展水平高于第一门槛值而低于第二门槛值时，数字经济发展的规模效应、技术溢出效应开始显现，使得资源配置效率提升、信息交易成本下降、区域之间关联度不断增强，数字经济发展对森林生态产品价值转化效率提高起到推动作用；当数字经济发展水平大于第二门槛值时，数字经济发展促进林业资源优化配置的边际效应递减到一定水平之后，对森林生态产品价值转化效率不再产生显著影响。

（2）空间误差模型估计结果。本章基于经济地理权重矩阵，使用 Moran'I 指数测算数字经济发展水平和森林生态产品价值转化效率的空间自相关性，发现数字经济发展水平和森林生态产品价值转化效率的空间自相关性均达到10%以上的显著性水平。随后，本章参考张园园等（2019）的做法，进行了 LM 检验，发现 LM－error 检验结果、Robust LM－error 检验结果和 LM－lag 检验结果均显著，而 Robust LM－lag 检验结果不显著，因此，本章选择空间误差模型进行估计，估计结果如表9－10所示。

表9－10 空间误差模型估计结果

变量	被解释变量：森林生态产品价值转化效率					
	系数	标准误	系数	标准误	系数	标准误
数字经济发展水平	−1.745*	0.061	−2.980***	0.007	−3.519***	0.001
经济发展水平	0.000	0.232	0.000	0.727	0.000	0.110
林业产业发展水平	−0.236	0.250	0.279	0.283	0.083	0.673
产业结构	0.614	0.856	−14.208	0.167	−14.086	0.163
环境污染	−0.000	0.129	0.000	0.382	0.000	0.414
地区开放度	4.373	0.204	12.579**	0.030	11.703***	0.007
年份固定效应	已控制		未控制		已控制	
地区固定效应	未控制		已控制		已控制	
回归系数 λ	−0.359	0.102	0.416***	0.000	−0.342***	0.018
对数似然值 logL	−138.833		−143.202		−130.776	
R^2	0.116		0.210		0.210	

注：***、**和*分别表示1%、5%和10%的显著性水平。

从对数似然值和 R^2 的估计结果来看，控制年份和地区固定效应的空间误差模型的估计结果更可靠，因此本章以这一结果为例进行分析。结果显示，回归系数 λ 显著，符号为负，表明样本间存在显著的负向空间溢出效应，即某一地区数字经济发展水平对邻近地区森林生态产品价值转化效率具有显著负向影响。这与赵爽等（2022）的研究结果相符，同时也验证了假说 H3。这也说明，在当前情况下，蓬勃发展的数字经济并没有促进区域间森林生态产品价值转化效率协同提高，反而对邻近地区产生了一定的抑制作用。其原因在于：第一，丽水市各县域单元数字经济发展水平不均衡，数字经济发展影响森林生态产品价值转化效率的程度也就不相同。由于生产要素存在回流效应，数字经济发展水平高的县域单元对数字经济发展水平低的邻近县域单元的森林生态产品价值转化效率产生负向的空间溢出效应，导致数字经济发展对丽水市全域森林生态经济发展的促进作用有限。第二，数字经济发展与森林生态产品价值实现的融合不足，数字基础设施、数字业务和数字技术创新在提升森林生态产业数字化水平方面的作用还十分有限，还难以赋能全面提升森林生态产品价值转化效率。

9.4.5 稳健性检验与内生性检验

（1）稳健性检验。为检验数字经济发展水平对森林生态产品价值转化效率存在双重门槛效应的结论是否稳健，本章参考刘耀彬等（2017）的做法，通过依次加入各个控制变量的方式，估计数字经济发展水平对森林生态产品价值转化效率的影响。结果显示，依次加入各个控制变量后，数字经济发展水平对森林生态产品价值转化效率的影响仍具有双重门槛效应，具体结果如表9-11所示。表9-11结果显示，不同变量组合对门槛值影响较小，并且当数字经济发展水平大于第一门槛值但小于第二门槛值时，数字经济发展水平对森林生态产品价值转化效率均具有显著正向影响。这表明，控制变量对估计结果扰动性不大，本章的估计结果具有稳健性。

表9-11 面板门槛效应模型稳健性检验结果

情形	第一门槛值	第二门槛值	核心解释变量	系数	标准误
仅考虑数字经济发展水平	0.133	0.144	数字经济发展水平≤0.133	2.301	4.619
			0.133<数字经济发展水平≤0.144	87.544***	9.160
			数字经济发展水平>0.144	−0.922	2.320
加入经济发展水平	0.139	0.144	数字经济发展水平≤0.139	−2.633	6.172
			0.139<数字经济发展水平≤0.144	32.457***	7.345
			数字经济发展水平>0.144	−2.330	3.018
加入林业产业发展水平	0.134	0.144	数字经济发展水平≤0.134	2.712	4.659
			0.134<数字经济发展水平≤0.144	85.381***	9.486
			数字经济发展水平>0.144	−0.924	2.324

（续）

情形	第一门槛值	第二门槛值	核心解释变量	系数	标准误
加入产业结构	0.134	0.144	数字经济发展水平≤0.134	3.232	4.612
			0.134<数字经济发展水平≤0.144	88.547***	0.092
			数字经济发展水平>0.144	−1.111	2.301
加入环境污染	0.134	0.144	数字经济发展水平≤0.134	2.427	4.661
			0.134<数字经济发展水平≤0.144	87.513***	9.218
			数字经济发展水平>0.144	−0.922	2.335
加入地区开放度	0.139	0.144	数字经济发展水平≤0.139	−2.150	6.029
			0.139<数字经济发展水平≤0.144	30.791***	7.224
			数字经济发展水平>0.144	−2.131	2.884

注：***表示1%的显著性水平。

为检验空间误差模型估计结果的稳健性，本章参考唐健雄等（2023）的做法，以邻接权重矩阵为基础重新构建空间计量模型。首先，本章采用Moran'I指数测算数字经济发展水平与森林生态产品价值转化效率的空间自相关性，测算结果显示，数字经济发展水平和森林生态产品价值转化效率的空间自相关性均达到10%的显著性水平。随后，本章进行了LM检验，发现LM‐error检验结果、LM‐lag检验结果和Robust LM‐error检验结果均显著，因此使用空间误差模型重复回归过程，结果如表9‐12所示。结果显示，控制年份和地区固定效应的空间误差模型的回归系数λ仍显著，符号为负，且数字经济发展水平的系数符号及显著性均未发生改变，说明本章的空间误差模型估计结果具有稳健性。

表9‐12　空间误差模型稳健性检验结果

变量	被解释变量：森林生态产品价值转化效率	
	系数	标准误
数字经济发展水平	−3.283***	0.005
控制变量	已控制	
年份和地区固定效应	已控制	
回归系数λ	−0.407***	0.014
对数似然值 logL	−128.581	
R^2	0.204	

注：***表示1%的显著性水平。

（2）内生性检验。前文面板向量自回归模型部分的讨论已经表明，数字经济发展水平能够对森林生态产品价值转化效率产生显著负向影响，但从数字经济发展水平与森林生态产品价值转化效率的脉冲响应分析结果来看，二者之间也可能存在反向因果关系。鉴于此，本章参考郭家堂和骆品亮（2016）的思路，采用滞后一期的数字经济发展水平作为当期的工具变量，并使用 2SLS 进行回归。其中的逻辑在于：当期的森林生态产品价值转化效率对滞后期的数字经济发展水平的影响几乎不存在，若滞后期的数字经济发展水平对当期的森林生态产品价值转化效率依然存在前文所分析的影响，则可以说明在二者的双向因果关系中，主因是数字经济发展水平。具体回归结果如表 9-13 所示。对假设"工具变量识别不足"的检验中，LM 统计量的 P 值为 0.000，拒绝原假设；对工具变量弱识别的检验中，Wald F 统计量大于 10% 水平上的临界值。以上检验结果证明了选取该工具变量的合理性。表 9-13 结果表明，数字经济发展水平对森林生态产品价值转化效率存在显著负向影响，即本章面板向量自回归模型的估计结果是稳健的。

表 9-13 内生性检验结果

变量	被解释变量：森林生态产品价值转化效率	
	系数	标准误
数字经济发展水平	-0.081^*	0.049
控制变量	已控制	
识别不足检验 Kleibergen - Paaprk LM 统计量	11.838 [0.000]	
弱工具变量检验 Kleibergen - Paaprk Wald F 统计量	72.744 {16.380}	

注：① * 表示 10% 的显著性水平。②［ ］中的数值为 P 值，{ } 中的数值为 Stock - Yogo 弱识别检验 10% 水平上的临界值。

9.5 结论及政策启示

本章借助面板向量自回归模型、面板门槛效应模型和空间误差模型，实证分析了 2011—2019 年浙江省丽水市数字经济发展水平与森林生态产品价值转化效率的因果关系，得出以下结论：

第一，森林生态产品价值转化效率处于上升趋势，数字经济发展水平稳中有升，在数字经济发展水平结构指标中，每万人互联网宽带接入用户数和森林生态产品价值转化效率之间的关联度最高。

第二，数字经济发展水平对森林生态产品价值转化效率的冲击较为明显，且影响时间较长。

第三，从门槛效应模型的分析结果来看，数字经济发展水平对森林生态产品价值转化效率的影响存在显著的双重门槛效应，在不同门槛阈值内，影响的显著性不同，数字经济发展水平并不能一直对森林生态产品价值转化效率产生显著影响。

第四，从空间计量模型的分析结果来看，数字经济发展水平对森林生态产品价值转化效率存在空间溢出效应，并且数字经济发展水平可通过空间溢出效应对邻近地区森林生态产品价值转化效率产生显著负向影响。

基于上述研究结论，本章得出以下政策启示：

第一，数字经济发展对森林生态产品价值转化效率具有较大影响，数字要素的环境友好性特征符合现阶段"绿色发展"理念和森林生态产品价值高效转化的战略要求，具备巨大的发展潜力。因此，要加快森林生态产业发展的数字化转型，推动互联网、大数据、人工智能等数字技术嵌入到森林生态产业链和价值链的各个环节，加快数字林场、林业物联网应用、林产品电子化交易、智慧乡村等林业应用场景建设，运用互联网整合网商、店商、微商等新业态，加快"三商融合"营销和宣传体系的形成与发展，推动森林生态产品品牌建设。

第二，要加快推动数字要素渗透到林产品和服务的生产、流通、交换、消费等全部环节，扩展增长新空间，激活森林生态资源增值潜力，加速森林生态产品培育、开发利用、产品销售全产业链条的优化整合，提升森林生态产业数字赋能的整体效率。

第三，要不断完善区域网络空间，提高数字技术高水平区域对周边地区森林生态产品价值转化效率的辐射带动作用，实现区域协同发展。最后，要加快数字经济助推森林生态产品价值实现的体制机制创新，利用数据资源的整合与共享功能，解决森林生态产品价值实现过程中的体制机制问题，最大程度降低森林生态产品价值实现的制度成本，实现数字经济赋能森林生态产品价值转化效率。

参考文献

安同良，杨晨，2020. 互联网重塑中国经济地理格局：微观机制与宏观效应［J］. 经济研究，55（2）：4-19.

陈慧霖，李加林，田鹏，等，2022. 浙江省沿海县域生态效率评价［J］. 生态学杂志，41（4）：760-768.

程文杰，孔凡斌，徐彩瑶，2022. 国家试点区森林调节类生态产品价值转化效率初探［J］. 林业经济问题，42（4）：354-362.

窦亚权，杨琛，赵晓迪，等，2022. 森林生态产品价值实现的理论与路径选择［J］. 林业科学，58（7）：1-11.

高晓龙，张英魁，马东春，等，2022. 生态产品价值实现关键问题解决路径［J］. 生态学报，42（20）：8184-8192.

郭家堂，骆品亮，2016. 互联网对中国全要素生产率有促进作用吗？［J］. 管理世界，277（10）：34-49.

韩宝龙，欧阳志云，2021. 城市生态智慧管理系统的生态系统服务评估功能与应用［J］. 生态学报，41（22）：8697-8708.

何维达，温家隆，张满银，2022. 数字经济发展对中国绿色生态效率的影响研究：基于双向固定效应模型［J］. 经济问题，509（1）：1-8，30.

靳诚，陆玉麒，2021. 我国生态产品价值实现研究的回顾与展望［J］. 经济地理，41（10）：207-213.

孔凡斌，程文杰，徐彩瑶，2023. 数字经济发展能否提高森林生态产品价值转化效率：基于浙江省丽水市的实证分析［J/OL］. 中国农村经济（5）：163-184［2023-07-01］.

孔凡斌，程文杰，徐彩瑶，等，2023. 国家试点区森林生态资本经济转换效率及其影响因素［J］. 林业科学，59（1）：1-11.

孔凡斌，崔铭烨，徐彩瑶，等，2023. 浙江省森林生态产品价值实现对城乡差距的影响［J］. 林业科学，59（1）：31-43.

孔凡斌，王宁，徐彩瑶，2022. "两山"理念发源地森林生态产品价值实现效率［J］. 林业科学，58（7）：12-22.

刘耀彬，胡凯川，喻群，2017. 金融深化对绿色发展的门槛效应分析［J］. 中国人口・资源与环境，27（9）：205-211.

秦国伟，董玮，宋马林，2022. 生态产品价值实现的理论意蕴、机制构成与路径选择［J］. 中国环境管理，14（2）：70-75，69.

唐代生，吴云华，2009. 论我国数字林场的体系结构及应用前景［J］. 中南林业科技大学学报，29（5）：179-183.

唐建军，龚教伟，宋清华，2022. 数字普惠金融与农业全要素生产率：基于要素流动与技术扩散的视角［J］. 中国农村经济，451（7）：81-102.

唐健雄，蔡超岳，刘雨婧，2023. 旅游发展对城市生态文明建设的影响及空间溢出效应：基于我国 284 个地级及以上城市的实证研究［J］. 生态学报，43（7）：2800-2817.

王淑贺，王利军，2022. 黄河流域水贫困与经济高质量发展的耦合协调关系［J］. 水土保持通报，42（3）：199 - 207.

徐伟，李直儒，施慧斌，等，2021. 基于 Super - SBM 模型和 Malmquist 指数的中国工业创新效率评价［J］. 宏观经济研究，270（5）：55 - 68.

许宪春，张美慧，张钟文，2021. 数字化转型与经济社会统计的挑战和创新［J］. 统计研究，38（1）：15 - 26.

杨文仙，李石华，彭双云，等，2021. 顾及地形起伏的 InVEST 模型的生物多样性重要区识别：以云南省为例［J］. 应用生态学报，32（12）：4339 - 4348.

张兵，刘丹，郑斌，2013. 农村金融发展缓解了农村居民内部收入差距吗：基于中国省级数据的面板门槛回归模型分析［J］. 中国农村观察，111（3）：19 - 29，90 - 91.

张亚立，韩宝龙，孙芳芳，2023. 生态系统生产总值（GEP）核算制度及管理应用研究：以深圳为例［J/OL］. 生态学报（17）：1 - 12［2023 - 07 - 01］.

张园园，吴强，孙世民，2019. 生猪养殖规模化程度的影响因素及其空间效应：基于 13 个生猪养殖优势省份的研究［J］. 中国农村经济，409（1）：62 - 78.

赵爽，米国芳，张晶珏，2022. 数字经济、环境规制与绿色全要素生产率［J］. 统计学报，3（6）：46 - 59.

赵涛，张智，梁上坤，2020. 数字经济、创业活跃度与高质量发展：来自中国城市的经验证据［J］. 管理世界，36（10）：65 - 76.

朱喜安，马樱格. 数字经济对绿色全要素生产率变动的影响研究［J］. 经济问题，2022，519（11）：1 - 11.

Arellano，M，and O Bover，1995. Another Look at the Instrumental Variable Estimation of Error - Components Models［J］. Journal of Econometrics，68（1）：29 - 51.

Chavas，J P，and T L A Cox，1999. Generalized Distance Function and the Analysis of Production Efficiency［J］. South Economic Journal，66（2）：294 - 318.

Elisabeth，V H，P Vedeld，E Framstad，and E G Baggethun，2022. Forest Ecosystem Services in Norway：Trends，Condition，and Drivers of Change（1950—2020）［J］. Ecosystem Services，58：101491.

Emin，Z B，2023. Characterizing and Assessing Key Ecosystem Services in a Representative Forest Ecosystem in Turkey［J］. Ecological Informatics，74：101993.

Hansen，B E，1999. Threshold Effects in Non - dynamic Panels：Estimation，Testing，and Inference［J］. Journal of Econometrics，93（2）：345 - 368.

Luo，K，Y Liu，P Chen，and M Zeng，2022. Assessing the Impact of Digital Economy on Green Development Efficiency in the Yangtze River Economic Belt［J］. Energy Economics，112：106127.

Lyu，Y，W Wang，Y Wu，and J Zhang，2023. How Does Digital Economy Affect Green

Total Factor Productivity? Evidence from China [J]. Science of The Total Environment, 857 (2): 2 - 16.

Rohlfs, J, 1974. A Theory of Interdependent Demand for a Communications Service [J]. Bell Journal of Economics & Management Science, 5 (1): 16 - 37.

Tapscott, D, 1996. The Digital Economy: Promise and Peril in the Age of Networked Intelligence [M]. New York: McGraw Hill, 13 - 42.

Yilmaz, S, K E Haynes, and M Dinc, 2002. Geographic and Network Neighbors: Spillover Effects of Telecommunications Infrastructure [J]. Journal of Regional Science, 42 (2): 339 - 360.

第10章 浙江省数字经济发展协同森林生态产品价值实现和城乡收入公平的机制及政策启示

党的二十大报告将"加快发展数字经济，促进数字经济与实体经济深度融合"以及"建立生态产品价值实现机制"作为新征程构建现代产业体系和推进人与自然和谐共生与全体人民共同富裕建设的重要使命任务。加快数字经济与生态产品价值实现融合发展是新时代新征程协同推进人与自然和谐共生与全体人民共同富裕的重要选择。浙江省是全国高质量发展建设共同富裕示范区、全国生态产品价值实现试点省、全国数字贸易先行示范区和全国唯一的数字乡村引领区，也是中国数字经济发展先行省。浙江省通过大力实施数字经济"一号工程"，建立健全数字赋能生态产品价值实现机制，以"数字化产业、产业数字化"为主线，加速数字生态经济融合发展，使数字生态经济成为生态产品价值实现和山区实现共同富裕的重要渠道，取得了十分明显的成效。浙江省的实践证明，以数字生态经济融合发展推动"绿水青山"向"金山银山"转化，既是森林资源富集地区的一种最快捷、最生态、最经济的绿色发展模式，又是缩小"三大差距"及扎实推进共同富裕的有效路径。本章基于浙江省 11 个地级市 2011—2020 年的面板数据，实证探讨数字经济发展、森林生态产品价值实现及其交互影响城乡收入差距的作用机制，并提出加快数字经济协同森林生态产品价值实现和城乡收入差距的对策建议。

10.1 研究背景和意义

党的二十大报告将"加快发展数字经济，促进数字经济与实体经济深度融合"以及"建立生态产品价值实现机制"作为新征程构建现代产业体系和推进人与自然和谐共生与全体人民共同富裕建设的重要使命任务（孔凡斌等，

2023b)。数字经济是伴随数字技术革命和产业革命而产生的一种新的经济发展形态，对城乡和区域发展产生深远影响（徐翔等，2023），已经成为重组生产要素资源、重塑经济结构、协调人与自然关系和推动共同富裕的重要引擎（孔凡斌等，2023b；徐彩瑶等，2023）。当前，中国全面建成社会主义现代化强国依然面临城乡收入差距过大的突出矛盾（李晓钟和李俊雨，2022；Lagakos，2020）。2021 年中国居民人均可支配收入为 35 128 元，其中，城镇居民人均可支配收入为 47 412 元，农村居民仅为 18 931 元，城乡收入比为 2.50∶1，远远超出了国际平均水平，基尼系数长期超过国际警戒线 0.4 以上（Yuan 等，2020），城乡收入不公平现象十分突出。缩小城乡收入差距及实现城乡收入公平是建设全体人民共同富裕的中国式现代化的重要任务之一。党的二十大报告明确指出全面建设社会主义现代化国家最艰巨、最繁重的任务仍然在农村和山区（孔凡斌等，2023b；孔凡斌等，2023d），这是因为中国 90% 的相对贫困及低收入人口分布在农村和山区，缩小城乡收入差距的关键在于农村和山区（孙久文和夏添，2019；徐舒等，2020）。中国广袤农村和山区拥有最丰富的自然生态系统和最普惠的生态优势，具备巨大的生态产品产出潜能。在全面推进乡村振兴战略及扎实推进农村共同富裕的进程中，丰富的生态产品是农村和山区经济发展与农民福祉改善的重要依托（孔凡斌等，2023b；徐彩瑶等，2023）。生态产品以生产要素的形式直接进入社会经济生产系统，其循环过程是通过生态技术进行形态和价值转换，从而进入生态市场通过交易成为生态商品及物质财富，进而促进经济增长和增进人类福祉（孔凡斌等，2022；孔凡斌等，2023a）。提高生态产品价值实现效率是促进经济增长和增进人类福祉的前提条件之一。生态产品价值实现效率主要是指将生态产品价值作为生态资本投入要素纳入拓展的生产函数而得到的要素产出效率及生态产品价值（GEP）向经济价值（GDP）的转化效率（孔凡斌等，2022），既是衡量生态产品价值实现程度和生态资本配置效能的重要指标（孔凡斌等，2023b），又是推进人与自然和谐共生以及农村共同富裕的重要路径。

　　数字经济发展和生产效率提升可以通过多种途径影响农村居民收入进而影响城乡收入差距。就数字经济发展而言，数字经济发展可以通过降低交易成本、优化资源配置等措施激发市场活力和增加居民收入，进而缩小城乡收入差距（王军和肖华堂，2021），同时，由于数字经济发展通过扩大城乡数字鸿沟（Maurer and Haber，2007）以及加速劳动力向现代产业加速转移（Xu L 等，2003）等途径扩大城乡收入差距，数字经济发展对城乡收入差距的影响可能呈

"倒 U 形"，即数字经济发展对城乡收入差距的影响会呈现先扩大后缩小的态势（Greenwood and Jovanovic，1990；陈文等，2021）。由此可见，目前关于数字经济发展与城乡收入差距影响的研究尚未形成一致的结论。就生产效率提升而言，全要素生产率是导致城乡收入差距的主要原因（Hall and Jones，1999），提升全要素生产率对增加农民收入和缩小贫富差距有积极影响（曹清峰，2020），提升森林生态产品价值实现效率能够对城乡收入和发展差距变化产生重要影响（孔凡斌等，2023c；孔凡斌等，2023d）。与此同时，数字经济发展与生产效率提升二者之间存在内在的因果关系，例如数字经济与产出效率提升（张帅等，2022）、数字经济与绿色全要素生产率提升（张英浩等，2022）、数字经济发展与区域经济高质量发展（余博等，2022）以及数字经济发展与森林生态产品价值转化效率提升之间均存在内在关联（孔凡斌等，2023b）。整体上来看，既有文献仅关注到了数字经济发展、生产效率提升和城乡收入差距三者两两之间的关系，不仅缺乏将三者纳入同一框架探讨彼此之间关系机制的理论思考，而且缺乏共同富裕视域下的数字经济发展、森林生态产品价值实现与城乡收入差距之间的因果关系及其作用机制的实证量化分析。

森林生态系统作为陆地最大的自然生态系统，是绿水青山的主体，其所提供的巨大物质产品、支撑服务、调节服务和文化服务在保障经济高质量发展和国土生态安全方面发挥了至关重要的作用（孔凡斌等，2023a）。巨大的森林生态产品及其价值实现潜能为中国农村经济发展和农民收入增长及缓解城乡收入差距提供了坚实的物质基础（孔凡斌等，2023b；刘培林等，2021）。明确森林生态产品价值实现效率提升及其农村经济增长和农民福祉增进绩效的理论机制，是科学评价和不断优化生态产品价值实现效能及农村农民共同富裕政策的重要依据（孔凡斌等，2022；程文杰等，2022；孔凡斌等，2023b）。在中国"十四五"期间大力推进数字乡村建设的现实背景下，将数字经济发展作为一种重要的驱动力因素融入森林资源富集的山区和农村生态产品价值实现过程之中，以数字经济发展激活森林生态资源蕴藏的使用价值，破解长期困扰农村和山区自然资源"诅咒"困境，推动森林生态产品向产业经济高端转化和价值高效实现，释放更多的"生态红利"，带动农民就地就近就业和促进农民家庭收入持续增长，进而有效缩小城乡收入差距及实现城乡收入公平，具有内在的逻辑必然和现实的实践基础。基于此，探索数字经济发展水平、森林生态产品价值实现效率和城乡收入差距之间的关系及其作用机制，据此提出通过数字森林生态经济融合发展促进城乡收入公平的政策建议，意义重大。

10.2　理论分析与研究假说

10.2.1　数字经济发展对城乡收入差距的影响

数字经济发展影响城乡收入差距的途径主要分为直接途径和间接途径。直接途径主要表现为以下三方面：一是数字经济通过"网络效应"和"成本效应"，借助互联网和大数据等数字信息技术大幅地减缓信息不对称和降低信息资源的获取成本，有助于提高农业生产效率（Aker，2011）和农业收入水平（梁双陆和刘培培等，2019），进而缩小城乡收入差距。二是数字经济发展使得信息传播不再具有时空的局限性，可以提高整个社会的资源配置效率，有效破除城乡收入差距的要素供需矛盾、经济活动空间限制和公平效率不能兼顾等问题（赵涛等，2020）。三是依托数字技术必然会面临"数字鸿沟"，无论是基于数字基础设施差异的一级数字鸿沟（胡鞍钢等，2002），还是对于信息甄别、利用和加工等方面差异的二级数字鸿沟（许竹青等，2013），均会导致资源可获得性和优化资源配置呈现出复杂的"门槛效应"，从而加大特别是农村地区存在的金融排斥等问题（孙玉环等，2021），使得数字经济发展带来的收益并未在城乡之间实现真正的普惠和共享（刘晓倩和韩青，2018）。间接途径主要表现为以下两方面：一是数字经济发展通过经济增长效应和资本累积的"涓滴效应"促进地区经济的发展，增加社会资本，降低融资成本，提高农村地区低收入群体的资金可得性，促进农林业生产活动的发展，同时也能够带动农村群体在消费和就业方面的增长和收入的提高，有助于缩小城乡收入差距（曾福生和郑洲舟，2021）。二是数字经济发展发挥"蒲公英效应"，通过促进非农就业，进而缩小城乡收入差距（齐秀琳和江求川，2023）。数字经济发展提供更多就业机会和岗位，提高了农村劳动力非农就业率。据中国信息通信研究院统计显示，2018 年，中国数字经济领域提供了 1.91 亿个就业岗位，占全年就业总人数的 24.6%。数字经济发展还能够提高人力资本累计，扩大非农就业规模，通过网络等信息工具获取更多的就业信息并提高劳动素养，这将使更多的农村劳动力向非农就业倾向，提高非农收入水平，从而缩小城乡收入差距。因此，数字经济发展不仅可以缓解信息不对称、降低交易费用，还可以通过减少门槛效应、缓解排斥效应等手段来缩小城乡收入差距。随着互联网普及率的不断提高，城乡之间的"数字鸿沟"正在不断缩小（赵涛等，2020）。一方面，国家对数字经济发展的政策、资金等方面的扶持，使农民享受到了"数字红利"；另一方面，数字经济发展为农村地区的投资与发展提供了机遇，降低了生产成本，减少了农民创业对教育的依赖（王金杰和李启航，2017），减少了人力资本成本，同时还可以促进非农就业，进而缩小城乡收入差距（陈文和吴赢，2021）。据此，本章提出研究假说 H1：

H1：数字经济发展有利于缩小城乡收入差距。

10.2.2 森林生态产品价值实现对城乡收入差距的影响

森林生态产品价值实现可以通过收入效应和就业效应两个作用机制对城乡收入差距产生影响。从收入效应来看，森林生态产品价值实现可以通过激活森林资源培育和产业转化的方式增加农村居民收入或物质资本来影响城乡收入差距。具体而言，通过森林资源的开发利用，可以促进林下经济、森林康养、森林旅游等多种现代林业经济业态的发展与产业融合，进而提供更多农村农民就业岗位和林地资源市场化高效利用机会，带动山区和农村农民收入增长。与此同时，随着林地要素市场的建立健全，森林资源流转加速了区域间林业要素的整合与规模化发展，随之出现专业大户和林业龙头企业等新型林业经营主体，可以有效缓解林业经营过程中规模不经济、要素利用效率低等问题，使其森林生态产品价值链得到攀升，现代林业产品产值规模和效益得以提高，进而带动山区和林区林地租金、农村劳动力需求以及务工工资水平的增长，有利于整体提升山区农村农民收入水平（谢晨等，2021）。从就业效应上来看，森林生态产品价值实现过程中可能会扩宽就业途径，林业产业多元化发展可以明显增加农村就业人数（潘丹等，2023）。不仅如此，森林生态产品价值实现可以将劳动力从原本从事单一育林活动的第一产业扩展到木材加工业等林业第二产业的就业中，还可以转移到森林旅游和森林康养等林业第三产业的就业中（刘炳亮等，2018），进而促进农村农民非农就业，不仅可以拓宽收入渠道，而且农业劳动力转移到林业第二和第三产业中拥有了获得比仅从事农业活动更高收入的可能，使农民整体收入水平得以增加，可以有效缩小城乡收入差距。据此，本章提出研究假说 H2：

H2a：森林生态产品价值实现效率有利于缩小城乡收入差距。

H2b：森林生态产品价值实现可以通过收入效应和就业效应缩小城乡收入差距。

10.2.3 数字经济发展、森林生态产品价值实现对城乡收入差距存在中介和交互作用

数字经济发展通过作用于林业生产要素、产业转型、互联网平台以及数字林场等路径影响森林生态产品价值实现程度和实现方式（孔凡斌等，2023b）。首先，数字经济意味着数据、知识和信息成为重要的生产要素，与林业劳动力、林地面积、林业资本等传统要素，通过互联网等技术及设施，实现要素资源的优化配置和经济活动效率的提高。数字要素投入对于激活农村生态产品，促进农村生态产品价值实现，改善农民收入水平和共享发展成果具有重要作用，从而能有助于缩小城乡收入差距（王宾，2022）。其次，数字经济发展对传统的木材加工、林产化工等高污染行业有一定的替代选择，有助于减轻林业产业对环境的压力（许宪春等，2021），这为林业产业绿色转型提供了更多空间（孔凡斌等，2023b），为提升森林生态产品价值实现效率提供了可能。再次，数字经济发展通过互联网平台进行数据的整合、共享、分析及其向林业领域的应用扩展，可以有效减少森林资源保护、开发利用、产品流通、消费和管理信息的不对称性，降低林业生产要素和产业发展的市场交易成本，从而提高森林资源和生态产品的培育和开发利用效率（赵涛等，2020；朱喜安和马樱格，2022）。最后，在数字经济时代，由于信息的高度互通和资源要素的有效整合，生产者能够以最小的代价找到需要的森林资源和生态产品要素，实现资源和消费需求的匹配。这可以进一步推动数字林场和林业数字化建设，加速了森林资源和生态产品要素的数字化赋能，以及林业信息网络化、林业社会服务数字化和林业管理智能化的进程（唐代生和吴云华，2009；孔凡斌等，2023b）。同时，数字经济发展也为优势资源禀赋明显、发展潜力大的区域提供了更多的政策、技术和管理支持，促进森林生态产品价值实现效率的提高。这一趋势有望带动农村地区生态产业的发展，提高农民的收入水平，缩小城乡收入差距。据此，本章提出研究假说 H3：

H3：森林生态产品价值实现在数字经济发展的推动下得以提高效率，进而有利于缓解城乡收入差距。

数字经济发展和森林生态产品价值实现也会相互影响，即两者的交互效应能够对城乡收入差距产生影响。一方面，高水平的森林生态产品价值实现效率是促进林业可持续发展的重要条件，其需要高质量的林业人力资本来聚集知识与技术，知识和技术又是数字经济发展的基础，可以引导物质资本的投入，增

加资本投入规模可以带动林业人力资本提升进而有利于数字经济和数字技术融入森林生态产品价值实现之中，推动数字经济和森林生态经济的融合发展。另一方面，数字经济发展可以使数据要素与资金、土地、劳动力等生产要素一样，成为森林生态产品价值实现中重要的投入要素，利用数据要素的高渗透和融合特性，突破不同行业的界限，消除信息不对称，调整林业生产要素和分工，从而达到森林生态产品的保护、利用和增值目的，即数字经济发展有利于提升森林生态产品价值实现效率，进而有利于缩小城乡收入差距。据此，本章提出研究假说 H4：

H4：森林生态产品价值实现和数字经济发展的交互作用可能会缩小城乡收入差距。

综上所述，刻画数字经济发展、森林生态产品价值实现与城乡收入差距的作用机理如图 10-1 所示。

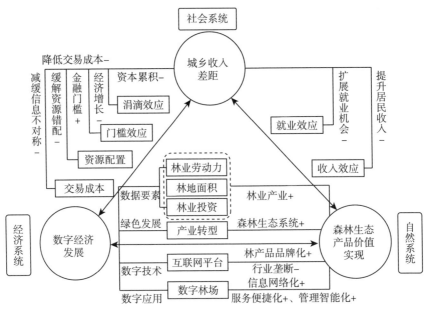

图 10-1　数字经济发展、森林生态产品价值实现对城乡收入差距的作用机理

10.3　研究设计

10.3.1　研究区域概况

浙江省地处中国东南沿海，介于北纬 27°02~31°11′和东经 118°01′~123°10′

之间，因其地形多以山地丘陵为主，故有"七山一水二分田"之称。2021年实现地区生产总值 73 516 亿元，城乡居民人均可支配收入分别为 68 487元和 35 247 元，11 个地级市的城乡居民收入差距存在总体呈下降趋势，多数市低于全省平均水平，城乡居民收入绝对差距在地区间存在差异。全省现有林地面积 659.35 万公顷，其中森林面积占 92.2% 以上，森林覆盖率居全国前列，森林生态服务功能总价值 6 845.55 亿元。浙江省是全国高质量发展建设共同富裕示范区、全国生态产品价值实现试点省、全国数字贸易先行示范区和全国唯一的数字乡村引领区，也是中国数字经济发展先行省。浙江省通过大力实施数字经济"一号工程"，建立健全数字赋能生态产品价值实现机制，以"数字化产业、产业数字化"为主线，加速数字生态经济融合发展，使数字生态经济成为生态产品价值实现和山区实现共同富裕的重要渠道，取得了十分明显的成效。2021 年，浙江省数字经济增加值达到 3.57 万亿元，占 GDP 比重达到 48.6%，居全国各省份第一，成为推动经济高质量发展的强劲动力。浙江省以其"七山一水两分田"的自然特征和森林禀赋，充分发挥森林资源优势，积极探索数字赋能森林生态产品价值实现路径，让片片山林成为浙江高质量发展建设全国共同富裕示范区的重要阵地。截至2021 年，浙江省林业行业总产值 6 064 亿元，林业发展对农村农民增收的贡献率达 19%，部分重点山区农村农民更是收入的 50% 来自林业，林业在缩小山区城乡收入差距方面发挥了不可替代的重要作用。浙江省的实践证明，以数字生态经济融合发展推动"绿水青山"向"金山银山"转化，既是森林资源富集地区的一种最快捷、最生态、最经济的绿色发展模式，又是缩小"三大差距"及扎实推进共同富裕的有效路径。以浙江省作为典型案例，以森林为自然对象，探讨数字经济发展、生态产品价值实现与城乡收入差距三者之间的关系及其作用机制，推动新时代新征程中国构建数字生态经济融合发展协同推进共同富裕的理论机制和政策框架，具有全局示范意义。

10.3.2　模型设定

（1）基准回归模型。基于上述理论分析和研究假设，建立数字经济发展、森林生态产品价值实现对城乡收入影响的基准回归模型。

$$Theil_{i,t} = \alpha_0 + \alpha_1 FTPF_{i,t} + \alpha_2 DE_{i,t} + \alpha_3 C_{i,t} + \mu_i + \lambda_t + \varepsilon_{i,t}$$

式中，i 表示浙江省各地级市，t 表示年份，$Theil_{i,t}$ 表示城乡收入差距，

$FTPF_{i,t}$ 表示森林生态产品价值实现效率，$DE_{i,t}$ 表示数字经济发展水平，其中 α_0 表示常数项；α_1 表示森林生态产品价值实现效率对城乡收入差距的影响系数；α_2 表示数字经济发展对城乡收入差距的影响系数；$C_{i,t}$ 为控制变量，μ_i 为区域虚拟变量，用于控制各个区域的非时间性影响，λ_t 为年份虚拟变量，用于对各个年份的固定影响进行控制，$\varepsilon_{i,t}$ 为随机干扰项。

（2）中介效应和交互效应模型。本章以中介效应和交互效应模型，通过对森林生态产品价值实现效率发挥的具体作用以及两者的交互项对城乡收入差距的影响进行解析，揭示数字经济发展、森林生态产品价值实现对城乡收入差距影响的因果关系及内在机制。

首先，参考传统的中介效应的做法（温忠麟等，2005），基于以下 3 个方程进行拟合，$DE_{i,t}$ 为解释变量，$Theil_{i,t}$ 为被解释变量，$FTPE_{i,t}$ 为潜在的中介变量。

$$Theil_{i,t}=c\,DE_{i,t}+\mu_i+\lambda_t+\varepsilon_{i,t}$$
$$FTPE_{i,t}=a\,DE_{i,t}+\mu_i+\lambda_t+\varepsilon_{i,t}$$
$$Theil_{i,t}=c'DE_{i,t}+b\,FTPE_{i,t}+\mu_i+\lambda_t+\varepsilon_{i,t}$$

上式是中介效应检验过程，其检验逻辑是先检验式中的回归系数 c 是否显著，接着依次检验方程的系数 a 和方程的系数 b，若系数均显著，则中介效应显著。若系数 a 和系数 b 至少有一个不显著，则用 Bootstrap 法直接检验 H_0：$ab=0$，如果显著，则中介效应显著。若系数 a 和系数 b 均显著，进一步进行方程系数 c' 的检验，若系数 c' 显著，说明是部分中介效应。

其次，当采用传统的中介效应分析时，会出现如下问题：一是没有对中介和结果的混合因素进行有效的控制，则会导致传统的中介效应出现较大的偏差。二是传统的方法不包括交互项，若交互效应真实存在且被忽略，则直接和间接的效果就会产生偏差。因而，可以通过交互效应分析来解决以上问题。如果城乡收入差距与数字经济发展水平之间的关系是关于森林生态产品价值实现效率的函数，则称森林生态产品价值实现效率为调节变量（温忠麟等，2005）。假设数字经济发展水平与城乡收入差距之间的关系为下式：

$$Theil_{i,t}=a\,DE_{i,t}+b\,FTPE_{i,t}+c\,DE_{i,t}\times FTPE_{i,t}+\mu_i+\lambda_t+\varepsilon_{i,t}$$

可以将上式改写成下式：

$$Theil_{i,t}=b\,FTPE_{i,t}+(a+c\,FTPE_{i,t})\,DE_{i,t}+\mu_i+\lambda_t+\varepsilon_{i,t}$$

式中，数字经济发展水平和城乡收入差距的关系由 $(a+c\,FTPE_{i,t})$ 来表示，它是关于 $FTPE_{i,t}$ 的线性函数，c 衡量调节效应的大小。

鉴于数字经济和城乡收入差距都是连续性变量，进行城乡收入差距关于 $DE_{i,t} \times FTPE_{i,t}$ 回归系数 c 的检验，若显著，则调节效应显著（Vander Weele，2014）。

10.3.3　变量选取

（1）被解释变量：城乡收入差距。具体参考程名望和张家平（2019）的做法，运用泰尔指数对城乡收入差距进行测算（程名望和张家平，2019）。

（2）核心解释变量：数字经济发展水平和森林生态产品价值实现效率。首先，本章根据 G20 峰会对数字经济的定义，从以下三个方面对浙江省数字经济发展水平进行分析。数字化人才方面，描述邮电和计算机软件等相关行业的从业人员情况，可以体现出该行业的发展规模和发展前景；数字化产业方面，包括邮电、电信等行业在国民经济中所占比重，体现了数字经济在产业结构转变中所起到的作用；数字化应用方面，表现在移动电话、互联网等在大众中的广泛使用，体现了数字经济发展对人民生活的影响。最后，选择 6 个指标衡量数字经济发展水平。由于数据量纲不一致，采用极差法对数据进行标准化处理，并利用面板熵值法确定各指标相应权重（表 10 - 1）。

表 10 - 1　数字经济发展水平评价指标体系

目标层	一级指标	二级指标	指标属性	权重
数字经济发展指数	数字化人才	邮电相关从业人员数占比（%）	＋	0.166 9
		计算机服务和软件业从业人员数占比（%）	＋	0.224 5
	数字化产业	邮政业务总量占 GDP 比重（%）	＋	0.384 0
		电信业务总量占 GDP 比重（%）	＋	0.101 9
	数字化应用	每万人移动电话用户数（户）	＋	0.056 4
		每万人互联网用户数（户）	＋	0.066 3

其次，森林生态产品价值实现效率投入产出指标的选取具体的参考已有文献（孔凡斌等，2022），森林生态产品价值实现效率的投入产出指标如表 10 - 2 所示。其中，森林生态产品价值（GEP）的核算参考已有文献（欧阳志云等，1999），具体包括物质产品价值、调节服务价值以及文化服务价值。然后，通过 InVEST 模型核算出生态系统服务实物量，再结合《生态系统生产总值（GEP）核算技术规范陆域生态系统》计算价值量。鉴于《生态系统生产总值

（GEP）核算技术规范陆域生态系统》中各类服务单价以 2015 价格为基准，因此，指标体系中所有价格指标均依据居民价格平减指数（CPI）将当期价格贴现为 2015 年价格进行折算。最后，运用超效率 SBM-Malmquist 指数分解法计算森林生态产品价值实现效率，具体计算方法参考已有文献的做法（赵哲等，2018；孔凡斌等，2022），并运用 MaxDEA 软件测算浙江省 11 个地级市 2011—2020 年的森林生态产品价值实现效率。

表 10-2 森林生态产品价值实现效率的投入-产出指标

指标类型	一级指标	二级指标	三级指标	计算方法
投入指标	森林生态产品总值	物质产品价值	林产品	市场价值法
		调节服务价值	水源涵养价值（亿元）	市场价值法
			固碳释氧价值（亿元）	替代成本法
			土壤保持价值（亿元）	影子价值法
			气候调节价值（亿元）	替代成本法
		文化服务价值	森林休憩价值（亿元）	旅行费用法
	物质资本	林业固定资产投资（亿元）		统计法
	劳动力	有效劳动力（万人）		统计法
	林地面积	林地面积（公顷）		统计法
产出指标	林业产业总增加值	林业第一产业增加产值（亿元）		统计法
		林业第二产业增加产值（亿元）		统计法
		林业第三产业增加产值（亿元）		统计法

注：有效劳动力用各地级市林业从业人口数×人均受教育年限表征。

（3）机制变量。基于上文对于森林生态产品价值实现对城乡收入差距的理论探讨和分析，其主要通过收入效应和就业效应来缩小城乡收入差距。从收入效应来看，森林生态产品价值实现过程中，可以通过增加农村居民人均林业收入和森林旅游收入来影响居民收入，进而对城乡收入差距产生影响。其中农村居民人均林业收入采用林业收入/农村人口数来表示（孔凡斌等，2023c），森林旅游收入用旅游总收入的 30% 表示（程翠云等，2019）。从就业效应来看，森林生态产品价值的实现中涉及林业生产等第一产业的岗位时，可能会增加农村就业人数（潘丹等，2023），还会引起林业加工、种植以及林业旅游等第二和第三产业就业岗位的增多，进而促进非农从业人数增加，进而对城乡收入差距产生影响。

　　(4) 控制变量。①经济增长水平。经济增长水平会影响区域投资、生态理念等方面，由于森林生态产品具有公共物品外部性特点（向红玲等，2021），森林生态产品价值实现效率在一定程度上也受到了影响，可能会缩小城乡收入差距，也有可能因极化作用等原因，进一步扩大城乡收入差距。为了尽可能降低极值和异常值的影响，本章使用浙江省各地级市人均实际 GDP 并采用对数来表示。②地区开放度水平。地区开放度的高低直接关系到各个地区资金、物资流通、经济发展、劳动力需求量以及对人才、技术等方面的吸引，从而提高森林生态产品价值实现效率，进而间接地影响城乡收入差距。采用各地区进出口总额占 GDP 的比重来表示（孔凡斌等，2023a），其中进出口数据均按当年人民币对美元汇率折算成人民币。③城镇化率。城镇化建设能够改变城乡人口和要素分布，即可以促进农村剩余劳动力的非农转移，提高农村劳动力的生产效率（陆铭和陈钊，2004），也可以通过城镇地区的技术转移，使人力资源等要素向农村地区流动，从而影响森林资源的培育、保护和利用的效率水平，进而引起城乡收入分配的变化。采用城镇常住人口占总人口的比重来衡量（唐建军等，2022）。④社会保障水平。地方财政社保和就业支出作为一种经济手段，可以有效保障当地居民的生活质量，并在一定程度上促进当地居民就业。⑤林业固定资产投资。在经济发展中，物质资本与人力资本是决定经济发展最主要的两个因素。因此，选取林业固定资产投资作为农村居民提升其收入水平的重要指标。⑥财政支农力度。地方财政支持农业，有助于提高农村经济发展水平，缩小城乡收入差距。地方财政农林水利支出指标主要是农业、林业、水利等方面的支出，可以很好地反映地方政府对农村的支持程度（杨晓军，2013）。

10.3.4　数据来源

　　本章的统计数据主要来源于 2011—2021 年的《浙江省统计年鉴》和 11 个地级市的统计年鉴以及浙江省林业局的《林业统计年鉴》。测算森林生态产品价值量的遥感数据则来源于以下几个途径：水源涵养量和调节气候功能核算数据来自国家气象科学数据中心（data.cma.cn），固碳释氧功能量核算数据来自中国科学院资源环境科学与数据中心（www.resdc.cn），土壤保持数据来自武汉大学逐年 30 米分辨率土地利用数据。最终得到 2011—2020 年浙江省 11 个地级市的 110 个平衡面板数据集。各变量的描述性统计结果如表 10 - 3 所示。

表 10 - 3　变量的描述性统计结果

变量类型	变量名称	观测数	均值	标准差	最小值	最大值
被解释变量	泰尔指数	110	0.044 5	0.019 9	0.017 5	0.129 6
核心解释变量	数字经济发展水平	110	5.130 4	0.755 2	2.725 9	5.829 0
	森林生态产品价值实现效率	110	0.637 5	0.327 5	0.127 6	2.125 4
机制变量	农村居民人均林业收入	110	211.554 1	105.116 5	38.440 5	409.095 9
	森林旅游收入	110	183.111 2	99.892 2	30.254 6	395.557 2
	农村就业人数	110	398.921 3	429.975 7	23.000 0	2 062.000 0
	非农从业人数	110	664.087 1	494.547 1	84.728 1	2 803.15
控制变量	经济增长水平	110	11.191 9	0.328 7	10.330 2	11.824 9
	地区开放度水平	110	0.496 7	0.267 6	0.155 8	1.271 8
	城镇化率	110	0.642 2	0.078 1	0.448 0	0.832 9
	社会保障水平	110	56.722 0	49.782 1	6.201 2	253.153 9
	林业固定资产投资	110	7.334 6	5.057 9	0.267 7	27.634 3
	财政支农力度	110	52.667 7	21.613 4	13.370 3	109.601 4

10.4　结果与分析

10.4.1　初步统计观察

在分析浙江省数字经济发展、森林生态产品价值实现对城乡收入差距的影响之前，分别画出数字经济发展水平、森林生态产品价值实现效率与城乡收入差距之间的散点图并构建两者的拟合曲线，初步了解数字经济发展、森林生态产品价值实现与城乡收入差距之间的基本关系，结果如图 10 - 2 所示。图 10 - 2（a）中数字经济发展水平与城乡收入差距呈现负向关系，即数字经济发展可以缩小城乡收入差距；（b）中森林生态产品价值实现与城乡收入差距也呈负向关系，即森林生态产品价值实现也可以缩小城乡收入差距。然而，上述的负向关系并不稳健，因为并未控制其他可能会对城乡收入差距造成影响的因素。虽然两者都对城乡收入差距有负向影响，但两者的交互项对城乡收入差距的融合影响则可能会发生变化。基于此，本章将它们纳入其他有影响的变量并借助计量模型来进一步探究数字经济发展、森林生态产品价值实现以及两者之间交互（融合）作用对城乡收入差距的具体影响。

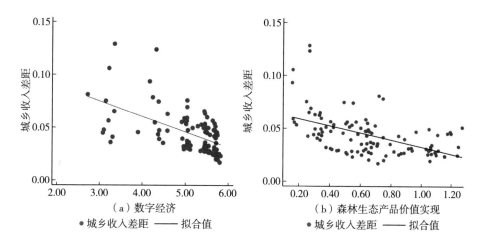

图 10 - 2　数字经济发展、森林生态产品价值实现与
城乡收入差距的拟合关系

10.4.2　数字经济发展、森林生态产品价值实现对城乡收入差距的影响

在估计之前，Hausman 检验结果显示拒绝混合回归模型和随机效应模型，因此本章采用固定效应模型进行回归分析。表 10 - 4 报告了数字经济发展水平、森林生态产品价值实现效率对城乡收入差距影响的回归结果。首先，模型（1）和（2）分别表示不加控制变量和加入全部控制变量之后数字经济发展水平对城乡收入差距的影响。在模型（1）中数字经济发展水平的系数为 $-0.014\ 1$，且在 1％水平上显著，表明数字经济发展可以显著缩小城乡收入差距。模型（2）加入了控制变量之后，数字经济发展水平对城乡收入差距的影响系数为 $-0.005\ 1$，依然显著为负，但绝对值变小，且模型的 R^2 更大，即拟合程度较好，说明加入控制变量的合理性，据此，验证了本章的假说 H1。其次，在模型（3）和（4）森林生态产品价值实现效率的估计系数分别为 $-0.033\ 5$ 和 $-0.008\ 4$，均显著为负，表明森林生态产品价值实现效率的提升有助于缩小城乡收入差距。是否加入控制变量也不影响回归分析的最终结果。再次，模型（5）和（6）分别表示未加控制变量和加入控制变量后，数字经济发展水平和森林生态产品价值实现效率对城乡收入差距的影响结果。从模型（5）和（6）的结果可以发现，无论是否增加控制变量，两者均能显著缩小城乡收入差距。据此，验证了本章的假说 H2a。

表 10 - 4　数字经济发展与森林生态产品价值实现对
城乡收入差距影响的回归结果

变量	被解释变量：城乡收入差距					
	(1)	(2)	(3)	(4)	(5)	(6)
数字经济发展水平	−0.014 1***	−0.005 1***			−0.011 5***	−0.004 8**
	(0.001 0)	(0.002 0)			(0.002 0)	(0.001 9)
森林生态产品价值 实现效率			−0.033 5***	−0.008 4***	−0.024 1***	−0.002 3**
			(0.006 8)	(0.001 9)	(0.003 5)	(0.011 5)
经济增长水平		−0.049 2***		−0.045 2***		−0.049 2***
		(0.010 9)		(0.013 1)		(0.005 7)
地区开放度水平		−0.002 4		−0.016 2**		−0.001 9
		(0.008 6)		(0.006 7)		(0.005 6)
城镇化率		0.014 7		−0.044 7		0.008 5
		(0.044 1)		(0.047 4)		(0.017 1)
社会保障水平		0.000 1*		0.000 2***		0.000 1**
		(0.000 1)		(0.000 1)		(0.000 0)
林业固定资产投资		0.000 4		−0.000 1		0.000 3
		(0.000 5)		(0.000 4)		(0.000 2)
财政支农力度		−0.000 2*		−0.000 4***		−0.000 1
		(0.000 1)		(0.000 1)		(0.000 1)
常数项	0.065 5***	0.596 0***	0.116 8***	0.394 1***	0.116 8***	0.392 0***
	(0.004 4)	(0.134 4)	(0.005 2)	(0.087 0)	(0.005 2)	(0.086 2)
城市固定效应	已控制	已控制	已控制	已控制	已控制	已控制
年份固定效应	已控制	已控制	已控制	已控制	已控制	已控制
样本数	110	110	110	110	110	110
R^2	0.199 8	0.700 4	0.671 5	0.755 5	0.671 7	0.762 7

注：括号内的为标准误，＊、＊＊和＊＊＊分别表示在10％、5％和1％水平上统计显著。下同。

10.4.3　数字经济发展、森林产品价值实现与城乡收入差距的中介和交互效应结果与分析

采用中介效应和交互效应模型进行估计，具体分析森林生态产品价值实现效率在数字经济发展与城乡收入差距之间是否发挥中介或调节作用，以及发挥

怎么样的中介效应（完全中介或部分中介）。

（1）中介效应结果与分析。表 10-5 的模型（1）～（3）为中介效应模型的回归结果。可以发现，首先，模型（1）中数字经济发展水平对城乡收入差距影响的总效应在 1% 水平上通过检验；其次，在模型（2）中，将森林生态产品价值实现效率作为中介变量，数字经济发展水平对森林生态产品价值实现效率的系数以及模型（3）中森林生态产品价值实现效率对城乡收入差距的影响均在 1% 显著性水平下通过检验；最后，模型（3）中数字经济发展水平对城乡收入差距的系数也在 5% 显著性水平上通过了检验。以上检验表明森林生态产品价值实现效率通过数字经济发展水平对城乡收入差距影响过程中发挥着显著的中介作用，且这个中介作用是部分中介效应，即数字经济发展水平对城乡收入差距影响有一部分是通过森林生态产品价值实现效率来实现的。

表 10-5　数字经济发展对城乡收入差距的中介效应和交互效应回归结果

变量	主效应	中介效应		交互效应
	（1）城乡收入差距	（2）森林生态产品价值实现效率	（3）城乡收入差距	（4）城乡收入差距
数字经济发展水平	−0.005 1***	0.131 8***	−0.004 5**	−0.006 8***
	(0.001 8)	(0.041 8)	(0.002 0)	(0.002 1)
森林生态产品价值实现效率			−0.004 6***	−0.022 9**
			(0.001 7)	(0.009 6)
交互项				0.017 1***
				(0.004 9)
经济增长水平	−0.049 2***	0.029 0	−0.036 0***	−0.049 2***
	(0.005 6)	(0.199 2)	(0.008 9)	(0.005 7)
地区开放度水平	−0.002 4	0.243 4*	−0.003 5	−0.001 9
	(0.005 5)	(0.126 0)	(0.005 7)	(0.005 3)
城镇化率	−0.002 5	0.249 2	−0.004 4	0.008 5
	(0.021 5)	(0.477 8)	(0.021 3)	(0.017 1)
社会保障水平	0.000 1*	−0.001 5	0.000 1*	0.000 1**
	(0.000 0)	(0.001 3)	(0.000 0)	(0.000 0)
林业固定资产投资	0.000 1	−0.004 8	0.000 2	0.000 3
	(0.000 2)	(0.005 4)	(0.000 2)	(0.000 2)
财政支农力度	−0.000 1	−0.003 8	−0.000 1	−0.000 1
	(0.000 1)	(0.002 6)	(0.000 1)	(0.000 1)

（续）

变量	主效应	中介效应		交互效应
	（1）城乡收入差距	（2）森林生态产品价值实现效率	（3）城乡收入差距	（4）城乡收入差距
常数项	0.611 6***	−0.139 7	0.457 3***	0.516 5***
	(0.055 3)	(2.110 1)	(0.093 9)	(0.088 7)
样本数	110	110	110	110
R^2	0.761 8	0.600 8	0.787 3	0.817 7

具体来看，数字经济发展水平对城乡收入差距的总效应为−0.005 1，其中直接效应为−0.004 5，通过森林生态产品价值实现效率的中介效应为0.000 6（0.131 8×0.004 6），中介效应占总效应比重为11.76%，森林生态产品价值实现在数字经济发展水平对城乡收入差距影响中发挥着部分中介作用，即数字经济发展水平通过提升森林生态产品价值实现效率进而影响城乡收入差距。

进一步从模型（2）中数字经济发展水平对森林生态产品价值实现效率的影响中可以发现，数字经济发展对森林生态产品价值实现效率存在正向影响，且在1%水平上显著，即数字经济发展可以显著提高森林生态产品价值实现效率。可能的原因在于提高森林生态产品价值实现效率的关键取决于研发和采纳新技术的能力（Parente and Prescott，1999），而数字经济发展让知识积累和信息传播不受时空的局限，促进了林业数字化水平提升，进而对森林生态产品价值实现效率产生影响。同时，可以发现地区开放度水平对森林生态产品价值实现效率有正向影响，且在10%水平上显著。可能原因在于地区开放水平越高，资金的流通、信息要素传递以及对人才、技术等方面的吸引都更加畅通，从而对森林生态产品价值实现效率具有积极的正向影响。据此，验证了本章的假说H3。

（2）交互效应结果与分析。交互效应模型回归结果如表10-5的模型（4）所示。可以发现，加入数字经济发展水平和森林生态产品价值实现效率的交互项，交互项的回归系数在1%显著性水平上通过了检验，具体来看，加入两者的交互项之后，数字经济发展水平对城乡收入差距的作用系数由表10-4模型（2）中的0.005 1上升为0.006 8，当森林生态产品价值实现效率在均值水平时，数字经济发展水平每增加1%，引起城乡收入差距平均缩小0.006 8%。森林生态产品价值实现效率对城乡收入差距的作用系数由表10-4模型（4）

的 0.008 4 上升为 0.022 9，即在两者交互效应存在的前提下，当数字经济发展水平在均值水平时，森林生态产品价值实现效率每增加 1%，引起城乡收入差距平均缩小 0.022 9% 的融合影响效应。即在交互作用下，数字经济发展与森林生态产品价值实现融合发展对城乡收入差距的影响均呈现出增强的趋势。这表明数字经济发展有助于推动提升森林生态产品价值实现效率水平，而森林生态产品价值实现效率则可以有效调节数字经济发展水平。据此，验证了本章的假说 H4。

10.4.4 森林生态产品价值实现效率对城乡收入差距的影响机制分析

上述分析可以发现森林生态产品价值实现可以显著缩小城乡收入差距，但森林生态产品价值实现效率究竟如何对城乡收入差距产生影响，以及通过何种作用机制还需要进一步分析。结合前文的理论分析，收入效应和就业效应是森林生态产品价值实现效率对城乡收入差距影响的两个主要机制。因此，参考已有做法（江艇，2022），运用中介模型对这两个机制进行检验。本章不采用传统的逐步法检验，而是通过直接识别森林生态产品价值实现对两个作用机制变量的因果关系。

首先，对于收入效应的验证。本章选取农户人均林业收入和各地级市森林旅游收入来验证森林生态产品价值实现效率对城乡收入的影响。由于森林与旅游业的结合是当前森林产业的发展趋势，也是林业经营收入的主要收益来源（郑满生和张静，2020），据此，采用各个地级市的旅游总收入的 30% 作为森林旅游的收入（程翠云等，2019），即用作被解释变量进行回归，回归方程如下式所示。

$$\ln income_{i,t} = \beta_0 + \beta_1 FTPF_{i,t} + \beta_2 C_{i,t} + \mu_i + \lambda_t + \varepsilon_{i,t}$$

式中，$\ln income_{i,t}$ 代表收入效应的指标。分别用浙江省各地级市的森林旅游收入的对数值和农户人均林业收入对数值进行表征。β_0 表示常数项，β_1 表示森林生态产品价值实现效率对森林旅游收入的系数，其他变量与前述相关公式保持一致。

其次，对于就业效应的验证，本章主要通过森林生态产品价值实现效率对农村就业人数和非农从业人数的影响来进行验证。建立如下模型，公式如下所示：

$$\ln job_{i,t} = \beta_0 + \beta_1 FTPF_{i,t} + \beta_2 C_{i,t} + \mu_i + \lambda_t + \varepsilon_{i,t}$$

式中，$job_{i,t}$ 代表农村的就业情况，本章选取农村就业人数和非农从业人数均取其对数值衡量。β_1 表示森林生态产品价值实现效率对就业指标的系数，其他的变量和前述相关公式保持一致。

表 10-6 结果显示：第一，表征收入的农户人均林业收入的结果是不显著的，并且森林旅游收入的回归结果也不显著且为负，说明森林生态产品价值实现效率的收入效应并不明显。可能的原因在于：首先，通过数据统计发现浙江省各市的林业产值比重偏低，这表明林业并非浙江省农村经济的主要支柱产业，其森林生态产品价值实现效率的提升只带动小部分林业生产，对农村人均林业收入的促进作用并不明显。其次，当前中国森林生态产品价值实现尚缺乏完善的市场机制支持，且在交易过程中极有可能出现严重的低效现象，导致森林生态产品价值实现效率的提高并不能真正地转化为农民的经济效益。这与已有学者的结论基本一致（李普亮，2012）。第二，表征就业效应的机制变量中农村就业人数的回归系数不显著，说明森林生态产品价值实现效率的提升对农村就业人数没有显著的影响；但森林生态产品价值实现效率的提升对非农从业人数产生显著的就业效应。可能的解释在于：首先，以森林生态产品价值实现效率的提升对农村就业人数的变化更多体现在就业结构中，而森林生态产品价值实现效率的提升可能更多地让农村就业结构发生改变，而非农村就业人数的增加，比如由原本的林业第一产业转向林业第二或第三产业之中，即农村劳动力的非农转变，致使森林生态产品价值实现效率的提升对农村总体就业人数影响并不显著，但却对非农从业人数增长有积极影响。其次，森林生态产品价值实现效率的提升说明城乡产业融合水平的提升，非农就业人数的增加则有利于促进城乡就业服务均等化水平，森林生态产品价值实现效率的提升可以通过增加非农就业人数缩小城乡收入差距。据此，验证了本章的假说 H2b。

表 10-6　森林生态产品价值实现对城乡收入差距的影响机制分析

变量	机制一：收入效应		机制二：就业效应	
	农户人均林业收入	森林旅游收入	农村就业人数	非农从业人数
森林生态产品价值实现效率	0.118 5	−0.038 6	0.007 8	0.070 4***
	(0.110 9)	(0.049 6)	(0.027 4)	(0.018 8)
常数项	−0.510 1	1.831 1	4.018 8***	2.659 5***
	(4.392 2)	(1.965 2)	(1.085 3)	(0.744 3)
控制变量	已控制	已控制	已控制	已控制

（续）

变量	机制一：收入效应		机制二：就业效应	
	农户人均林业收入	森林旅游收入	农村就业人数	非农从业人数
城市固定效应	已控制	已控制	已控制	已控制
年份固定效应	已控制	已控制	已控制	已控制
样本数	110	110	110	110
R^2	0.980 9	0.990 9	0.996 6	0.998 7

10.4.5　进一步分析

考虑各地区资源禀赋和发展程度差异以及数字经济发展水平、森林生态产品价值实现效率和城乡收入差距具有显著的区域差异，需要更加详细地探究数字经济发展水平的影响。首先，从数字经济发展的异质性出发，选取数字经济发展水平的三个维度即数字化人才、数字化产业和数字化应用，深入探究不同数字经济发展水平维度对城乡收入的影响。其次，进一步从区域异质性和城乡收入差距等级水平异质性探讨数字经济发展、森林生态产品价值实现对城乡收入差距的影响。参考相关研究，根据《浙江省统计年鉴》的区域划分方法，将浙江省 11 个地级市划分为浙东北地区和浙西南地区进行地域异质性探讨，而后根据城乡收入差距的数值进行排序，并从数值的 10%、50% 和 90% 的节点进行划分，分位数回归也同样按照 10%、50% 和 90% 的分位点进行划分，将其划分为 3 个差距等级，分别定义为城乡收入差距小、城乡收入差距中等和城乡收入差距大。

（1）数字经济发展水平维度异质性。结果如表 10 - 7 所示，模型（1）、（4）和（7）的主效应回归结果显示，数字化人才、数字化产业和数字化应用的系数均显著为负，说明数字经济发展三个维度均能够显著地缩小城乡收入差距。中介效应结果显示，模型（2）的数字化人才对森林生态产品价值实现效率的系数显著为正，但模型（3）中森林生态产品价值实现效率对城乡收入差距的系数却不显著，说明森林生态产品价值实现效率并未在数字化人才与城乡收入差距之间发挥中介效应。模型（5）的数字化产业对森林生态产品价值实现效率的系数显著为正，且模型（6）中数字化产业和森林生态产品价值实现效率对城乡收入差距的系数均显著为负，说明森林生态产品价值实现效率在其中发挥着正向中介效应，中介效应占总效应的比例为 10.59%（0.271 2×

0.004 1/0.010 5)。模型（8）的数字化应用对森林生态产品价值实现效率的系数显著为正，但模型（9）中森林生态产品价值实现效率对城乡收入差距的系数却不显著，说明森林生态产品价值实现效率并未在数字化应用与城乡收入差距之间发挥中介效应。

表 10 - 7　数字经济发展不同维度对城乡收入差距的影响

变量	数字化人才			数字化产业			数字化应用		
	（1）城乡收入差距	（2）森林生态产品价值实现效率	（3）城乡收入差距	（4）城乡收入差距	（5）森林生态产品价值实现效率	（6）城乡收入差距	（7）城乡收入差距	（8）森林生态产品价值实现效率	（9）城乡收入差距
数字化人才	−0.013 0*** (0.004 7)	0.336 6*** (0.106 8)	−0.012 2** (0.004 9)						
数字化产业				−0.010 5*** (0.004 1)	0.271 2*** (0.086 0)	−0.009 9** (0.003 9)			
数字化应用							−0.041 6*** (0.014 9)	1.073 9*** (0.340 7)	−0.024 1*** (0.005 2)
森林生态产品价值实现效率			−0.002 3 (0.004 3)			−0.004 1** (0.001 6)			−0.002 3 (0.004 3)
常数项	0.611 6*** (0.055 3)	−4.331 5*** (1.265 9)	0.601 4*** (0.058 6)	0.611 6*** (0.055 3)	−4.331 5*** (1.265 9)	0.601 4*** (0.058 6)	0.611 6*** (0.055 3)	−4.331 5*** (1.265 9)	0.601 4*** (0.058 6)
控制变量	已控制	已控制	已控制	已控制	已控制	已控制	已控制	已控制	已控制
城市固定效应	已控制	已控制	已控制	已控制	已控制	已控制	已控制	已控制	已控制
年份固定效应	已控制	已控制	已控制	已控制	已控制	已控制	已控制	已控制	已控制
样本量	110	110	110	110	110	110	110	110	110
R^2	0.761 8	0.445 6	0.762 5	0.761 8	0.445 6	0.762 5	0.761 8	0.445 6	0.762 5

综上所述，数字经济发展水平的三个维度均可以显著缩小城乡收入差距，其中数字经济发展水平中的数字化产业可以通过提升森林生态产品价值实现效率，进而缩小城乡收入差距。即森林生态产品价值实现在数字化产业缩小城乡收入差距中发挥中介效应，而森林生态产品价值实现效率却未在数字化人才和数字化应用对城乡收入差距的影响中发挥中介效应。

（2）区域异质性。在分区域回归之前，对不同地区的数字经济发展水平、森林生态产品价值实现效率和城乡收入差距进行描述性统计。结果发现，数字经济发展水平在浙东北地区（5.147 3）略高于浙西南地区（5.105 0）；森林生态产品价值实现效率分别是浙东北地区（0.736 9）＞浙西南地区（0.660 7），这与已有研究的结论基本一致（孔凡斌等，2022；孔凡斌等，2023c）；而城乡收入差距则是浙西南地区（0.053 4）明显高于浙东北地区（0.032 2）。由此可以看出，浙东北的数字经济发展水平、森林生态产品价值实现效率领先，且城乡收入差距小，符合浙东北地区发展水平更好的现实情况。以上结果为数字经济发展、森林生态产品价值实现影响城乡收入差距的区域异质性检验奠定了基础。

区域异质性回归分析结果如表 10-8 显示：第一，数字经济发展对浙江省不同地区城乡收入差距均有不同程度的缩小作用，且均在 1‰ 水平上显著，但从数字经济发展对缩小城乡收入差距的作用来看，浙西南地区明显大于浙东北地区。具体来看，数字经济发展水平每提升 1‰，城乡收入差距浙东北和浙西南分别缩小 0.008 0‰ 和 0.025 7‰。另外，数字经济发展在浙西南地区对缩小城乡收入差距的作用效应更强，可能的原因在于浙西南地区的城乡收入差距最大，即浙西南地区的经济发展水平处于较低水平，城乡发展不均衡，城乡收入差距较大。因此，浙西南区域可以更好地利用数字经济发展的红利，展示出数字经济带来的"后发优势"（程名望和张家平，2019）。第二，森林生态产品价值实现效率虽然对浙东北和浙西南地区城乡收入差距均有不同程度的缩小作用，但是浙西南地区在 1‰ 水平上显著。即森林生态产品价值实现效率对浙东北地区缓解城乡收入差距的作用不明显，但却可以显著缩小浙西南地区的城乡收入差距。可能的原因在于：浙东北地区的森林生态产品价值实现效率虽然高，但是其城乡收入差距却较小，说明森林生态产品价值实现对于城乡收入差距较大的地区有着更好的缓解作用。当城乡收入差距较大的地区及城市居民和农村居民的收入差距较大时，提升森林生态产品价值实现效率可以通过增加农村居民收入和就业机会等途径来增加农村居民收入，进而更加有利于缩小城乡收入差距，其影响效果更加明显（潘丹等，2023）。

表 10-8　区域数字经济发展、森林生态产品价值实现和
城乡收入差距的异质性回归结果

变量	浙东北	浙西南
	（1）	（2）
数字经济发展水平	−0.008 0*** (0.001 5)	−0.025 7*** (0.006 7)
森林生态产品价值实现效率	−0.003 7 (0.004 3)	−0.097 4*** (0.034 8)
交互项	0.000 3 (0.000 6)	0.022 9*** (0.006 3)

（续）

变量	浙东北	浙西南
	(1)	(2)
经济增长水平	−0.005 5 （0.005 0）	0.014 2*** （0.005 1）
地区开放度水平	−0.008 0*** （0.002 8）	−0.021 7*** （0.004 7）
城镇化率	0.013 0 （0.020 2）	0.039 0 （0.027 4）
社会保障水平	−0.000 0 （0.000 1）	−0.000 2*** （0.000 1）
林业固定资产投资	0.000 3 （0.000 3）	0.002 1*** （0.000 4）
财政支农力度	0.000 0 （0.000 0）	−0.000 4** （0.000 2）
常数项	0.134 8** （0.060 5）	0.022 8 （0.063 8）
城市固定效应	已控制	已控制
年份固定效应	已控制	已控制
样本数	60	50
R^2	0.831 0	0.835 2

（3）城乡收入差距等级异质性。以上的研究表明城乡收入差距的不同可能也会对数字经济发展水平、森林生态产品价值实现效率与缩小城乡收入差距之间的关系产生影响，据此进一步将城乡收入差距进行排序，具体按照10%、50%和90%的分位点进行子样本的划分，同时考虑到直接划分子样本可能会产生内生性的问题，以及通过画出被解释变量的分位图，发现不同分位上的城乡收入差距存在着较大差异，据此，需要运用分位数回归的方法进行进一步验证，同样分位数回归的分位点选择在城乡收入差距的10%、50%和90%的分位点上。

表10-9报告了数字经济发展水平、森林生态产品价值实现效率及两者交互项对不同城乡收入差距等级的子样本回归结果和分位数回归结果。模型（1）、（3）和（5）分别是城乡收入差距小、中等和高的子样本回归结果，而模型（2）、（4）和（6）分别表示在10%、50%和90%分位点上的分位数回归结果。结果显示，子样本回归和分位数回归的结果相差无几，由于子样本回归的拟合度更高，因此基于子样本回归的结果进行解释。从结果可以看出：第一，数字经济发展对城乡收入差距小和城乡收入差距大的样本有更显著的缩小作用，但对收入差距中等的效果并不显著。数字经济发展水平每提升1%，分别

可以促进差距小和差距大的子样本缩小城乡收入差距 0.006 9% 和 0.025 7%。由此可见，数字经济发展对城乡收入差距大的样本缩小差距的效果更加明显。可能的原因在于城乡收入差距小的样本，比如上文提到的浙东北地区由于其数字经济发展的较早，数字经济发展水平也就相对较高，数字经济红利得到更充分的释放（赵涛等，2020）。对于城乡收入差距大的样本，一般都是自身发展水平和质量都不均衡的地区，特别是农村地区的收入较低，而数字经济发展让信息要素流动，使其初期对农民收入的拉动效率更高，增加速度也更快。因此，数字经济发展对城乡收入差距大的区域的作用效果也更加明显（王军和肖华堂，2021）。第二，森林生态产品价值实现对城乡收入差距大的子样本的回归系数为−0.170 2，且在 5% 水平上显著，即森林生态产品价值实现效率的提升对缩小城乡收入差距大的样本有显著的缩小作用。可能的原因在于：城乡收入差距大更大可能是由于农村居民的收入偏低，而森林生态产品价值的实现一般要依赖农村或山区的森林资源，其效率的提升则有助于农村居民实现增收，进而有利于缩小城乡收入差距。

表 10 - 9　不同城乡收入差距等级的子样本回归结果和分位数回归结果

变量	城乡收入差距小		城乡收入差距中等		城乡收入差距大	
	(1)	(2)	(3)	(4)	(5)	(6)
数字经济发展水平	−0.006 9***	−0.003 9***	−0.002 4	−0.002 8	−0.025 7***	−0.011 7**
	(0.002 1)	(0.001 1)	(0.004 3)	(0.001 9)	(0.007 1)	(0.002 9)
森林生态产品价值实现效率	−0.002 1	−0.191 2*	−0.013 0	−0.156 9	−0.170 2**	−0.176 9
	(0.006 5)	(0.108 4)	(0.041 5)	(0.010 0)	(0.069 8)	(0.127 5)
交互项	0.000 2	0.040 3*	0.002 3	0.031 3	0.035 5**	0.442 2*
	(0.000 4)	(0.022 2)	(0.008 3)	(0.020 1)	(0.015 5)	(0.002 5)
常数项	0.114 5	0.402 3***	0.236 1***	0.521 1***	0.619 7***	0.814 7***
	(0.071 4)	(0.034 0)	(0.063 2)	(0.057 1)	(0.159 5)	(0.088 8)
控制变量	已控制	已控制	已控制	已控制	已控制	已控制
城市固定效应	已控制	已控制	已控制	已控制	已控制	已控制
年份固定效应	已控制	已控制	已控制	已控制	已控制	已控制
样本量	33	110	33	110	44	110
R^2/伪 R^2	0.731 5	0.515 8	0.421 7	0.550 4	0.840 2	0.670 0

注：OLS 和子样本回归展示的为 R^2 拟合度结果，分位数回归展示的则是伪 R^2 的拟合度结果。

10.4.6　稳健性检验与内生性检验

（1）稳健性检验。为验证以上结论的可信度，本章提出以下三种方法进行稳健性检验。一是替换核心解释变量。利用北京大学数字金融研究中心所编制的"数字普惠金融指标"（郭峰等，2020）替换，并将数字普惠金融的总指数取对数，重新回归；二是替换被解释变量。将泰尔指数替换成城乡收入比，用城市人均收入比乡村人均收入进行衡量；三是进行数据缩尾处理。为了排除被解释变量极端值对回归结果的影响，剔除城乡收入差距数据首尾两端 1% 的极端值，再次对模型进行估计。结果如表 10 - 10 所示，可以发现与上文的研究结果基本相符，表明本章的结论是稳健可靠的。

表 10 - 10　数字经济发展和森林生态产品价值实现对城乡收入差距影响的稳健性检验

变量	替换核心解释变量	替换被解释变量	数据缩尾
	(1)	(2)	(3)
数字普惠金融的总指数	$-0.000\ 1^{**}$		
	$(0.000\ 0)$		
数字经济发展水平		$-0.004\ 5^{**}$	$-0.005\ 1^{***}$
		$(0.001\ 8)$	$(0.001\ 8)$
森林生态产品价值实现效率	$-0.019\ 3^{*}$	$-0.026\ 2^{**}$	$-0.021\ 2^{*}$
	$(0.011\ 6)$	$(0.013\ 3)$	$(0.002\ 0)$
交互项	$0.003\ 0^{*}$	$0.004\ 2^{*}$	$0.004\ 0^{*}$
	$(0.001\ 6)$	$(0.002\ 3)$	$(0.002\ 0)$
常数项	$0.534\ 5^{***}$	$0.590\ 4^{***}$	$0.611\ 5^{***}$
	$(0.069\ 3)$	$(0.064\ 9)$	$(0.055\ 3)$
控制变量	已控制	已控制	已控制
城市固定效应	已控制	已控制	已控制
年份固定效应	已控制	已控制	已控制
样本量	110	110	110
R^2	0.669 9	0.697 6	0.744 2

（2）内生性检验。尽管本章已尽可能控制了相关变量，但数字经济发展、森林生态产品价值实现和城乡收入差距之间仍然可能存在内生性问题。一是考

虑到可能存在遗漏变量导致可能的内生性问题，由此选择滞后所有解释变量一期进行纠正，同时，在一定程度上还可以缓解反向因果的问题（张爱英和孟维福，2021）。二是为本章的数字经济发展选取合适的工具变量，参考已有做法（黄群慧等，2019），以 1984 年的电话机数作为数字经济的工具变量。一方面是由于传统通信技术在本地的发展，电话机的数目将会从技术层面、用户习惯等方面对数字技术的应用产生一定的影响；另一方面是考虑到传统通信技术对城乡收入差距不会产生或极少产生直接影响。这两点满足工具变量选择的相关性和外生性的要求（熊子怡等，2022）。需要注意的是，由于选用的工具变量是 1984 年的截面数据，不可以直接用于面板数据分析，因此，参考既有文献处理方法（Nunn and Qian，2014），引入一个随时间变化的变量来构建本章的面板工具变量。具体用当年各地级市互联网用户数分别乘上 1984 年人均电话机数量。

表 10 - 11　数字经济发展和森林生态产品价值实现对
城乡收入差距影响的内生性检验

变量	所有解释变量滞后一期		工具变量法	
	(1)	(2)	(3)	(4)
（L.）森林生态产品价值实现效率	−0.004 1*	−0.012 3*	−0.018 9*	−0.017 6**
	(0.002 3)	(0.007 1)	(0.010 3)	(0.007 7)
（L.）数字经济发展水平	−0.015 5***	−0.016 0***	−0.010 2***	−0.007 5***
	(0.002 1)	(0.002 8)	(0.002 0)	(0.001 7)
（L.）交互项	0.000 7	0.002 3*	0.001 6	0.003 1**
	(0.001 0)	(0.001 3)	(0.001 7)	(0.001 4)
控制变量	未控制	已控制	未控制	已控制
城市固定效应	已控制	已控制	已控制	已控制
年份固定效应	已控制	已控制	已控制	已控制
识别不足检验：Kleibergen—Paaprk LM 统计量			46.583 4 [0.000 0]	29.432 0 [0.000 0]
弱工具变量检验：Kleibergen—Paaprk Wald F 统计量			53.314 0 {13.910 3}	24.870 1 {13.910 3}
样本量	110	110	110	110

注：（L.）为模型（1）和（2）中的滞后一期的变量，（ ）内数值为标准误，［ ］内数值为 P 值，{ } 内数值为 Stock - Yogo 弱识别检验 10% 水平上的临界值。

（3）内生性检验结果如表 10-11 所示。模型（1）和模型（2）是将所有解释变量滞后一期的回归结果，模型（3）和模型（4）是引入了数字经济发展的工具变量之后的回归结果。通过以上结果可以发现在考虑了内生性之后，数字经济发展和森林生态产品价值实现可以显著缩小城乡收入差距的结论仍然成立，且均在 1% 的水平上显著。此外，对于"工具变量识别不足"的检验中，Kleibergen-Paaprk 的 LM 统计量 P 值均为 0.000 0，显著拒绝原假设；在弱工具变量识别检验中，Kleibergen-Paaprk 的 Wald F 统计量大于 Stock-Yogo 弱识别检验在 10% 水平上的临界值。以上检验结果表明，以 1984 年各城市人均电话机数量与当年各地级市互联网用户数的交叉项作为数字经济发展指数的工具变量是合理的。

10.5 结论及政策启示

在促进数字经济发展协同生态产品价值产业化和共同富裕及推进人与自然和谐共生与全体人民共同富裕的新时代背景下，本章基于 2011—2020 年浙江省 11 个地级市的面板数据，从理论层面理清了数字经济发展、森林生态产品价值实现对城乡收入差距变化的作用机理，采用中介效应和交互效应模型等方法，从多个角度实证检验了数字经济发展、森林生态产品价值实现对城乡收入差距变化的影响及其作用机制，进一步从数字经济发展水平维度异质性、样本区域异质性和城乡收入差距等级异质性的角度对影响机制的异质性特征展开深入讨论，得出以下主要结论。

第一，从整体上来看，数字经济发展和森林生态产品价值实现均可以显著缩小城乡收入差距，通过替换核心解释变量、替换被解释变量等处理以及引入工具变量等稳健性检验之后，结论依然成立。

第二，从中介效应来看，数字经济发展可以通过提升森林生态产品价值实现效率，进而缩小城乡收入差距，其中介效应占总效应的 11.76%；从融合效应来看，在数字经济发展和森林生态产品价值实现的交互作用下，数字经济与森林生态产品价值实现融合发展对缩小城乡收入差距的影响呈现增强态势。

第三，从森林生态产品价值实现效率对城乡收入差距的影响机制分析来看，森林生态产品价值实现对非农就业人数有显著正向影响，说明就业效应显著，即森林生态产品价值实现效率可以通过就业效应有效缩小城乡收入差距，但其收入效应不明显。

第四，从数字经济发展水平的 3 个维度来看，各个维度均可以显著缩小城乡收入差距，森林生态产品价值实现效率在数字化产业缩小城乡收入差距中发挥中介效应，而森林生态产品价值实现效率却未在数字化人才和数字化应用对城乡收入差距的影响中发挥中介效应。

第五，从区域异质性角度来看，森林生态产品价值实现能够显著缩小浙西南地区的城乡收入差距，但对浙东北地区则不显著。数字经济发展对浙江省不同区域的城乡收入差距均有不同程度的缩小作用，但从缩小的效果来看，浙西南地区明显高于浙东北地区。

第六，从城乡收入差距等级异质性来看，对城乡收入差距大的样本，数字经济发展、森林生态产品价值实现对缩小其城乡收入差距的作用更明显，其次为城乡收入差距较小的样本，但对于城乡收入差距中等的样本则没有显著缩小的作用。

基于上述理论分析结果，从建设全体人民共同富裕的中国式现代化的视角，结合中国全面推进乡村振兴战略和数字乡村建设的实践进程，本章得出以下政策建议：

第一，鉴于数字经济发展和森林生态产品价值实现可以显著缩小城乡收入差距，两者融合发展对缩小城乡收入差距的影响均呈现增强态势，在全面推进数字乡村建设过程中，要加强对山区和农村森林生态产品管理和运营的数字化赋能，不断提升农村林业数字化水平，通过将互联网、大数据等数字技术融入森林生态链、产品链和价值链中，推动森林生态产品价值转化效率水平；不仅如此，还要进一步重视数字经济发展在协同推进人与自然和谐共生和全体人民共同富裕的现代化建设中的重要作用，不断完善农村和山区特别是城乡收入差距还较大的农村和山区数字乡村基础设施建设和技术推广应用，整体提升数字化水平，确保数字经济发展能够在缩小城乡收入差距中发挥更大的作用。

第二，鉴于森林生态产品价值实现可以通过就业效应推进缩小城乡收入差距，在全面推进乡村产业振兴的过程中，要进一步深化农村和山区林业三次产业的深度融合，提升森林生态产品价值链，推动林产品加工、森林康养、森林旅游等传统和新型产业发展，引导人才链从传统农林业向新型生态产业转移，以高质量就业实现农民增收，实现森林生态产品价值实现与缩小城乡收入差距同步协调发展。

第三，鉴于数字经济发展和森林生态产品价值实现都离不开人才、资金和技术支撑，在全面推进数字乡村建设过程中，要注重引导数字经济发展有效地服务林业产业生产活动，强化数字化人才和数字化应用，提升数字经济支持农户林业生产活动的技术效能，不断提升数字经济发展在森林生态产品价值实现及缩小城乡收入差距的中介作用。

第四，鉴于森林生态产品价值实现和数字经济发展在不同地区效应的异质性，在全面推进数字乡村建设过程中，要在山区和农村实施动态化、差异化的数字经济发展策略，将其作为"硬件"技术支撑山区和农村共同富裕重点和难点区域的数字生态经济发展和农民增收，从而有效缓解区域间和城乡之间的收入差距。

第五，鉴于森林生态产品价值实现和数字经济发展对不同等级上的城乡收入差距效应差异，在全面推进数字乡村建设过程中，应切实加大对城乡收入差距大的山区和农村数字基础设施建设，让其充分发挥"数字红利"推动森林生态产品价值实现效率与农民林业收入可持续协调增长的"后发力量"。

参考文献

曹清峰，2020. 国家级新区对区域经济增长的带动效应：基于 70 大中城市的经验证据 [J]. 中国工业经济，388（7）：43 – 60.

陈文，吴赢，2021. 数字经济发展、数字鸿沟与城乡居民收入差距 [J]. 南方经济，386（11）：1 – 17.

程翠云，葛察忠，杜艳春，等，2019. 浙江省衢州市绿金指数核算研究 [J]. 生态学报，39（1）：37 – 44.

程名望，张家平，2019. 互联网普及与城乡收入差距：理论与实证 [J]. 中国农村经济（2）：19 – 41.

程文杰，孔凡斌，徐彩瑶，2022. 国家试点区森林调节类生态产品价值转化效率初探 [J]. 林业经济问题，42（4）：354 – 362.

郭峰，王靖一，王芳，等，2020. 测度中国数字普惠金融发展：指数编制与空间特征 [J]. 经济学（季刊），19（4）：1401 – 1418.

胡鞍钢，周绍杰，2002. 中国如何应对日益扩大的"数字鸿沟" [J]. 中国工业经济（3）：5 – 12.

黄群慧，余泳泽，张松林，2019. 互联网发展与制造业生产率提升：内在机制与中国经验 [J]. 中国工业经济（8）：5 – 23.

江艇，2022. 因果推断经验研究中的中介效应与调节效应 [J]. 中国工业经济（5）：100 – 120.

孔凡斌，程文杰，徐彩瑶，2023. 数字经济发展能否提高森林生态产品价值转化效率：基于浙江省丽水市的实证分析 [J/OL]. 中国农村经济（5）：163 – 184 [2023 – 07 – 01].

孔凡斌，程文杰，徐彩瑶，等，2023. 国家试点区森林生态资本经济转换效率及其影响因素 [J]. 林业科学，59（1）：1-11.

孔凡斌，崔铭烨，徐彩瑶，等，2023. 浙江省森林生态产品价值实现对城乡差距的影响 [J]. 林业科学，59（1）：31-43.

孔凡斌，王宁，徐彩瑶，2022. "两山"理念发源地森林生态产品价值实现效率 [J]. 林业科学，58（7）：12-22.

孔凡斌，王宁，徐彩瑶，等，2023. 浙江省山区 26 县森林生态产品价值实现对城乡收入差距的影响 [J]. 林业科学，59（1）：44-58.

李普亮，2012. 财政农业支出、农民增收与城乡居民收入差距：基于省级面板数据的实证 [J]. 南方经济（8）：57-75.

李晓钟，李俊雨，2022. 数字经济发展对城乡收入差距的影响研究 [J]. 农业技术经济，322（2）：77-93.

梁双陆，刘培培，2019. 数字普惠金融与城乡收入差距 [J]. 首都经济贸易大学学报，21（1）：33-41.

刘炳亮，苏金豹，马建章，2018. 旅游开发对景观边缘植物溢出效应的影响 [J]. 生态学报，38（10）：3653-3660.

刘培林，钱滔，黄先海，等，2021. 共同富裕的内涵、实现路径与测度方法 [J]. 管理世界，37（8）：117-129.

刘晓倩，韩青，2018. 农村居民互联网使用对收入的影响及其机理：基于中国家庭追踪调查（CFPS）数据 [J]. 农业技术经济（9）：123-134.

陆铭，陈钊，2004. 城市化、城市倾向的经济政策与城乡收入差距 [J]. 经济研究（6）：50-58.

欧阳志云，王效科，苗鸿，1999. 中国陆地生态系统服务功能及其生态经济价值的初步研究 [J]. 生态学报（5）：19-25.

潘丹，罗璐薏，余异，等，2023. 森林资源培育工程对革命老区县域城乡收入差距的影响 [J]. 林业科学，59（1）：74-89.

齐秀琳，江求川，2023. 数字经济与农民工就业：促进还是挤出：来自"宽带中国"政策试点的证据 [J]. 中国农村观察（1）：59-77.

舒季君，周建平，陈亦婷，等，2022. 中国省域数字经济的空间演化特征及其城乡融合效应 [J]. 经济地理，42（8）：103-111.

孙久文，夏添. 中国扶贫战略与2020年后相对贫困线划定：基于理论、政策和数据的分析 [J]. 中国农村经济，2019（10）：98-113.

孙玉环，张汀昱，王雪妮，等，2021. 中国数字普惠金融发展的现状、问题及前景 [J]. 数量经济技术经济研究，38（2）：43-59.

唐代生，吴云华，2009. 论我国数字林场的体系结构及应用前景 [J]. 中南林业科技大学学报，29（5）：179-183.

唐建军，龚教伟，宋清华，2022. 数字普惠金融与农业全要素生产率：基于要素流动与技术扩散的视角 [J]. 中国农村经济（7）：81-102.

王宾，2022. 共同富裕视角下乡村生态产品价值实现：基本逻辑与路径选择 [J]. 中国农村经济（6）：129-143.

王金杰，李启航，2017. 电子商务环境下的多维教育与农村居民创业选择：基于 CFPS 2014 和 CHIPS 2013 农村居民数据的实证分析 [J]. 南开经济研究（6）：75-92.

王军，肖华堂，2021. 数字经济发展缩小了城乡居民收入差距吗？[J]. 经济体制改革（6）：56-61.

温忠麟，侯杰泰，张雷，2005. 调节效应与中介效应的比较和应用 [J]. 心理学报（2）：268-274.

向红玲，陈昭玖，廖文梅，等，2021. 农村劳动力转移对林业全要素生产率的影响分析：基于长江经济带 11 省（市）的实证 [J]. 林业经济，43（3）：37-51.

谢晨，张坤，王佳男，等，2021. 退耕还林动态减贫：收入贫困和多维贫困的共同分析 [J]. 中国农村经济（5）：18-37.

熊子怡，张科，何宜庆，2022. 数字经济发展与城乡收入差距：基于要素流动视角的实证分析 [J]. 世界农业（10）：111-123.

徐彩瑶，王宁，孔凡斌，等，2023. 森林生态产品价值实现对县域发展差距的影响：以浙江省山区 26 县为例 [J]. 林业科学，59（1）：12-30.

徐舒，王貂，杨汝岱，2020. 国家级贫困县政策的收入分配效应 [J]. 经济研究，55（4）：134-149.

徐翔，赵墨非，李涛，等，2023. 数据要素与企业创新：基于研发竞争的视角 [J]. 经济研究，58（2）：39-56.

许宪春，张美慧，张钟文，2021. 数字化转型与经济社会统计的挑战和创新 [J]. 统计研究，38（1）：15-26.

许竹青，郑风田，陈洁，2013. "数字鸿沟"还是"信息红利"？信息的有效供给与农民的销售价格：一个微观角度的实证研究 [J]. 经济学（季刊），12（4）：1513-1536.

杨晓军，2013. 中国农户人力资本投资与城乡收入差距：基于省级面板数据的经验分析 [J]. 农业技术经济（4）：13-25.

余博，潘爱民，2022. 数字经济、人才流动与长三角地区高质量发展 [J]. 自然资源学报，37（6）：1481-1493.

曾福生，郑洲舟，2021. 多维视角下农村数字普惠金融的减贫效应分析 [J]. 农村经济，462（4）：70-77.

张爱英，孟维福，2021. 普惠金融、农业全要素生产率和城乡收入差距 [J]. 东岳论丛，42（9）：63-76，191.

张帅，吴珍玮，陆朝阳，等，2022. 中国省域数字经济与实体经济融合的演变特征及驱动因素［J］. 经济地理，42（7）：22-32.

张英浩，汪明峰，崔璐明，等，2022. 数字经济水平对中国市域绿色全要素生产率的影响［J］. 经济地理，42（9）：33-42.

赵涛，张智，梁上坤，2020. 数字经济、创业活跃度与高质量发展：来自中国城市的经验证据［J］. 管理世界，36（10）：65-76.

赵哲，白羽萍，胡兆民，等，2018. 基于超效率 DEA 的呼伦贝尔地区草牧业生态效率评价及影响因素分析［J］. 生态学报，38（22）：7968-7978.

郑满生，张静，2020. 我国森林旅游生态环境发展水平综合评价与分析［J］. 林业经济，42（5）：30-39.

朱喜安，马樱格，2022. 数字经济对绿色全要素生产率变动的影响研究［J］. 经济问题，519（11）：1-11.

Aker J C，2011. Dial "A" for Agriculture：A Review of Information and Communication Technologies for Agricultural Extension in Developing Countries［J］. Agricultural Economics，17.

Greenwood，J and Jovanovic，B，1990. Financial Development，Growth，and the Distribution of Income［J］. Journal of Political Economy，98（5，Part 1）：1076-1107.

Hall R E，and C I Jones，1999. Why Do Some Countries Produce So Much More Output Per Worker than Others?［J］. The Quarterly Journal of Economics，114（1）：83-116.

Lagakos D，2020. Urban-Rural Gaps in the Developing World：Does Internal Migration Offer Opportunities?［J］. Journal of Economic Perspectives，34（3）：174-192.

Maurer N，and S Haber，2007. Related Lending and Economic Performance：Evidence from Mexico［J］. The Journal of Economic History，67（3）：551-581.

Nunn N，and N Qian，2014. US Food Aid and Civil Conflict［J］. American Economic Review，104（6）：1630-1666.

VanderWeele T J，2014. A Unification of Mediation and Interaction：A 4-Way Decomposition［J］. Epidemiology，25（5）：749-761.

Xu，L，Clarke，G and Zou，H F，2003. Finance and Income Inequality：Test of Alternative Theories［R］. The World Bank.

Yuan Y，M Wang，Y Zhu，2020，Urbanization's Effects on the Urban-Rural Income Gap in China：A Meta-Regression Analysis［J］. Land Use Policy，99：e104995.

第11章 建立健全流域森林碳补偿机制促进区域协同公平发展实践路径

2020年9月，中国政府提出"碳排放力争于2030年前达到峰值，2060年前实现碳中和"目标，并把"双碳"目标纳入生态文明建设和中国式现代化建设的整体布局。在"双碳"战略背景下，建立健全生态保护碳补偿机制是实现区域间权利义务均衡及区域公平协调发展的必然要求。完善森林生态补偿机制是中国健全生态补偿机制促进社会公平协调发展的重点领域。建立健全能够体现森林碳汇价值的生态保护补偿机制，提高森林生态系统质量和碳汇能力，是林业协同推动"双碳"目标和共同富裕的重要工作，也是推动实现人与自然和谐的生态文明建设重大实践创新举措。科学核算区域森林碳收支水平，明确区域和流域森林碳收支时空特征及其变化规律，探索森林碳补偿标准与对象及空间选择等生态补偿关键机制问题，可以为建立健全能够体现碳汇价值的生态保护补偿机制及促进区域公平协调发展提供科学依据。本章对浙江省钱塘江流域碳收支进行核算，模拟流域森林碳补偿额度及标准和补偿对象及空间选择，明确流域各县域单元生态承载能力和经济发展能力匹配特征，提出率先建立健全能够体现碳汇价值的流域森林生态保护补偿机制，为全国建立生态系统碳补偿促进区域协调发展实践创新提供路径支撑（孔凡斌等，2022）。

11.1 研究背景和意义

以二氧化碳为主的温室气体排放被认为是全球变暖的主要因素，缓解温室气体已成为全球应对气候变化的共同任务（Lashof D A 等，1990）。2015年，中国向联合国气候变化框架公约秘书处提交的《强化应对气候变化——中国国家自主贡献》报告，将增加森林碳汇作为国家应对气候变化的战略举措。2020

年 9 月，中国政府提出"碳排放力争于 2030 年前达到峰值，2060 年前实现碳中和"目标，并把"双碳"目标纳入生态文明建设整体布局。2021 年 9 月，国家发展和改革委员会明确提出要加快"建立健全能够体现碳汇价值的生态保护补偿机制"。2021 年 11 月，国家林业和草原局明确指出要完善森林生态补偿机制，着力提高森林生态系统质量和碳汇能力，充分发挥林业在推动碳达峰、碳中和工作中的作用。因此，科学核算区域森林碳收支水平，明确重点生态功能区森林碳收支时空特征及其变化规律，据此探索森林碳补偿标准与对象及空间选择等生态补偿关键机制问题，为建立健全能够体现碳汇价值的生态保护补偿机制提供科学依据，已然是服务国家碳中和战略及区域协同公平发展的迫切需要。

碳补偿是中国健全生态补偿机制的重要环节（毛显强等，2002；刘春腊等，2013）。在"双碳"战略背景下，区域间碳补偿是实现区域间碳权利义务均衡及公平协调发展的重要手段（赵荣钦等，2015）。对此，国内外学者从不同视角对碳补偿相关问题进行了研究。在行政区划尺度上，相关研究构建碳补偿模型从省域、县域和流域尺度上进行碳补偿研究（赵荣钦等，2016；赵荣钦等，2014；万伦来等，2020；Miao Y 等，2019；Huang H 等，2022），还从优化开发区域、重点开发区域、限制开发区域和禁止开发区域等主体功能区尺度上研究碳补偿问题（Wang W X 等，2020；夏四友等，2022；李璐等，2019）。但目前鲜有区域和流域森林碳补偿标准与空间选择方面的探索，特别是针对基于行政单元及重要生态功能区的相关研究尤为缺乏。从碳补偿应用领域上，相关研究主要关注生态工程建设补偿（Fu B 等，2014）、森林碳补偿（Galik C S 等，2009；Gregory S L 等，2016）、农业碳补偿（Nishimura S 等，2008；陈儒等，2018）、渔业碳补偿（Yu J K 等，2011）、旅游碳补偿（王立国等，2020）、水库开发碳补偿（Yu，B 等，2016）等方面，为碳补偿理论和方法研究提供了有益的参考。既有的少量有关森林碳补偿研究集中于森林碳补偿价格核算，少有关于森林碳补偿标准和对象及空间选择等生态补偿关键问题的研究。从研究内容和研究方法上看，既有相关研究集中在碳排放与碳吸收的计算以及碳补偿模型构建两个主要方面，研究方法多数利用 IPCC 清单法构建碳收支核算体系进行碳收支核算（赵荣钦等，2016；赵荣钦等，2014；万伦来等，2020；赵荣钦等，2015b；马明娟等，2021；Miao Y 等，2019）。还有些研究直接使用 Scientific Data 发布的数据，基于 PSO‐BP 算法开发的新模型，使用夜间灯光数据，基于自上向下的加权平均策略求算县级碳排放量和固碳量

（夏四友等，2022；Chen J D 等，2020）。利用 IPCC 清单法以及 CASA 模型分别计算研究区域碳排放与碳吸收仍然是当前研究碳供需的主要方法（孟士婷等，2018）。

生态补偿标准确定和生态补偿对象及空间选择是建立健全生态保护补偿机制的核心内容与关键（孔凡斌，2007；赖力等，2008；欧阳志云等，2013；徐彩瑶等，2021），也是探索建立健全能够体现碳汇价值的流域生态保护补偿机制的关键环节。流域生态补偿标准确定可以从投入成本、环境效益和补偿意愿等角度来核算（金淑婷等，2014；李晓光等，2009；张落成等，2011；韦惠兰、宗鑫，2016）。补偿对象及空间选择是指通过适当的方法对不同生态系统服务提供者（或不同区域）进行空间定位，筛选出最有效的生态系统服务提供者（或受偿区域），用以提高生态补偿的效率（孔凡斌等，2014；王奕淇、李国平，2019）。国际上对补偿对象及空间选择方法经历了由"效益瞄准""成本瞄准""效益成本比瞄准"到"多目标、多准则瞄准"的发展（戴其文等，2009；刘晋宏等，2019）。在基于碳补偿模型构建的碳补偿标准和对象及空间选择方面，相关研究采用早期的碳补偿模型（余光辉等，2012）进行研究，因该模型未考虑碳排放强度及碳排放效率的区域差异而造成区域碳补偿价值核算的不公平，以及由于各研究单元净碳排放量明显偏大而造成大部分地区需要支付的碳补偿资金过大，结果使得获得补偿的研究单元明显偏少，从而造成计算结果失真。经修正的碳补偿模型（赵荣钦等，2016）较好地克服了这一不足，早期模型与改进模型结合使用能够取得比较好的效果。因此，可以借鉴修正的模型量化分析区域碳收支水平，据此计算森林净碳排放贡献度，用以探索森林碳补偿标准和补偿对象及空间选择。目前，相关研究开始关注钱塘江流域的碳储量、生物多样性、土壤保持等生态系统服务的量化分析（李博等，2022；邹文涛等，2021；彭杨靖等，2021；Zhou M M 等，2021），然而，针对钱塘江流域及山水林田湖草生态保护修复工程国家试点区域森林碳补偿关键机制的研究尚未涉及。

鉴于此，本章以中国南方重点生态功能区——浙江钱塘江流域为研究对象，构建碳排放核算体系，利用 CASA 模型量化分析钱江源流域碳排放与碳吸收水平及其时空变化特征，据此计算和模拟流域碳森林补偿额度及标准和补偿对象及空间选择，为建立健全能够体现碳汇价值的流域及重点生态功能区森林碳补偿机制促进区域协同公平发展提供科学依据和政策参考。

11.2　研究区概况

钱塘江流域主要包含杭州市区、萧山区、余杭区、临安区、富阳区、桐庐县、淳安县、建德市、开化县、常山县。其中钱塘江北源的淳安县、建德市和钱塘江南源的衢州市开化县、常山县等四县（市）（以下简称"四县（市）"）是国家重点生态功能区、长三角地区重要的战略水源地和华东地区的重要生态屏障。流域面积约 1 984 700.00 公顷，并且 2020 年钱塘江流域森林面积占总流域面积的 72.01%。钱塘江流域多山地、丘陵，气候为亚热带季风气候，夏季高温多雨，冬季温和少雨，年降水量 1 454.00 毫米，年平均温度 17.80℃。2000—2020 年林地为钱江源流域的主要用地类型，林地占总面积 70% 以上，2008 年林地面积占比最多，达到了 74.30%。其次为耕地，占总面积 15.00% 以上，2000 年耕地面积占比最多，达到了 18.61%。由于草地面积较少，只占整个面积的 0.01% 左右，其碳吸收量占生态用地碳吸收总量较少。20 年间林地面积较为稳定，出现过缓慢上升又下降的变化趋势，2020 年的林地面积与2000 年相比减少了 1.75%。钱塘江流域 2020 年末人口 1 266.72 万人，GDP为 16 416.47 亿元。2018 年，钱塘江源头地区及流域纳入全国第三批山水林田湖草生态保护修复工程试点（以下简称"山水工程"），试点工程总投资为181.08 亿元，试点期为 2019—2021 年。探索建立健全工程区及流域生态补偿机制，为全国提供样板，是试点工程体制机制创新的重要内容。因此，在"双碳"战略背景下，探明钱塘江流域生态系统碳流动规律，据此提出森林碳补偿标准和对象及空间选择方案，对于全国探索建立健全能够体现碳汇价值的生态保护补偿机制，具有典型示范意义。

11.3　研究方法

11.3.1　数据来源与预处理

碳排放数据主要采用 2000—2020 年钱江源流域县（市、区）的相关统计数据，具体包括人口、土地面积、GDP、农业机械总动力、化肥使用量、有效灌溉面积、农作物种植面积、畜牧业产量（猪、牛、羊、兔、家禽）、化石能源消耗量、固废及废水排放量。由于县（市、区）全社会化石能源消耗量数据缺失，统一采用 GDP 进行折算。数据主要来自《杭州市统计年鉴》（2000—2020

年）和《衢州市统计年鉴》（2000—2020 年）（Hangzhou Municipal Bureau of Statistics.，2000—2020；Qvzhou Municipal Bureau of Statistics.，2000—2020）。

碳吸收数据主要包括 2000—2020 年研究区土地利用数据、降水、气温、太阳辐射、NDVI。土地利用数据采用相关研究及更新数据（Yang J 等，2021），主要包括耕地、林地、草地、水域、建设用地、未利用地的数据。降水、气温、太阳辐射数据来自中国气象科学数据共享服务网，对其均采用 Kriging 插值。NDVI 数据是利用 Google Earth Engine（GEE）平台对 Landsat 5、7、8 遥感影像融合并进行遥感解译。投影均采用 Albers 投影，分辨率为 30 米。

11.3.2 碳排放核算方法

通过整合 IPCC 温室气体清单方法（IPCC，2006）和国内相关文献构建县域碳排放核算体系（赵荣钦等，2012；赵荣钦等，2015）。具体而言，主要包括能源消费、农业生产活动、人类呼吸、畜牧业、固体废弃物和废水等的碳排放。

能源碳排放：

$$CE = E \times \sigma$$

式中，CE 表示某地区能源消耗的 CO_2 排放；E 表示某县（市、区）能耗量吨标准煤；σ 表示单位能耗 CO_2 排放系数，取 1.87 吨 C/吨（李璐等，2019）。

农业生产活动：

$$CE_{mach} = S_{mach} \times P + P_{mach} \times Q$$

$$CE_{irri} = S_{irri} \times R$$

$$CE_{fert} = G_{fert} \times A$$

$$CE_{film} = S_{film} \times U$$

$$CE_{animal} = \sum_i Num_{animal-i} \times (C1_{animal-i} + C2_{animal-i})$$

式中，CE_{mach}、CE_{irri}、CE_{fert}、CE_{film} 分别为农机、灌溉、化肥和农膜的碳排放；S_{mach} 为农作物种植面积；P_{mach} 为农业机械总动力；S_{irri} 为灌溉面积；G_{fert} 为化肥使用量；S_{film} 为农膜使用量；P、Q、R、A、U 为碳排放系数，分别取 16.47 千克 C/公顷、0.18 千克 C/千瓦、266.48 千克 C/公顷、857.54 千克 C/兆克、5.18 千克 C/千克。CE_{animal} 表示动物的碳排放总量；$Num_{animal-i}$ 表

示第 i 种动物的数量；$C1_{animal\text{-}i}$ 为第 i 种动物肠道发酵的甲烷排放系数；$C2_{animal\text{-}i}$ 为第 i 种动物粪便的甲烷排放系数。

人类呼吸碳排放：

$$CE_{hum} = Num_{people} \times 0.079$$

式中，CE_{hum} 为人类呼吸的碳排放量；Num_{people} 为人口数；0.079 为人均碳排放系数（吨 C/年）。

固废、废水碳排放：

$$CE_{waste\text{-}burn} = Q_{waste\text{-}burn} \times C_{waste} \times P_{waste} \times EF_{waste}$$

$$CE_{waste\text{-}fill} = Q_{waste\text{-}fill} \times 0.167 \times （1\% \sim 71.5\%）$$

$$CE_{live\text{-}water} = Num_{people} \times BOD_{capita} \times SBF \times C_{BOD} \times FTA \times 365$$

$$CE_{ind\text{-}water} = Q_{ind\text{-}water} \times COD_{ind\text{-}water} \times C_{COD}$$

式中，$CE_{waste\text{-}burn}$ 表示垃圾焚烧产生的碳排放量；$Q_{waste\text{-}burn}$ 表示垃圾焚烧量；C_{waste} 为废弃物的碳含量比例；P_{waste} 为废弃物中的矿物碳比例；EF_{waste} 为废弃物焚烧炉的完全燃烧效率；$CE_{waste\text{-}fill}$ 为垃圾填埋产生的碳排放；$Q_{waste\text{-}fill}$ 为垃圾填埋量；$CE_{live\text{-}water}$ 是生活废水中甲烷的年排放量；Num_{people} 为人口；BOD_{capita} 是指人均 BOD 中有机物含量；SBF 为易于沉积的 BOD 比例；C_{BOD} 是指 BOD 的排放因子；FTA 为在废水中无氧降解的 BOD 的比例；$CE_{ind\text{-}water}$ 为工业废水中的甲烷排放量；$Q_{ind\text{-}water}$ 为废水量；$COD_{ind\text{-}water}$ 为化学需氧量；C_{COD} 为最大 CH_4 产生能力。

11.3.3　碳吸收核算方法

采用改进的 CASA 模型（朱文泉等，2007）对钱江源流域 NPP 进行模拟并计算钱江源流域森林碳吸收。改进的 CASA 模型考虑植被覆盖分类精度对 NPP 估算的影响，根据误差最小的原则，模拟出各植被类型的最大光能利用率，使之更符合中国的实际情况。具体公式如下：

$$NPP(x, t) = SOL(x, t) \times FPAR(x, t) \times 0.5 \times T_{\varepsilon 1}(x, t) \times T_{\varepsilon 2}(x, t) \times W_{\varepsilon}(x, t) \times \varepsilon_{max}$$

式中，$NPP(x, t)$ 为植物在像元 x 处 t 月份的有机物质累积总量［克 C/（平方米·月）］；$SOL(x, t)$ 表示太阳在像元 x 处 t 月份的总辐射量［兆焦/（平方米·月）］；$FPAR(x, t)$ 为植被在像元 x 处 t 月份吸收有效光合辐射比；0.5 表示光合有效辐射和太阳总辐射之比。$T_{\varepsilon 1}(x, t)$ 和 $T_{\varepsilon 2}(x, t)$ 分别为低温和高温胁迫影响系数；$W_{\varepsilon}(x, t)$ 表示水分胁迫影响系数；ε_{max} 为理想状态下最大光能利用率（％）。

11.3.4 碳补偿估算模型

以净碳排放（即碳排放与吸收的差值）作为确定森林碳补偿参考水平的基础，并利用赵荣钦等（赵荣钦等，2015）碳排放修正方法进行修正。

（1）针对碳排放区域差异的县域单元碳排放量修正。通过对不同县域单元单位 GDP 碳排放与钱塘江流域总碳排放强度的对比，对 CE_i 进行合理修正。

$$CE_i^1 = CE_i \times \left(\frac{G_{t1-i}}{G_{t2-i}} - \frac{G_{T1}}{G_{T2}} + 1 \right) \times \frac{G_{t1-i}}{G_T}$$

式中，CE_i^1 为修正后的第 i 个县（市、区）的碳排放量（吨）；G_{t1-i} 和 G_{t2-i} 分别为后一年和前一年钱塘江流域第 i 地区的单位 GDP 碳排放（吨/万元）；G_{T1} 和 G_{T2} 分别为后一年和前一年钱塘江流域的单位 GDP 碳排放（吨/万元）；G_T 为后一年钱塘江流域各县域单元平均单位 GDP 碳排放（吨/万元）。

（2）针对净碳排放数据偏差的县域碳排放量修正。通过碳排放阈值削弱各县（市、区）的碳排放总量，进而削弱其碳补偿价值。具体公式如下：

$$P_i = \frac{G_i}{G} \times \frac{C_i}{C} \times D$$

式中，P_i 表示钱塘江流域第 i 个县（市、区）的碳排放阈值；D 表示钱塘江流域各县域单元碳排放平均值；G_i、G 分别表示钱塘江流域第 i 个县（市、区）的 GDP 总量和整个钱塘江流域 GDP 总量；C_i、C 分别表示钱塘江流域第 i 个县（市、区）的碳排放量和钱塘江流域总碳排放量。

考虑到不同县域单元经济发展水平不同造成的实际支付能力差异，构建区域森林净碳排放贡献度并采用改进的 Peal 生长曲线模型确定各县（市、区）的森林碳补偿系数（余光辉等，2012）。

$$NFCE_i = \frac{CS_i^{woodland}}{CS_i}$$

$$ACC_i = (CE_i - CS_i - P_i) \times P \times \frac{G_i}{G(1+ae^{-bt})} \times NFCE_i$$

式中，$NFCE_i$ 为森林净碳排放贡献度；$CS_i^{woodland}$ 为第 i 个县（市、区）的林地碳吸收量；CS_i 为第 i 个县（市、区）的总碳吸收量。ACC_i 是第 i 个县（市、区）的森林碳补偿的支付额或受偿额，CE_i 和 CS_i 是第 i 个县（市、区）的碳排放总量和碳吸收总量，P 是标准碳单价（通常指碳市场的碳交易价格），

G_i 代表第 i 个县（市、区）的 GDP，G 代表钱江源流域 GDP，a 和 b 为常数，数值均等于 1，t 代表年度恩格尔系数。采用张颖等（2010）研究结果，单位碳最优价格为 66.7 元/吨。

11.3.5　碳补偿对象及空间选择模型

$$NCE_i = CE_i - CS_i - P_i$$

式中，NCE_i 是第 i 个县（市、区）的净碳排放量，CE_i 和 CS_i 是第 i 个县（市、区）的碳排放总量和碳吸收总量，P_i 表示钱塘江流域第 i 个县（市、区）的碳排放阈值。当 $NCE_i > 0$ 时，为碳补偿支付区，当 $NCE_i < 0$ 时，为碳补偿接受区，当 $NCE_i = 0$ 时，为碳补偿平衡区。

11.4　结果与分析

11.4.1　钱江源流域碳收支核算结果分析

（1）碳排放及其强度特征。钱塘江流域碳排放量计算结果如表 11 - 1 显示，2000—2020 年，流域内的杭州市市区、余杭区、萧山区、富阳区以及临安区的碳排放量都出现了较大增长，其中杭州市市区、萧山区和余杭区增长量最大。20 年间流域各县域单元碳排放量皆有上升，其中杭州市市区上升最快，由 2000 年的 1 388.54 万吨上升至 2020 年的 6 246.47 万吨，其次余杭区 2020 年碳排放量比 2000 年碳排放量上升 1 891.66 万吨。杭州市市区、余杭区和萧山区是流域内经济发达区域，其碳排放增加速度相对于生态功能区增加速度更快。淳安县、建德市、开化县、常山县四县（市）处于国家重点生态功能区，是经济相对落后区域，其碳排放量增量相对较少。淳安县、建德市和常山县2000—2020 年碳排放增量分别为 108.05 万吨、145.55 万吨和 77.75 万吨，衢州市开化县的碳排放增量最少，为 73.48 万吨。

表 11 - 1　2000—2020 年各县域单元碳排放量（万吨）

县域名称	2000 年	2001 年	2002 年	2003 年	2004 年	2005 年	2006 年
常山县	43.72	45.59	50.23	55.17	62.72	68.68	75.92
开化县	40.51	43.94	48.14	51.72	58.30	66.02	70.61
杭州市市区	1 388.54	1 291.65	1 603.01	1 779.87	2 158.06	2 473.57	2 673.62
萧山区	486.23	501.15	662.62	765.39	896.45	1 031.96	1 145.45

（续）

县域名称	2000 年	2001 年	2002 年	2003 年	2004 年	2005 年	2006 年
余杭区	294.98	288.20	350.58	386.02	447.64	509.98	577.73
富阳区	215.43	206.81	247.75	279.69	315.39	350.86	389.40
临安区	178.46	165.88	196.12	218.89	233.13	249.65	276.80
桐庐县	116.25	113.33	137.27	150.89	168.52	185.31	202.01
淳安县	74.58	76.74	89.15	98.69	107.08	117.76	120.80
建德市	145.61	144.87	175.35	183.42	184.74	191.38	204.91

县域名称	2007 年	2008 年	2009 年	2010 年	2011 年	2012 年	2013 年
常山县	83.63	90.10	93.01	82.34	98.98	102.22	105.96
开化县	76.06	82.30	82.65	74.79	91.90	96.80	97.48
杭州市市区	2 838.63	3 017.73	3 149.34	3 778.40	3 551.84	3 709.11	3 797.71
萧山区	1 253.79	1 346.63	1 361.43	229.59	1 207.32	1 619.31	1 583.71
余杭区	631.67	672.67	683.00	615.42	781.95	834.48	883.46
富阳区	425.88	455.38	453.09	404.01	518.49	537.30	538.71
临安区	300.72	314.45	316.41	291.33	367.10	388.19	395.90
桐庐县	213.75	226.58	222.78	199.78	252.54	262.38	268.49
淳安县	127.90	141.15	144.72	130.60	164.43	173.14	179.09
建德市	220.14	226.02	222.85	198.35	246.56	255.52	266.25

县域名称	2014 年	2015 年	2016 年	2017 年	2018 年	2019 年	2020 年
常山县	104.02	101.92	105.88	105.86	105.32	108.71	121.47
开化县	96.07	95.23	100.33	99.08	101.98	105.58	113.99
杭州市市区	3 970.98	4 201.45	4 556.13	4 705.38	4 704.59	5 283.52	6 246.47
萧山区	1 547.50	1 556.68	1 595.04	1 535.76	1 501.89	1 508.00	1 347.88
余杭区	976.62	1 052.37	1 170.07	1 524.09	1 616.73	1 896.15	2 186.64
富阳区	535.18	549.56	577.82	550.93	539.69	556.43	587.17
临安区	394.44	409.07	430.01	413.35	392.60	399.68	439.94
桐庐县	277.94	290.14	307.76	296.40	282.99	269.16	277.99
淳安县	185.71	191.23	204.96	197.53	186.17	182.39	182.63
建德市	275.48	281.17	293.74	282.01	270.32	270.24	291.16

从表 11-2 所显示的 2000—2020 年碳排放强度来看，碳排放强度较高的地区主要集中于钱塘江流域的东北部，具体包括余杭区、杭州市市区、萧山区。究其原因是由于城市经济发展造成了大量的能源消费和碳排放，流域碳排放强度两极分化明显，流域内重要生态功能区碳排放强度较低。这说明钱塘江流域西南地区土地开发利用程度低，经济发展水平相对落后，人类活动干预较少。

表 11-2　2000—2020 年钱江源流域单位面积碳排放（万吨）

年份	常山县	开化县	杭州市市区	萧山区	余杭区	富阳区	临安区	桐庐县	淳安县	建德市
2000	0.04	0.02	2.03	0.42	0.24	0.12	0.06	0.07	0.02	0.06
2005	0.06	0.03	3.62	0.89	0.42	0.19	0.08	0.10	0.03	0.08
2010	0.08	0.03	5.71	1.01	0.52	0.23	0.10	0.12	0.03	0.09
2015	0.09	0.04	6.15	1.34	0.86	0.30	0.13	0.16	0.04	0.12
2016	0.10	0.04	6.67	1.37	0.96	0.32	0.14	0.17	0.05	0.12
2017	0.10	0.04	6.89	1.32	1.25	0.32	0.13	0.17	0.04	0.12
2018	0.10	0.05	6.65	1.06	1.32	0.30	0.13	0.15	0.04	0.12
2019	0.10	0.05	7.47	1.07	1.54	0.31	0.13	0.15	0.04	0.12
2020	0.11	0.05	8.84	0.95	1.78	0.32	0.14	0.15	0.04	0.13

（2）碳吸收及其结构与强度特征。钱江源流域碳吸收及其结构与强度计算结果如表 11-3 所示。从中可以发现，与碳排放量相反，2000—2020 年钱江源流域的经济发达区域碳吸收量较少，且杭州市市区的碳吸收最少。处于重要生态功能区的淳安县碳吸收量最多，在 2009 年达到了 655 万吨。从时间维度来看，钱江源重点生态功能区各县域单元 2019 年的碳吸收量皆有上升，也表明钱江源"山水工程"开展效益初显。从碳吸收强度来看，2000—2020 年碳吸收强度较高的地区主要集中在钱江源流域的南部即开化县、淳安县、建德市等。究其原因是由于这些区域经济发展相对落后，生态用地破坏程度较小，林地较多，钱江源"山水工程"实施有效提升了森林生态系统的固碳能力。

表 11-3　2000—2020 年钱江源流域单位面积碳吸收量（万吨）

区县	2000 年	2001 年	2002 年	2003 年	2004 年	2005 年	2006 年
常山县	0.10	0.09	0.09	0.09	0.09	0.09	0.10
开化县	0.11	0.10	0.12	0.11	0.12	0.11	0.11
杭州市市区	0.04	0.03	0.03	0.03	0.03	0.03	0.03
萧山区	0.07	0.06	0.07	0.06	0.06	0.06	0.06
余杭区	0.08	0.06	0.07	0.07	0.07	0.07	0.06
富阳区	0.10	0.09	0.09	0.10	0.09	0.09	0.09
临安区	0.12	0.10	0.11	0.11	0.11	0.10	0.11
桐庐县	0.11	0.11	0.11	0.12	0.11	0.10	0.11
淳安县	0.11	0.10	0.10	0.11	0.11	0.10	0.11
建德市	0.10	0.10	0.11	0.10	0.10	0.09	0.09

区县	2007 年	2008 年	2009 年	2010 年	2011 年	2012 年	2013 年
常山县	0.09	0.08	0.09	0.09	0.10	0.09	0.09
开化县	0.09	0.10	0.11	0.11	0.12	0.11	0.11
杭州市市区	0.02	0.03	0.03	0.03	0.04	0.03	0.03
萧山区	0.05	0.05	0.06	0.06	0.07	0.06	0.06
余杭区	0.05	0.05	0.06	0.07	0.07	0.06	0.07
富阳区	0.07	0.08	0.09	0.09	0.10	0.09	0.09
临安区	0.09	0.09	0.11	0.10	0.11	0.10	0.10
桐庐县	0.09	0.09	0.11	0.11	0.12	0.11	0.10
淳安县	0.09	0.09	0.11	0.10	0.11	0.10	0.10
建德市	0.08	0.09	0.10	0.10	0.10	0.10	0.09

区县	2014 年	2015 年	2016 年	2017 年	2018 年	2019 年	2020 年
常山县	0.10	0.10	0.09	0.13	0.11	0.13	0.12
开化县	0.11	0.12	0.10	0.15	0.14	0.16	0.14
杭州市市区	0.03	0.04	0.03	0.05	0.04	0.05	0.04
萧山区	0.06	0.07	0.06	0.08	0.06	0.07	0.07
余杭区	0.07	0.07	0.06	0.10	0.09	0.10	0.09

（续）

区县	2014 年	2015 年	2016 年	2017 年	2018 年	2019 年	2020 年
富阳区	0.10	0.10	0.09	0.13	0.12	0.13	0.11
临安区	0.11	0.12	0.10	0.15	0.14	0.16	0.13
桐庐县	0.11	0.12	0.10	0.15	0.13	0.15	0.13
淳安县	0.10	0.12	0.10	0.14	0.13	0.15	0.13
建德市	0.10	0.11	0.09	0.14	0.13	0.14	0.13

碳吸收量以土地利用和 NDVI 等为基础计算，其中的林地碳吸收量在各县域单元总碳吸收中贡献最大，具体如表 11 - 4 所示，2000—2020 年各县域单元林地碳吸收总体呈上升趋势。究其原因是随着"山水林田湖草是一个生命共同体"理念的提出以及杭州市实施森林资源保护的有力举措，钱江源流域生态环境进一步改善，林地面积逐渐增加，林地碳吸收量也得到了明显提升。开化县和淳安县是各县域单元中碳吸收量最多的区域。值得关注的，各县域单元 2020 年林地碳吸收量比 2000 年都有了明显增加，这表明流域"山水工程"在提升森林生态系统固碳服务功能供给能力方面成效明显。由此可见，科学实施区域重要生态系统保护和修复工程对于提高森林生态系统的固碳增汇能力十分重要。

表 11 - 4　2000—2020 年各县域单元林地碳吸收量（万吨）

县域名称	2000 年	2001 年	2002 年	2003 年	2004 年	2005 年	2006 年
常山县	84.85	84.22	83.88	82.81	84.16	85.36	84.54
开化县	94.96	94.90	94.47	94.53	94.93	95.39	95.06
杭州市市区	58.95	59.18	53.70	51.30	52.00	56.61	49.38
萧山区	33.79	33.52	31.23	29.91	30.12	32.44	28.38
余杭区	52.48	53.48	52.99	51.01	51.58	53.72	48.85
富阳区	86.45	86.86	85.33	83.59	84.16	85.58	82.63
临安区	94.38	94.27	93.95	93.74	94.17	94.77	93.93
桐庐县	91.22	91.42	90.92	89.71	90.10	91.01	89.40
淳安县	94.88	94.52	93.34	91.87	92.53	93.79	91.80
建德市	91.01	91.27	90.50	90.28	90.55	91.06	89.92

（续）

县域名称	2007 年	2008 年	2009 年	2010 年	2011 年	2012 年	2013 年
常山县	85.03	85.46	84.42	82.90	82.77	82.52	84.23
开化县	95.16	95.43	95.14	94.73	94.63	94.68	94.61
杭州市市区	51.10	57.08	55.07	52.77	51.70	51.74	59.79
萧山区	29.52	32.78	33.15	30.92	30.41	29.78	37.94
余杭区	53.10	53.98	54.28	51.49	50.25	51.30	53.23
富阳区	83.98	85.56	85.75	83.90	83.21	83.54	86.53
临安区	94.27	94.89	94.99	94.15	93.81	94.01	94.12
桐庐县	90.26	91.32	91.81	90.31	89.93	90.74	91.76
淳安县	92.08	93.59	93.89	92.55	92.21	92.52	95.11
建德市	90.26	91.41	91.42	90.23	89.81	90.19	90.95

县域名称	2014 年	2015 年	2016 年	2017 年	2018 年	2019 年	2020 年
常山县	84.23	82.66	80.73	80.73	82.99	83.55	82.33
开化县	94.61	94.11	93.44	93.44	94.45	94.43	93.89
杭州市市区	59.79	54.60	47.31	47.31	53.22	54.88	51.16
萧山区	37.94	34.20	28.09	28.09	33.18	34.37	30.38
余杭区	53.23	49.73	47.98	47.98	51.23	51.31	49.12
富阳区	86.53	83.89	81.22	81.22	84.10	84.86	82.89
临安区	94.12	93.13	92.09	92.09	93.13	93.20	91.90
桐庐县	91.76	90.52	88.88	88.88	90.47	90.65	89.39
淳安县	95.11	93.22	90.94	90.94	94.32	94.62	92.87
建德市	90.95	89.93	87.95	87.95	90.16	89.97	88.99

（3）碳收支区域均衡性与碳补偿率特征。碳收支区域均衡性特征类型可用净碳排放来表达，净碳排放为碳排放减去碳吸收，依此，净碳排放大于 0 为碳收支赤字区，净碳排放小于 0 为碳收支盈余区。森林净碳排放为森林净碳排放贡献度乘以各研究单元净碳排放，计算结果如表 11－5 所示。从时间维度看，钱塘江流域森林净碳排放绝对值都呈上升趋势，这表明碳排放量增额小于碳吸收量增额。2000—2020 年，常山县、开化县、富阳区、临安区、桐庐县、淳安县和建德市的森林净碳排放量逐渐下降，这表明 7 县（市、区）森林碳收支

盈余不断上升。杭州市市区和萧山区的森林净碳排放量在 2000—2020 年间一直大于 0，杭州市市区和萧山区为碳收支赤字区。究其原因是由于杭州市市区经济发展快，其能源消耗以及碳排放较多，碳吸收较少，持续的经济增长带动碳排放量不断上升。余杭区的森林净碳排放量在 2013 年及之前小于 0，2014 年之后就大于 0，与此同时，森林净碳排放量在不断增加，说明余杭区在 2013 年及之前为碳收支盈余区，2014 年及往后变为碳收支赤字区。杭州市市区位于钱塘江流域的东北部地区具有较高的森林净碳排放，而流域南部森林净碳排放大多为负值，这表明南部区县森林碳吸收高于碳排放。总体来看，钱塘江流域碳收支区域均衡性特征类型分布呈现如下特点：一是森林净碳排放较大的县域单元如杭州市市区、萧山区等，基本上都是流域经济发展较为快速，人类活动干预较高的地区；二是森林净碳排放为负的县域单元大部分为经济发展落后，生态环境较好、植被覆盖度高的地区；三是钱塘江流域没有出现森林净碳排放大体均衡的县域单元，其两极分化较为严重，县域单元之间碳供需错配程度较为严重。

表 11-5　2000—2020 年钱塘江流域县域单元森林净碳排放量（万吨）

县域名称	2000 年	2001 年	2002 年	2003 年	2004 年	2005 年	2006 年
常山县	−323.74	−316.68	−383.22	−419.24	−478.11	−530.79	−579.84
开化县	−470.76	−447.08	−536.97	−566.08	−632.07	−669.84	−720.69
杭州市市区	1 057.71	961.69	1 202.02	1 337.14	1 648.42	1 902.52	2 052.91
萧山区	107.25	130.75	216.69	282.33	348.01	418.78	484.46
余杭区	−95.95	−85.06	−98.98	−101.17	−108.55	−106.75	−85.77
富阳区	−257.18	−247.88	−292.58	−307.16	−330.61	−349.03	−361.58
临安区	−473.47	−441.71	−509.17	−537.57	−580.45	−592.78	−631.43
桐庐县	−373.88	−371.33	−420.10	−464.20	−499.80	−524.28	−572.11
淳安县	−687.82	−636.10	−720.62	−779.20	−830.74	−822.82	−914.41
建德市	−385.23	−391.12	−429.60	−455.05	−499.28	−540.37	−578.56
县域名称	2007 年	2008 年	2009 年	2010 年	2011 年	2012 年	2013 年
常山县	−606.10	−628.35	−659.32	−603.96	−746.05	−770.75	−781.20
开化县	−723.23	−763.34	−812.47	−755.21	−913.41	−926.91	−936.72
杭州市市区	2 179.65	2 318.77	2 433.94	3 119.02	2 742.58	2 867.81	2 941.24

（续）

县域名称	2007 年	2008 年	2009 年	2010 年	2011 年	2012 年	2013 年
萧山区	562.00	621.03	616.60	−338.98	357.78	745.28	692.51
余杭区	−58.32	−63.71	−76.81	−90.93	−77.14	−49.63	−22.50
富阳区	−338.35	−357.55	−395.94	−394.07	−436.77	−437.63	−451.10
临安区	−586.79	−634.13	−702.28	−648.07	−745.56	−737.27	−742.73
桐庐县	−567.39	−598.07	−655.59	−608.30	−719.35	−727.77	−733.86
淳安县	−858.99	−895.30	−970.08	−892.77	−1 053.42	−1 033.87	−1 055.09
建德市	−584.08	−632.49	−674.05	−624.56	−744.25	−768.96	−758.81

县域名称	2014 年	2015 年	2016 年	2017 年	2018 年	2019 年	2020 年
常山县	−809.58	−854.75	−898.39	−977.11	−962.23	−1 073.59	−1 172.56
开化县	−974.30	−1 033.72	−1 048.46	−1 187.32	−1 166.57	−1 288.85	−1 363.40
杭州市市区	3 090.06	3 280.38	3 578.12	3 677.15	3 681.93	4 167.86	5 011.64
萧山区	626.28	590.21	580.77	456.36	432.18	339.03	72.99
余杭区	39.88	76.58	147.78	416.72	518.17	696.51	880.40
富阳区	−494.29	−525.94	−530.43	−665.57	−653.95	−758.39	−813.81
临安区	−789.36	−846.20	−817.81	−1 017.92	−1 025.47	−1 142.16	−1 142.99
桐庐县	−767.81	−805.32	−812.33	−943.58	−937.55	−1 066.50	−1 143.86
淳安县	−1 089.61	−1 181.43	−1 134.04	−1 377.15	−1 335.43	−1 511.70	−1 551.74
建德市	−802.39	−862.12	−857.33	−1 013.87	−987.55	−1 108.13	−1 174.57

碳补偿率是碳吸收与碳排放的比值，反映了县域单元碳排放压力状况，碳补偿率越高，说明碳汇能力越强。基于钱塘江流域碳收支计算结果所显示的流域供需错配特征，据此进一步分析碳补偿率，具体计算结果如表 11-6 所示。结果表明，钱塘江流域南部地区碳汇能力较强，以杭州市市区为中心的流域东北部地区碳汇能力较差。GDP 越高的县域单元其碳补偿率就越低，GDP 越低的县域单元森林植被覆盖越多且生态环境越好，碳补偿率就越高，这是因为 GDP 越高的县域单元经济发展所带来的城市建设和工业的快速发展会消耗大量能源，碳排放量和碳排放强度随之增高。而 GDP 较低的地区，经济较为落后，人类活动干预较少，林地等生态用地面积较大，生态环境较好，其较高的碳吸收量和较低的碳排放量使这些县域单元具有较高的碳补偿率。从时间维度

对比看，钱塘江流域各县域单元 2020 年的碳补偿率比 2000 年有所下降，这表明钱塘江流域近年来经济发展与城市化造成了碳排放量的增加。同时，经济发展以及城市建设用地扩张不可避免地挤占耕地和林地等生态用地，这也在一定程度上削弱了森林生态系统的固碳增汇能力。

表 11－6　2000—2020 年钱江源流域县域单元碳补偿率

年份	常山县	开化县	杭州市市区	萧山区	余杭区	富阳区	临安区	桐庐县	淳安县	建德市
2000	2.41	6.24	0.02	0.17	0.33	0.81	2.01	1.71	6.47	1.66
2001	2.17	5.29	0.02	0.14	0.27	0.75	1.90	1.68	5.63	1.70
2002	2.05	5.36	0.01	0.12	0.24	0.69	1.75	1.42	5.16	1.43
2003	1.85	4.83	0.01	0.10	0.21	0.63	1.62	1.40	4.96	1.34
2004	1.62	4.41	0.01	0.08	0.19	0.54	1.49	1.18	4.50	1.23
2005	1.42	3.65	0.01	0.07	0.16	0.46	1.27	0.96	3.60	1.14
2006	1.37	3.50	0.01	0.06	0.13	0.42	1.20	0.96	3.91	1.07
2007	1.13	2.75	0.01	0.05	0.10	0.31	0.89	0.73	2.99	0.90
2008	0.94	2.58	0.01	0.04	0.10	0.30	0.91	0.71	2.84	0.90
2009	1.07	2.87	0.01	0.05	0.11	0.35	1.09	0.91	3.21	1.03
2010	1.15	3.03	0.01	0.06	0.13	0.41	1.08	0.93	3.23	1.06
2011	1.11	2.88	0.01	0.05	0.11	0.35	0.95	0.82	2.97	0.96
2012	0.98	2.51	0.01	0.04	0.09	0.30	0.83	0.71	2.50	0.90
2013	0.94	2.46	0.01	0.04	0.09	0.30	0.82	0.69	2.49	0.81
2014	1.00	2.63	0.01	0.05	0.09	0.33	0.87	0.74	2.48	0.88
2015	1.11	2.89	0.01	0.05	0.08	0.34	0.93	0.75	2.72	0.97
2016	0.95	2.31	0.00	0.04	0.06	0.28	0.72	0.59	2.07	0.75
2017	1.35	3.37	0.01	0.06	0.08	0.42	1.11	0.89	3.17	1.16
2018	1.14	3.09	0.01	0.06	0.07	0.39	1.14	0.87	3.09	1.08
2019	1.35	3.36	0.01	0.07	0.06	0.44	1.21	1.03	3.60	1.21
2020	1.11	2.77	0.01	0.07	0.05	0.36	0.91	0.88	3.14	1.00

11.4.2　森林碳补偿额度及补偿标准

补偿标准是健全生态补偿机制的核心内容。钱江源流域各县域单元的经济发展极不平衡，生态承载能力和经济发展能力不匹配，碳供需错配问题严重，也表明流域内各县域单元的碳补偿额度及补偿标准必须存在差异。据此，通过碳补偿模型计算得到钱江源流域各县域单元森林碳补偿额度及补偿标准如表 11-7 所示。可以发现，常山县、开化县、桐庐县、建德市和淳安县的森林碳补偿额度及补偿标准较高，临安区、余杭区的补偿额度及补偿标准较低。常山县每亩林地所获补资金最多，尽管其林地面积没有其他县域单元大，但在相同面积下，其森林所能吸收的碳量要大于其他区域。究其原因是由于常山县及其类似县域单元生态环境和土壤质量较好，林地固碳能力比其他县域单元的森林固碳能力强，碳吸收量相对较多。不仅如此，常山县、开化县、建德市、淳安县位于国家重点生态功能区，"山水工程"实施使这些区域生态系统质量得到进一步提高。临安区、富阳区和余杭区的森林面积较大，碳吸收总量也较多，但其固碳能力要比流域重点生态功能区内县域单元森林的固碳能力弱，故而这些县域单元单位面积补偿额度及补偿标准相对较低。2020 年各县域单元的森林碳补偿额度比 2000 年森林碳补偿额度都要高，这是由于流域生态系统生态服务功能在保护修复过程中得到明显改善，随之流域森林生态系统的固碳增汇能力也得到明显提升。

表 11-7　2000—2020 年钱塘江流域县域单元森林碳补偿额度及标准（万元）

县域名称	2000 年	2001 年	2002 年	2003 年	2004 年	2005 年	2006 年
常山县	2 306.04	2 235.24	2 695.95	2 913.79	3 310.47	3 719.25	3 981.92
开化县	1 485.39	1 407.95	1 682.21	1 771.27	1 964.97	2 098.75	2 245.39
杭州市市区	−30 814.08	−28 661.34	−32 828.75	−35 190.33	−43 781.85	−55 150.09	−52 007.81
萧山区	−897.82	−1 111.82	−1 730.66	−2 171.27	−2 686.83	−3 492.84	−3 545.78
余杭区	755.21	688.08	796.74	779.71	841.11	866.01	636.42
富阳区	1 112.23	1 083.59	1 260.38	1 296.05	1 400.88	1 507.32	1 508.63
临安区	1 077.42	1 003.56	1 151.08	1 207.36	1 301.56	1 340.02	1 413.56
桐庐县	1 474.46	1 472.61	1 660.08	1 809.55	1 951.26	2 068.99	2 216.44
淳安县	1 169.62	1 076.50	1 204.19	1 280.35	1 365.37	1 373.26	1 491.62
建德市	1 228.69	1 251.11	1 362.91	1 437.49	1 576.08	1 717.58	1 814.38
县域名称	2007 年	2008 年	2009 年	2010 年	2011 年	2012 年	2013 年
常山县	4 196.03	4 424.17	4 658.24	4 215.56	5 212.37	5 396.27	5 559.83
开化县	2 256.83	2 396.63	2 551.94	2 364.56	2 859.53	2 910.17	2 952.02

（续）

县域名称	2007 年	2008 年	2009 年	2010 年	2011 年	2012 年	2013 年
杭州市市区	−56 880.38	−67 612.15	−67 833.38	−83 528.00	−72 388.90	−77 158.39	−87 295.39
萧山区	−4 266.75	−5 220.13	−5 237.93	2 700.41	−2 829.56	−5 893.57	−6 146.50
余杭区	471.75	525.89	635.99	716.49	598.97	403.21	191.39
富阳区	1 432.42	1 536.35	1 700.94	1 660.38	1 833.09	1 864.85	1 971.71
临安区	1 318.47	1 432.39	1 587.48	1 453.46	1 669.90	1 664.02	1 690.40
桐庐县	2 215.63	2 351.69	2 584.22	2 357.90	2 780.20	2 851.84	2 905.82
淳安县	1 403.99	1 486.61	1 613.61	1 231.55	1 717.33	1 693.99	1 753.23
建德市	1 836.60	2 012.89	2 143.68	1 962.28	2 331.09	2 435.89	2 422.72

县域名称	2014 年	2015 年	2016 年	2017 年	2018 年	2019 年	2020 年
常山县	5 905.59	6 154.47	6 334.59	7 142.04	6 940.81	7 803.72	8 401.69
开化县	3 088.50	3 271.88	3 299.04	3 773.72	3 702.50	4 090.11	4 311.69
杭州市市区	−98 335.86	−96 897.49	−92 006.41	−113 324.52	−105 936.22	−123 721.81	−138 492.91
萧山区	−6 423.03	−5 548.39	−4 533.74	−4 709.39	−3 997.13	−3 244.57	−620.46
余杭区	−348.71	−640.86	−1 200.47	−3 690.23	−4 471.85	−6 002.05	−7 263.89
富阳区	2 221.31	2 307.05	2 256.94	2 987.78	2 879.93	3 369.47	3 537.66
临安区	1 809.71	1 931.55	1 853.88	2 350.62	2 360.45	2 631.93	2 611.13
桐庐县	3 081.14	3 203.99	3 179.54	3 789.76	3 734.59	4 256.21	4 504.64
淳安县	1 849.87	1 969.62	1 844.56	2 324.48	2 248.96	2 553.90	2 579.89
建德市	2 593.94	2 766.96	2 701.65	3 290.53	3 192.02	3 574.45	3 760.44

2000—2020 年，杭州市市区和萧山区一直是碳收支赤字区，余杭区在 2013 年及之前为碳收支盈余区，2013 年之后为赤字区，并且在 2000—2013 年森林碳补偿额度及补偿标准也相对较低。这表明余杭区森林生态系统的固碳增汇能力基础较差，经济快速发展导致该能力进一步下降，区域碳排放逐渐增多，最终形成固碳需求大于固碳供给的格局。

11.4.3　森林碳补偿对象及空间选择

确定补偿对象及空间选择是建立健全生态补偿机制的关键环节。钱塘江流域森林碳补偿对象模拟结果及森林碳补偿分区如表 11 - 8 所示。2000—

2013 年，杭州市市区与萧山区为碳补偿支付区，钱塘江北源的淳安县、建德市和钱塘江南源的开化县、常山县以及杭州余杭区、临安区、富阳区、桐庐县为获得森林碳补偿接受区。2010 年杭州市市区和萧山区为碳补偿支付区，其余县域单元为碳补偿接受区。2000—2020 年，杭州市市区总是作为碳补偿支付区。究其原因，市区经济发展快速，林地面积较少，碳排放量较大，碳吸收量较小，县域单元内部碳供需失衡，导致市区一直处于碳补偿支付区。2014—2020 年，杭州市市区、萧山区和余杭区为碳补偿支付区，钱塘江北源的淳安县、建德市和钱塘江南源的开化县、常山县以及杭州临安区、富阳区、桐庐县为碳补偿接受区。这是由于萧山区与余杭区在此期间进入快速发展阶段，碳排量增多，在碳吸收没有过多增加的前提下，开始出现碳需求大于碳供给的状态，由此萧山区和余杭区在 2014—2020 年间成为碳补偿支付区。

表 11 - 8　2000—2020 年钱江源流域县域单元碳补偿对象变化

分区	2000 年	2001 年	2002 年	2003 年	2004 年	2005 年	2006 年
碳受偿区	常山县、开化县、余杭区、富阳区、临安区、桐庐县、淳安县、建德市	常山县、开化县、余杭区、富阳区、临安区、桐庐县、淳安县、建德市	常山县、开化县、余杭区、富阳区、临安区、桐庐县、淳安县、建德市	常山县、开化县、余杭区、富阳区、临安区、桐庐县、淳安县、建德市	常山县、开化县、余杭区、富阳区、临安区、桐庐县、淳安县、建德市	常山县、开化县、余杭区、富阳区、临安区、桐庐县、淳安县、建德市	常山县、开化县、余杭区、富阳区、临安区、桐庐县、淳安县、建德市
碳支付区	杭州市区、萧山区	杭州市区、萧山区	杭州市区、萧山区	杭州市区、萧山区	杭州市区、萧山区	杭州市区、萧山区	杭州市区、萧山区

分区	2007 年	2008 年	2009 年	2010 年	2011 年	2012 年	2013 年
碳受偿区	常山县、开化县、余杭区、富阳区、临安区、桐庐县、淳安县、建德市	常山县、开化县、余杭区、富阳区、临安区、桐庐县、淳安县、建德市	常山县、开化县、余杭区、富阳区、临安区、桐庐县、淳安县、建德市	常山县、开化县、余杭区、富阳区、临安区、桐庐县、淳安县、建德市	常山县、开化县、余杭区、富阳区、临安区、桐庐县、淳安县、建德市	常山县、开化县、余杭区、富阳区、临安区、桐庐县、淳安县、建德市	常山县、开化县、余杭区、富阳区、临安区、桐庐县、淳安县、建德市
碳支付区	杭州市区、萧山区	杭州市区、萧山区	杭州市区、萧山区	杭州市区、萧山区	杭州市区、萧山区	杭州市区、萧山区	杭州市区、萧山区

（续）

分区	2014 年	2015 年	2016 年	2017 年	2018 年	2019 年	2020 年
碳受偿区	常山县、开化县、富阳区、临安区、桐庐县、淳安县、建德市	常山县、开化县、富阳区、临安区、桐庐县、淳安县、建德市	常山县、开化县、富阳区、临安区、桐庐县、淳安县、建德市	常山县、开化县、富阳区、临安区、桐庐县、淳安县、建德市	常山县、开化县、富阳区、临安区、桐庐县、淳安县、建德市	常山县、开化县、富阳区、临安区、桐庐县、淳安县、建德市	常山县、开化县、富阳区、临安区、桐庐县、淳安县、建德市
碳支付区	杭州市区、萧山区、余杭区	杭州市区、萧山区、余杭区	杭州市区、萧山区、余杭区	杭州市区、萧山区、余杭区	杭州市区、萧山区、余杭区	杭州市区、萧山区、余杭区	杭州市区、萧山区、余杭区

2000—2020 年间，淳安县、建德市、开化县、常山县以及杭州临安区、富阳区、桐庐县一直为碳补偿接受区。从碳吸收方面来看，是由于这些地区为钱塘江流域中林地面积占比大的区域，碳吸收量较多。2018 年，钱塘江流域"山水工程"纳入全国第三批山水林田湖草生态保护修复工程试点，随着"山水工程"的开展，钱塘江流域主要生态功能区生态系统质量得到进一步改善，生态系统的固碳增汇能力进一步提升。从碳排放方面看，以上这几个县域单元是钱塘江流域经济发展相对较慢的区域，能源消耗较少，碳排放相对较少，这些区域因处于碳盈余状态而成为碳补偿接受区。

11.5　结论及政策启示

11.5.1　结论

以中国南方重点生态功能区——浙江钱塘江流域为研究对象，构建碳排放核算体系，利用 CASA 模型量化分析钱塘江流域县域单元碳排放与碳吸收水平及其时空变化特征，据此计算和模拟流域森林碳补偿额度及标准和补偿对象及空间选择，得出主要结论如下：

第一，钱塘江流域县域单元碳收支状况及其强度差异明显。钱塘江流域以杭州市市区为中心的东北部地区碳排放量大，碳吸收量小，为主要的碳收支赤字区。流域南部地区碳排放量小，碳吸收量大，为主要的碳收支盈余区。2000—2020 年，流域各县域单元的碳排放不断增加，其中杭州市市区碳排放增加速度最快。林地的碳吸收量在各县域单元总碳吸收中贡献最大。各县域单元林地碳吸收总体呈上升趋势，开化县和淳安县是所有县域单元中碳吸收量最多的区域。

第二，钱塘江流域县域单元的森林碳补偿率存在显著的区域差异。经济发展越好，城市化越快速，其森林碳补偿率越低。反之，经济发展相对落后，森林植被覆盖度越高，生态环境越好，其森林碳补偿率越高。钱塘江流域各县域单元经济发展极不平衡，生态承载能力和经济发展能力不匹配，碳供需错配问题严重。常山县、开化县、桐庐县、建德市以及淳安县的森林碳补偿额度及标准较高，而临安区、余杭区的补偿额度及标准较低。

第三，处于重要生态功能区的县域单元即钱塘江北源的淳安县、建德市和钱塘江南源的开化县、常山县以及临安区、富阳区和桐庐县为森林碳补偿的接受区，杭州市市区、萧山区为森林碳补偿支付区。余杭区2013年之后为森林碳补偿支付区，之前则为补偿接受区。

11.5.2　政策启示

钱塘江流域各县域单元的经济发展极不平衡，生态承载能力和经济发展能力不匹配，碳供需错配问题严重。因此，为实现"双碳"目标下钱塘江流域公平协调发展，需要加快建立健全能够体现碳汇价值的流域森林生态补偿机制，以缓解县域碳减排义务和经济发展权利的矛盾和冲突，具体可以采取以下措施：

第一，采用多元化森林碳补偿方法。加大纵向政策补偿力度，在确定财政转移支付时要充分区分碳收支均衡类型，重点向碳收支盈余地区倾斜；加大资金补偿力度，以区域碳收支核算为基础，探索实施由碳排放量多的区域向生态功能区即碳吸收较多的区域支付一定的碳补偿资金的横向碳补偿机制，以此解决流域的碳供需错配问题，实现区域间低碳协调公平发展；鉴于碳排放的空间依赖性和强烈的溢出效应，探索建立惩罚性资金转移制度，从而降低碳排放扩散到周边地区的风险。

第二，建立空间明晰化的森林碳补偿对象选择与碳补偿标准。充分考虑中国国情，坚持以行政区为补偿单位，将重点补偿对象落实到森林碳补偿率较高的县域单元。以重点生态功能区作为补偿优先区域，坚持以生态功能区中生态用地为重点补偿对象，细化具体补偿区域和补偿标准，确保补偿资金精准落到实处，保证补偿资金使用的高效率。

第三，健全政府补偿与市场补偿的协调机制。按照"谁污染、谁支付"

"谁保护、谁受益"的原则（Turnered M G，1991），规范森林碳补偿的会计标准和实施方法。建立能够体现森林碳汇价值的中央财政转移支付制度，发挥政府资金在森林碳中和实践中的主渠道作用。积极引导和鼓励市场主体参与森林碳补偿项目建设，明确主体权利义务边界，规范监督管理流程，提高市场主体在健全能够体现碳汇价值的森林生态保护补偿机制中的积极作用。加快完善森林碳金融政策细则，明确投资者资质，加快纳入机构投资者，提升碳市场弹性与有效性，保持森林碳价格的合理稳定。积极支持有序发展碳期货、森林碳债券、森林碳基金等森林碳金融产品和衍生工具，合理规避风险，提升森林碳市场发展和金融化水平。

第四，建立基于碳收支核算的国家重要功能区森林保护建设制度，优化基于"双碳"目标的流域和区域森林空间利用格局。始终优先保护生态用地，加强林地利用规划管理和严格控制，严格控制建设用地占用林地，促进林地经济集约利用。完善激励机制，充分发挥经济发达地区资本资源和自然资源丰富地区森林资源的互补优势，建立健全林地保护和开发利用收入调整和分配机制，推进重点生态功能区经济和生态协调发展。

参考文献

陈儒，姜志德，2018. 中国省域低碳农业横向空间生态补偿研究［J］. 中国人口·资源与环境，28（4）：87-97.

戴其文，赵雪雁，徐伟，等，2009. 生态补偿对象空间选择的研究进展及展望［J］. 自然资源学报，24（10）：1772-1784.

杭州市统计局，历年. 杭州统计年鉴［M］. 北京：中国统计出版社.

金淑婷，杨永春，李博，等，2014. 内陆河流域生态补偿标准问题研究：以石羊河流域为例［J］. 自然资源学报，29（4）：610-622.

孔凡斌，2007. 完善我国生态补偿机制：理论、实践与研究展望［J］. 农业经济问题（10）：50-53，111.

孔凡斌，曹露丹，徐彩瑶，2022. 基于碳收支核算的钱塘江流域森林碳补偿机制［J］. 林业科学，58（9）：1-15.

赖力，黄贤金，刘伟良，2008. 生态补偿理论、方法研究进展［J］. 生态学报，28（6）：2870-2877.

李博，林文鹏，李鲁冰，2022. 面向 SDG 15 的钱江源国家公园生态系统服务时空分析［J］. 自然资源遥感，34（4）：1-12.

李璐，董捷，徐磊，等，2019. 功能区土地利用碳收支空间分异及碳补偿分区：以武汉城

市圈为例 [J]. 自然资源学报，34 (5)：1003 - 1015.

李晓光，苗鸿，郑华，等，2009. 生态补偿标准确定的主要方法及其应用 [J]. 生态学报，29 (8)：4431 - 4440.

刘春腊，刘卫东，陆大道，2013.1987—2012 年中国生态补偿研究进展及趋势 [J]. 地理科学进展，32 (12)：1780 - 1792.

刘晋宏，孔德帅，靳乐山，2019. 生态补偿区域的空间选择研究：以青海省国家重点生态功能区转移支付为例 [J]. 生态学报，39 (1)：53 - 62.

毛显强，钟瑜，张胜，2002. 生态补偿的理论探讨 [J]. 中国人口·资源与环境，12 (4)：40 - 43.

孟士婷，黄庆旭，何春阳，等，2018. 区域碳固持服务供需关系动态分析：以北京为例 [J]. 自然资源学报，33 (7)：1191 - 1203.

欧阳志云，郑华，岳平，2013. 建立我国生态补偿机制的思路与措施 [J]. 生态学报，33 (3)：686 - 692.

彭杨靖，黄治昊，林乐乐，等，2021. 国家公园陆地自然生态系统完整性与原真性评价方法探索：以钱江源国家公园体制试点为例 [J]. 生物多样性，29 (10)：1295 - 1307.

衢州市统计局，历年. 衢州统计年鉴 [M]. 北京：中国统计出版社.

万伦来，林春鑫，陈艺，2020. 基于相对碳赤字的中国省际碳补偿时空格局研究 [J]. 长江流域资源与环境，29 (12)：2572 - 2583.

王立国，丁晨希，彭剑峰，等，2020. 森林公园旅游经营者碳补偿意愿的影响因素比较 [J]. 经济地理.40 (5)：230 - 238.

韦惠兰，宗鑫，2016. 禁牧草地补偿标准问题研究：基于最小数据方法在玛曲县的运用 [J]. 自然资源学报，31 (1)：28 - 38.

夏四友，杨宇，2022. 基于主体功能区的京津冀城市群碳收支时空分异与碳补偿分区 [J]. 地理学报，77 (3)：679 - 696.

徐彩瑶，王苓，潘丹，等，2021. 退耕还林高质量发展生态补偿机制创新实现路径 [J]. 林业经济问题，42 (1)：9 - 20.

余光辉，耿军军，周佩纯，等，2012. 基于碳平衡的区域生态补偿量化研究：以长株潭绿心昭山示范区为例 [J]. 长江流域资源与环境，21 (4)：454 - 458.

张落成，李青，武清华，2011. 天目湖流域生态补偿标准核算探讨 [J]. 自然资源学报，26 (3)：412 - 418.

张颖，吴丽莉，苏帆，等，2010. 我国森林碳汇核算的计量模型研究 [J]. 北京林业大学学报，32 (2)：194 - 200.

赵荣钦，黄贤金，彭补拙，2012. 南京城市系统碳循环与碳平衡分析 [J]. 地理学报，67 (6)：758 - 770.

赵荣钦，刘英，2015. 区域碳收支核算的理论与实证研究 [M]. 北京：科学出版社.

赵荣钦，刘英，李宇翔，等，2015. 区域碳补偿研究综述：机制、模式及政策建议 [J].
　地域研究与开发，34（5）：116 - 120.

赵荣钦，刘英，马林，等 . 2016. 基于碳收支核算的河南省县域空间横向碳补偿研究 [J].
　自然资源学报，31（10）：1675 - 1687.

赵荣钦，张帅，黄贤金，等，2014. 中原经济区县域碳收支空间分异及碳平衡分区 [J].
　地理学报，69（10）：1425 - 1437.

朱文泉，潘耀忠，张锦水，2007. 中国陆地植被净初级生产力遥感估算 [J]. 植物生态学
　报，31（3）：413 - 424.

邹文涛，何友均，叶兵，等，2021. 基于 InVEST 模型的钱江源国家公园生态系统碳储量
　研究 [J]. 中南林业科技大学学报，41（3）：120 - 128.

Chen J D，Gao M，Cheng S L，et al. ，2020. County - Level CO_2 Emissions and Sequestra-
　tion in China during 1997—2017 [J]. Scientific Data，7（1）.

Fu B，Wang Y K，Xu P，et al. ，2014. Value of Ecosystem Hydropower Service and Its Im-
　pact on the Payment for Ecosystem Services [J]. Science of Total Environ，472：338 -
　346.

Galik C S，Jackson R B，2009. A Virtual "field test" of Forest Management Carbon Offset
　Protocols：The Influence of Accounting [J]. Mitigation and Adaptation Strategies for
　Global Change，14：677 - 690.

Gregory S L，Darius M，Kathleen P B，et al. ，2016. Evaluating Land - Use and Private
　Forest Management Responses to a Potential Forest Carbon Offset Sales Program in West-
　ern Oregon [J]. Forest Policy And Economics，65：1 - 8.

Huang H，Zhou J，2022. Study on the Spatial and Temporal Differentiation Pattern of Car-
　bon Emission and Carbon Compensation in China's Provincial Areas [J]. Sustainability，
　14（13）：7627.

IPCC，2006. IPCC Guidelines for National Greenhouse Gas Inventories [R]. Institute for
　Global Environmental Strategies（IGES）.

Lashof D A，Ahuja D R，1990. Relative Contributions of Greenhouse Gas Emissions to Glob-
　al Warming [J]. Nature，344（6266）：529 - 531.

Miao Y，Kong C C，Wang L L，et al. ，2019. A Provincial Lateral Carbon Emissions Com-
　pensation Plan in China Based on Carbon Budget Perspective [J]. Science of The Total En-
　vironment，692：1086 - 1096.

Nishimura S，Yonemura S，Sawamoto T，et al. ，2008. Effect of Land Use Change from
　Paddy Rice Cultivation to Upland Crop Cultivation on Soil Carbon Budget of a Cropland in
　Japan [J]. Agriculture Ecosystems & Environment，125（1 - 4）：9 - 20.

Turnered M G，1991. Quantitative Methods in Landscape Ecology [M]. New York：Springer -

verlag.

Wang W X，Wang W J，Xie P C，et al.，2020. Spatial and Temporal Disparities of Carbon Emissions and Interregional Carbon Compensation in Major Function – Oriented Zones：A Case Study of Guangdong Province [J]. Journal of Cleaner Production，245：e118873.

Yang J，Huang X，2021. The 30 m Annual Land Cover Dataset and Its Dynamics in China from 1990 to 2019 [J]. Earth System Science Data，13（8）：3907 – 3925.

Yu B，Xu L，Yang Z，2016. Ecological Compensation for Inundated Habitats in Hydropower Developments Based on Carbon Stock Balance [J]. Journal of Cleaner Production，114：334 – 342.

Yu J K，Yang Z K，Shao G L，2011. Analysis on Carbon Compensation Amount of Carbon Sink Fisheries Cased on Shadow Price Model：Take Seawater Shellfish Aquaculture Industry of Shandong Province as an Example [J]. Agric. Economic Management，28：83 – 90.

Zhou M M，Deng J S，Lin Y，et al.，2021. Evaluating Combined Effects of Socio – Economic Development and Ecological Conservation Policies on Sediment Retention Service in the Qiantang River Basin，China [J]. Journal of Cleaner Production，286：e124961.

第 12 章　数字乡村建设协同森林生态产品价值实现与农村共同富裕的理论逻辑与实践路径

数字经济与生态经济深度融合是协同促进人与自然和谐共生与全体人民共同富裕的战略选择，数字乡村建设是全面推进乡村振兴的战略方向，是协同推进生态产品价值实现和农村共同富裕的重要引擎。在中国大力推进数字乡村建设和深入实施数字乡村发展行动背景下，基于扎实推进农村共同富裕实践面临的"森林资源诅咒"的现实困境，本章分析森林生态产品价值实现的现状和数字赋能森林生态产品价值实现的痛点，构建"数字＋"生态经济生产函数理论模型，从数据、技术、治理要素赋能三个方面解析数字乡村建设协同森林生态产品价值实现和共同富裕的理论逻辑，探索构建破解"森林资源诅咒"困境促进农村共同富裕及数字生态共富理论框架。面向新征程加快构建数字绿色现代化产业体系推动农村共同富裕协同机制及打造人与自然和谐共生新方案的重要任务，着重从生态资源资产化、生态资产资本化、生态资本资金化等三个重要方面，提出数字乡村建设协同森林生态产品价值实现和农村共同富裕的实践路径。

12.1　研究背景和意义

数字经济与生态经济深度融合是协同促进人与自然和谐共生与全体人民共同富裕的战略选择。党的二十大报告将建设人与自然和谐共生和全体人民共同富裕的中国式现代化确立为新时代新征程国家的历史使命，提出全面推进乡村振兴战略和扎实推进共同富裕的重大战略任务，将"加快发展数字经济，促进数字经济与实体经济深度融合"以及"建立生态产品价值实现机制"作为新征程构建绿色现代化产业体系和生态文明建设的重要任务。山区农村是生态资源富集区，丰富生态资源是山区农村实现人与自然和谐共生与共同富裕的优势所在。生态产品作为生态系统服务的结晶，是链接自然生态系统和社会经济系统的桥梁和纽带，其价值实现是生态资源促进山区农村经济增长和增进人类福祉的关键路径（孔凡斌等，2023e）。2021年国家发布《关于建立健全生态产品价值实现机制的意见》强调要加快完善生态产品价值实现路径，发挥生态优势转化为经济发展优势的作用，打造人与自然和谐共生新方案。因此，加快推进生态产品价值实现成为山区农村实现共同富裕的关键路径。

数字乡村建设是乡村振兴战略深入实施的重要方向，也是释放数字红利催生乡村发展内生动力的重要举措。2018年中央1号文件以及《乡村振兴战略规划（2018—2022年）》指出"实施数字乡村战略"，国家《数字乡村发展战略纲要》将数字乡村建设作为乡村振兴的战略方向和数字中国的重要内容。2020年中央1号文件要求"开展国家数字乡村试点"。2022年和2023年中央1号文件均明确提出大力推进数字乡村建设和深入实施数字乡村发展行动。《中国数字乡村发展报告（2022年）》显示，截至2022年6月，农村互联网普及率达到58.8%，2021年农业生产信息化率为25.4%，中国数字乡村建设进入快车道（朱红根等，2023）。通过以信息化、数字化、网络化为重要载体，实现乡村产业数字化、治理数据化、服务信息化以及生活智慧化的乡村数字转型，正推动农村农林业生产方式的深刻变革以及农林业生产效率的稳步提升（殷浩栋等，2020；何维达等，2022；朱喜安等，2022；孔凡斌等，2022a）。数字乡村建设推进数字经济与生态产业深度融合发展必将成为农村生态资源优势转化为经济发展优势及推动生态产品价值实现的新引擎。

森林生态系统作为"绿水青山"的重要组成部分，是农村尤其是山区农村分布最广、存量最为丰富的自然生态资产，为区域经济发展提供供给服务、调节服务和文化服务等关联人类福祉、具有重要使用价值的功能和服务。森林生态产品作为重要的生态产品之一，其价值实现效率的高低能够显著影响区域发展、城乡发展和城乡收入差距（孔凡斌等，2023c；孔凡斌等，2023d；徐彩瑶等，2023b），进而影响农村共同富裕的实现。然而，森林资源市场化配置效率及森林生态产品价值实现效率偏低一直是困扰森林资源富集地区依托资源优势发展特色生态产业实现农民增收致富的问题（孔凡斌等，2023b）。数字经济和数字技术已经成为重组生产要素资源、重塑经济结构以及协调人与自然关系的关键力量（孔凡斌等，2023a）。因此，数字乡村建设赋能森林生态产品价值实现或是有效破解"森林资源诅咒"困境进而协同推动农村共同富裕进程的重要机遇。然而，伴随着乡村数字转型过程中数字技术向农村农业领域的扩散，以数字乡村建设为依托的数字新动能如何协同森林生态产品价值实现与共同富裕的理论逻辑及实践路径尚未明晰。因此，面向新征程加快构建数字绿色现代化产业体系推进农村共同富裕协同机制及打造人与自然和谐共生新方案的重要任务，系统梳理森林生态产品价值实现的现状和痛点，探讨数字乡村建设协同驱动森林生态产品价值实现和共同富裕的内在机理，提出数字乡村建设协同森林生态产品价值实现和扎实推进农村共同富裕的实践路径，对于推动建设人与自然和谐共生和全体人民共同富裕的中国式现代化，具有重要的理论和现实意义。

12.2 "资源诅咒"与森林生态产品价值实现痛点

森林资源蕴含着巨大的生态服务和生态产品产出潜能。国家统计局联合发布第三期中国森林资源核算研究成果表明，截至 2018 年，中国森林生态系统每年提供生态产品价值达 15.88 万亿元（国家林业和草原局，2019；王兵等，2020）。中国近 90% 的森林资源分布在基础设施落后、交通不发达以及自然灾害频发的山区和农村（张寒等，2022），然而，丰富的森林资源和巨大的生态产品价值供给并没有带来农村的持续经济繁荣和农民生计的根本改善，森林资源富集地区曾长期处于落后状态，一度面临严峻的贫困问题（李周等，2000），并成为中国贫困人口主要分布地和低收入人口主要聚集地之一（孔凡斌等，2022b）。由此可见，相对于森林资源贫瘠地区，森林资源富集地区尤其是农村地区的经济增长更为缓慢，存在明显"森林资源诅咒"（谢煜等，2020）现象，富集的森林资源对一些山区和农村地区的经济增长并不构成充分的有利条件，反而成为一种限制（谢晨等，2007）。森林生态产品价值实现是森林资源嵌入地域空间环境，并与经济、社会、文化、环境等多要素融合并产出现实经济价值的过程，是森林生态系统服务产品产值（GEP）向农林经济产值（GDP）转化的过程，森林生态产品价值实现是区域森林生态资源比较优势向社会经济发展竞争优势转化的先决条件，而森林生态产品价值实现机制是重要保障。但是，现实之中，森林生态产品富集地区尤其是农村地区由于"绿水青山"向"金山银山"转化的通道和机制不健全，致使生态优势转化为经济优势的能力不足，易陷入生态资本"富足的矛盾"（孔凡斌等，2023e），森林资源禀赋及生态产品供给与社会经济发展和农民收入增长之间出现"脱钩"现象（谢晨等，2007；刘宗飞等，2015；王雨露等，2020）。理论上，森林资源富集地区通过推动森林生态产品的资产化、资本化和资金化，能够有力破解"森林资源诅咒"困境，这不仅可以实现森林资源高水平保护，还可以实现森林生态产品价值的高质量转化，可以有效缓解外部性矛盾，推动实现森林生态产品价值的市场化和货币化，进而有利于山区农村经济可持续发展和农民收入水平可持续提升，但是，在实践之中，森林生态产品资产化、资本化和资金化的渠道和机制等方面存在诸多痛点。

12.2.1 森林生态产品资产化的痛点

生态产品资产化是实现以实物形态的生态产品向价值形态的生态资产转化的过程，也就是说，当产权明晰的生态产品能够给投资者带来收益时，投资者能够对生态产品享有法律规定的权利，生态产品成为生态资产（张文明等，2019）。稀缺性、明晰的产权和能够产生效益是生态产品资产化的重要前提（严立冬等，2009），生态产品与生态资产最主要的区别是稀缺性和归属性（高吉喜等，2016）。随着中国社会主要矛盾的转变，人们对美好生活的需要特别是对优质生态产品的需求日益增长，以森林游憩、度假、疗养、保健、养老为内容的森林康养已成为森林生态产业化发展的新业态。然而，受限于陆地面积和森林资源总量及其分布空间的非均衡性，优质森林资源的稀缺性依然存在，区域和城乡之间森林生态资源禀赋及生态产品供给能力差异巨大的现实问题客观存在，通过公共财政投资实施自然生态系统保护修复工程形成的优质森林生态产品产权界定遇到现实困难。中国森林生态资源产权归属主要为国家所有和集体所有（即公有），森林生态产品和价值具有强烈的"公共产品"属性。公共产品消费的非竞争性、非排他性以及效益的外溢性致使人们"搭便车"心理加剧，不愿支付消费森林生态产品所产生的费用，最终导致森林资源的过度开发与破坏（高吉喜等，2016）。可见，现有的森林资源管理制度并没有将森林生态产品作为资产，并按照资产运营的规定进行经营与管理（高吉喜等，2016），森林生态产品资产化仍存在产权归属不明确等问题。此外，尽管集体林权制度改革以及林权证的颁发使得林地林木等有形产品的资产化已基本实现，为森林生态产品资产化奠定了基础，但是森林生态系统所提供的涵盖固碳释氧、水源涵养、水土保持和气候调节等森林调节类服务产品占比较大

（吴绍华等，2021；孔凡斌等，2023b），由于其具有流动性、无固定且清晰边界以及公共产品属性的特点，使得其产权归属及资产化难以有实质性推进。因此，以调节服务为主的森林生态产品调查监测的准确性、时效性和空间可视化以及产权界定的科学性成为森林生态产品资产化的重要制约和实践痛点。

12.2.2　森林生态资产资本化的痛点

生态资本是有一定产权归属并能够实现价值增值的生态资产（高吉喜等，2016），主要包括生态系统服务产品使用价值以及能为未来产出使用价值的潜力资源等。生态资产与生态资本的实体对象一致，生态资产资本化是在生态资产产权清晰的前提下，政府、企业、个人通过资本化运营实现生态资本价值及其增值的过程。生态资产资本化是实现生态资产增值的重要途径，只有将生态资产盘活，作为生产资料进入生产过程并实现增值，才能成为生态资本。增值性是生态资本和生态资产的主要区别（高吉喜等，2016）。森林生态产品的资本化是通过认识、开发、投资、运营森林生态产品，最终在生态市场中实现森林生态产品价值增值与保值的过程（袁广达等，2021）。理论上，森林生态资产作为生产资料，可以借助创新生态技术实现形态和价值的转换，成为经济产品进而实现价值增值（严立冬等，2012；张雪溪等，2020；孔凡斌等，2023b）。然而，在实践中，森林生态资产资本化过程面临资金、技术和管理要素的投入不足，生态产品要素价值难以确定，传统的林业经济运营理念和管理方式难以保障森林生态资产资本化。资产资本化的基本保障是建立健全生态市场（袁广达等，2021）。目前，森林生态产品交易市场依然不健全、不完善，生态金融工具如森林生态银行、生态基金、生态股票和生态期货等应用不足，阻碍着森林生态产品价值的资本化，交换价值难以体现。与此同时，利用森林生态资本获取的经济利润投入森林生态保护和建设并进一步涵养更加优质的森林生态资源的激励约束机制不健全，多元生态融资渠道偏少，保障森林生态产品可持续循环利用的制度机制不完善。扩大生态市场推动森林生态资产资本化需要政府与社会组织的深度参与和协同并进，目前森林生态资产资本化的多元主体参与不够，政府政策体系不健全，现有政策引导市场走向力度不够，监督措施缺失，社会资本进入市场的激励机制不健全，推动扩大森林生态资产资本化市场规模的成效十分有限。根据《中国林业和草原统计年鉴（2021）》，全国林业第一产业和林业第二产业产值的占比高于 75%，而林业第三产业产值占比仅为 23%，这从某种程度上表明，依托森林生态系统调节类生态服务及产品发展起来的森林康养和森林生态旅游等现代森林生态产业发展明显不足，森林生态资产资本化水平偏低，转化效率不高，森林生态资产增值能力有限。因此，森林生态产品市场建设和生态林业金融工具创新应用以及多元主体参与机制的缺失，成为加快推动森林生态资产增值的实践痛点。

12.2.3　森林生态资本资金化的痛点

生态资本资金化是生态产品进入市场通过交易转化为资金的过程。实现森林生态资本的资金化就是完成森林生态产品在生态市场中的交易（袁广达等，2021），是森林生态资本资金化过程中最为关键的一步。森林生态资产资本化只是对森林生态产品的利用和投资，而最后实现经济效益在于生态产品的货币化及资金化。根据有无排他性和消费的竞争性，森林生态产品可分为私人产品、准公共产品、纯公共产品和俱乐部产品等四类（袁广达等，2021）。不同类型的森林生态产品在实现资金化过程中呈现不同的形式。具体而言，林木产品等物质供给类森林生态产品属于私人产品，其资金化需要通过建立区域公用品牌或产品认证体系，利用品牌效应或林产品自带的稀缺性实现溢价，且能够直接进入市场进行交易。水源涵养、固定二氧化碳等调节服务类森林生态产品属于准公共产品，需要通过产权交易或产权流转实现资金化。释放氧气、防风固沙、净化空气等调节服务类森林生态产品属于纯公共产品，由于其产权难以界定致使不能直接进入市场进行交易，而政府为主导的生态补偿是其实现价值的主要方式。文化旅游、森林康养等森林生态产品属于俱乐部产品，可通过资本运营和品牌效应产生生态溢价间接实现价值。但是，目前中国森林生态资产资本化水平明显偏低。从整体情况来看，2018 年中国全国林地林木资产总价值 25.05 万亿元，林业产业年总产值达 7.33 万亿元（国家林业和草原局，2019），林地林木存量资产产业年转换比例为 29.26%（孔凡斌等，2023e），森林生态产品存量价值及生态资本达 15.88 万亿元（国家林业和草原局，2019；王兵等，2020），存量生态资本产业年度转化比例为 46.16%，林地林木和生态资本存量两项生态资产产业年转化比例仅为 17.91%（孔凡斌等，2023e）。究其原因，森林生态产品公用品牌建设和产品认证系统缺失，森林生态产权交易市场不健全，森林生态产品存在"评估难、担保难、处置难、流转难"等现实问题，森林碳生态补偿机制不完善，森林文化旅游产品定价以及生态产品交易机制不完备等构成制约森林生态资本资金化水平提升的实践痛点。

12.2.4　数字经济赋能森林生态产品价值实现的痛点

理论上，数字经济能够通过作用于林业生产要素、互联网平台、产业转型和数字林场等路径影响森林生态产品价值实现程度和实现方式（孔凡斌等，2023a）。数字经济的强劲动力主要源自数字基础设施的建设与普及、数字技术的创新与应用、数字平台的开发与运营。然而，数字基础设施、技术和平台在森林生态产品价值实现上的运用尚未得到标准化、系统化、规范化发展，反而可能存在工作重心落在硬件设备上、数字形式主义滋生蔓延、公共资源分配不合理、过度依赖运营服务商等实践误区（李丽莉等，2023）。实践中，森林生态产品价值实现仍处于初期探索阶段，面临森林生态产品调查监测难、价值核算难、经营开发难和交易变现难等挑战，进而导致数字赋能森林生态产品价值实现在不同环节存在痛点。首先，森林生态系统的数字化监测与数据采集系统构建的技术及相应平台建设已趋于成熟和完善，有效提高森林生态产品调查监测质量，但各监测点之间存在信息共享难点。因此，"点"到"面"的一体化、系统化监测难以得到有效推进成为数字赋能森林生态产品调查监测的痛点。其次，数字赋能森林生态产品价值核算已逐步得到应用。依托遥感技术、大数据技术等的应用，较大空间尺度的森林生态产品价值核算得到有效解决。由于空间异质性的存在，较小空间尺度的森林生态产品价值核算取决于涉及森林供给服务、调节服务、文化服务类生态产品价值核算指标更为精细的监测数据保障。然而，森林生态产品价值尚未纳入国民经济统计核算体系，对于林区资源禀赋、环境条件、产品类型的统计缺乏一定深度，尤其是森林调节服务类生态产品价值核算的支撑数据十分匮乏。同时，囿于前述数字赋能森林生态产品调查监测的痛点，数字赋能森林生态产品价值核算在较小空间尺度上仍存在待突破的瓶颈。最后，林业"大脑"等数字化服务平台能够赋能林业管理、林业生产和林业保护，是智慧林业建设的重要内容，有助于林业管理提质增效，进而促进森林生态产品价值实现效率的提升。然而，在实践中，数字服务平台主要用于林业管理，并未实质性服务森林生态产品的经营开发，同时，由于存在平台用户黏性不足、价值转化渠道不畅通等问题，阻碍着森林生态产品的交易变现。总体而言，数字经济尚未完全融入森林生态产品价值实现的各个环节，难以有效发挥数字技术连接、聚合和分析的能力，以致在森林生态产品价值实现方面颠覆性的创新应用难以产生（刘海兵等，2023），成为数字经济赋能森林生态产品价值实现的痛点。

12.3 数字乡村建设协同森林生态产品价值实现和农村共同富裕的理论逻辑

数字乡村是伴随网络化、信息化和数字化在农业农村经济社会发展中的应用，以及农民现代信息技能的提高而内生的农业农村现代化发展和转型进程。数据资源、现代信息网络和新兴通信技术共同构成数字乡村建设的三大要素，缺一不可（任保平等，2022）。《数字乡村发展战略纲要》中提出要着力发挥信息技术创新的扩散效应、信息和知识的溢出效应以及数字技术释放的普惠效应。理论上，数字乡村建设促进森林生态产品价值实现将通过数据要素赋能、技术要素赋能和治理要素赋能，助力林业技术创新、产业提质、治理增效，助推森林生态产业化的迭代升级，加快森林生态产品价值实现。基于上述分析，在构建并阐释"数字＋"生态经济生产函数的基础上，数字乡村建设促进森林生态产品价值实现的理论逻辑主要从数据赋能、技术赋能和治理赋能等方面进行详细阐述。

12.3.1 "数字＋"生态经济生产函数

数字乡村建设能够推动数字技术嵌入森林生态产品价值的全链条进而推动农村林业经济发展和农民收入增长。因此，数据和数字技术作为新型的投入要素，能够赋能资本、劳动力和技术等传统要素，提升森林生态产品价值实现过程中要素使用、要素配置和创新的能力（孔凡斌等，2023a）。森林资源及其构成的森林生态资本因其自带的稀缺性，已成为社会经济增长的重要生产要素之一（孔凡斌等，2023b）。数字治理理论认为，数字赋能生产经济活动，能够实现精准化治理、智能化应对与科学化决策，有效推进森林生产价值实现（徐晓林等，2004）。基于此，在柯布-道格拉斯生产函数（C-D生产函数）的基础上，考虑并纳入生态资本、数据要素、数字技术要素、管理要素等投入构建"数字＋"生态经济生产函数模型，以阐释数字乡村建设协同森林生态产品价值实现和农村共同富裕的理论基础。具体模型如下：

$$Q = AN^{\alpha}L^{\beta}K^{\gamma}E^{\mu}D^{\delta}T^{\psi}G^{\theta}$$

式中：Q、N、L、K、E、D、T 和 G 分别代表森林生态产品产量、林地投入、劳动力投入、物质资本投入、生态资本投入、数据投入、数字技术投入、数字治理投入；α、β、γ、μ、δ、ψ 和 θ 分别表示林地投入、劳动力投入、物质资本投入、生态资本投入、数据投入、数字技术投入和数字治理投入的产出弹性；A 表示常数项。

基于所构建的"数字＋"生态经济生产函数模型可知，数字乡村建设协同森林生态产品价值实现和共同富裕是生态经济和数字经济深度融合发展的具体体现，通过数据、数字技术、数字治理等数字要素赋能森林生态产业化发展，可以有效提高森林生态产品价值实现效率，有利于农民收入增长，进而可以有效推动森林资源富集地区尤其是农村地区实现共同富裕。据此，数字乡村建设协同森林生态产品价值实现和农村共同富裕的生态经济学理论模型解析如下。

第一，单独考虑增加数字要素投入。数字经济具有无限供给、零边际成本等特点，通过改进生产技术与方法、高效连接供给与需求、提升管理水平与效能，提高传统要素的资源配置效率。数字要素包括数据要素、数字技术要素、数字治理要素等。如果将数字要素纳入传统的 C - D 生产函数中，并假设数字要素的边际成本很小或为零，单独考虑增加数字要素投入的数字经济生产函数（图 12 - 1）可能呈现以下特征：①递增的边际产出。由于数字要素的边际成本很小或为零，每增加一个单位的数字要素，产出的增加量相对较大。生产函数曲线会显示递增的斜率，表示增加更多的数字要素将导致较大的边际产出增加。②扩展的生产可能性边界。数字要素的边际成本很小或为零意味着可以无限制地增加数字要素的投入，从而扩展生产可能性边界，这意味着增加数字要素投入的数量，可以实现更高的产出水平。③提高效率和创新能力。考虑数字要素投入的生产函数的特征之一是提高效率和创新能力。数据、数字技术、数字治理的应用可以帮助创新生产方法、优化生产流程、提升决策水平，从而提高效率和创新能力，进一步提高产出水平。④潜在非线性关系。考虑到数字基础设施建设等方面的约束，数字要素投入的生产函数可能呈现非线性关系。具体而言，在初始阶段，增加数字要素投入的数量可能带来快速增长的边际产出。然而，随着数字要素投入的进一步增加，边际产出的增长速度可能逐渐减缓，导致生产函数曲线逐渐趋于平缓。

第二，单独考虑增加生态资本要素投入。考虑到生态系统保护与修复成本、生态产品替代成本、生态系统承载力以及生态失调引致的社会经济影响等因素，生态资本的边际成本通常是相对较高的。在生态产品价值实现促进共同富裕的理论体系中，生态资本应作为要素纳入传统的 C - D 生产函数中，考虑到其边际成本较高，那么单独考虑增加生态资本要素投入的生产函数（图 12 - 1）可能呈现以下特征：①生态产品边际产量递减。生态资本的边际成本较高意

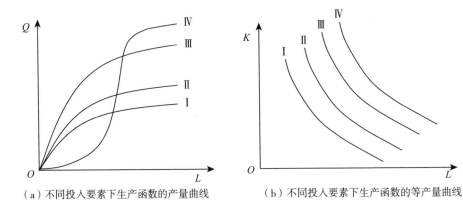

（a）不同投入要素下生产函数的产量曲线 （b）不同投入要素下生产函数的等产量曲线

图 12-1 "数字＋"生态经济生产函数的产量曲线和等产量曲线

注：Ⅰ.传统生产要素投入的生产函数特征；Ⅱ.仅考虑生态资本要素投入的生态经济生产函数特征；Ⅲ.同时考虑增加数字要素和生态资本要素投入的"数字＋"生态经济生产函数特征；Ⅳ.仅考虑数字要素投入的数字经济生产函数特征。

着进一步利用或消耗生态资本会付出更高的成本。因此，生产函数曲线的斜率将逐渐减小，表示每增加一个单位的生态资本，额外的生态产品产出递减。②生态资本"枯竭点"。由于地球空间和自然生态系统固有承载力存在阈值，人类的社会经济活动必然要限制在地球"生态承载力"的范围内，因此，生态资本的产出存在最大值，此时生产函数曲线可能会达到"枯竭点"，表示生态资本不再增加，也不会产生额外的生态产品产量。如果进一步消耗生态资本可能会导致环境退化、资源枯竭或生态系统功能的恶化。③限制的生产可能性边界。由于生态资本边际成本较高，生产函数曲线将逐渐靠近生产可能性边界。生态资本投入数量的限制将对生态产品产量的增长产生制约作用。

　　第三，同时考虑增加生态资本要素和数字要素投入。由于数字经济在微观层面上能够发挥规模经济、范围经济、网络经济效应并形成长尾效应，在中观层面助推产业转型升级，在宏观层面提高生产效率（任保平等，2022），因此，考虑数字要素和生态资本要素的投入时，数字乡村建设带来的数据要素、技术要素和治理要素都能够与生态资本要素融合，全面渗透生态产品的生产、经营、销售、流通和管理等各个环节，大幅提高生态产品价值实现效率。因此，同时考虑增加数字要素和生态资本要素投入的生产函数（图 12-1）可能呈现以下特征：①生态产品边际产量递减。考虑到自然生态系统的生态承载力，虽然数字赋能生态产品源头资源管理有助于提高生态产品供给效率和潜力，但生态资本的边际成本仍较高，生态产品的边际产量依然呈现递减的特征。②生态资本"枯竭点"推后。数字赋能生态资本要素，通过数字技术和数字治理提升生态资源修复保护水平，数字孪生、元宇宙等技术实现生态产品的线上体验和销售，提高生态资源利用率，提升"绿水青山"向"金山银山"的转化效率，因此，数字赋能生态产品产业链是建立在有效保护生态资源的基础上的适度开发和利用，使得生态资本"枯竭点"推后或消失。③限制的生产可能性边界。由于生态资本边际成本较高，生态资本投入数量的限制将对生态产品产量的增长产生制约作用，因此，"数字＋"生态经济生产函数曲线将逐渐靠近生产可能性边界。

12.3.2　数据赋能森林生态产品价值实现的理论逻辑

数据作为新型生产要素，具有虚拟性、非竞争性、部分排他性、规模报酬递增、正外部性等特征（蔡继明等，2022），是数字经济具有战略性地位和创新引擎作用的微观基础，成为推动乡村林业经济发展并实现弯道超车的重要基石。数据赋能森林生态产品价值实现主要是利用其承载的有价值信息，提高劳动、资本等其他传统要素之间的协同性，引领要素以市场化方式形成集聚，突破要素配置结构失衡、效率低下、流动不畅的障碍（谢康等，2022）。我国林业产业发展主要得益于劳动力、资本与自然资源等传统要素投入驱动，属于典型的"要素驱动型"模式。然而，单纯依靠要素高投入的传统林业发展模式，使得森林生态产品价值实现效率偏低且提升困难，难以满足林业高质量发展促进共同富裕的需求和使命。数字乡村建设推动数据这一关键生产要素嵌入林业经济全产业链，发挥倍增作用，与土地、劳动力、资本、技术、管理等林业其他生产要素聚合形成先进生产力（图 12 - 2），提高林业资源配置效率，推动森林生态产品价值实现。

数据与林地要素融合，能够聚合并高效匹配林地流转供需信息资源，提高林地资源配置效率（夏显力等，2019）。数据与林业劳动力要素融合方面，林业从业人员能够通过数据资源共享、利益成果共赢等方式更新知识储备以及促进相互之间合作，从而提升技能水平。数据与林业资本要素融合方面，数据能够嵌入金融资源和融资服务，降低金融服务边际成本和信贷资金配给程度；依托网络平台强大的信息流整合能力、计算机云数据处理优势，提高金融资源的配置效率，提供覆盖林业全产业链、全生命周期的金融产品和服务，发展林业普惠金融服务，让小型涉林企业或林农享受优质金融服务。数据与林业技术要

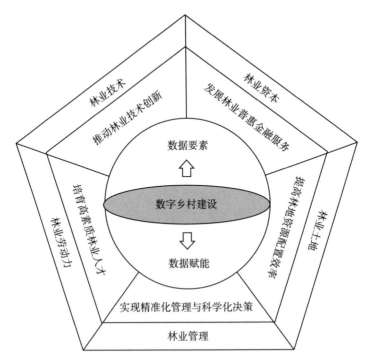

图 12-2　数据赋能森林生态产品价值实现的理论逻辑

素融合方面，以数据形式存储的产品可以零成本传输到山区林区，数据和信息的积累有助于产生知识，从而推动林业技术创新。数据与林业管理要素融合，通过整合现有各类林业数据到大数据平台，将不同来源、不同业务、不同格式的数据进行统一标准、科学配置、集中存储、规范管理，实现各级林业数据资源的统一整合、访问与共享，让不同层级的林业政府决策管理部门得到一致信息和精准信息，全方位服务于林业资源管理的各环节，为林业管理决策提供强大、全面的数据支撑。此外，数据要素能够赋能林业产品生产制作工序和服务的各个环节，重塑林业产业体系，实现要素资源的跨边界配置与优化；能够挖掘传统林业产业发展模式下难以发现的潜在需求，将闲置和零散的林业主体或要素汇聚起来，并依托大数据平台通过供需的精准对接，减少产品和服务供需中间环节由于信息甄别不当导致的资源错配问题；还能够辅助林业产业规划，增强林业产业风险预警和市场预测能力。

由此可见，数据能够成为指挥林业实体经济运行的"大脑"和"中枢"，并作为"黏合剂"，全面融入林业传统生产要素，促进要素间的连接和流通，打造各类生产要素一体化的林业要素体系（李海舰等，2021），充分发挥主导林业产业运行的决定性作用。

12.3.3　技术赋能森林生态产品价值实现的理论逻辑

新经济增长理论认为，推动经济增长的核心动力是技术进步。数字技术成为推动森林生态产品价值实现的重要驱动力。随着物联网、大数据、云计算、人工智能、区块链、数字孪生、元宇宙等数字技术的迅猛发展（洪银兴等，2023），数字乡村建设将推动数字技术与林业产业发展深度融合（图 12-3），形成以数字技术为依托的新型林业发展模式（孙久文等，2023）。数字技术可以有效破解制约森林生态产品价值实现的"度量难、交易难、抵押难、变现难"等突出难题，推动森林生态产品价值实现的模式和机制发生巨大变革。数字技术能够渗透于森林生态产品价值实现的整个过程，即利用数字技术的强渗透性和融合性特征，打破产业组织边界，缓解信息不对称，重塑林业生产要素配置和产业分工方式，促进森林生态产品的产业链节点突破、向价值链两端攀升，不断拓宽和提升森林生态产品价值的转化路径和实现效率，进而能够促进森林生态产品的培育、保护、利用及其产业化价值实现增值。

物联网具有实时感知、快速响应、精确控制的特点，是通过射频识别、红外感应器、全球定位系统、激光扫描器等信息传感设备，按约定协议把物品与互联网相连接，以实现对物品的智能化识别、定位、跟踪、监控和管理的信息网络系统。2016 年国家林业局发布的《关于推进中国林业物联网发展的指导意见》明确指出要推动林业核心业务物联网应用，实现物联网技术与林业业务高度融合，有力支撑林业资源监管、营造林管理、林业灾害监测、林业生态监测、林业产业、林产品质量安全监管等各类业务。物联网技术赋能森林生态产品价值实现在于能够有效链接林业物质世界和信息网络世界，实现对林木生长环境、林业资源、林木生长状态等信息的实时监测、分析和处理；还能够缓解信息不对称、降低交易成本（任保平等，2022），改变林业信息沟通方式和管理模式，提高林业资源的利用效率和保护水平，进而推动森林生态产品价值实现。

大数据具有海量的数据规模、快速的数据流转以及多样的数据类型等特征，是一种规模大到在获取、存储、管理、分析方面大大超出了传统数据库软件工具能力范围的数据集合。大数据技术赋能森林生态产品价值实现，主要体现在能够低成本、高效率、全方位地掌握并管理森林资源现状与发展趋势信

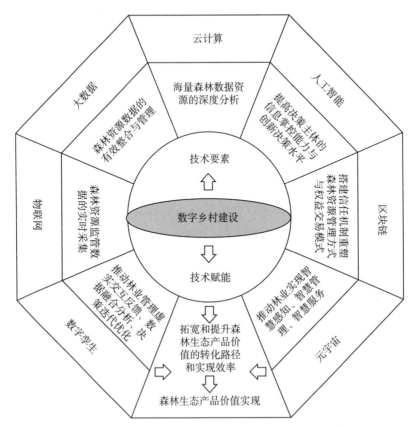

图 12-3 技术赋能森林生态产品价值实现的理论逻辑

息、森林生态产品的生产与供需信息以及林业多主体决策与管理信息，推动森林资源和生态产品管理信息化、现代化、智能化。如，贵州省林业积极融入大数据战略行动，建立"贵州林木种苗 APP 管理"平台，为种苗生产、经营者提供及时、准确的信息和选择空间，利用信息化手段优化资源配置，改变区域内种苗供应不足和局部供应过剩的尴尬局面，促进种苗行业产业化、市场化健康发展，推动种苗管理现代化水平的提高。贵阳市充分运用大数据手段，带动各地开启森林管护工作信息化体系建设，实现省、市、县、前端四级网络实时互联，推动全省森林防火工作数字化、网络化、自动化，让森林资源管护工作进入智慧模式，有效保护森林资源，维护生态安全。

云计算是分布式计算、互联网技术、大规模资源管理等技术的融合与发展，能够实现快速、高效地处理海量数据，具有服务规模可动态伸缩（弹性）、按需分配服务、虚拟化、高可靠性、泛在接入等特点（罗军舟等，2011）。2017 年国家林业局发布的《关于促进中国林业云发展的指导意见》明确指出要发展中国林业云，有利于降低建设运维成本，提高资源使用效率，提升林业信息安全保障水平，加强数据共享利用，提升林业信息化服务能力。云计算技术赋能森林生态产品价值实现主要体现在能够有效整合多层级、多主体、多环节、分散式的林业资源数据和决策管理信息，形成安全、稳定、高效、共享的综合一体化信息服务体系（孙伟，2012），挖掘与分析海量林业数据资源，实现对林业资源的智慧服务（刘亚秋等，2011），进而提高森林资源数据利用效率，提升林业决策水平，推动林业管理降本增效。如，湖北省宜昌市采用云计算架构建设宜昌林业大数据中心，通过搭建智慧林业云平台、开发业务应用系统，实现智慧林业云平台市、县、区对接，信息数据互联互通，建成森林资源智能监测感知、数据分析决策、研发演示一体化、智能化的综合系统，形成了"统一数据平台、统一基础环境、统一运行管理"和空、天、地、人"四位一体"立体构架体系的"宜昌智慧林业云平台"。

人工智能赋能森林生态产品价值实现在于能够实现林业跨界资源低成本、高效率地再配置，由过去以人工为主导转向自动化智能化方式，推动创新森林资源在生态保护、生态修复、生态灾害防治、生态产业、生态管理等方面的配置方式，提升决策水平与管理效能。2019 年国家林业和草原局发布《关于促进林业和草原人工智能发展的指导意见》指出，要以林业现代化需求为导向，以新一代人工智能与林业融合创新为动力，实现人工智能技术在林业重点建设领域中示范应用。人工智能技术能够跟踪森林生态系统实时变化，运用机器视觉技术和深度学习算法，及时发现森林消长变化，进行动态监测，有效评价森林生态健康状况，推动森林生态系统保护。人工智能通过"机器学习"和数据挖掘等手段，可以有效对治理决策数据进行筛选、分析，并对决策本身予以算法支撑，让林业经济行为主体和管理决策者不仅能够了解当前时间的发生状况与进展，还能在某种程度上对未来将要发生的事件和走势进行预测，大大提高决策主体的信息掌控能力与创新决策水平。

区块链作为一种新兴的分布式信息技术，能够直接改变以往以货币为介质的市场经济中信息不对称等问题，构建在没有中介辅助下多个参与方之间的资产交易、价值传递的网络，通过降低交易成本、搭建信任机制重塑森林资源管理方式与权益交易模式，广泛应用于森林经营管理、森林生态产品追溯和森林火灾监测等领域（刘江等，2023），有力推动森林生态产品价值实现。由此可见，区块链技术能够有效解决"数据孤岛"问题，这就使林业决策管理从横向业务流程上，真正实现"面向公众"的"一站式服务"；从纵向层级关系上，压缩中间层级冗余，实现组织扁平化、弹性化和透明化，使政府运作效率和回应公众诉求的能力大大提升（赵金旭等，2019）。此外，区块链技术能够有效解决林权抵押授信的问题，将中心化的林权抵押贷款系统重构为一个去中心化的系统（袁绪等，2018），基于一种可信的跨机构数据交换及业务执行底层平台技术来提供跨机构的信任业务模式，降低业务执行成本。如，福建省武平县通过引入区块链技术，实现林权数据上链，林农档案共享和信贷业务线上办理，有效破解林业数据壁垒坚固、信息不对称、林权抵押贷款程序冗长等难题。

数字孪生具有实时同步、忠实映射、高保真度特性，是一种集成多物理、多尺度、多学科属性，发挥连接物理世界和信息世界的桥梁和纽带作用，通过虚实交互反馈、数据融合分析、决策迭代优化等手段，为实体提供决策支持。林业数字孪生应用是智慧林业的具体实现手段，将突破虚拟与现实之间的融合、实时更新、智能反馈技术难点，服务于智慧林业的业务需求，从而实现实体-数字模型交互的平行管理与分析决策。数字孪生已在森林动植物智能观测、生态多样性监测、森林质量和健康诊断、森林经营与管理决策、灾害应急响应等方面开展应用，解决了林业全生命周期的信息同步、智能反馈、自然交互和真实体验等难点，驱动向林业数字化、可视化与智能化方向发展。如，浙江省开化县在全国率先打造林业数字孪生智治系统，综合森林生态资源数据，不仅为发展林下经济提供了精准指导，也让松材线虫病防控变得更加科学有效，初步实现森林灾害"一键处置"、林下经济"一键统管"、林业碳汇"一键分析"。林业数字孪生智治系统，让森林资源实现全生命周期的可视化决策，集成森林资源监测、保护、防控调度以及生态产品价值实现全链条于一体的智慧化管理平台，在提高林业决策管理水平的同时助力森林生态产品价值实现。

元宇宙是众多新技术的集大成者，能够将虚拟世界与现实世界在身份系统、社交系统、经济系统上密切融合，赋能用户进行个性化内容生产和多元化世界编辑，构建虚实融合的数字生活空间，助力用户实现"一念天地，万物随心"的沉浸式体验。2013年国家林业局发布的《中国智慧林业发展指导意见》为智慧林业提供了新的发展模式，推进信息技术与林业深度融合，助力林业生产和组织管理，对林业生产的各种要素实行数字化设计、智能化控制、科学化管理。元宇宙技术能够复刻现实世界的森林生态系统，推动林业的数字化衍生、智能化栽培种植与管理展现，通过打造"天空地"一体化生态感知体系，实现林业智慧感知、智慧管理、智慧服务，推动林业信息决策管理定量化和精细化，为政府监管部门提供智能化分析、助力科学决策。如，上海市开发智慧林业一体化平台"Smart Forestry AI"将林业场景中出现的林地空秃、林下套种、违章建筑等快速识别并通过数字化呈现，实时展示整个区域的违规场景，让林业监管与稽查变得"智慧"起来。因此，元宇宙技术能够重塑林业系统管理机制，甚至可以融合森林三维建模、森林经营管理模拟、森林景观仿真、数字博物馆以及 VR/AR 等技术，将真实的林业场景虚拟化，为森林抚育与经营、森林碳汇监测与评估搭建新的管理场景，创新林业管理模式；通过链接森林生态系统的生境条件，实现森林康养旅游线上初体验场景；通过为消费者打造身临其境的沉浸式体验，创建森林生态产品销售新场景，推动森林生态产品价值实现。

总体来看，依托大数据精准勾勒客户画像、人工智能解决人为判断偏差、云计算智慧化生产体系、区块链构建强信任关系（武宵旭等，2022）以及数字孪生、元宇宙的虚实融合等功能，数字乡村建设推动上述数字技术向森林生态产品价值实现全过程各要素全面渗透，促进林业生产精细化、标准化、自动化、智能化，改变供需之间的联结方式，重构森林生态产品价值共创方式，最终推进森林生态产品价值实现全链条的提质降本增效。

12.3.4　治理赋能森林生态产品价值实现的理论逻辑

数字治理是数字技术与治理理论融合渗透的现代综合治理创新形态（冯献等，2020），即在以数字技术为代表的新一代信息技术的驱动下，政府内部运行以及政府、企业、公民社会等主体之间的经济社会互动实现精准化治理、智能化应对与科学化决策，通过易化政府行政及简化事务的处理程序，提高民主化程度的治理模式（徐晓林等，2004）。因此，数字治理的维度包括政府内部运行、政府与政府以及政府与公民社会、政府与企业之间的互动（徐晓林等，2004）。数字治理不仅能够实现对政府组织的内部"赋能"，还实现了对外部的市民社会"赋权"（颜佳华等，2019），使得任何一位具备数字化素养的主体都能成为信息的生产者、传播者（戴长征等，2017），甚至参与到政府决策过程中来，进而促进政府管理决策走向"以公民为中心"的治理转型之路，实现"共商共治共享"的治理模式（沈费伟等，2020）。数字乡村建设将推动森林生态产品价值实现在管理和决策效能上的全面提升，即在以"数据赋能""技术赋能"驱动森林资源保护和林业产业发展的同时，协同推进森林资源与生态产品治理体系与治理能力现代化。因此，数字乡村建设推动治理赋能森林生态产品价值实现，主要体现在通过数字平台的运用，以数字技术重构治理形式和内容，推动不同治理主体之间的互动实现治理提质增效（图12-4）。

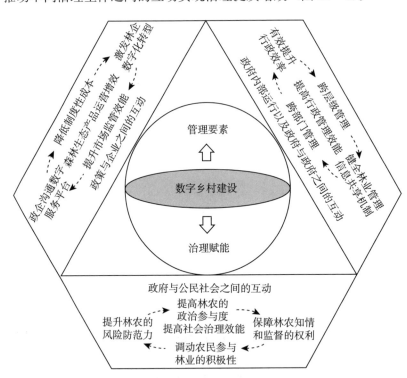

图12-4 治理赋能森林生态产品价值实现的理论逻辑

政府内部运行以及政府与政府之间的互动，分别是指政府组织的横向和纵向关系。其中，政府组织的横向关系是指不同部门的同级关系，如地方政府间的横向关系以及政府组织内部内设机构之间的互动，政府组织的纵向关系是指直接上下级关系，如县级政府、乡级政府、乡政府各职能部门之间的互动。无论是政府内部运行还是政府与政府之间的互动，部门机构的划分使本来完整统一的政府职能被切割，各部门之间缺乏横向信息反馈与自动协调平衡机制，导致部门运转机制效率不高。2022年国务院发布的《关于加强数字政府建设的指导意见》明确指出要创新政府治理理念和方式、形成数字治理新格局、推进国家治理体系和治理能力现代化。林业部门主要聚焦森林资源和林业产业发展的保护修复、监督与管理，如何协同推进森林资源优化配置并提高林业产业发展效率是主要任务。数字乡村建设可推动数字技术在林业相关政府部门治理形式和内容上的应用，促进治理效能的提升。理论上，借助数字技术手段，通过对政府组织人、财、物、信息等资源的全面整合，尤其是森林资源各类数据信息的整合，并健全林业管理信息共享机制，能够有效提升行政效率、节约社会资源，提高林业相关政府组织跨部门、跨层级管理的适应性和灵活性（靳文辉等，2020），进而有力推动森林生态产品价值实现。2022 年国务院办公厅发布的《全国一体化政务大数据体系建设指南》强调要整合构建标准统一、布局合理、管理协同、安全可靠的全国一体化政务大数据体系，加强数据汇聚融合、共享开放和开发利用。实践上，浙江省龙泉市林业局率先研发和应用了林地征占用系统、林权管理系统、林木采伐系统、木材运输系统等十几个业务应用系统，在全省甚至全国得到广泛应用，2013 年获评全国林业信息化示范县；整合打通省市县三级业务应用，归集贯通各类林业资源数据，探索构建数字服务平台——"益林共富"多跨场景应用，推动林区治理信息化向数字化转变。

政府和企业作为经济社会中的两大运行组织，二者之间的互动关系存在着多种交换模式（金太军等，2011）。从以促进经济社会发展为目标的角度看，政府依靠企业实现经济增长的目标，而企业则是希望通过影响政府公共政策促进企业成长（王亮等，2006），如何实现协作共赢是政府和企业之间互动的最终目标。然而，政府和企业之间的互动因缺乏协商与决策的能力、缺少尊重与信任等导致合作绩效低下，主体定位不清晰导致职责和权限混乱，公共问责和监督机制的缺失使得"双赢"目标难以实现。因此，有效市场与有为政府的协同并进和高效发力对于资源主导型地方避免陷入"资源诅咒"至关重要。"森林资源诅咒"现象至今仍普遍存在（谢煜等，2020）。数字赋能政府和企业之间的互动或将是破解"森林资源诅咒"的有力途径之一。一方面，治理赋能有助于降低制度性成本，通过推动"互联网＋企业服务"模式，建立政企沟通数字服务平台，缩短企业的业务办理流程，提供优质便利的涉企服务，优化营商环境。数字治理赋能有力推动政府发挥"扶持之手"帮助林业企业发展，为森林生态产品价值通过市场机制实现提供保障。另一方面，治理赋能有效激发林业企业数字化转型内生动力，通过发挥资源配置优化效应、生产成本降低效应和创新发展驱动效应（廖信林等，2021），助力林业产业转型升级，推动林业一二三产业深度融合，培育林业新业态新模式，推动森林生态产品产业链实现智能化、平台化、品牌化发展，促进森林生态产品运营效率。此外，治理赋能构建政企协同智慧化监管新格局，运用数字技术支撑构建新型监管机制，加快建立全方位、多层次、立体化监管体系，实现事前事中事后全链条全领域监管，实现信息数据共享、技术资源共用、监管执法互助，提升市场监管效能，维护公平竞争的市场秩序。

政府与公民社会之间的互动主要聚焦"政府-社会组织-公民"三者之间，三者之间的合作与协调关系宏观层面有利于实现社会和谐共建，建设和美乡村，微观层面有助于让村民享受发展成果，调动村民参与林业的积极性，助力森林生态产品价值实现。然而，公民参与机制不健全、价值体系不均衡、利益诉求多元化等问题是构建政府与公民社会协调关系所面临的挑战（徐顽强，2020）。治理赋能政府与公民社会之间的互动主要体现在拓宽治理边界，推动公民社会政治参与；重塑治理流程，提升公民社会治理效能；优化治理工具，增强公民社会风险防范力（黄新华等，2022）。森林生态产品价值实现以及林业发展关系到林农的切实利益，而森林生态产品价值实现以及林业发展归根结底要靠林农。治理赋能政府与林农之间的互动，坚持以林农为中心，一方面，数字赋能提高林农的政治参与度，构建多方参与、多元共治和多点联动的数字机制，丰富林农表达、交流和互动的途径，保障林农知情、参与和监督的权利，有利于制定符合林农利益和需求的政策和制度；另一方面，数字赋能创建办事不求人、不见面审批、一站式办理、最多跑一次、集成套餐移动政务等治理模式，能够从根本上解决因权属不清、界至不明、面积不准导致的山林纠纷；此外，数字赋能提升林农对风险的防范力和应对力。

综上，治理赋能森林生态产品价值实现能够在治理结构方面，助力治理主体走向协同化、治理层级走向扁平化和治理空间走向透明化；在治理功能方面，助力政府决策走向科学化、社会治理走向精细化和公共服务走向高效化。

12.4 数字乡村建设协同森林生态产品价值实现与农村共同富裕的实践路径

生态产品是释放生态红利、促进经济高质量发展的载体，具有稀缺性、公共物品、弱可替代性等特征属性，其价值实现需要包括良好的生态本底、社会需求、完善的市场机制等在内的前提条件。数字乡村建设主要通过数据赋能、技术赋能和治理赋能，创新解决森林生态资源资产化环节的森林生态产品调查监测难、森林生态资产资本化环节的价值核算难以及森林生态资本资金化环节的经营开发难和交易变现难等问题，为森林生态产品价值实现提供强劲动能，为协同推进森林资源富集地区及农村实现共同富裕奠定基础（图 12 - 5）。

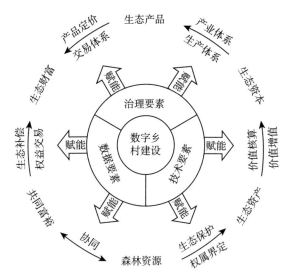

图 12 - 5　数字乡村建设协同森林生态产品价值实现与农村共同富裕的实践路径

12.4.1　数字赋能生态保护与权属界定促进森林生态资源资产化与农村共同富裕

数据、技术和治理赋能森林资源的保护和修复以及森林资源资产化的权属界定，克服森林生态产品调查监测难的问题，有力推动森林生态资源资产化，为实现农村共同富裕奠定生态资产基础。

第一，依托数据赋能和技术赋能完善森林资源及生态产品动态监测体系，实现森林资源动态实时监测与立体感知，提升森林资源保护水平，持续扩大优质森林生态产品供给。同时，应优化监测体系的级联效应，健全国家-省-市县各级以及各部门之间数据传输网络和共享机制，构建村、乡、县、市、省、国家"六级联动"的数字化监测平台，为全面保护、有效管理和可持续利用森林资源提供支撑。

第二，依托技术赋能和治理赋能实现森林资源信息系统集成与调控，逐步提升森林灾害防控与治理能力。通过综合运用智能视频监控、物联网监测、卫星监测、无人机巡护和热成像智能识别等数字技术，推动森林有害生物、火灾等生态灾害的防治防控能力显著提升。例如，浙江省推动数字化管理和松材线虫病疫情防控工作深度融合，创建"天空地"一体化实时监测体系和林区灾害智能防控平台，整合护林巡护系统和"数字森防"智控综合管理平台等资源，实现"人防＋物防＋智防"全链条闭环管理，一体化推进森林资源保护，成效显著。

第三，依托技术和治理赋能林权数字化改革，推动森林资源资产化的权属界定。通过运用卫星遥感、无人机等技术助力林地林木的权属落界与管理，实现林地面积准确到户、落界上图，为森林资源管理与林农权益服务效能的提升奠定基础。与此同时，进一步依托林地权属落界成果，在明确林地权属范围、面积和资源情况的基础上，有效核定林地流转的价值，为经营权流转、抵押贷款、碳汇交易等森林生态产品价值实现提供基础（方剑强等，2021）。

12.4.2 数字赋能产品价值核算与增值促进森林生态资产资本化与农村共同富裕

数据、技术和治理赋能森林生态产品信息调查、森林生态产品价值核算、培育生态产品市场以及创新生态林业金融工具，助力森林生态资本实现价值增值，推进森林生态资产资本化，为实现农村共同富裕奠定生态资本基础。

第一，依托数据赋能和技术赋能森林生态产品基础信息调查，高效推进生态产品目录清单编制工作。通过全面运用网格化监测、高分辨率卫星影像和地形图等数字技术和数据产品进行森林生态产品基础信息调查，精确掌握不同类型生态产品数量、质量等基础信息，进而形成森林生态产品目录清单。

第二，依托数据、技术和治理赋能森林生态产品价值核算，实现跨部门跨层级的森林生态产品管理。通过运用卫星遥感影像、云计算等数字技术可以实现森林生态产品价值长时序、精准核算，并实现森林生态产品实物量和价值量的空间可视化表达，尤其是森林生态系统比重较大的调节服务类生态产品的价值核算与表达（孔凡斌等，2022a），为森林生态资产资本化奠定价值量化基础。

第三，通过数据、技术和治理赋能培育，加快构建并发展全国统一的数字化森林生态产品市场，为森林生态资产资本化提供重要保障。考虑到森林生态产品在不同区域存在差异的客观实际，加快数据、技术和治理赋能推动森林生态产品认证体系、行业标准、监管机制、治理体系的制定和完善，推动森林生态产品在不同区域和消费主体间有效配置和自由流动，形成全国统一的数字化森林生态产品市场。

第四，加快数据、技术和治理赋能林业金融工具的创新应用，为森林生态资产资本化拓展融资渠道，丰富衍生林业相关产业和交易形式，拓展森林生态产品价值实现路径。要加快绿色债券、绿色信贷、绿色保险等绿色金融工具在森林生态产品价值实现实践中的应用，为森林生态产业化发展壮大提供持续的资金支持。积极探索设立"两山银行""森林银行"等金融服务中心，开发生态债券、生态保险等金融产品，更好地发挥从"绿水青山"到"金山银山"的重要桥梁，推动森林生态资产资本化。与此同时，创新开展林业碳汇、林下经济、古树名木等的保险，推动森林生态产品价值实现。此外，利用数字技术赋能林业绿色信息监测与分析模型，量化环境效益和转型风险，提升绿色金融风险防控能力和市场效率，助推林业绿色金融发展，为森林生态资产资本化提供持续动力。

12.4.3　数字赋能产品认证与产业体系促进森林生态资本资金化与农村共同富裕

　　数据、技术和治理赋能森林生态产品认证、森林生态产品品牌建设、协调森林生态产品定价、构建"数字＋"森林生态产业体系，推动森林生态产品可交易化，为森林生态产品经营开发提供助力，进而促进森林生态资本资金化，为实现农村共同富裕奠定生态资金基础。

　　第一，加快构建全国统一的森林生态产品认证体系，创造森林生态资本资金化的前提条件。要在明确森林生态产品内涵与分类的基础上，建立统一的森林生态产品标准、认证、标识体系，这是推动森林可持续经营、培育森林生态产品市场的必然要求，也是加强森林生态产品供给侧结构性改革、提升森林生态产品供给质量和效率的重要举措。因此，需要加快构建数字赋能森林生态产品认证体系，推动森林生态产品规范管理，促进森林生态产品价值实现，推动实现农村共同富裕。

　　第二，着力打造特色鲜明的森林生态产品品牌矩阵，推动森林生态资本资金化重要内容落地生效。数字技术可直接助力包括区域公用品牌、企业品牌、产品品牌等在内的品牌矩阵培育、品牌知识产权保护、品牌传播推广等工作。例如，由湖南、江西两省共同打造的以湘赣两省革命老区红色基因文化内涵、地域特性以及产业发展特色为基础的农业区域公用品牌"湘赣红"，通过打造品牌数字地图，将每个产品的源产地进行数字化上图，实现产品源头可追溯。同时，利用时空技术记录农事生产活动的全过程，从而实现生产过程数字化，消费者可通过照片或视频查看农事活动场景，且依托数字技术保证农事活动信息不可篡改，大大增强了消费者对品牌的信任度。

第三，探索推进森林生态产品定价制度建设，夯实森林生态资本资金化的基础。森林物质供给类生态产品和文化服务类生态产品的定价绝大部分已通过市场机制或政府调控得以确定，森林调节服务类生态产品的定价制度至今仍有待解决。理论上，生态产品价格充分考虑生态产品生产资料属性及其外部性，以满足"提供优质生态产品"为目标的市场化路径进行定价（张英等，2016）。实践中，森林调节服务类生态产品的市场价格远低于其社会价值。人们对森林康养的认知和需求逐渐加强，使得森林调节服务类生态产品价值实现有了突破口。为此，要加快运用数字技术赋能和治理赋能推动森林生态产品在森林康养产业各类项目中的占比，结合各类项目的市场需求，精确指导包括调节服务类生态产品在内的森林生态产品定价，形成数字森林生态产品定价机制，推动森林生态产品价值的溢价增效。

第四，加快构建"数字＋"森林生态产业体系，突破森林生态资本资金化的重要环节。数字技术赋能和数字治理赋能森林生态产业体系（陈一明，2021），畅通生态产品生产、加工、储运、销售和消费等环节，破解森林生态资本资金化环节的经营开发难和交易变现难的问题。要依托数字技术建立整体联动、开放共享的森林生态产品数字化交易中心，推动森林生态产品全产业链实现信息共享，拓宽销售渠道，把优质特色森林生态产品推向社会大众。要根据客户需求定制服务和产品，实现森林生态产品供需精准对接。要通过建立森林生态产品信息集中发布和预测预警系统，维护森林生态产品生产者、经营者、消费者权益。要建立森林生态产品质量追溯机制，健全森林生态产品全过程监督体系，实现森林生态产品信息可查询、质量可追溯、责任可追查。还要建立森林生态产品创新服务平台，着力突破森林生态产品价值实现的瓶颈制约。

12.4.4 数字赋能生态补偿与权益交易促进森林生态资本资金化与农村共同富裕

数据、技术和治理赋能完善森林生态产品保护补偿机制、森林生态产品权益交易机制以及构建数据、技术和治理赋能健全多元主体参与机制，构建政府、企业、公民组织利益共同体，是数字赋能拓展森林生态产品价值实现路径与农村共同富裕的重要保障条件。

第一，探索数据、技术和治理赋能完善森林生态产品保护补偿机制的实践路径。着力解决森林生态补偿的精准性不够高、生态补偿整体效率偏低等突出问题，实现生态补偿对象的信息整合、精准服务到每一位补偿个体。具体来说，要通过融合地理信息系统（GIS）、遥感技术（RS）和全球定位系统技术（GPS）的 3S 技术，实现高效率、低成本地实时探测、精准定位，为森林生态补偿数字化发展提供重要基础。运用 Web 服务共享技术推动实现不同补偿主体之间的链接，从而实现资源的交互与共享，以合理指导各主体进行活动。通过汇集多媒体技术、仿真技术与网络 Web 技术的虚拟化技术，推动实现将虚拟化场景与数据处理与分析相结合，用于指导森林生态补偿可应用的仿真与预测（滕飞，2020）。

第二，依托数据、技术和治理赋能森林生态产品权益交易，拓展森林生态产品权益交易的实践路径，有效促进森林调节服务产品价值实现。固碳服务是森林生态系统调节服务的重要组成部分，对于碳中和目标的实现具有重要意义（徐彩瑶等，2023a）。要广泛推广碳汇贷这一森林生态系统固碳服务产品典型价值实现模式，依托数字技术打造林业碳汇数字化交易平台，开发"林业碳汇贷""森林碳汇保险"等产品，以有效推动林业碳汇生态产品价值实现。此外，要加快区块链技术能够赋能林权抵押贷款的技术应用，加快构建一种让关键利益相关者（买家、卖家、托管人、监管者）保持共享及不可删除记录的数据库（赵金旭等，2019），以有效解决林权抵押授信的问题。还要通过将中心化的林权抵押贷款系统重构为一个去中心化的系统，提供跨机构的信任业务模式，以有效降低业务执行成本。例如，可以借鉴福建省武平县在全国率先推出用林权证直接抵押贷款的普惠金融产品"惠林卡""兴林贷"的经验，上线林业金融区块链融资平台，可以比较好地解决林农贷款"评估难、担保难、处置难、流转难"等问题。

第三，加快构建数据、技术和治理赋能健全多元主体参与机制，全面推动政府、企业、公民组织形成利益共同体，切实保障森林资源高质量保护和可持续经营，促进农村集体经济发展和农民收入增加。要充分调动农民参与，积极吸纳社会资本和民间资本，打造"政府监督、企业管理、村民参与"的森林生态产品的可持续经营开发模式，以有效缓解政府财政压力，盘活森林生态产品存量，实现森林生态产业化发展成果共享。要重点推动建立健全数字治理赋能多元主体参与机制，协同推动森林生态产品价值实现与农村经济发展和农民收入增长，以数字治理为切入口构建森林生态产品价值实现协同治理共同体，以数据共享与协同为基础，依托大数据和区块链等数字技术，通过跨部门的数据共享、组织重构、流程再造、业务联动、窗口建设等助推多元主体间完整数据的呈现（耿骞等，2023），推动森林生态产品价值实现与农村共同富裕协同治理效能的整体提升。

参考文献

蔡继明，刘媛，高宏，陈臣，2022. 数据要素参与价值创造的途径：基于广义价值论的一般均衡分析［J］. 管理世界（7）：108 - 121.

陈一明，2021. 数字经济与乡村产业融合发展的机制创新［J］. 农业经济问题（12）：81 - 91.

戴长征，鲍静，2017. 数字政府治理：基于社会形态演变进程的考察［J］. 中国行政管理（9）：21 - 27.

冯献，李瑾，崔凯，2020. 乡村治理数字化：现状、需求与对策研究［J］. 电子政务（6）：73 - 85.

高吉喜，李慧敏，田美荣，2016. 生态资产资本化概念及意义解析［J］. 生态与农村环境学报（1）：41 - 46.

国家林业和草原局，2019. 中国森林资源报告（2014—2018年）［M］. 北京：中国林业出版社.

洪银兴，任保平，2023. 数字经济与实体经济深度融合的内涵和途径［J］. 中国工业经济（2）：5 - 16.

胡援成，肖德勇，2007. 经济发展门槛与自然资源诅咒：基于我国省际层面的面板数据实证研究［J］. 管理世界（4）：15 - 23，171.

黄新华，陈宝玲，2022. 治理困境、数字赋能与制度供给：基层治理数字化转型的现实逻辑［J］. 理论学刊（1）：144 - 151.

金太军，袁建军，2011. 政府与企业的交换模式及其演变规律：观察腐败深层机制的微观视角［J］. 中国社会科学（1）：102 - 118，222.

靳文辉，王星云，2020. 地方政府组织结构的优化进路［J］. 理论探索（2）：54 - 59.

孔凡斌，程文杰，徐彩瑶，2023. 数字经济发展能否提高森林生态产品价值转化效率：基于浙江省丽水市的实证分析［J］. 中国农村经济（5）：163 - 184.

孔凡斌，程文杰，徐彩瑶，等，2023. 国家试点区森林生态资本经济转换效率及其影响因素［J］. 林业科学（1）：1 - 11.

孔凡斌，崔铭烨，徐彩瑶，等，2023. 浙江省森林生态产品价值实现对城乡差距的影响［J］. 林业科学（1）：31 - 43.

孔凡斌，王宁，徐彩瑶，2022. "两山"理念发源地森林生态产品价值实现效率［J］. 林业科学（7）：12 - 22.

孔凡斌，王宁，徐彩瑶，等，2023. 浙江省山区26县森林生态产品价值实现对城乡收入差

距的影响 [J]. 林业科学 (1)：44 - 58.

孔凡斌，徐彩瑶，陈胜东，2022. 中国生态扶贫共建共享机制研究 [M]. 北京：中国农业出版社.

李海舰，赵丽，2021. 数据成为生产要素：特征、机制与价值形态演进 [J]. 上海经济研究 (8)：48 - 59.

李周，王宏伟，郑宇，2000. 森林丰富地区的贫困问题研究 [J]. 林业经济 (4)：1 - 7.

廖信林，杨正源，2021. 数字经济赋能长三角地区制造业转型升级的效应测度与实现路径 [J]. 华东经济管理 (6)：22 - 30.

刘江，赵荣，陈绍志，2023. 区块链技术在林业中的应用 [J]. 世界林业研究，35 (3)：1 - 7.

刘亚秋，景维鹏，井云凌，2011. 高可靠云计算平台及其在智慧林业中的应用 [J]. 世界林业研究 (5)：18 - 24.

刘易莎，2021. 森林康养旅游产业数字化转型升级体系的重构 [J]. 旅游纵览 (21)：55 - 57.

刘宗飞，姚顺波，刘越，2015. 基于空间面板模型的森林 "资源诅咒" 研究 [J]. 资源科学 (2)：379 - 390.

罗军舟，金嘉晖，宋爱波，等，2011. 云计算：体系架构与关键技术 [J]. 通信学报 (7)：3 - 21.

任保平，何厚聪，2022. 数字经济赋能高质量发展：理论逻辑、路径选择与政策取向 [J]. 财经科学 (4)：61 - 75.

任保平，苗新宇，2022. 新发展阶段物联网赋能经济高质量发展的路径与支持体系研究 [J]. 经济与管理评论 (3)：14 - 24.

沈费伟，袁欢，2020. 大数据时代的数字乡村治理：实践逻辑与优化策略 [J]. 农业经济问题 (10)：80 - 88.

孙博文，彭绪庶，2021. 生态产品价值实现模式、关键问题及制度保障体系 [J]. 生态经济 (6)：13 - 19.

孙久文，张翱，2023. 数字经济时代的数字乡村建设：意义、挑战与对策 [J]. 西北师大学报 (社会科学版) (1)：127 - 134.

孙伟，2012. 林业资源信息云计算服务体系研究 [D]. 北京：中国林业科学研究院.

滕飞，2020. 生态补偿数字化平台建设中的关键信息技术研究 [J]. 现代信息科技 (2)：177 - 179，183.

王兵，牛香，宋庆丰，2020. 中国森林生态系统服务评估及其价值化实现路径设计 [J]. 环境保护 (14)：28 - 36.

王亮，赵定涛，2006. 企业-政府互动依赖关系与企业政治行为 [J]. 公共管理学报 (3)：12 - 17，108.

王雨露，谢煜，2020. 中国省际森林资源诅咒效应的时空分异及传导机制分析［J］. 南京林业大学学报（人文社会科学版）（3）：103－113.

吴后建，但新球，刘世好，等，2018. 森林康养：概念内涵、产品类型和发展路径［J］. 生态学杂志（7）：2159－2169.

吴绍华，侯宪瑞，彭敏学，等，2021. 生态调节服务产品价值实现的适宜性评价及模式分区：以浙江省丽水市为例［J］. 中国土地科学（4）：81－89.

武宵旭，任保平，2022. 数字经济背景下要素资源配置机制重塑的路径与政策调整［J］. 经济体制改革（2）：5－10.

夏显力，陈哲，张慧利，等，2019. 农业高质量发展：数字赋能与实现路径［J］. 中国农村经济（12）：2－15.

谢晨，李周，张晓辉，2007. 森林资源禀赋、改革路径选择与我国农村林业发展［J］. 林业经济（1）：45－52.

谢花林，陈彬，2022. 生态产品价值实现的全过程协同路径［J］. 中国土地（11）：9－13.

谢康，易法敏，古飞婷，2022. 大数据驱动的农业数字化转型与创新［J］. 农业经济问题（5）：37－48.

谢煜，王雨露，2020."森林资源诅咒"的存在性、传导机制及破解对策：综述与展望［J］. 世界林业研究（2）：9－14.

徐彩瑶，王宁，孔凡斌，等，2023. 森林生态产品价值实现对县域发展差距的影响：以浙江省山区 26 县为例［J］. 林业科学（1）：12－30.

徐康宁，韩剑，2005. 中国区域经济的"资源诅咒"效应：地区差距的另一种解释［J］. 经济学家（6）：97－103.

徐顽强，2020. 社会治理共同体的系统审视与构建路径［J］. 求索（1）：161－170.

徐晓林，周立新，2004. 数字治理在城市政府善治中的体系构建［J］. 管理世界（11）：140－141.

严立冬，谭波，刘加林，2009. 生态资本化：生态资源的价值实现［J］. 中南财经政法大学学报（2）：3－8，142.

颜佳华，王张华，2019. 数字治理、数据治理、智能治理与智慧治理概念及其关系辨析［J］. 湘潭大学学报（哲学社会科学版）（5）：25－30，88.

杨俊，李小明，黄守军，2022. 大数据、技术进步与经济增长：大数据作为生产要素的一个内生增长理论［J］. 经济研究（4）：103－119.

殷浩栋，霍鹏，汪三贵，2020. 农业农村数字化转型：现实表征、影响机理与推进策略［J］. 改革（12）：48－56.

袁绪，潘攀，2018. 区块链在林权抵押贷款方面的研究与应用［J］. 中国金融电脑（12）：44－46.

曾贤刚，虞慧怡，谢芳，2014. 生态产品的概念、分类及其市场化供给机制［J］. 中国人口·资源与环境 (7)：12-17.

张寒，周正康，杨红强，等，2022. 劳动力成本上升对农户营林投入结构的影响：基于林业社会化服务供给约束的视角 [J]. 中国农村经济 (4)：106-125.

张文明，张孝德，2019. 生态资源资本化：一个框架性阐述 [J]. 改革 (1)：122-131.

张雪溪，董玮，秦国伟，2020. 生态资本、生态产品的形态转换与价值实现：基于马克思资本循环理论的扩展分析 [J]. 生态经济 (10)：213-218，227.

张英，成杰民，王晓凤，等，2016. 生态产品市场化实现路径及二元价格体系 [J]. 中国人口·资源与环境 (3)：171-176.

赵金旭，孟天广，2019. 技术赋能：区块链如何重塑治理结构与模式 [J]. 当代世界与社会主义 (3)：187-194.

朱红根，陈晖，2023. 中国数字乡村发展的水平测度、时空演变及推进路径 [J]. 农业经济问题 (3)：21-33.

Auty，R. M，1993. Sustaining Development in Mineral Economies：The Resource Curse [C]. European Conference on Lasers & Electro-optics. IEEE.

Sachs，J D，Warner A M，2001. The Curse of Natural Resources [J]. European Economic Review (4)：827-838.

图书在版编目（CIP）数据

森林生态产品价值实现促进共同富裕：理论逻辑与浙江实证 / 孔凡斌等著. —北京：中国农业出版社，2023.8

ISBN 978-7-109-31139-8

Ⅰ.①森… Ⅱ.①孔… Ⅲ.①生态型－林产品－价值－作用－共同富裕－研究－中国 Ⅳ.①F762.4 ②F124.7

中国国家版本馆 CIP 数据核字（2023）第 178015 号

———————————————————

中国农业出版社出版

地址：北京市朝阳区麦子店街 18 号楼
邮编：100125
责任编辑：闫保荣
版式设计：王 晨 责任校对：周丽芳
印刷：北京中兴印刷有限公司
版次：2023 年 8 月第 1 版
印次：2023 年 8 月北京第 1 次印刷
发行：新华书店北京发行所
开本：700mm×1000mm 1/16
印张：19.5
字数：410 千字
定价：88.00 元

———————————————————